Ligurien

Italienische Riviera
Cinque Terre

Georg Henke · Christoph Hennig

Reise-Taschenbuch

Inhalt

Schnellüberblick	6
Mare e Monti	8
Lieblingsorte	10

Reiseinfos, Adressen, Websites

Informationsquellen	14
Wetter und Reisezeit	16
Reiserouten planen	18
Anreise und Verkehrsmittel	20
Übernachten	24
Essen und Trinken	25
Aktivurlaub, Sport und Wellness	29
Feste und Unterhaltung	32
Reiseinfos von A bis Z	34

Panorama – Daten, Essays, Hintergründe

Steckbrief Ligurien	40
Geschichte im Überblick	42
Die Geburt des Tourismus – Briten an der Riviera	48
Treffpunkte im Alltag – die Bar und die Piazza	51
Carruggio und Via Aurelia – die Anlage der Küstenorte	53
Winters Gärten – Blumenzucht an der Riviera dei Fiori	56
Flüssiges Gold – Olivenöl aus Ligurien	58
Von der Romantik zur Moderne – Ligurien literarisch	61
Genua Superba – die freie Seerepublik	64
Vielfalt im Verborgenen – die Pflanzenwelt Liguriens	67

Inhalt

Wölfe und Wale – die Fauna Liguriens	70
Schützenswerte Landschaften – Bodenspekulation und Ökoboom	73

Unterwegs in Ligurien

Blumenriviera und Ligurische Alpen — 78
Lebhafte Küstenorte, stille Berglandschaften — 80
Ventimiglia — 81
Im Hinterland von Ventimiglia — 85
Bordighera — 93
San Remo und Umgebung — 95
Valle Argentina — 105

Von Imperia nach Albenga — 116
Breite Strände, alte Städte — 118
Imperia — 118
Im Hinterland von Imperia — 123
Zwischen Imperia und Alassio — 129
Alassio — 137
Albenga — 140
Im Hinterland von Albenga — 144
Zwischen Albenga und Finale Ligure — 148

Von Finale Ligure nach Genua — 150
Beliebte Badeufer — 152
Finale Ligure und Umgebung — 153
Noli — 165
Spotorno — 168
Savona — 169
Das Hinterland von Savona — 173
Von Albisola nach Varazze — 174
Parco Naturale del Beigua — 177

Genua — 178
La Superba – eine Metropole im Wandel — 180
Rund um den Dom — 182
Durch die Altstadt — 186
Die Straßen der Paläste — 191
Randviertel und Vororte — 193
Ausflüge ins Hinterland — 203

Inhalt

Von Camogli nach Sestri Levante	208
Klassische Ferienorte am Meer	210
Camogli	210
Portofino	214
Santa Margherita Ligure	219
Rapallo	221
Chiavari	224
Die Umgebung von Chiavari	228
Sestri Levante	228
Varese Ligure	231
Von Sestri Levante in die Cinque Terre	232
Aufregende Steilküste	234
Moneglia	235
Deiva Marina und Framura	237
Bonassola	238
Levanto	239
Cinque Terre	241
Monterosso	246
Vernazza	247
Corniglia	250
Manarola	251
Riomaggiore	255
Golf von La Spezia	258
Am Golf der Poeten	260
La Spezia	260
Portovenere	266
Isola di Palmaria	270
Am östlichen Ufer des Golfs	270
An der Grenze zur Toscana	276
Sprachführer	280
Kulinarisches Lexikon	282
Register	284
Abbildungsnachweis/Impressum	288

Inhalt

Auf Entdeckungstour

Subtropische Pflanzenwelt – die Gärten der Villa Hanbury	86
Alpen im Abseits – eine Fahrt durch die Ligurischen Alpen	110
Im Reich des Ölbaums – in den Oliventälern von Dolcedo	124
Steinzeitliches und Römisches – eine Wandertour im Finalese	162
Wo Genua sich neu erfindet – der Porto Antico	188
Freilichtmuseum der Bildhauerkunst – der Friedhof Staglieno	194
Hoch über der Stadt – die Festungen von Genua	204
Unberührtes Küstengebirge – im Portofino-Naturpark	216
Traumpfade an der Steilküste – Wanderung in den Cinque Terre	252
Kunst in der Provinz – das Museo Civico Amedeo Lia	264

Karten und Pläne

Ventimiglia	82
San Remo	98
Imperia	120
Alassio	138
Finale Ligure	156
Noli	168
Savona	170
Genua	184
Chiavari	225
La Spezia	263

▶ Dieses Symbol im Buch verweist auf die Extra-Reisekarte Ligurien

Schnellüberblick

Von Imperia nach Albenga
Zwischen Imperia und Albenga erstrecken sich gute Strände, wichtigster Badeort Liguriens ist Alassio. Sehenswert sind die Altstädte von Imperia, Cervo und Albenga. Die Dörfer des bergigen Hinterlandes liegen inmitten ausgedehnter Olivenhaine. S. 116

Von Finale Ligure nach Genua
Bei Finale Ligure und Noli fällt das Küstengebirge steil zum Meer hin ab, darunter erstrecken sich schöne Badestrände. Das kaum besiedelte Hinterland ist lohnendes Ziel für Wanderer, Mountainbiker und Freeclimber. S. 150

Blumenriviera und Ligurische Alpen
Bordighera und San Remo waren einst Zentren eines elitären Rivieratourismus, Palmenpromenaden und Nobelvillen erinnern an vergangene Größe. Gleich dahinter beginnt die einsame Bergwelt der Ligurischen Alpen. S. 78

Genua
Die Hauptstadt Liguriens bietet pulsierendes Großstadtleben. Die Altstadt um den alten Hafen ist atmosphärisch fast ein Stück Orient. Daneben erinnern große Palazzi und elegante Cafés an den einstigen Wohlstand der stolzen Seefahrerrepublik. S. 178

Von Camogli nach Sestri Levante
An der Bucht des Golfs von Tigullio reihen sich malerische Küstenorte aneinander: das farbenfrohe Camogli, das elitäre Portofino, das lebendige Chiavari und Sestri Levante. Im Küstengebirge von Portofino erlebt man unberührte Naturlandschaft. S. 208

Golf von La Spezia
Südlich der quirligen Hafenstadt La Spezia bieten die Ufer des Golfo dei Poeti nahezu unversehrte Naturlandschaft. Das malerische Portovenere am Südwestende des Golfes zählt zu den schönsten Plätzen ganz Liguriens. S. 258

Von Sestri Levante in die Cinque Terre
Die faszinierende Steilküste der Cinque Terre zieht Natur- und Wanderfreunde aus aller Welt in ihren Bann. Uralte Pfade entlang kunstvoll terrassierter Hänge verbinden hoch über dem Meer fünf pittoreske Dörfer. Doch auch das weniger bekannte Küstengebirge weiter nördlich zwischen Moneglia und Levanto eignet sich bestens für geruhsame Wander- und Badeferien. S. 232

Der Autor Georg Henke

Mit Georg Henke und Christoph Hennig unterwegs
Seit mehr als dreißig Jahren bereist Georg Henke die Regionen Nordwest- und Mittelitaliens. In Ligurien ist sein geografischer Schwerpunkt die Riviera di Ponente, wo es ihm vor allem die wenig bekannten Berglandschaften im Hinterland angetan haben. Christoph Hennig hat fünf Jahre lang in den Cinque Terre gelebt und vor allem die Riviera di Levante bis in den letzten Winkel erkundet. Er hat zahlreiche Reiseführer über italienische Regionen geschrieben. Beide Autoren sind begeisterte Wanderer, gemeinsam haben sie auch den DuMont-Wanderführer zu Ligurien verfasst.

Mare e Monti

In einem weiten Bogen zieht sich die Italienische Riviera über fast 300 km von der französischen Grenze bis hin zur Toscana. Auf der ganzen Strecke ist kein Ort mehr als 35 km vom Meer entfernt. Der schmale Streifen ligurischen Landes besteht nicht etwa aus fruchtbaren Ebenen, vielmehr steigen fast überall gleich hinter der Küste Hügel und Berge auf. Ganz im Westen erheben sich die Zweitausender der Ligurischen Alpen, aber auch im Osten der Region erreicht der Apennin mehr als 1700 m Höhe. Die starken landschaftlichen Kontraste auf engem Raum und das bewegte Relief machen Ligurien zu einer der attraktivsten Küstenregionen Italiens.

Betriebsame Badeküsten

Im 19. Jh. entdeckte die britische Oberschicht die Schönheit der ligurischen Küste. Im Winter suchte sie in mildem Klima Zuflucht vor der nasskalten heimatlichen Tristesse. Bis heute ist der Strom der fremden Besucher nicht abgerissen.

Die meisten kommen nun im Sommer, um an langen Kies- und Sandstränden Badefreuden zu genießen. Orte wie Alassio, Diano Marina, Finale Ligure oder Monterosso sind seit den 1960er-Jahren vor allem bei Deutschen beliebte Ziele für Meerurlaub unter mediterraner Sonne. Gleich hinter dem Strand findet man verwinkelte alte Ortszentren mit kleinen Plätzen und engen Straßenzügen, in denen sich Läden, Restaurants, gemütliche Bars und Kneipen aneinanderreihen. Vor allem in der Saison summen die Gassen von früh bis spät vor Leben.

Einsame Gebirge

Wer dem Trubel der Badeküsten entfliehen will, braucht nicht weit zu fahren. Die Hügel und Berge des Hinterlandes sind nur noch dünn besiedelt. Überall findet man herrliche Landschaftsbilder. In Küstennähe erheben sich zwischen Olivenhainen und Weingärten burgartig verschachtelt alte Dörfer, höher im Gebirge, vor allem im Westen

Einer der mondänsten Orte an der Italienischen Riviera: Santa Margherita Ligure

der Region, findet man schroffe Felsgebirge mit tiefen Tälern und weiten Hochalmen.

Mit der Industrialisierung im 19./20. Jh. entvölkerte sich das Hinterland. Die Landwirtschaft auf steinigen Böden war wenig ergiebig und äußerst mühselig. Die abschüssigen Hänge mussten vielerorts aufwendig terrassiert und mit Steinmauern gestützt werden. Diese Landschaftsarchitektur der Armut hat ein eigenwilliges Landschaftsbild geformt. Heute zieht neues Leben in die Bergdörfer ein. Alte Gemäuer werden zu schicken Feriendomizilen für Ruhe und ländliche Idylle suchende Städter umgebaut. Auch als Entdeckungsterrain für Wanderer, Mountainbiker und Felskletterer wird das ligurische Hinterland immer beliebter.

Wanderparadies Cinque Terre
Einen kometenhaften Aufschwung nahm in den letzten Jahrzehnten die Steilküste der Riviera di Levante zwischen Levanto und Portovenere, die Cinque Terre. Inzwischen kommen Besucher aus allen Ecken der Erde hierher. Nicht ohne Grund: Die fünf farbigen Küstendörfer, die sich eng verschachtelt unter steil terrassierte Reb- und Waldhänge ducken, bieten ein höchst pittoreskes Bild. Sie sind durch ein dichtes Netz uralter Saumpfade hoch über dem Meer verbunden. Kaum irgendwo sonst lassen sich so gut wie hier spannende Wandertouren mit Badeurlaub und italienischem Flair verbinden.

Lebendige Metropole Genua
Die ligurischen Städte, vor allem Genua, richteten sich ganz auf das Meer und den Handel aus, denn aus den nahen Bergen konnten sie sich keinen Wohlstand erhoffen. Sie mussten weiter ausgreifen. Genua wurde mächtige Seerepublik und ein führendes Finanzzentrum Europas. Die Spuren des einstigen Luxus lassen sich in der Stadt noch heute entdecken, viele der prächtigen Adelspaläste stehen Besuchern offen. Auch sonst bietet Genua viel Kunst und Kultur und ein lebendiges Nachtleben. Zum Hafen hin erstreckt sich eines der größten Altstadtviertel Europas, das ehemalige Hafenareal selbst wurde architektonisch ambitioniert in eine interessante moderne Freizeitwelt verwandelt.

Grenzenlose Bergpanoramen vom Dach Liguriens: Monte Saccarello, S. 106

Pittoreske Kleinstadtidylle am Meer: Cervo, S. 130

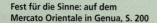

Lieblingsorte!

Fest für die Sinne: auf dem Mercato Orientale in Genua, S. 200

Farbenspiele am Meer: an der Uferpromenade von Camogli, S. 212

Panoramablick in die Sonnenbucht:
Colla Micheri, S. 134

Stimmungsvoll: der historische
Stadtplatz von Finalborgo, S. 158

Die Reiseführer von DuMont werden von Autoren geschrieben, die ihr Buch ständig aktualisieren und daher immer wieder dieselben Orte besuchen. Irgendwann entdeckt dabei jeder Autor seine ganz persönlichen Lieblingsorte. Dörfer, die abseits des touristischen Mainstreams liegen, eine ganz besondere Strandbucht, Plätze, die zum Entspannen einladen, ein Stückchen ursprünglicher Natur, eben Wohlfühlorte, an die man immer wiederkehren möchte.

Wie aus dem Bilderbuch:
der Cinque-Terre-Ort Vernazza, S. 242

Die Wacht auf dem Fels:
San Pietro in Portovenere, S. 268

Reiseinfos, Adressen, Websites

Perfekt zum Baden und Sonnen: die breite Bucht von Monterosso al Mare

Informationsquellen

Infos im Internet

www.enit-italia.de, www.enit.at, www.enit.ch
Deutschsprachige Internetseiten des staatlichen italienischen Fremdenverkehrsamtes.

www.turismoinliguria.it
Umfangreiches Informationsportal zu touristischen Themen (Unterkünfte, Essen und Trinken, Ausflugstipps usw.), auch in deutscher Sprache.

www.myliguria.com
Private, nicht-kommerzielle deutsche Website mit vielen praktischen Tipps und thematisch weit gestreuten Hintergrundschilderungen zu Tourismus und Alltag an der Riviera di Levante.

www.rivieradeifiori.org
Offizielle touristische Informationsseite des Fremdenverkehrsverbandes der Provinz Imperia zur Blumenriviera (z. T. auch Deutsch).

www.turismo.provincia.savona.it
Offizielle touristische Informationsseite des Fremdenverkehrsverbandes der Provinz Savona zur Palmenriviera (z. T. auch Deutsch).

www.genova-turismo.it
Das Informationsportal der Stadt Genua bietet auch in deutscher Sprache zahlreiche praktische Hinweise und viel Wissenswertes zur Hauptstadt Liguriens.

www.turismoprovincia.laspezia.it
Offizielle touristische Informationsseite des Fremdenverkehrsverbandes der Provinz La Spezia, auch deutschsprachige Ortsbeschreibungen, weitergehende Infos nur in Italienisch und Englisch.

www.5terre.de
Diese private Seite gibt fundierte Insidertipps und Hintergrundinformationen zum gefährdeten Wanderparadies der Cinque Terre.

Fremdenverkehrsämter

... in Deutschland, Österreich und der Schweiz

Das Italienische Fremdenverkehrsamt (ENIT) versendet kostenlos Informationsmaterial zu allen Regionen Italiens. Es unterhält im deutschsprachigen Raum folgende Vertretungen:

ENIT Deutschland
Barckhausstr. 10, 60325 Frankfurt/M.
Tel. 069 23 74 34
Fax 069 23 28 94
frankfurt@enit.it

ENIT Österreich
Kärntnerring 4, 1010 Wien
Tel. 01 505 16 39
Fax 01 505 02 48
vienna@enit.it

ENIT Schweiz
Uraniastr. 32, 8001 Zürich
Tel. 04 34 66 40 40
Fax 04 34 66 40 41
zurich@enit.it

... in Ligurien

Detailliertere Informationen sind über das jeweils zuständige regionale Fremdenverkehrsamt (Azienda di Promozione Turistica/APZ) erhältlich, das auch vor Ort Informationsbüros unterhält:

Reiseinfos

Riviera dei Fiori
(von Ventimiglia bis Cervo)
Largo Nuvoloni 1
18038 San Remo
Tel. 018 45 90 59
Fax 01 84 50 76 49
www.rivieradeifiori.org

Riviera delle Palme
(von Laigueglia bis Varazze)
Via G. Mazzini 68
17021 Alassio
Tel. 01 82 64 70 27
Fax 01 82 64 78 74
turismo@provincia.savona.it

Genua
(von Arenzano bis Camogli)
Via Garibaldi
16100 Genova
Tel. 010 55 72 90 37 51
www.genova-turismo.it

Tigullio
(von Santa Margherita Ligure
bis Moneglia)
Via XXV Aprile 2/B
16038 Santa Margherita Ligure
Tel. 01 85 28 74 85
Fax 01 85 28 30 34
www.apttigullio.liguria.it

Cinque Terre e Golfo dei Poeti
(von Deiva Marina bis Sarzana)
Via Mazzini 47
19121 La Spezia
Tel. 01 87 74 21
Fax 01 87 77 09 08
iat_spezia@provincia.sp.it

Daneben gibt es in vielen Gemeinden Liguriens örtliche Informationsstellen (Ufficio Informazioni, Pro Loco). Sie sind manchmal nur während der Hauptsaison geöffnet, bieten aber in der Regel einen guten Service. Sie sind jeweils bei den Ortsbeschreibungen ab Seite 76 erwähnt.

Straßen- und Wanderkarten

Als **Straßenkarte** empfiehlt sich »Ligurien« im Maßstab 1:200 000 von Marco Polo. Der Verlag Multigraphic, Florenz, hat **Wanderkarten** im Maßstab 1:25 000 für größere Teile Liguriens erstellt (www.edizionimultigraphic.it). Für die Riviera di Ponente und das Gebiet der Cinque Terre gibt es Kompass-Karten im Maßstab 1:50 000. Für die Riviera di Levante sind auch die Karten des Studio FMB empfehlenswert.

Lesetipps

Elizabeth von Arnim: Verzauberter April. Frankfurt 2007. Vier Engländerinnen mieten ein Castello an der Riviera; der Zauber des Südens lässt sie die heimischen Probleme in neuem Licht sehen.
Francesco Biamonti: Die Reinheit der Oliven. Stuttgart 2000. Der 1930 geborene ligurische Autor – und Mimosenzüchter – erzählt von seiner Heimatlandschaft, alten Leuten in verlassenen Dörfern, Zuzüglern aus dem Norden und kriminellen Schlepperbanden an der französischen Grenze (derzeit nur antiquarisch).
Italo Calvino: Wo Spinnen ihre Nester bauen. München 1999. Roman über die Erfahrungen eines Jugendlichen in der ligurischen Widerstandsbewegung zur Zeit des Zweiten Weltkriegs (derzeit nur antiquarisch).

Georg Henke, Christoph Hennig: Wandern in Ligurien. Ostfildern 2010. Wanderführer mit 35 detailliert beschriebenen Touren, mit Höhenprofilen und exakten Karten.

Reiseinfos

Eugenio Montale: Gedichte 1920–54. München 1987. Gedichtsammlung des Literatur-Nobelpreisträgers aus Genua.
Eric Newby: I Castagni. Unser Haus in Ligurien. München 1995. Roman über das Leben eines englisch-italienischen Paares in einem ligurischen Bauernhaus.
Cesare Pavese: Am Strand. Frankfurt 2001. Die Geschichte einer komplizierten Ferienbeziehung (derzeit nur antiquarisch).
Antonio Tabucchi: Der Rand des Horizonts. München 1997. Ein kurzer Roman mit Kriminalelementen, der in den Altstadt- und Hafengassen Genuas spielt.

Wetter und Reisezeit

Klima

Die mediterrane Klimazone ist durch heiße, trockene Sommer und milde Winter gekennzeichnet. Oft wird jedoch übersehen, dass zumindest im nördlichen Mittelmeerraum die jährliche Gesamtniederschlagsmenge höher ist als in unseren Breiten. Sie liegt z. B. um Genua bei über 1000 mm (zum Vergleich Stuttgart ca. 700 mm). Allerdings fallen am Mittelmeer die Niederschläge über das Jahr gesehen sehr ungleich verteilt. Von Mitte Juni bis Mitte September regnet es nur sehr selten.

Die ligurische Küste hat innerhalb Norditaliens das mildeste Klima. Dafür sorgt die geografische Lage. Die Riviera öffnet sich zur Sonnenseite: nach Süden und zum Meer. Das Wasser speichert im Winter Wärme und sorgt im Sommer für Kühlung. Zugleich halten die parallel zur Küste verlaufenden Bergketten im Norden und Osten kalte Winde ab. Eine vergleichbar begünstigte Klimazone gibt es in Italien erst wieder viele Hundert Kilometer weiter südlich, am Golf von Neapel!

Anders sieht es in den höheren Lagen aus. Zwar genießen auch die Hügel- und Bergregionen Liguriens viel Sonnenschein, aber in den Wintermonaten muss man hier durchaus mit Schnee und Frost rechnen. Es gibt im Apennin und den Ligurischen Alpen sogar einige kleinere Skigebiete, die allerdings durch die Klimaerwärmung gefährdet sind. Neben dem klimatischen Gegensatz zwischen Küste und Gebirge gibt es auch schwächer ausgeprägte regionale Unterschiede. Vor allem ganz im Westen an der Riviera dei Fiori, aber auch im Süden der Riviera di Levante ist es etwas wärmer und trockener als im Gebiet um Genua.

Hauptsaison

Die Hauptreisezeit in Italien deckt sich mit den dreimonatigen Schulferien von Mitte Juni bis Mitte September. Die ersten drei Augustwochen sind besonders voll, dann macht fast ganz Italien Urlaub am Meer, und es ist fast unmöglich, in den Badeorten ohne Vorbuchung noch eine Unterkunft zu bekommen. Der touristische Andrang kulminiert zum Feiertag »Ferragosto« (Mariä Himmelfahrt, 15. August), an dem vielerorts Sommerfeste veranstaltet werden. Wer dann nicht unterwegs war, muss schon triftige Gründe vorbringen können, will er gegenüber Nachbarn und Verwandten nicht *brutta figura* machen. Nach dem auf Ferragosto folgenden Wochenende wird es merklich leerer.

Reiseinfos

Reisezeit

Die ligurische Küste hat vor allem im Winter meist deutlich besseres Wetter als die angrenzenden Regionen Piemont, Emilia-Romagna und Toscana. Ligurien lässt sich daher ganzjährig bereisen. Das wussten die ersten Riviera-Touristen, die ebenso wie heutige italienische Pensionäre hauptsächlich zum Überwintern kamen. Die meisten ausländischen Touristen reisen dennoch zwischen März und Oktober nach Ligurien.

Frühjahr und Sommer

Das Frühjahr beginnt zeitig. Bereits im Februar blühen zahlreiche Bäume und Blumen. Ab Mitte März kann es schon recht warm werden. Jetzt beginnt die Zeit für Wanderungen. Allerdings gibt es für das Frühjahr keine Sonnengarantie; noch im Mai kommen gelegentlich Schlechtwetterperioden vor, in denen es viel ungemütlicher wird als an schönen Wintertagen. Im Mai beginnt die Badesaison (durchschnittliche Wassertemperatur in der zweiten Maihälfte 18,5 °C).

Der Sommer bringt fast durchgehend Hitze und Sonnenschein. Der Juni ist ein besonders angenehmer Reisemonat. Das Wetter ist meist stabil, man kann schon gut baden, und der Touristenandrang ist noch relativ schwach. Von Juli bis Mitte September herrschen an der Küste hochsommerliche Temperaturen zwischen 25 und 35 °C. Die Fernsicht ist oft vom Hitzedunst getrübt. In den Gebirgstälern des Hinterlandes ist es dann manchmal heißer als an der Küste, wo der Seewind leichte Kühlung bringt. Vor allem im August sind viele Orte überfüllt (siehe links).

Herbst und Winter

Im beginnenden Herbst bieten sich die ruhigeren Monate September und Oktober mit Durchschnittstemperaturen von 22 °C bzw. 18 °C noch für Bade- und für Wanderferien an. Die Badesaison dauert an der Blumenriviera und im Süden der Riviera di Levante bei gutem Wetter bis Ende Oktober. Aber auch im November und Dezember erlebt man oft noch traumhafte Tage, muss aber auch immer mit Sturm und Regen rechnen. Eindrucksvoll ist die Laubfärbung der Buchen- und Lärchenwälder im Gebirge.

Im Winter friert es an der Küste fast nie, nur alle paar Jahre fällt etwas Schnee, der allerdings nie länger liegen bleibt; sonnige Tage sind keine Seltenheit. Im kältesten Monat, dem Januar, liegen die durchschnittlichen Tagestemperaturen am Meer bei 8–10 °C, wärmer ist es dann auch in Sizilien nicht. Wenn die Sonne scheint, kann man dann schon (oder noch) bei einem Cappuccino im Freien sitzen. Die Luft ist viel klarer als im Sommer. Die tief verschneiten Bergketten des Apennin und der Südalpen erscheinen dann oft wie zum Greifen nah.

Klimadiagramm Genua

Reiserouten planen

Alle wichtigen Orte und fast alle Sehenswürdigkeiten Liguriens liegen wie an einer Perlenkette aufgereiht entlang der Küste oder in ihrer unmittelbaren Nähe. Die Route für Besichtigungstouren ist damit vorgegeben: Sie folgt dem Verlauf der gut ausgebauten Hauptküstenstraßen bzw. der Hauptbahnlinie. Ausflüge ins Gebirge unternimmt man am besten als Abstecher ausgehend von einem Standort am Meer; auf den schmalen Pass- und Verbindungsrouten durch das Hinterland geht es nur langsam voran.

Das nördliche Eingangstor der Region ist **Genua**. Ohne den Besuch der geschichtsträchtigen Hafenstadt wäre jede Ligurienreise unvollständig, für ihre Besichtigung sollte man mindestens zwei Tage veranschlagen. Für die Weiterreise muss man sich in Genua zwischen der Südostroute entlang der **Riviera di Levante** und der Südwestroute entlang der **Riviera di Ponente** entscheiden:

Von Genua die Riviera di Levante entlang

Für eine Besichtigung Genuas sowie der Hauptsehenswürdigkeiten und schönsten Naturplätze entlang der Riviera di Levante bis zum Golf von La Spezia sollte man etwa 12–14 Tage einplanen. Alle wichtigen Orte und Sehenswürdigkeiten sind leicht auch per Bahn, Bus oder Schiff erreichbar.

Etwa 20 km südlich von Genua bietet der Hafen- und Badeort **Camogli** mit seinen farbigen Häuserfronten Ligurien wie aus dem Bilderbuch. Der Ort ist auch ein guter Ausgangspunkt für Wanderungen und Bootsausflüge zur nicht durch Straßen erschlossenen **Halbinsel von Portofino** mit dem einsam am Meer gelegenen **Kloster San Fruttuoso**.

Von Camogli sind es nur wenige Kilometer bis zum vornehmen Ferienort **Santa Margherita Ligure**, der nahtlos in das alltäglichere **Rapallo** übergeht. Von beiden Orten erreicht man leicht per Bus oder Schiff das ebenso mondäne wie pittoreske **Portofino**, Refugium der Reichen, Mächtigen und Schönen.

Weiter südlich lohnt die wenig besuchte Altstadt von **Chiavari** mit ihren Märkten, Cafés und schattigen Laubengängen unbedingt einen Zwischenstopp. Auch die Kleinstadt **Sestri Levante** besitzt noch ein hübsches altes Viertel um die Baia del Silenzio, wo sich farbige Häuserzeilen im stillen Blau des Meeres spiegeln. Sowohl Chiavari als auch Sestri Levante eignen sich als Ausgangspunkt für Abstecher in die dünn besiedelte **Berglandschaft des Apennin**.

Südlich Sestri Levante beginnt die unverbaute Steilküste, der landschaftlich sicherlich spannendste Teil ganz Liguriens. Einige hübsche Kleinstädte an geschützten Buchten wie **Moneglia** oder **Levanto** sind kaum Ziel von Besichtigungsreisen, sondern Orte für beschauliche Bade- und Wanderferien. Dies gilt mehr noch für die inzwischen

Reiseinfos

berühmten **Cinque Terre** nördlich von La Spezia. Die fünf Dörfer am Meer verbindet einer der spektakulärsten, aber auch meist begangenen Küstenwanderwanderwege im gesamten Mittelmeerraum. Zur Erkundung der Steilküste empfiehlt sich spätestens ab Levanto die Bahn, denn die Cinque Terre sind – zum Glück – nur schlecht durch Straßen erschlossen, und in der Saison ist Parkraum knapp.

Hinter der lebhaften Hafen-, Handels- und Industriestadt **La Spezia** folgt nochmals ein Gebiet ligurischer Postkartenidyllen. Das malerische **Portovenere** am sich weit nach Süden öffnenden **Golfo dei Poeti** zählt zu den bekanntesten Attraktionen der Italienischen Riviera.

Von Genua die Riviera di Ponente entlang

Auch für die Besichtigung der nur unwesentlich längeren Küste der Ponente muss man einschließlich des Genuabesuchs ca. 12–14 Tage einplanen. Für einen zusätzlichen Ausflug in die Ligurischen Alpen sind etwa zwei weitere Reisetage hinzuzurechnen. Auch die Riviera di Ponente ist bestens mit Bus und Bahn erschlossen, nur einige abseits gelegene Täler in den Ligurischen Alpen sind nicht an das öffentliche Verkehrsnetz angeschlossen.

Schon wenige Kilometer westlich von Genua beginnt die **Palmenriviera** mit ihren beschaulichen Badeorten. Sehenswert und auch für einen längeren Aufenthalt ideal geeignet sind hier vor allem **Noli** und **Finale Ligure** westlich der Provinzhauptstadt Savona. Beide Orte besitzen eine intakte Altstadt und gute Badestrände, in ihrem unmittelbaren Hinterland, dem **Finalese**, lassen sich abwechslungsreiche Wander- und Mountainbiketouren unternehmen.

Weiter westlich lohnt an einem stark verbauten Küstenabschnitt die noch ganz mittelalterlich geprägte Altstadt von **Albenga** den Besuch. Auch die kleine enge Innenstadt des benachbarten **Alassio**, Hauptbadeort Liguriens, lohnt einen kurzen Besichtigungsstopp.

Über die pittoresken Küstendörfer Laigueglia und Cervo erreicht man die durch ein besonders mildes Klima begünstigte **Blumenriviera**. In **Imperia** kann man die auf einem Hügel über der Küste gelegene Altstadt Porto Maurizio erforschen oder am Hafen von Oneglia die oft gelobte Fischküche genießen. Kurze Abstecher in die Bergtäler um **Dolcedo** oder **Borgomaro** führen in das Reich des Ölbaums, der hier überall auf steilen Hangterrassen kultiviert wird.

Auf dem Weg von Imperia nach San Remo ist die städtische Bebauung der Küste wenig attraktiv, hier lohnt nur die Kleinstadt **Taggia** mit ihrem historischen Ortskern einen kurzen Zwischenstopp. Naturfreunde können über schmale Straßen in das dünn besiedelte **Tal von Triora** mit seinen alten, verschachtelt gebauten Bergdörfern ausweichen. **San Remo** bietet mit seiner verwinkelten Altstadt La Pigna und den lebendigen Einkaufsgassen im Zentrum gute Möglichkeiten für abwechslungsreiche Stadtspaziergänge.

Über das vornehm-ruhige **Bordighera** gelangt man schließlich in die Grenz- und Marktstadt **Ventimiglia** mit ihrer gut erhaltenen mittelalterlichen Altstadt. Hier treffen die allerletzten Alpenausläufer auf das Mittelmeer. Für Liebhaber unberührter Bergnatur unbedingt lohnend sind Erkundungstouren entlang der Flusstäler von Nervia und Roia hinauf in die wenig erschlossenen **Ligurischen Alpen** an der Grenze zu Frankreich und dem Piemont.

Anreise und Verkehrsmittel

Einreisebestimmungen

Für Deutsche, Österreicher und Schweizer genügt ein gültiger Personalausweis oder Reisepass. Es empfiehlt sich, beide Dokumente dabeizuhaben, da bei Einbuchung in Hotels und Campingplätzen sowie bei Anmietung von Leihfahrzeugen oftmals ein Ausweis hinterlegt werden muss. Kinder unter 16 Jahren benötigen ebenfalls ein Reisedokument (Kinderreisepass, Kinderausweis).

Autofahrer brauchen den nationalen Führerschein und den Kfz-Schein. Die Mitnahme der internationalen grünen Versicherungskarte ist nicht vorgeschrieben, aber empfehlenswert.

Zollvorschriften

Die Ein- und Ausfuhr von Waren für den Eigenbedarf ist in der EU unbegrenzt möglich. Wer aber z. B. mehr als 800 Zigaretten, 1 kg Rauchtabak , 90 l Wein oder 110 l Bier dabei hat, muss im Falle einer Stichprobenkontrolle den privaten Nutzungszweck glaubhaft machen können. Für die Einreise in die Schweiz gelten Freigrenzen von 200 Zigaretten, 2 l Wein und 1 l Spirituosen pro Person. Größere Mengen können bei der Durchreise gegen Hinterlegung einer Kaution mitgeführt werden.

Mitnahme von Hunden

Für Hunde ist ein Heimtierausweis nötig. Darin muss eine gültige Tollwutimpfung (mindestens 30 Tage, höchstens zwölf Monate vor der Einreise) sowie die Identitätskennung (Tätowierung im Ohr oder Microchip unter der Haut) eingetragen sein. Ein Maulkorb und eine Hundeleine von nicht mehr als 1,50 m Länge müssen vorhanden sein. In Italien herrscht Leinenzwang.

Anreise

… mit dem Flugzeug

Drei Flughäfen sind für die Anreise nach Ligurien geeignet: Genua liegt zentral, hat aber die wenigsten Verbindungen. Von Pisa erreicht man gut die Riviera di Levante, von Nizza die westliche Riviera di Ponente.

Direktflüge nach **Genua** gibt es nur ab München (Air Dolomiti), alle anderen Gesellschaften fliegen über Mailand. Nach **Pisa** dagegen fliegen Lufthansa (ab München) sowie einige Billigfluglinien (teilweise nur im Sommer): Easyjet ab Berlin, Ryanair ab Frankfurt-Hahn, Lübeck, Weeze/Venlo, Memmingen, Tuifly und Air Berlin ab Köln-Bonn. **Nizza** ist am besten mit den deutschsprachigen Ländern verbunden: Lufthansa ab Düsseldorf, Frankfurt, Hamburg, München, Austrian Airlines ab Wien, Swiss ab Zürich; außerdem diverse Billigflieger (z. T. nur saisonal): Easyjet ab Berlin, Basel-Freiburg, Genf, Germanwings ab Köln-Bonn, Hannover, Berlin, Dresden, Leipzig, München, Friedrichshafen, Wien, Zürich, Tuifly ab Düsseldorf, Köln-Bonn, Hannover, Nürnberg, Stuttgart, Air Berlin von Düsseldorf, Nürnberg, Stuttgart und Wien.

Vom **Flughafen Genua** (www.airport.genova.it) gelangt man mit dem alle 30–60 Min. verkehrenden Flughafenbus (Volabus) in 20 Min. zum Hauptbahnhof Genova Piazza Principe. Der **Flughafen Pisa** (www.pisa-airport.com) hat einen direkten Bahnanschluss (häufige Verbindungen). Vom **Flughafen Nizza** (www.nice.aeroport.fr) fährt ein Flughafenbus in ca. 30 Min. zum Hauptbahnhof, wo etwa stündlich Anschluss mit Regionalzügen nach Ventimiglia besteht (Fahrzeit ca.

Reiseinfos

1 Std.). Fahrplaninformationen zur Weiterfahrt mit der Bahn auf www.trenitalia.com und www.bahn.de.

... mit der Bahn

Bei der Anreise von Deutschland durch die Schweiz muss mindestens einmal in Basel, Zürich, Bern oder Brig umgestiegen werden, von wo es Direktverbindungen mit Eurocity-Zügen nach Mailand gibt. Dort hat man etwa stündlich Anschluss mit Intercity (90 Min.) oder Regionalzug (2 Std.) nach Genua. Direktverbindungen von Mailand über Genua hinaus bestehen nach Rapallo/Chiavari/Sestri Levante/La Spezia (8 x tgl.) sowie nach Finale Ligure/Alassio/Imperia/San Remo/Ventimiglia (6 x tgl.). Die Fahrzeit von Frankfurt nach Genua beträgt ca. 10–11 Std. Von München über Österreich nach Genua muss in Verona und Mailand umgestiegen werden. Informationen: www.bahn.de, Tel. 118 61, www.trenitalia.com.

... mit dem Auto

Von München Richtung Genua führt die durchgehende Autobahn über Brenner, Verona, Brescia und Piacenza (700 km). In die südliche Riviera di Levante (Sestri Levante, Levanto, Cinque Terre) fährt man besser über Brenner, Modena, Parma und La Spezia (670 km). Von Basel führt eine Autobahnverbindung über den Gotthard und Mailand nach Genua (500 km). In die westliche Riviera di Ponente (Ventimiglia, San Remo) führt die landschaftlich schöne Strecke Basel–Bern–Großer St. Bernhard–Turin–Cuneo–Tende–Ventimiglia (610 km, teilweise auf Landstraßen).

Bei der Durchfahrt durch die Schweiz und Österreich sind **Transitgebühren** zu entrichten (Schweiz: Jahresvignette, 14 Monate gültig, ca. 29 €; Österreich: zehn Tage gültig, 7,90 €, zwei Monate 22,90 €, Jahresvignette 76,20 €). **Gebührenpflichtig** sind auch die Brenner-Autobahn sowie alle italienischen Autobahnen (für Pkw durchschnittlich rund 6 Cent/km, auf den teuren ligurischen Autobahnen bis zu 10 Cent/km!).

Autoreisezüge verkehren von April bis Oktober von Hamburg Altona, Hildesheim, Düsseldorf und Frankfurt Neu-Isenburg nach Alessandria 70 km nordwestlich Genua; Informationen unter www.dbautozug.de und unter Tel. 0 18 05 99 66 33.

Verkehrsmittel vor Ort

Bahn und Bus

Wer außer Ligurien keine weiteren Reiseziele hat, kann das eigene Auto getrost zu Hause lassen. Das Netz öf-

---

Preiswert mit der Bahn nach Italien

Am deutschen Bahnschalter können Fahrkarten nach Genua oder anderen ligurischen Bahnhöfen nur zum teuren internationalen Normalpreis ausgestellt werden, das bei frühzeitiger Buchung erheblich preisgünstigere **Europa-Spezial-Angebot** gibt es nur für grenzüberschreitende Fernzüge mit Ziel Mailand, Verona oder Bologna. Man spart daher meist beträchtlich, wenn man in Deutschland das deutsche Sonderangebot bis zu den genannten Bahnhöfen löst und für die Reststrecke in Italien eine Fahrkarte zum günstigen Binnentarif nachkauft. Inneritalienische Fahrkarten kann man auch über die Internetseite der italienischen Staatsbahn buchen oder bei lizensierten Reisebüros in Deutschland, Österreich und der Schweiz bekommen (Liste der ausländischen Verkaufsstellen auf www.trenitalia.com).

Reiseinfos

fentlicher Verkehrsmittel ist in Ligurien gut ausgebaut. Alle Orte der Riviera sind durch häufig fahrende Züge miteinander verbunden; daneben verkehren Busse, im Allgemeinen im 20–30-Min.-Takt (außer im Gebiet zwischen Sestri Levante und La Spezia, wo keine durchgehende Küstenstraße existiert). Auch die meisten Orte des Hinterlandes sind mit Bussen gut erreichbar. Nur für die Ligurischen Alpen empfiehlt sich ein eigener fahrbarer Untersatz.

Die Fahrpreise für Bus und Bahn sind recht niedrig (um 6 Cent/km), für den Eurostar und IC/EC-Züge sind entfernungsabhängige Zuschläge zu zahlen. So kostet die gut 90 km lange Strecke Genua–La Spezia im Eurostar 17,50 €, im IC 9 €, im Regionalzug 5,30 €; für die 135 km von Genua nach San Remo sind 13,50 € im IC, 8,10 € im Regionalzug zu zahlen (Preise 2011). Vor allem an der südlichen Riviera di Levante ist der Zug nicht nur preisgünstiger, sondern auch erheblich schneller als der Pkw, denn in diesem Gebiet verbinden nur kurvige Bergstraßen die Küstenorte miteinander.

Für Eurostar und IC/EC benötigt man eine Reservierung, die aber in aller Regel auch noch kurz vor Abfahrt des Zuges zu bekommen ist. Dies gilt nur eingeschränkt am Freitagnachmittag und mehr noch an Sonn- und Feiertagen ab spätem Nachmittag. Viele Züge sind dann übervoll und manchmal bekommt man weder eine kurzfristige IC-Reservierung noch einen Sitzplatz im Regionalzug.

Busfahrkarten sind im Allgemeinen nicht beim Fahrer erhältlich, sondern man kauft sie in Tabacchi-Geschäften, manchmal auch in einer Bar in der Nähe des Bushalts. Wenn Fahrkartenkauf auch beim Fahrer zugelassen ist, wird zumindest ein Zuschlag fällig. An den Haltestellen gibt man dem Fahrer ein deutliches Zeichen, wenn man zusteigen möchte; bloßes Dastehen reicht nicht aus!

Bahnkarten müssen vor Fahrtantritt in der Schalterhalle oder auf den Bahnsteigen an kleinen Automaten gestempelt werden. Nach der Entwertung gelten sie für 6 Std., bei Entfernungen über 200 km für 24 Std. Nachlösen im Zug kostet mindestens 25 €!

Gepäckaufbewahrung am Bahnhof gibt es nur noch in Genua, La Spezia, Alassio und Riomaggiore. Aktuelle Zugfahrpläne für ganz Italien *(orario generale)* sind an Zeitschriftenkiosken erhältlich. Für Ligurien reicht der *orario generale Liguria* zu 2,50 €.

Fahrplaninformationen Bahn
www.trenitalia.com, www.ferroviedellostato.it (Italienische Staatsbahn)
www.bahn.de (Deutsche Bahn, Fahrplanauskunft auch für Italien)

Fahrpläne lesen
Dank der vielen Abkürzungen wirken italienische Fahrpläne mitunter wie ein Buch mit sieben Siegeln. Im Folgenden daher einige Übersetzungshilfen:
fer. (= *feriale*): werktags
fer. escl. sab (= *feriale escluso sabato*): werktags außer Sa
fest. (= *festivo*): sonn- und feiertags
sc. oder scol. (= *scolastico*): an Schultagen, also nicht während der Sommerferien Mitte Juni–Mitte Sept.
non sc. oder non scol. (= *non scolastico*): nur an Tagen außerhalb der Schulzeit
sosp. (= *sospeso*) il …: ausgenommen am …
orario invernale: Winterfahrplan (Mitte Sept.–Mitte Juni)
orario estivo: Sommerfahrplan (Mitte Juni–Mitte Sept.)
fermata a richiesta: Bedarfshaltestelle (deutliches Handzeichen geben)

Reiseinfos

Fahrplaniformationen Bus
www.rivieratrasporti.it (Ventimiglia/San Remo/Imperia)
www.tpllinea.it (Alassio/Finale Ligure/Savona/Varazze)
www.apm.genova.it (Stadtverkehr Genua)
www.tigulliotrasporti.it (Genua bis Levanto)
www.atcesercizio.it (Golf von La Spezia)

Schiff

Schiffsverbindungen gibt es von April bis Oktober um die **Halbinsel von Portofino** (Rapallo/Santa Margherita Ligure–Portofino–San Fruttuoso, Camogli–San Fruttuoso), entlang der Küste der **Cinque Terre** (Monterosso–Portovenere) und im **Golf von La Spezia** (La Spezia/Lerici–Portovenere). Infos unter www.traghettiportofino.it, www.navigazionegolfodeipoeti.it.

Mietwagen

Autovermietungen gibt es in Genua sowie an der Riviera di Levante in Rapallo, Chiavari und La Spezia, an der Riviera di Ponente in Savona, Alassio und San Remo. Man findet sie im Telefonbuch unter »Autonoleggio«. Daneben gibt es vor Ort einige kleine Einzelunternehmen, die nicht immer billiger sein müssen. Bei den internationalen Vermietern ist es meist günstiger, schon vom Ausland aus zu buchen.

Taxi

Taxistände gibt es in größeren Städten und Touristenorten an Bahnhöfen und Hauptplätzen. In kleineren Orten muss man telefonisch vorbestellen, lange Wartezeiten und Absagen wegen zu kurzer Fahrtstrecke sind dann allerdings einzukalkulieren. Die Preise entsprechen in etwa deutschem Niveau, bei Überlandfahrten kann man u. U. einen niedrigeren Preis aushandeln.

Autofahren

Aufgrund der Autobahngebühren und der hohen Benzinpreise ist Autofahren in Italien kostspielig. In den Städten, aber auch auf der Küstenstraße Via Aurelia herrscht zudem häufig dichter Verkehr, vor allem an Wochenenden kommt es häufig zu Staus. Es empfiehlt sich daher, auf öffentliche Verkehrsmittel auszuweichen.

In Genua, aber vor allem im Hochsommer auch in den Badeorten sollte man ein beladenes Auto nicht unbewacht lassen. Autoeinbrüche kommen relativ häufig vor. Einheimische Autofahrer entfernen sicherheitshalber meist das Autoradio aus ihrem Wagen, leeren das Handschuhfach und lassen es offenstehen – als Zeichen, dass es nichts zu holen gibt.

Bestimmungen: Das Mitführen von mindestens einer Leuchtweste im Pkw ist zwingend vorgeschrieben. Außerhalb geschlossener Ortschaften muss in Italien grundsätzlich auch tagsüber das Abblendlicht eingeschaltet werden. Es besteht Gurtanlegepflicht. Die Promillegrenze liegt bei 0,5. Verkehrs- und Radarkontrollen sind recht selten, erwischte Verkehrssünder müssen aber mit saftigen Geldbußen rechnen. Dies gilt auch für Falschparken.

Höchstgeschwindigkeiten: Innerorts 50 km/h, auf Landstraßen 90 km/h, auf Autobahnen 130 km/h (110 km/h für Pkw bis 1099 ccm und Motorräder bis 349 ccm).

Parken: An Stellen, die mit weißen Streifen gekennzeichnet sind, kann man gebührenfrei parken. Blau gekennzeichnete Parkplätze sind gebührenpflichtig, gelbe den Anwohnern vorbehalten.

Polizei und Unfallrettung: Tel. 113
Pannenhilfe des italienischen Automobilclubs ACI: Tel. 116, Mobiltel. 800 11 68 00.

Übernachten

Da die Riviera schon seit Langem ein beliebtes Touristenziel darstellt, gibt es in den meisten Küstenorten eine große Auswahl an Unterkünften aller Kategorien, vom teuren Luxushotel bis zur einfachen Pension. Auch im Hinterland bereitet die Hotelsuche im Allgemeinen keine Probleme; allerdings ist das Niveau hier meist einfacher, dafür liegen die Preise oft erheblich niedriger als an der Küste.

Hotels

Hotels werden offiziell klassifiziert (ein bis fünf Sterne). Damit hat man einen ungefähren Anhaltspunkt für Komfortniveau und Preise. Qualität und Tarife können aber innerhalb derselben Kategorie stark variieren. Die Preise müssen in den Zimmern und an der Rezeption ausgehängt sein; angegebene Maximalpreise dürfen nicht überschritten werden. Meist wird preislich zwischen *alta stagione* (Hauptsaison) und *bassa stagione* (Nebensaison) differenziert.

Empfehlenswerte Hotels sind bei den jeweiligen Orten im Routenteil genannt. Die Preisangaben beziehen sich dabei, soweit nicht anders angegeben, auf Doppelzimmer (DZ) bzw., soweit das Frühstück im Preis enthalten ist, auf Doppelzimmer mit Frühstück (DZ/F). Einzelzimmer kosten im Schnitt etwa 30 % weniger. In der Hochsaison (Osterwoche sowie Juli/Aug.) steigen die Preise vor allem an den Badeküsten erheblich an. Gesamtverzeichnisse der einzelnen Provinzen erhält man bei den Touristenbüros (s. S. 15).

Viele Hotels schließen im Winterhalbjahr. Für die Hochsaison im Juli und August, aber auch für die Ostertage und den Zeitraum zwischen den Feiertagen 25. April und 1. Mai ist eine frühzeitige Reservierung unbedingt anzuraten. Während des Salone Nautico in Genua, einer der größten Bootsmessen der Welt (Anfang Okt.), findet man in der Stadt und im weiteren Umkreis von etwa 50 km meist ebenfalls nur mit Vorbestellung eine Unterkunft. Langfristig ausgebucht sind die Unterkünfte häufig auch während der örtlichen Feste (vgl. S. 32).

Jugendherbergen

In Finale Ligure, Savona, Genua, Levanto und Manarola existieren Jugendherbergen *(Ostelli per la gioventu)*. Sie sind alle gut geführt und schön gelegen. Die Übernachtung mit Frühstück kostet im Mehrbettzimmer 14–20 €. Man benötigt den internationalen JH-Ausweis, der auch vor Ort erstanden werden kann.

Campingplätze

Campingplätze sind an der Riviera di Ponente zahlreich, an der Riviera di Levante seltener. Die landschaftlich besonders reizvollen Gebiete um Camogli–Portofino und in den Cinque Terre haben keine *campeggi;* hier muss man in benachbarte Orte ausweichen. Hinweise auf empfehlenswerte Campingplätze werden im Routenteil gegeben. Gesamtverzeichnisse für die einzelnen Provinzen erhält man bei den Touristenbüros (s. S. 15). Informationen im Internet unter www.camping.it, www.campeggi.com und www.campeggi.it.

Im Juli und August sind die meisten Campingplätze überfüllt!

Privatunterkünfte und Ferienwohnungen

Anzeigen für Ferienwohnungen in Ligurien findet man im Reiseteil überregionaler deutscher Zeitungen. Auch Reisebüros bieten häufig Ferienwohnungen an. Privatunterkünfte sind besonders zahlreich in den Cinque Terre, wo die Kapazität der Hotels nicht ausreicht, um alle Urlauber unterzubringen.

Vor allem im Hügel- und Bergland gibt es viele landwirtschaftliche Betriebe, die **agriturismo** (Ferien auf dem Bauernhof) ermöglichen. Eine Liste der Unterkünfte erhält man bei »Agriturist«, Corso Vittorio Emanuele II, I-00186 Roma, Tel. 066 85 23 37, www.agriturist.it, www.bauernhofurlaub.com (deutsch). Zahlreiche Adressen finden sich auch in dem Buch »Landurlaub in Italien« (Landschriften-Verlag, Heerstr. 73, 53111 Bonn, Tel. 0228 96 30 20). Hübsche **Ferienhäuser** in Ligurien vermietet Sommerfrische/La Villeggiatura, Trautenwolfstr. 6, 80802 München, Tel. 089 38 88 92 90, www.sommerfrische.it.

In den letzten Jahren haben zahlreiche **Bed & Breakfasts** neu eröffnet, oft angenehme Unterkünfte mit meist nur wenigen Zimmern. Vor allem in Genua stellen sie eine preiswerte Alternative zu den Hotels dar. Man findet sie in den Unterkunftsverzeichnissen der Provinzen sowie unter www.bed-and-breakfast-italien.com und www.turismoinliguria.it.

Essen und Trinken

Die traditionelle ligurische Küche ist bodenständig, einfach und schmackhaft. Sie verwendet die Grundprodukte der Region, vor allem Gemüse, Kräuter und Olivenöl. Da Fisch schon immer teuer und die Mehrzahl der Bevölkerung arm war, werden in traditionellen Gerichten vor allem die preiswerteren Meerestiere verwendet, beispielsweise Sardellen oder Tintenfisch.

Zur bäuerlichen Küche gehörten vor allem Suppen, Gemüse, Nudeln und regionaltypische Teiggerichte (s. u.); Fleisch gab es nur an Festtagen, wenn ein Kaninchen oder ein Huhn geschlachtet wurde. Diese ländliche Küche wartet nicht mit raffinierten Verfeinerungen auf, wie man sie im benachbarten Piemont findet; aber wenn die Zutaten von guter Qualität sind und die Zubereitung sorgfältig geschieht, kann man in ligurischen Restaurants Hochgenüsse erleben.

Essen gehen

Als Faustregel gilt: Im Allgemeinen isst man in größeren Städten sowie im Hügel- und Bergland besser und preisgünstiger als in den Badeorten. In Genua, Savona, La Spezia, Chiavari findet man viele angenehme Trattorien, die vor allem von Einheimischen frequentiert werden; auch San Remo hat ein gutes Angebot. Im Hinterland leben viele etwas abgelegene Speiselokale von Stammkunden aus der näheren und weiteren Umgebung. Hier wird oft noch mit großem Arbeitsaufwand liebevoll eine traditionelle Küche gepflegt.

In den meisten Restaurants kann man zwischen 12.30 und 14.30 Uhr sowie zwischen 19.30 und 21.30 Uhr zum Essen kommen – und dann so lange bleiben, wie man will. Italiener nehmen sich Zeit fürs Essen, schließlich ge-

Reiseinfos

hört es zu den wichtigsten Dingen des Lebens. Allgemein wird es nicht gerne gesehen, wenn man sich einfach an einen freien Tisch setzt. Man wartet auf ein zustimmendes Handzeichen des Wirtes oder Kellners, ehe man sich niederlässt. Telefonische Anmeldung ist bei gehobenen Restaurants üblich.

Ein ausgiebiges Menü besteht aus Vorspeisen *(antipasti),* Nudeln, Suppe oder Risotto *(primo),* Hauptgericht *(secondo)* mit Beilage *(contorno)* und Dessert *(dolce).* In vielen Restaurants wird es ungern gesehen, wenn Gäste nur einen Gang bestellen; sich mit zwei Gängen zu begnügen, ist dagegen auch unter den Einheimischen üblich.

Brot und Gedeck *(pane e coperto)* werden fast überall mit einem Fixpreis (meist um 2 €) in Rechnung gestellt. Bedienungsgeld *(servizio)* darf nur gefordert werden, wenn es auf der Speisekarte ausgewiesen ist. Trinkgeld wird heutzutage nicht mehr erwartet, aber gern angenommen (etwa 5 % der Rechnungssumme); man lässt es beim Weggehen einfach auf dem Tisch liegen. Gruppen zahlen gemeinsam, mit dem Wunsch nach getrennten Einzelrechnungen macht man eine schlechte Figur. Die Rechnung sollte man beim Verlassen des Restaurants wegen häufiger Kontrollen der Finanzpolizei bei sich führen; dies gilt auch für den Einkauf in Geschäften.

Antipasti

Eine klassische Vorspeise ist *antipasto all'Italiano,* eine kalte Platte mit reichlich Schinken und Salami, manchmal begleitet von etwas Käse und in Olivenöl eingelegten oder gebratenen Pilzen, Artischocken und anderen Gemüsesorten. *Antipasto al mare* ist die Vorspeisenvariante mit Meeresfrüchten. In ganz Italien isst man gerne *crostini,* kleine geröstete, mit Tomaten, Trüffelmasse oder Leberpastete bestrichene Weißbrotscheiben. Die einfachere Variante ist die *bruschetta,* Röstbrot nur mit Salz, Knoblauch und Olivenöl. Beliebt sind auch *caprese,* Tomaten mit Mozzarella und Basilikum, *prosciutto e melone,* Schinken mit Melone, und *peperonata,* gebratene Paprikastreifen in Olivenöl. *Carpaccio* ist hauchdünn geschnittenes rohes Rinderfilet mit Parmesanflocken und Balsamessig.

Im Hinterland der Riviera di Ponente gibt es Speiselokale, in denen traditionell die Vorspeisen an erster Stelle stehen. Manche Wirte bringen hier bis zu zwölf Gänge kleiner, oft raffinierter Kreationen in rascher Folge auf den Tisch (Gemüse in allen Variationen, Suppen, handgemachte Nudeln, Meeresfrüchte, Weinbergschnecken usw.). Für den Hauptgang hat man danach meist keine Reserven mehr.

Nudeln und Suppen

Das ›klassische‹ Gericht der Riviera sind Teigwaren in Pestosauce (meist die Bandnudeln *trenette,* aber auch *lasagne* oder die Kartoffelteigklößchen *troffie).* Ihre Qualität beruht auf dem frischen Basilikum, das in Ligurien besonders gut gedeiht. Manchmal werden einige gekochte Kartoffeln und grüne Bohnen der Basilikum-Nudelsauce zugegeben. Sehr schmackhaft, aber in der Herstellung arbeitsaufwendig sind die *pansotti alla salsa di noci,* mit Quark und Kräutern gefüllte Teigwaren in Walnusssauce. Gefüllte Teigwaren *(ravioli, tortelli)* existieren in anderen zahlreichen Varianten; sie kommen meist mit Fleisch- und Gemüsefüllungen auf den Tisch, in raffinierteren Lokalen aber auch mit Fisch *(ravioli di pesce, ravioli di branzino)* oder

Reiseinfos

Eine ligurische Spezialität: die Pestosauce aus frischen aromatischen Basilikumblättern

Pilzen. An der Küste gibt es häufig Nudeln mit Meeresfrüchten *(alla pescatora)* oder mit Muscheln *(alle vongole, ai muscoli)*.

Den ersten Gang kann statt der Nudeln auch ein Reisgericht (Steinpilzrisotto) oder eine Suppe bilden. Ein traditionelles Bauerngericht aus dem Gebiet um La Spezia ist die *mesciua* aus verschiedenen Getreidesorten, Bohnen, Kichererbsen und Gemüse. In Genua gibt es die Gemüsesuppe *minestrone alla genovese*. *Buridda di seppie* ist ein sehr schmackhafter Tintenfisch-Kartoffel-Eintopf. *Ciuppin,* eine passierte Fischsuppe, findet man nur selten auf den Speisekarten.

Fisch und Meeresfrüchte

Fisch ist an der Riviera mit Vorsicht zu genießen. Grundsätzlich ist er teuer – übrigens nicht nur im Restaurant, sondern auch in Geschäften und auf den Märkten. Die ligurischen Küstengewässer sind nicht mehr fischreich, die Erträge sind knapp, ein Großteil der Ware stammt aus anderen Gebieten, beispielsweise aus Sizilien. Wirklich hervorragenden frischen Fisch bekommt man nur in qualitätsbewussten Restaurants.

Am häufigsten werden Goldbrasse *(orata)* und Seebarsch *(branzino)* angeboten. Beide Fischsorten stammen fast ausnahmslos aus Meerwasserzuchten. In der interessantesten Zubereitungsart werden sie mit Oliven, Kartoffeln, Weißwein, manchmal auch mit Pinienkernen und Tomaten im Ofen gebacken. Auch Stockfisch *(stoccafisso, baccala)* wird so zubereitet. Gängig ist auch der Schwertfisch *(pesce spada)*.

Die lokalen Spezialitäten sind, der Tradition entsprechend, meist kleinere Fischgerichte aus der Arme-Leute-Küche: als Vorspeise *acciughe*, eingelegte Sardellen, oder *bianchetti,* winzige Sardinen mit Olivenöl und Zitrone, als Hauptgericht die kleinen Tintenfische *moscardini* oder Muscheln.

Reiseinfos

Meeresfrüchte und Schalentiere werden vor allem auf Vorspeisentellern *(antipasto di mare)* und in Nudelgerichten *(spaghetti ai frutti di mare, alla pescatora)* serviert. Sie sind häufig preisgünstiger als die großen Seefische, stammen aber nur zum kleinsten Teil von der ligurischen Küste.

In Restaurants wird der Preis von Fischgerichten häufig pro 100 g *(etto)* angegeben; die ganze Portion kostet also das Drei- bis Vierfache der auf der Karte angegebenen Summe!

Weitere Spezialitäten

Ein klassisches Gericht der Landküche ist *coniglio alla ligure*, mit Rotwein, Rosmarin, Knoblauch, Oliven, eventuell Tomaten und Pinienkernen geschmortes Kaninchen. Seltener findet man *cima alla genovese*, kalte, gefüllte Kalbsbrust. Die *torta pasqualina*, eine Gemüsetorte, wurde früher hauptsächlich zu Ostern zubereitet. Ein mit Spinat, Mangold oder Zucchini gefüllter Gemüsekuchen ist die *torta verde*.

Im Spätsommer beginnt die Saison der Steinpilze. Vor allem in den Trattorien des Hinterlandes werden im Herbst ganze Pilz-Menüs angeboten. Die *porcini* werden auf jede erdenkliche Weise serviert: eingelegt als Antipasto, in Nudelsaucen und im Risotto, als Hauptgericht, zu Fleischspeisen. In manchen Gebieten im Hinterland der Riviera di Ponente gibt es im Herbst und Winter auch Trüffel.

Die ligurischen Gegenstücke zur noch Mitte des 20. Jh. in Nord- und Mittelitalien weithin unbekannten süditalienischen Pizza heißen *focaccia* (Hefeteig-Fladenbrot) und *farinata* (Kichererbsenmehlfladen). Man erhält sie in vielen Bars, aber auch in Focaccerie, die sich auf diese Gerichte spezialisiert haben.

Unter den Süßspeisen sind für die ligurische Küche besonders charakteristisch der Kastanienkuchen *(castagnaccio)* und der *panettone genovese*, ein Hefekuchen mit Rosinen und Pinienkernen. Auch die *baci* (Pralinen) von Alassio, Albenga und San Remo sowie die *amaretti* (Mandelmakronen) von Sassello im Hinterland von Savona sind empfehlenswert.

Für den kleinen Hunger zwischendurch

Pizza al Taglio ist ein preiswerter Imbiss, in dem Pizza stückweise vom Blech auf die Hand verkauft wird. Einige Lokale haben einfache Tische und Bänke und verkaufen frisch gezapftes Bier. Auch die typisch ligurische *farinata* (gebackene Kichererbsenfladen) wird so angeboten. Von ähnlich einfachem Zuschnitt ist die Tavola Calda, wo auch warme Tellergerichte serviert werden. *Stuzzichini* bekommt man in besseren Bars als Appetithäppchen zum Aperitif (kleine belegte Weißbrotstücke, Oliven, Erdnüsse usw.). In den meisten Lebensmittelgeschäften *(alimentari)* kann man sich an der Wurst- und Käsetheke belegte Brote zubereiten lassen.

Ligurische Weine

Die ligurischen Weine sind meist solide Landweine; sie erreichen nur selten Spitzenqualität. An der Ponente-Küste befindet sich das größte Anbaugebiet; hier gedeihen die roten Rossese, Dolcetto und Barbera und die weißen Vermentino und Pigato. Die besten Qualitäten kommen aus der Gegend um Dolceacqua im Hinterland von Ventimiglia und aus dem Gebiet bei Albenga.

An der Riviera di Levante ist der auf steilen Rebterrassen direkt über dem Meer gewonnene Cinque Terre am bekanntesten; er wird aus mehreren Rebsorten gewonnen. In der gleichen Gegend entsteht aus getrockneten Trauben der Dessertwein Sciacchetrà. Wegen des großen Produktionsaufwands hat er allerdings stolze Preise. Weiter südlich erzeugt das kleine Anbaugebiet Colli di Luni an der Grenze zur Toscana angenehme Tischweine.

Aktivurlaub, Sport und Wellness

Baden und Strände

Strandleben pur erlebt man am besten an der **Palmenriviera** zwischen Diano Marina und Spotorno. Hier gibt es breite Sandstrände und eine gut ausgebaute touristische Infrastruktur. Wer einen kleinen, außerhalb der Saison idyllischen Ort bevorzugt, geht am besten nach Laigueglia, Varigotti oder Noli; Badeorte mittlerer Größe sind Diano Marina und Finale Ligure; die »Badehauptstadt« mit den meisten Unterkünften ist Alassio. Alle diese Orte sind wegen der flachen Ufer und des vielfältigen Hotelangebots auch gut für Familien mit Kindern geeignet.

An der **westlichen Riviera,** zwischen der französischen Grenze und Imperia, sind die Strände – fast überall Kiesstrände – weniger attraktiv. Aber das elegante Bordighera, das urbane San Remo und das malerische Imperia haben einen ausgeprägten Eigencharakter und werden weniger vom Urlaubsbetrieb geprägt als das östlich angrenzende Gebiet. Außerdem locken das gebirgige Hinterland und die benachbarte Côte d'Azur zu Ausflügen.

An der **Riviera di Levante** liegen die freundlichsten Badeorte zwischen Sestri Levante und Monterosso. Hier gibt es zwar nicht so ideale Sandstrände wie an der Palmenriviera. Aber Sestri Levante, Moneglia und Bonassola bieten angenehm geschützte Buchten und, außer in der Hochsaison, eine entspannte Atmosphäre. Mehr Betrieb herrscht in Levanto und Monterosso, wo man ebenfalls gut baden kann.

Die **Wasserqualität** ist in Ligurien fast überall gut bis sehr gut. Nicht fürs Badevergnügen geeignet sind nur die Meerufer im Nahbereich der Industriestädte Genua, La Spezia und Savona sowie einiger Flussmündungen.

In der Badesaison (Mai–Okt.) sind weite Strandbereiche von den **bagni** oder **stabilimenti balneari** belegt. Die Gemeinden vermieten traditionell abgegrenzte Teile ihrer Badestrände an private Betreiber, die Liegestühle und Sonnenschirme aufstellen, den Strand sauber halten und für Umkleidekabinen, gute sanitäre Einrichtungen sorgen. Für die Nutzung zahlt man einen Eintrittspreis, zwei Liegen mit Sonnenschirm kosten ca. 15–25 € pro Tag bzw. 60–120 € pro Woche, an renommierten Stränden in der Hochsaison eventuell noch deutlich mehr. Überall gibt es aber auch kleinere, völlig freie Strandabschnitte *(spiagge libere)*, die von den Gemeinden allerdings nicht immer optimal gepflegt werden.

FKK gibt es in Italien nicht, auch ›oben ohne‹ wird nicht gern gesehen, mancherorts sogar mit Bußgeldern belegt. Verpönt ist es auch, sich vor aller Augen umzuziehen.

Liegeplätze mit ausgelegten Badetüchern zu sichern, ist nicht gestattet. Hunde dürfen nur da auf den Strand, wo dies ausdrücklich gestattet ist.

Reiseinfos

In den letzten Jahren hat sich Ligurien zu einer beliebten Wanderregion entwickelt

Fahrrad und Mountainbike

Für Radler mit durchschnittlicher Kondition sind die meisten ligurischen Straßen entweder zu stark befahren oder zu steil. An der Küste herrscht intensiver, für Radfahrer unangenehmer Autoverkehr, vor allem auf der Staatsstraße 1, der Via Aurelia, die ganz Ligurien durchzieht. Im Hinterland muss man schon sehr gut trainiert sein, um sich bei den häufigen Anstiegen wohl zu fühlen.

Mountainbiker finden dagegen im Apennin und in den Ligurischen Alpen an mehreren Stellen geeignete Strecken. In Küstennähe bietet sich vor allem die Umgebung von Finale Ligure zum Mountainbiking an. Hier gibt es markierte Strecken und spezielles Kartenmaterial (Information und Verleih: Riviera Outdoor, s. S. 160). Eine beliebte aber auch anspruchsvolle Mountainbikeroute in den Ligurischen Alpen folgt alten Militärwegen entlang des ligurisch-französischen Grenzkamms vom Tendapass nach Ventimiglia (Tourenvorschlag gibt es unter www.gpstour.info).

Klettern

Ein bei Free-Climbern aus ganz Europa bekanntes und beliebtes Klettergebiet ist die Kalksteinlandschaft des Finalese bei Finale Ligure. Informationen erhält man bei Rock Store in Finalborgo (s. S. 160). Gute Klettermöglichkeiten gibt es auch bei Castelbianco/Alto im Val Pennavaire im Hinterland von Albenga. Informationen im Internet unter www.stadler-markus.de (Sportklettern).

Wandern

Das Wanderparadies Liguriens sind die Cinque Terre. Die einzigartigen Wege dieses Gebiets – schmale Pfade hoch

Reiseinfos

über dem Meer – sind zu Recht bei Wanderern aus aller Welt beliebt. Allerdings herrscht auf ihnen zwischen April und Oktober ein enormer Andrang, der störend wirken kann, wenn man eher einsame Wandererlebnisse sucht. Auch in anderen Bereichen der Riviera di Levante gibt es markierte, gut zu gehende Wege, so zwischen Sestri Levante und Moneglia, im Hinterland von Chiavari und im Naturschutzgebiet des Monte Portofino. Sie führen durch die bäuerliche Kulturlandschaft der Weinberge und Ölbaumhaine und durch einsamere Gegenden, in denen meist die Macchia-Vegetation vorherrscht. Immer wieder genießt man wunderschöne Ausblicke auf die ligurische Küste.

An der Riviera di Ponente bietet sich vor allem die Umgebung von Finale Ligure für Wandertouren an. Wanderwege, die z. T. dem Verlauf alter Römerstraßen folgen, durchqueren hier das Gebiet der »Manie« mit eindrucksvollen Kalkfelsen und Schluchten. Weiter westlich ist das Land unmittelbar am Meer überall stark verbaut, aber schon im unmittelbaren Küstenhinterland gibt es zahlreiche lohnende Wandergebiete. Geeignete Ausgangspunkte sind u. a. Toirano bei Loano, Dolceo bei Imperia und Triora bei San Remo. Die Hochlagen des Appenin und der Ligurischen Alpen sind kaum erschlossen, auf einsamen Bergpfaden kann man hier stundenlang unterwegs sein, ohne einen einzigen Menschen anzutreffen.

Die ligurischen Wanderwege sind meist schmal und streckenweise steinig. Wanderer sollten leichte, knöchelhohe Wanderschuhe tragen und in der warmen Jahreszeit einen Sonnenschutz dabei haben. Ausführliche Informationen zu ligurischen Wanderwegen gibt es unter www.italienwandern.de (Hinweise zu Wanderkarten s. S. 15). Der Wanderführer »Ligurien« von DuMont stellt 35 lohnende Tages- und Halbtagestouren detailliert vor.

Wassersport

Tauchen ist besonders interessant an der Riviera di Levante, etwa an der Halbinsel von Portofino oder im Gebiet der Cinque Terre. Tauchschulen, die auch die Ausrüstung verleihen, gibt es z. B. in Santa Margherita Ligure, Levanto und Riomaggiore (Adressen s. Reiseteil).

Segeln kann man an der gesamten Küste, in vielen Orten werden Kurse veranstaltet. Als bestgeeignetste Orte zum **Surfen** gelten wegen der besonders günstigen Windverhältnisse Varazze und Levanto; andere beliebte Surfplätze liegen bei San Remo, Alassio, Finale Ligure, Genua und Lerici. **Kanus** kann man u. a. in Levanto, Riomaggiore und Lerici ausleihen. Die Organisationen Circolo Velico in Imperia (s. S. 122) und Tigullio Sail in Sestri Levante (s. S. 230) veranstalten Segelkurse auch für Kinder, Letztere auch Surf- und Kanukurse.

Wellness

Mit den bekannten Wellnessdestinationen Europas kann Ligurien nicht konkurrieren. Ein großes Spa-Hotel mit breitem Angebot (Sauna, Hamam, Massagen, Ayurveda-Kuren usw.) ist an der Riviera di Ponente das komfortable Grand Hotel Antiche Terme beim Bergdorf Pigna nahe San Remo (www.termedipigna.it). Daneben gibt es über ganz Ligurien verstreut Hotelunterkünfte, die ihren Gästen Möglichkeiten für ein paar erholsame Wellnessstunden nebenbei bieten. Unter www.hotelbenessere.it sind sie aufgelistet.

Feste und Unterhaltung

Religiöse Feste

Fast jedes Dorf und viele Kleinstädte feiern einmal jährlich das **Fest des Ortsheiligen**. Der religiöse Charakter tritt dabei häufig in den Hintergrund. Zwar werden eine Messe und eine Prozession abgehalten, für viele Einheimische sind das aber die anschließenden Veranstaltungen wichtiger: Musik, Tanz, Spiele und manchmal ein Feuerwerk. Die Orte bemühen sich darum, durch ein interessantes Programm zahlreiche Besucher anzuziehen – nicht nur Touristen, sondern auch Gäste aus den Dörfern der näheren und weiteren Umgebung. Damit steigert man das eigene Ansehen, man macht »bella figura«. Zu den schönsten gehören die Feste für die **Madonna dell'Orto** in Chiavari (Juli) oder die **Madonna Bianca** in Portovenere (Aug.).

Feste zur Ortsgeschichte

Manche Ortsfeste rufen historische Epochen oder Ereignisse wieder ins Leben. Sie sind besonders reizvoll, denn die Umzüge in historischen Kostümen, Wettkämpfe oder Schauspiele geben ein farbenprächtiges Bild. An einen listenreich abgewehrten Piratenüberfall vor mehr als 1000 Jahren erinnert beispielsweise das **Sarazenenfest** von Taggia (Febr.). Es ist zugleich das Fest des Ortsheiligen, des hl. Benedikt Ravelli. Das **Fest der Torta dei Fieschi** (Aug.) erinnert an eine Grafenhochzeit von 1240. Besonderer Höhepunkt ist die Verteilung eines gigantischen Kuchens von mehr als einer Tonne Gewicht in Tausenden von Portionen. Daneben gibt es Umzüge in historischen Kostümen, Tanz und ein Feuerwerk. Während der **Agosto Medievale** (Aug.) verwandelt sich die Altstadt von Ventimiglia eine Woche lang in ein mittelalterliches Ambiente mit Ritterspielen, Prozessionen, Paraden und großartigen Kostümen.

Erneuerte Tradition

Fast vergessene Feierlichkeiten wurden in den letzten Jahrzehnten vielfach wiederbelebt. Vor allem das Interesse der Touristen hat dazu beigetragen. Dazu gehören z. B. der **Palio del Golfo** im August oder die **Regata dei Rioni** im September. Einige Feste, die als traditionsreich gelten, sind allerdings erst vor relativ kurzer Zeit eingeführt worden. Das berühmteste davon ist die **Sagra del Pesce** (Mai) in Camogli. Das große Fischfest fand 1952 erstmalig statt. Heute ist es eines der größten ligurischen Feste und führt regelmäßig zu einem Massenandrang. Auf der ›größten Pfanne der Welt‹ wird tonnenweise Fisch gebraten und gratis an die Besucher verteilt.

Kulturfestivals

Das **Festival della Canzone Italiana** von San Remo, das seit 1950 jeden Februar veranstaltet wird, ist ein Ereignis von landesweiter Bedeutung. Die halbe Nation folgt dem Schlagerfestival am Fernsehschirm, und die Entscheidungen der Jury lösen hitzige Debatten aus. Daneben finden in Ligurien auch andere interessante Festspiele statt: das **Kammermusik-Festival** von Cervo (Juli/Aug.), das **Jazz- und Bluesfestival** von San Remo (Juli) oder das **Modernismus-Festival** in Alassio (Sept.).

Festkalender

Januar/Februar
San Remo in fiore: Ende Jan./Anfang Febr. Farbiges Blumenfest.
Festival della Canzone Italiana: Febr. in San Remo, siehe links.
Karneval: u. a. in Moneglia, Chiavari, Sestri Levante, San Terenzo.
Sarazenenfest: 12./13. Febr. in Taggia, siehe S. 32.
Festa della Barca: 23. Febr. in Baiardo (nördlich von San Remo). Die Einheimischen stellen die Geschichte einer Grafentochter dar, die wegen ihrer standhaften, aber nicht standesgemäßen Liebe zu einem Seemann vom eigenen Vater geköpft wurde.

März/April
Karfreitagsprozessionen in zahlreichen Orten; die berühmtesten finden in Savona und Ceriana bei San Remo statt.

Mai
Sagra del Pesce (Fischfest): zweites Mai-Wochenende in Camogli, siehe S. 32.
Infiorata: an Fronleichnam bzw. am darauf folgenden Sonntag werden in Imperia, Diano Marina, Levanto und anderen Orten in den Straßen große ›Gemälde‹ aus Blütenblättern ausgelegt.

Juni
Battaglia dei Fiori: großes Blumenfest in Ventimiglia.

Juli
Jazz- und Bluesfestival: in San Remo.
Madonna di Montallegro: 1.–3. Juli in Rapallo. Fest zu Ehren der Stadtheiligen mit großem Umzug und einem besonders aufwendigen Abschlussfeuerwerk.
Madonna dell'Orto: 2. Juli in Chiavari. Fest zu Ehren der Ortsheiligen, ebenfalls mit Feuerwerk.
Sbarco dei Turchi: erstes Juli-Wochenende in Ceriale. Ein erfolgreich abgewehrter Seeräuberüberfall wird in historischen Kostümen nachgespielt.
Magdalenen-Fest: dritter Juli-Sonntag in Taggia. Aufführung eines mittelalterlichen Totentanzes durch die Einheimischen.
Festa di San Giacomo: 25. Juli in Levanto. Mit eindrucksvoller Bußprozession, Umzügen in historischen Kostümen und einem Abschlussfeuerwerk.

August
Agosto Medievale: in Ventimiglia (wechselnder Termin), siehe S. 32.
Stella Maris: erster Aug.-Sonntag in Camogli. Bootsprozession.
Palio del Golfo: erster Aug.-Sonntag in La Spezia. Regatta und Feuerwerk.
Fest der Torta dei Fieschi: 14. Aug. in Lavagna, siehe S. 32.
Festa della Madonna Bianca: 17. Aug. in Portovenere. Fest der Ortsheiligen mit Prozession und nächtlichem Fackelzug.

September
Festival del Mito Modernismo: erste Sept.-Woche in Alassio. Modernismus-Festival (Theater, Lesungen).
Regata dei Rioni: zweiter Sept.-Sonntag in Noli. Historische Ruderregatta.
Festa di San Venerio: 13. Sept. in Portovenere mit Bootsprozession zur Insel Tino.
Festa del Santo Cristo: 14. Sept. in Moneglia. Fest des Heiligen Kreuzes.

Reiseinfos von A bis Z

Ärztliche Versorgung

In Notfällen kann man sich an den **Pronto Soccorso** der Krankenhäuser wenden, der in allen größeren und mittleren Orten existiert. In kleineren Orten gibt es oftmals den notärztlichen Dienst **Guardia Medica**. Die Behandlung ist gratis. Eine **Apotheke** *(farmacia)* ist an einem grünen Kreuz über dem Eingang zu erkennen. Adressen deutschsprachiger Ärzte erfährt man über die Konsulate (s. u.) oder vom ADAC München, Tel. 089 22 22 22.

Die deutsche und die österreichische gesetzliche Krankenversicherung tragen ausländische Behandlungskosten; man sollte sich dafür vor der Reise von der eigenen Krankenkasse eine Europäische Versicherungskarte (EHIC) ausstellen lassen. Notfallbehandlungen im Krankenhaus werden auch ohne Versicherungskarte durchgeführt.

Einen umfassenderen Versicherungsschutz genießt man mit einer privaten Auslandskrankenversicherung. Allerdings muss man in diesem Fall die Behandlungskosten zunächst einmal vorstrecken. Man sollte darauf achten, dass im vertraglichen Leistungsumfang der Rücktransport ins Heimatland bei Unfällen und schweren Erkrankungen enthalten ist, da dieser von den gesetzlichen Krankenkassen nur eingeschränkt übernommen wird.

Diplomatische Vertretungen

Deutsches Generalkonsulat
Via Solferino 40, 20121 Mailand, Tel. 026 23 11 01, Notrufnummern (mobil) außerhalb der Bürozeiten: Tel. 33 56 25 56 21, 33 56 25 56 22.

Schweizer Generalkonsulat
Piazza Brignole 3, 16122 Genova, Tel. 0 10 54 54 11.

Österreichisches Honorarkonsulat
Via Assarotti 5, 16122 Genova, Tel. 01 08 39 39 83.

Elektrizität

Die Netzspannung beträgt 220 Volt. Für Elektrogeräte benötigt man vielfach einen Adapter *(adattatore)*, der auch in italienischen Elektrogeschäften erhältlich ist.

Feiertage

1. Januar: Neujahr
6. Januar: Hl. Drei Könige
Ostermontag
25. April: Tag der Befreiung
1. Mai: Tag der Arbeit
2. Juni: Tag der Nationalen Einheit
15. August: Mariä Himmelfahrt, »Ferragosto«
1. November: Allerheiligen
8. Dezember: Mariä Empfängnis
25. und 26. Dezember: Weihnachten

FKK

Siehe S. 29 (Baden und Strände)

Geld

Währung ist der Euro (€), die Untereinheit heißt im Italienischen *centesimi*. Das Netz an Bargeldautomaten ist dicht, Geldwechsel an allen Banken möglich. Die gängigen Kreditkarten werden in den meisten Hotels und Restaurants sowie vielen Geschäften akzeptiert. Mit ec-/Maestro- oder Kreditkarte und persönlicher Geheimnummer kann man an Geldautomaten *(bancomat)* bis 250 € pro Tag abheben.

Kinder

Mit Kindern, vor allem mit kleinen Kindern in Italien zu reisen, ist angenehm: Fast überall werden die *bambini* ausgesprochen freundlich behandelt. Sie sind bei den Italienern noch immer populär, obwohl die Geburtenrate im Land inzwischen auf eine der niedrigsten weltweit gesunken ist.

Die meisten kindgerechten Küstenabschnitte – breite, zum Spielen geeignete Sandstrände mit relativ flachem Wasser – finden sich zwischen Savona und Imperia, beispielsweise in Finale Ligure oder Alassio. An der Riviera di Levante sind die Ufer häufig steiler, sodass man schnell in tiefes Wasser gerät. Aber auch hier gibt es geeignete Strände, z. B. in Moneglia, Bonassola und Levanto.

Medien

Die meistgelesenen Tageszeitungen Liguriens sind La Repubblica – die auflagenstärkste Zeitung Italiens neben dem Corriere della Sera – sowie die Regionalzeitung Secolo XIX. Im Gebiet um La Spezia wird auch La Nazione viel gekauft. Secolo XIX hat unterschiedliche Lokalbeilagen, La Repubblica einen Genua-Teil, La Nazione einen Lokalteil für die südliche Riviera di Levante.

Empfehlenswert für deutschsprachige Leser ist die monatlich erscheinende Zeitung Riviera-Côte d'Azur mit Veranstaltungshinweisen.

Notruf

Polizei und Unfallrettung: Tel. 113
Notarzt und Krankenwagen: Tel. 118
Pannenhilfe: Tel. 803 116, Mobiltel. 800 11 68 00.

Öffnungszeiten

Geschäfte: in der Regel Mo-Sa 9–12.30 und 16.30–19 Uhr; Lebensmittelgeschäfte öffnen morgens häufig schon um 8.30 Uhr. Mo vormittags sowie an einem von Ort zu Ort wechselnden Nachmittag (meist Mi oder Do) sind die meisten Läden geschlossen. In touristisch viel besuchten Orten sind die Läden im Sommerhalbjahr auch So/Fei geöffnet.
Banken: Mo-Fr 8.30–13.15 und 14.45–15.45 Uhr.

Markttermine

In vielen Orten Liguriens wird einmal wöchentlich an einem festgelegten Tag der große Wochenmarkt abgehalten, wo im Allgemeinen neben Lebensmitteln auch Kleidung und Haushaltswaren angeboten werden:
Montag: Imperia-Porto Maurizio, Savona und Recco
Dienstag: San Remo, Diano Marina und Spotorno
Mittwoch: Ventimiglia, Imperia-Oneglia, Albenga, Varigotti, Camogli und Levanto
Donnerstag: Bordighera, Imperia-Porto Maurizio, Finale Ligure, Noli, Rapallo, Lavagna und Monterosso
Freitag: Ventimiglia (ganztägig), Loano, Santa Margherita Ligure und Chiavari
Samstag: Taggia, San Remo, Imperia-Oneglia, Alassio, Sestri Levante
Sonntag: Moneglia

Reiseinfos

Postämter: Sie sind in kleineren Orten nur vormittags geöffnet.
Museen: Viele Museen schließen am 1. Jan., Ostersonntag, 25. April, 1. Mai, 15. Aug., 25. und 26. Dez. Die Öffnungszeiten zahlreicher Museen in ganz Italien findet man unter www.museionline.it.

Post

Briefsendungen aus/nach Italien kommen mittlerweile meist recht zügig an den Bestimmungsort, nachdem Auslandsbriefe grundsätzlich als »Posta prioritaria« versandt werden müssen.

Briefmarken *(francobolli)* erhält man nicht nur am Postschalter, sondern auch in Tabacchi-Geschäften. Das Porto für Normalbriefe und Postkarten ins EU-Ausland und in die Schweiz beträgt 0,75 €. Weitere Informationen im Internet unter www.poste.it (auch in Englisch).

Rauchen

In Italien herrscht ein striktes Rauchverbot an öffentlichen Plätzen. Es gilt in allen der Allgemeinheit zugänglichen Räumlichkeiten, u. a. in Bars, Restaurants, Hotels, Ämtern, am Arbeitsplatz, in öffentlichen Verkehrsmitteln. Auch Touristen riskieren bei Verstößen Geldbußen (bis zu 250 €), bei Rauchen in der Gegenwart von Kindern und Schwangeren verdoppelt sich das Strafgeld.

Reisen mit Handicap

Die Organisation »Terre di Mare« in Genua gibt Informationen für Reisende mit Behinderungen, z. B. Adressen und Tourenvorschläge. Eine Broschüre mit entsprechenden Hinweisen zu Hotels, Restaurants, Museen, Verkehrsmitteln der Region Ligurien ist dort erhältlich. Im Büro in Genua oder per Online-Bestellung erhält man für 10 € die Karte »OK! Liguria per Tutti«. Sie berechtigt u. a. zum kostenlosen Ausleihen vierrädriger Scooter (Terre di Mare: Palazzo Ducale, Piazza Matteotti 72r, 16123 Genova, Tel. 0 10 54 20 98, www.terredimare.it, auch in Deutsch, Di–Sa 9–13, 14–18 Uhr). Informationen über behindertengerechte Hotels gibt es (auch auf Deutsch) unter www.italiapertutti.it.

Reisekasse und Spartipps
Im Großen und Ganzen sind die Lebenshaltungskosten etwa gleich hoch wie in Deutschland. Erheblich preiswerter sind Bahn und Bus; Kleidung und Schuhe kauft man in größeren Städten sehr viel günstiger als in den touristischen Zentren. Besonders preiswerte Angebote findet man an den Ständen der Wochenmärkte (s. S. 35), manches ist hier allerdings Billigware zweifelhafter Herkunft.
Unterkunftspreise schwanken stark, je nach Saison und Ort. Preisgünstige Hotels bieten Doppelzimmer ab ca. 50 € an, Mittelklassehotels ab 80 € und Oberklassehotels ab etwa 140 €.
Ein **Dreigangmenü** *(primo, secondo, contorno)* ohne Getränke kostet in einer einfachen Durchschnittstrattoria um die 20 €, als fixes *menu turistico* etwas weniger (ab 15 €). Mineralwasser und Hauswein *(vino della casa)* kosten deutlich weniger als bei uns. Günstig sind auch viele Angebote der Bars (Espresso 1 €, Cappucino 1,70 €, Amaro, Grappa, Campari 2,50 €).
In staatlichen **Museen** haben EU-Bürger unter 18 und über 65 Jahren freien Eintritt.

Reiseinfos

Sicherheit

Parkende Autos sollten an der Küste nach Möglichkeit vollständig leergeräumt werden (s. auch S. 23). In Genua empfiehlt es sich, das Auto auf einem bewachten Parkplatz abzustellen und das Autoradio nach Möglichkeit zu entfernen. Auf keinen Fall Wertsachen im Auto lassen! In der Altstadt und den öffentlichen Verkehrsmitteln von Genua sollte man sich vor Taschendieben in Acht nehmen. Im Hinterland und an der Küste zwischen Sestri Levante und den Cinque Terre kommen kaum Diebstahlsdelikte vor.

Souvenirs

Wie überall in Italien gibt es auch in Ligurien nach alten Traditionen hergestelltes Kunsthandwerk, das man vor Ort auch kaufen kann. Altare ist für seine Glasarbeiten berühmt, Albisola für seine Porzellan- und Keramikwerkstätten. In Chiavari werden hochwertige Holzmöbel geschreinert, in Zoagli bei Rapallo nach alten Mustern Seiden- und Damaststoffe gewebt. Als Mitbringsel eignen sich vor allem aber kulinarische Spezialitäten: das hochwertige Olivenöl aus Imperia, getrocknete Steinpilze, der hochwertige Dessertwein Schiacchetra aus den Cinque Terre oder süßes Gebäck aus Alassio *(baci)* oder Sassello *(amaretti)*.

Telefonieren

Meist funktionieren öffentliche Fernsprecher mit Münzen sowie Telefonkarten, manche auch mit Kreditkarten. Telefonkarten *(schede telefoniche)* sind in Tabacchi-Läden erhältlich. In Hotels sind Gespräche oft doppelt so teuer wie an öffentlichen Telefonen.

Die **internationale Vorwahlen** lauten für Deutschland 00 49, für Österreich 00 43 und in die Schweiz 00 41. Danach folgt jeweils die Teilnehmernummer ohne die Null der Ortsvorwahl. Die Vorwahl für Italien ist 00 39, dann folgt die vollständige Teilnehmernummer inkl. der ersten Null.

Wenn man in Italien viel vom eigenen Mobiltelefon aus anruft, lohnt es sich, eine Telefonkarte eines italienischen Netzbetreibers (z. B. Omnitel oder Wind) mit italienischer Nummer zu kaufen, um zum Inlandstarif zu telefonieren. Auch Gespräche nach Deutschland werden so billiger.

Trinkgeld

Trinkgelder in Hotels, Restaurants oder Taxis werden nicht erwartet, sind aber natürlich gern gesehen. Ein ungefährer Richtsatz für Restaurants liegt bei 5 % des Rechnungsbetrags, in Hotels und im Taxi kann man sich etwa an den Werten der deutschsprachigen Länder orientieren.

Trinkwasser

Leitungswasser ist gesundheitlich unbedenklich. Auch das Wasser aus Brunnen und öffentlich zugänglichen Wasserhähnen kann man trinken, sofern nicht ausdrücklich der Warnhinweis »Acqua non potabile« daran steht.

Umgangsformen

In Badekleidung, barfuß oder mit nacktem Oberkörper sollte man grundsätzlich keine Läden, Bars und Restaurants (außer Strandbars) betreten. In manchen Orten, z. B. in Alassio, riskiert man dafür sogar ein Bußgeld!

Panorama – Daten, Essays, Hintergründe

Vernazza gilt als das schönste aller Cinque-Terre-Dörfer

Steckbrief Ligurien

Daten und Fakten
Fläche: 5420 km²
Einwohner: 1,6 Mio.
Die größten Städte: Genua (630 000 Einw.), La Spezia (95 000 Einw.), Savona (62 000 Einw.), San Remo (57 000 Einw.), Imperia (40 000 Einw.).
Hauptstadt: Genua
Amtssprache: Italienisch
Zeitzone: MEZ, im Sommer MESZ

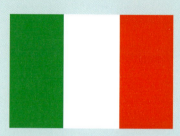

Lage und Größe
Ligurien grenzt im Westen an Frankreich, im Norden an das Piemont, im Nordosten an die Emilia-Romagna und im Südosten an die Toscana. Die Südgrenze bildet über ca. 300 km das Tyrrhenische Meer. Mit 1,8 % der Gesamtfläche Italiens ist Ligurien die zweitkleinste Region des Landes.

Geografie und Natur
Fast ganz Ligurien ist Hügel- und Bergland, überall steigen am Meer die Hänge auf. Der starke Kontrast von Küste und Gebirge schafft auf engem Raum unterschiedliche Klima- und Vegetationszonen.

Die Küste gliedert sich in die ca. 180 km lange **Riviera di Ponente** (Genua bis französische Grenze) und die ca. 120 km lange **Riviera di Levante** (Genua bis Toscana). An der Ponente sind zwar die Berge höher, doch treten sie nur an wenigen Orten direkt ans Meer heran. Es gibt kaum Steilküsten; vor allem an den Flussmündungen sind dem Gebirge Schwemmlandebenen vorgelagert. Hier ist mehr Platz für Blumenzucht und Landwirtschaft als an der Riviera di Levante, das Gebiet ist auch stärker besiedelt und bebaut.

Die Riviera di Levante hat weniger schöne Strände als das westliche Ligurien, bietet aber mehr ›unzerstörte Natur‹. Nur in ihrem Nordteil gibt es flachere, dicht bebaute Küsten. Südöstlich von Sestri Levante, insbesondere in den Cinque Terre, werden die Ufer so steil, dass keine durchgehende Straße die Dörfer miteinander verbindet.

Das Hügel- und Bergland gliedert sich wie die Küste in zwei große Abschnitte. Von der französischen Grenze bis zum Cadibona-Pass bei Savona gehört es geologisch zu den Ligurischen Alpen, danach zum Apennin. Vor allem die **Ligurischen Alpen** mit ihren kargen Hängen und einsamen Bergdörfern sind landschaftlich äußerst reizvoll. Hier liegt auch der Monte Saccarello, mit 2201 m der höchste Berg Liguriens. Der Hauptkamm des **Apennin** verläuft bei Genua direkt an der Küste (Monte Beigua). Im Aveto-Naturpark nordöstlich Chiavari steigt er auf fast 1800 m an.

Geschichte
Ende des 2. Jh. v. Chr. unterwarfen die Römer die kelto-ligurische Urbevölkerung. Mit der Küstenstraße Via Aurelia erschlossen sie ihre neue Provinz, die, wie das ganze Reich, in der Pax Romana eine Blütezeit erlebte.

Ab dem 11. Jh. wurde Genua als freie Seerepublik mächtig. Handelsbeziehungen reichten nach Spanien und in den Vorderen Orient, wo genuesische Kolonien entstanden. Im 14./15. Jh. schwächten Adelskonflikte, die erstarkte Konkurrenz Venedigs und der Aufstieg der Osmanen den Stadtstaat. Die Flottenhilfe 1528 für Kaiser Karl V. brachte die Wende. Mit spanischer Hilfe eroberte Genua weite Teile Liguriens. Findige Bankiers entdeckten Zins- und Wertpapierhandel als Quelle neuen Wohlstands. Als Financier der spanischen Krone wurde Genua zu einer der reichsten Städte Europas.

1797 beendete Napoleon die Unabhängig Genuas. 1815 kam es mit Ligurien zum Königreich Piemont-Savoyen, das 1861 im italienischen Einheitsstaat aufging. Der Bau der Küsteneisenbahn (1872–74) führte zu wirtschaftlichem Aufschwung, Genua, La Spezia und Savona wurden industrielle Zentren. Der Wandel zur Dienstleistungswirtschaft mit dem Tourismus als einem der Eckpfeiler prägt heute die Region.

Staat und Verwaltung
Ligurien ist eine von 20 italienischen Regionen, die den deutschen Bundesländern gleichen, jedoch weniger Selbstverwaltungsrechte besitzen. Die Region gliedert sich in die vier Provinzen Imperia (1160 km^2), Savona (1540 km^2), Genua (1840 km^2) und La Spezia (880 km^2). Die Regionalregierung wird von einer Mitte-Links-Koalition gestellt.

Wirtschaft und Tourismus
Der an den Peripherien der Ballungszentren Genua, La Spezia und Savona konzentrierte Industriesektor (Stahl, Schiffbau, Chemie, Bauwesen) verliert stetig an Bedeutung. Nur noch ca. 18 % der Berufstätigen sind in diesem Segment beschäftigt. Weitere 8 % sind in Handwerksbetrieben, 5 % im Transportwesen, nur noch gut 2 % in der Landwirtschaft tätig. Einzig der Dienstleistungssektor wächst, einschließlich Verwaltung und Tourismus liegt sein Beschäftigtenanteil heute bei 67 %. Das Bruttosozialprodukt beträgt pro Kopf rund 25 000 €, entspricht damit dem italienischen Durchschnitt. Etwa 3 Mio. ausländische Touristen besuchen jedes Jahr die Region.

Bevölkerung und Religion
Die Einwohner Liguriens machen nur rund 3 % der Bevölkerung Italiens aus. Gut 80 % leben in Städten, 52 % in den vier Provinzhauptstädten. Die Bevölkerungsdichte liegt mit rund 300 Einw. pro km^2 weit über dem italienischen Durchschnitt (192 Einw./km^2). Dabei gibt es jedoch große Unterschiede zwischen der dicht besiedelten Küste und dem entvölkerten Hinterland (z. B. nur 7 Einw./km^2 in der Gemeinde Triora). Die Geburtenrate ist eine der niedrigsten der Welt. Die Einwohnerzahl sinkt um ca. 9000 Personen pro Jahr. Ligurien ist ein ›Land der Alten‹. 25 % der Bewohner sind über 65 Jahre alt (in ganz Italien 16 %). Auch der Zuzug von Pensionären, die im milden Rivieraklima ihren Lebensabend verbringen, trägt dazu bei.

Etwa 90% der Bevölkerung gehören der römisch-katholischen Kirche an.

Geschichte im Überblick

Vor- und Frühgeschichte (200 000–3. Jh. v. Chr.)

200 000– 40 000 v. Chr. Jäger und Sammler vom Typ Homo erectus leben schon um 200 000 v. Chr. in den Höhlen der Balzi Rossi bei Ventimiglia, die damit zu den am frühesten besiedelten Gebieten Europas gehören. Vor etwa 100 000 Jahren erscheint auch der Homo neanderthalensis in der Region, u. a. in den Grotten des Finalese.

ab 40 000 v. Chr. Der moderne Homo sapiens (Cro-Magnon-Mensch) siedelt an der Küste, u. a. bei Ventimiglia und Finale Ligure.

Ab ca. 1200 v. Chr. Die ligurischen Stämme siedeln im Raum der heutigen Riviera und im Hinterland. Ihre Herkunft ist unklar; Sprache und Religion zeigen keltische Einflüsse.

Ab 6. Jh. v. Chr. Die Etrusker und ab dem 4. Jh. die Kelten drängen die Ligurer von der Küste ins Gebirge zurück.

Unter römischem Einfluss (3. Jh. v. Chr.–476 n. Chr.)

241 v. Chr. Der Zensor Aurelius Cotta beginnt den Bau der nach ihm benannten Via Aurelia, die später als eine der wichtigsten Römerstraßen die gesamte Region durchquert.

205 v. Chr. Im Zweiten Punischen Krieg stellen sich alle ligurischen Stämme mit Ausnahme der Bewohner des heutigen Genua gegen Rom auf die Seite der Karthager.

187–175 v. Chr. Die Römer unterwerfen alle Stämme Liguriens, 177 v. Chr. wird Luni als Militärstützpunkt gegründet.

Zeitenwende Kaiser Augustus macht Ligurien zur 9. Region seines Imperiums. Auch »Liguria« profitiert von der Friedensperiode der Pax Romana.

4. Jh. n. Chr. Aufteilung des Reiches in West- und Ostrom (Byzanz). Das Christentum wird toleriert, Genua wird Bischofssitz.

5. Jh. Germanen und Goten bedrohen die Grenzen des weströmischen Reiches, das 476 endgültig untergeht.

Byzantiner, Langobarden, Franken (5.–10. Jh.)

537 Ligurien gelangt vorübergehend unter die Herrschaft der byzantinischen Kaiser.

Um 640 Die elbgermanischen Langobarden erobern Ligurien und gliedern es ihrer Provinz Maritima Italorum ein.

Wuchtige Rundbastionen schützen das mittelalterliche Castello in Sarzana

9. Jh.	Unter der Herrschaft der deutschen Kaiser wird Ligurien in drei Markisate eingeteilt. Die Küste ist Piratenüberfällen ausgesetzt, die Bevölkerung zieht sich in höher gelegene Ansiedlungen zurück.
935	Die muslimischen Sarazenen erobern und plündern Genua.

Der Aufstieg Genuas (11.–13. Jh.)

11. Jh.	Genua entwickelt sich zur bestimmenden Macht der Region. Die Sarazenen werden zurückgedrängt. 1005 vertreibt die genuesische Flotte die Araber aus Korsika. Im Jahr 1099 beteiligen sich genuesische Seefahrer und Kaufleute am ersten Kreuzzug. Sie erhalten Handelsprivilegien und Niederlassungen im östlichen Mittelmeerraum.
12./13. Jh.	Neben Genua sind auch Savona, Noli, Albenga, Porto Maurizio und Ventimiglia selbstständige Stadtrepubliken mit regem wirtschaftlichem Leben.
1146–48	Genua erobert die spanischen Städte Almeria und Tortosa.
1162	Kaiser Friedrich Barbarossa erkennt die Autonomie und das Münzrecht Genuas an.
13. Jh.	Ständige Konflikte zwischen Genua, Pisa und Venedig um die Vorherrschaft im Mittelmeerraum. In Genua entwickelt sich als wichtiger Industriezweig die Wollproduktion.

1261–66	Der byzantinische Kaiser Michael VIII. Paläologus konzediert Genua weitere wichtige Handelsprivilegien.
1284	Genua schlägt Pisa entscheidend in der Seeschlacht von Meloria.
1298	Genua siegt in der Seeschlacht von Curzola auch gegen Venedig, zieht aus dem Erfolg aber keinen dauerhaften Vorteil.

Krisen und fremde Herrscher (1318–1528)

1318	Erstmalig gerät Genua vorübergehend unter fremde Herrschaft. Die Adelsfamilien Fieschi und Grimaldi rufen in Konflikten mit anderen Aristokraten den Anjou-König Robert I. von Neapel zu Hilfe, der die Stadt für einige Jahre regiert.
1379–80	Genua erobert Venedigs Nachbarstadt Chioggia. Doch der anfängliche Erfolg erweist sich als trügerisch. Genua verliert den Krieg und muss im Frieden von Turin Nachteile in Kauf nehmen.
1407	Gründung der Staatsbank Casa di San Giorgio in Genua.
15. Jh.	Genua und der größte Teil Liguriens werden von wechselnden fremden Herrschern – Frankreich, Mailand, Spanien – regiert.
1453	Die Eroberung Konstantinopels durch die Osmanen bringt den Orienthandel weitgehend zum Erliegen.
1492	Die Entdeckung des Seewegs nach Amerika und die daraus folgende Verlagerung der Handelsrouten schwächen die wirtschaftliche Position Genuas weiter.
1499–1528	Ligurien steht mit kurzen Unterbrechungen unter französischer Herrschaft.

Finanzzentrum Genua: Die neue Blütezeit (1528–1797)

1528	Karl V. ernennt den genuesischen Flottenkapitän Andrea Doria zum Admiral der spanischen Armada. Im Gegenzug erhält Genua die Unabhängigkeit zugesichert. Mit Hilfe der Spanier unterwirft es die Konkurrenzstadt Savona. Als Finanziers der spanischen Krone und anderer europäischer Fürstenhäuser häufen die genuesischen Bankiers große Reichtümer an.
1547	Ein Aufstandsversuch der Adelsfamilie Fieschi gegen die herrschenden Doria wird niedergeschlagen. Die Episode bietet später den Stoff für Schillers Drama »Die Verschwörung des Fiesco zu Genua« (1783).

1566	Genua verliert Chios, seine letzte Kolonie im östlichen Mittelmeerraum, an die Osmanen.
17. Jh.	Genua gilt als die wohlhabendste Stadt Europas.
1768	Genua tritt Korsika an Frankreich ab.

Unter französischer und piemontesischer Herrschaft (1797–1861)

1797–1814	Nach dem Einmarsch der napoleonischen Truppen gründet Frankreich die ›Ligurische Republik‹, die selbstständige Republik Genua geht unter. 1805 kommt Ligurien zum französischen Kaiserreich.
1815	Der Wiener Kongress beschließt die Zugehörigkeit Liguriens zum Königreich Piemont-Savoyen. Dies begünstigt Savona, dessen Hafen den Hauptzugang Piemonts zum Meer darstellt.
1849	Ein republikanischer Aufstand in Genua gegen die piemontesische Herrschaft wird niedergeschlagen.

Von der italienischen Einigung zum Zweiten Weltkrieg (1861–1945)

1861	Ligurien wird Teil des neu geschaffenen Königreichs Italien. Genua nimmt einen großen wirtschaftlichen Aufschwung. Auch La Spezia entwickelt sich zu einer der wichtigsten italienischen Industrie- und Hafenstädte.
1872–74	Der Bau der Eisenbahnstrecke entlang der Riviera erschließt viele bis dahin abgelegene Küstenorte für den Tourismus.
1892	Gründung der Sozialistischen Partei Italiens in Genua.
Um 1900	Die Landwirtschaft im westlichen Ligurien stellt sich von der Produktion von Zitrusfrüchten auf Blumenzucht um.
1922–43	Mit dem »Marsch auf Rom« erobert die faschistische Bewegung unter Benito Mussolini die Macht in Italien. Schrittweise werden die demokratischen Freiheitsrechte aufgehoben. Italien entwickelt sich unter dem »Duce« zur Diktatur. 1940 tritt Italien an der Seite Deutschlands in den Zweiten Weltkrieg ein.
1943	Mussolini wird von seinen eigenen Parteigenossen gestürzt, von der deutschen Besatzungsmacht aber als Präsident der sogenannten »Re-

publik von Salò« wieder eingesetzt. Die Faschisten herrschen in Nord- und Mittelitalien, während die alliierten Truppen langsam von Süden her vordringen. Auch in Ligurien kämpfen Partisanen gegen die faschistischen Verbände.

1945 Sieg der Alliierten, Mussolini wird von Partisanen ermordet.

Das moderne Italien (1946 bis heute)

1946–48 Nach einer Volksabstimmung wird Italien 1946 Republik. Die Verfassung von 1948 konstituiert eine parlamentarische Demokratie.

1949–92 Mehr als vierzig Jahre lang regiert in Italien die christlich-demokratische Partei (Democrazia Cristiana) mit wechselnden Koalitionspartnern.

Ab 1955 Starke Ausweitung des Tourismus an der Riviera. Viele Bewohner des Hinterlandes verlassen ihre Dörfer. Rege Bautätigkeit an der Küste. Der Dienstleistungssektor wird zum wichtigsten Wirtschaftsbereich, Industrie und Landwirtschaft verlieren an Bedeutung.

1970 Durch eine Verfassungsreform erhält die Region Ligurien – wie die anderen italienischen Regionen – stärkere Autonomie.

Ab 1980 Viele landschaftlich noch intakte Gebiete Liguriens werden unter Naturschutz gestellt. Der lange geplante Bau einer Küstenstraße in die Cinque Terre findet nicht statt.

1992 Anlässlich der »Kolumbus-Feiern« zum 500. Jahrestag der Entdeckung des Seewegs nach Amerika wird der alte Hafen von Genua neu gestaltet.

1992–94 Die Aufdeckung von Korruptionsskandalen erschüttert das politische System Italiens. Die großen Parteien lösen sich mit Ausnahme der Linksdemokraten auf.

ab 1994 Bei den Parlamentswahlen 1994 gewinnt das von Silvio Berlusconi geführte Rechtsbündnis. Die Regierung wird bereits nach sieben Monaten gestürzt, doch Berlusconi bleibt in der Folgezeit die beherrschende Gestalt auf der politischen Bühne Italiens. Von 2001 bis 2006 und erneut von 2008 bis 2011 ist er Ministerpräsident.
In zahlreichen Prozessen wird Berlusconi u. a. wegen Steuerhinterziehung, Bilanzfälschung, Korruption angeklagt, doch kommt es zu keiner Verurteilung – unter anderem deshalb, weil unter seiner Regierung Verjährungsfristen und Verfahrensregeln zu seinen Gunsten ge-

Der alte Hafen von Genua wurde in den 1990er-Jahren in ein modernes
Messe- und Ausstellungsgelände umgewandelt

ändert werden. Der Versuch, den Regierungschef grundsätzlich straffrei zu stellen, scheitert jedoch am Verfassungsgericht.
Ligurien ist politisch gespalten: An der Riviera di Ponente dominieren die Berlusconi-Anhänger, die Riviera di Levante neigt eher zur linken Mitte. Die Landesregierung wird – außer von 2000 bis 2005 – von den Linksdemokraten geführt.

1997/2000 Das Gebiet der Cinque Terre wird zum Weltkulturerbe der UNESCO; drei Jahre später wird es zum Nationalpark erklärt.

2004 Genua wird Europäische Kulturhauptstadt des Jahres. Die Stadt gibt sich ein neues Gesicht mit der Restaurierung historischer Gebäude, neuen Fußgängerzonen und dem Bau des Schifffahrtsmuseums Museo del Mare.

2011 Das hoch verschuldete Italien gerät in das Visier der Finanzmärkte. Berlusconi tritt vom Amt des italienischen Ministerpräsidenten zurück. Im Oktober/November sterben in Ligurien bei schweren Unwettern und Überschwemmungen mehere Menschen; zahlreiche Orte werden verwüstet. Besonders schlimm betroffen sind Genua sowie die Cinque-Terre Dörfer Monterosso und Vernazza.

Die Geburt des Tourismus – Briten an der Riviera

An den Rivieraküsten Frankreichs und Italiens nahm der moderne Tourismus seinen Anfang. Wie schön die Region ist, merkten Mitte des 19. Jh. zuerst die Angehörigen der britischen Oberschicht. In Italien entwickelte sich vor allem das Gebiet um Bordighera und San Remo zu einem Zentrum des englischen Luxustourismus.

Das schmucke Portofino ist bis heute Lieblingsdomizil der Reichen und Super-Reichen

Dichter und Aristokraten erobern die Küste

Die ersten Touristen an der Riviera waren – wie in vielen anderen Gebieten Europas – Engländer. Schon um 1820 hielten sich die Dichter George Byron und Percy Shelley am Golf von La Spezia auf. Ab der Mitte des 19. Jh. ließen sich in vielen Küstenorten Liguriens britische Aristokraten und wohlhabende Bürger für die Wintermonate nieder. Sie kamen zahlreich: In Alassio hatte die britische Gemeinde um 1880 ca. 1500 Mitglieder, in Bordighera lebten um 1900 mehr Engländer als Einheimische!

Ein literarisches Werk machte die Riviera in England besonders populär: Der italienische Emigrant Giovanni Ruffini veröffentlichte 1855 in London seine Erzählung von der Liebe des »Doctor Antonio« aus Bordighera zu einer britischen Lady. Die Erfolgsstory regte viele Briten an, sich den Schauplatz der Geschichte mit eigenen Augen anzusehen; manche hofften vielleicht, dort ähnliche Gefühle zu erleben …

Mit dem Bau einer Eisenbahnlinie entlang der bis dahin schwer zugänglichen Küste nahm das Reisen in Ligurien nach 1870 einen weiteren Aufschwung. Die Fremden, neben den Briten nun auch viele russische Adelige, kamen anfangs vor allem wegen des milden Winterklimas. Nie wäre es den noblen Damen und Herren damals in den Sinn gekommen, dem exzentrischen Lord Byron nachzueifern, und im Sommer ›halbnackt‹ durchs Meer zu schwimmen. Lieber präsentierte man sich vornehm im Casino.

Förderer von Wissenschaft und Sport

So mancher Brite tat sich als Mäzen hervor. Thomas Hanbury legte nicht nur den prachtvollen Park bei Ventimiglia an (s. S. 86), sondern stiftete den Einwohnern des benachbarten Dorfs Mórtola auch eine Schule. Der Priester und Archäologe Clarence Bicknell, der die Felsbilder im Vallée des Merveilles erforschte (s. S. 89), richtete in Bordighera eine bedeutende Bibliothek ein. Die Civica Biblioteca Internazionale umfasst 50 000

Bände und ist öffentlich zugänglich. Auch ein archäologisches Museum wurde von Bicknell in Bordighera gegründet. Zu den Hinterlassenschaften der wohlhabenden Gäste gehörten auch die ersten Tennisplätze Italiens und – besonders folgenreich für Italien – das Fußballspiel: 1893 gründeten Engländer den heute noch bestehenden Verein AC Genua als Genova Cricket and Athletics Club.

Die Briten waren bei den Liguriern immer beliebt. Vor allem die Bewohner Genuas fühlen sich ihnen durch Eigenschaften wie Kaufmannsgeist, Toleranz und Nüchternheit verwandt. Bissig ergänzt der Schriftsteller Claudio Paglieri die Liste der Gemeinsamkeiten: »Vor allem die Tatsache, dass sie große Kolonialreiche verloren haben, als wären sie enterbt; dann der stolze und hochmütige Charakter, der sie dazu bringt, sich vom Rest der Welt fernzuhalten; schließlich die Liebe zum Alten, das Misstrauen gegenüber allem Neuen und ein spezieller, sehr zynischer Humor.«

Vom Nobel- zum Massentourismus

In den 1960er-Jahren setzte der massenhafte Badetourismus ein, bis heute ziehen vor allem die Strände der Riviera di Ponente sonnenhungrige Nordländer an. Einige Orte wie etwa Portofino blieben Lieblingsdomizil der Reichen und der Super-Reichen. Doch die meisten Riviera-Urlauber sind inzwischen ganz normale Menschen ohne Privatjacht und Adelstitel.

Britische Touristen spielen dabei nur noch eine untergeordnete Rolle. Es kommen fast doppelt so viele Schweizer und rund viermal so viele Deutsche an die Riviera. Das Erbe des früheren Nobeltourismus ist jedoch an manchen Orten noch unverkennbar. Es hat sich in der Architektur der Belle-Epoque-Villen und -Hotels erhalten, aber auch in Straßennamen wie Viale Gibb oder Viale Hanbury.

Eine Urlaubsregion im Wandel

Der Tourismus ist nach wie vor einer der wichtigsten Sektoren der ligurischen Wirtschaft. Viele ligurische Ferienorte haben allerdings nur eine relativ kurze Saison. Die Zeiten, in denen wohlhabende Ausländer ganze Wintermonate an der Küste verbrachten, sind längst vorbei. Der vor allem an der Riviera di Ponente vorherrschende Badetourismus konzentriert sich auf die Zeit zwischen Mitte Juni und Mitte September. Viele Hotels bleiben monatelang geschlossen.

In den letzten Jahren hat man Anstrengungen unternommen, sich von der Ausrichtung auf den bloßen Badeurlaub zu lösen. Genua wird als Ziel des Städtetourismus immer beliebter: Mit dem Meerwasser-Zoo und dem Museo del Mare, der Umgestaltung der alten Hafenanlagen, der Renovierung der Altstadt und vielen kulturellen Veranstaltungen hat es neue Attraktionen geschaffen.

Daneben ist Ligurien heute Ziel eines naturnahen und sportlichen Reisens. Die Steilküste der Cinque Terre hat sich in den letzten beiden Jahrzehnten zu einer der weltweit beliebtesten Wanderregionen entwickelt. Auch die Berglandschaft der Ligurischen Alpen mit ihren Steilfelsen, Schluchten und Höhlen sowie das Hinterland von Finale Ligure ziehen zunehmend Wanderer, Felskletterer und Mountainbiker an.

Treffpunkte im Alltag – die Bar und die Piazza

In der Bar um die Ecke schnell einen *caffè* zu trinken, gehört in Italien zum festen Ritual

Wie in ganz Italien spielt sich auch in Ligurien, viel stärker als bei uns, das Alltagsleben im öffentlichen Raum ab. Die zentrale Piazza und die Bar bilden dabei seit jeher die wichtigsten Treffpunkte.

In Ligurien-Reportagen von Reisezeitschriften, in Fernsehfeatures und Bildbänden tauchen vorzugsweise Fischer, Winzer und Markthändler als Vertreter der Einheimischen auf. Jedoch ist nicht einmal jeder dreißigste Bewohner der Region in der Landwirtschaft tätig, und die Fischer lassen sich in den meisten Küstenorten an den Fingern einer Hand abzählen. Die große Mehrheit der Einheimischen arbeitet so, wie auch die meisten Bewohner mittel- und nordeuropäischer Staaten: in Läden und Fabriken, Banken und Versicherungen, in der staatlichen Verwaltung, in Autowerkstätten, Speditionsfirmen, Schulen.

Trotzdem sind aber, wie in ganz Italien, viele Besonderheiten des Lebensstils erhalten geblieben. Trotz europäischer Integration und Globalisierung geht es in Genua immer noch sehr anders zu als in Hamburg, ganz zu schweigen von den Unterschieden zwischen kleineren Orten: zwischen Ventimiglia und Lüneburg oder Camogli und Oberrottweil liegen Welten …

Dabei kommt dem Klima eine wesentliche Rolle zu. Das ganze Jahr über begegnet man sich in Dörfern und Kleinstädten regelmäßig im Freien – oder in der Bar. Die eigene Wohnung gilt hingegen, wie fast überall am Mittelmeer, als geschützter Raum, in den man Fremde nur ungern hineinlässt.

Die Piazza als Bühne

Die zentrale Piazza ist immer ein verlässlicher Treffpunkt. Sie ist Mittelpunkt des örtlichen Gemeinschaftslebens und dient gleichzeitig als Alltagsbühne für die Bewohner. Am frühen Abend füllt sie sich zur *passeggiata*, dem Ritual des Sehens und Gesehenwerdens, auf das die meisten Italiener gut vorbereitet sind: Sie beherrschen die Kunst des öffentlichen Auftritts, von der stilsicher gewählten Kleidung bis zur souveränen, oft theatralischen Selbstdarstellung durch Mimik, Gestik und Sprache. So wird die Beobachtung des Alltagslebens auch für sprachunkundige Besucher interessant: Weil die Kommunikation nicht schüchtern und zurückhaltend abläuft, sondern sich immer auch an ein unbeteiligtes Publikum richtet, gibt es ständig etwas zu sehen.

In seinem Buch »Die Italiener« hat Luigi Barzini geschrieben, man könne in Italien »Tage und Jahre oder auch ein ganzes Leben damit zubringen, eine Kavalkade von Tausenden von Akteuren und Hunderten von dramatischen Nebenhandlungen an sich vorüberziehen zu lassen.« Und Orson Welles behauptete, es gebe in Italien fünfzig Millionen Schauspieler, von denen die meisten ausgezeichnet seien – etwas bösartig und zu Unrecht fügte er hinzu, den wenigen schlechten italienischen Akteuren begegne man auf der Bühne und beim Film …

Zentrum der Kontakte – die Bar

Neben der Piazza ist die Bar Zentrum des geselligen Lebens. Hier trifft man sich morgens zum Cappuccino und Hörnchen vor der Arbeit, mittags zum Aperitif, nach dem Mittagessen zu einem Espresso, am frühen Abend zu einem Gläschen Wein, immer aber zu Klatsch und Diskussion. Zwischendurch als Pause vom Alltag in der Bar um die Ecke einen *caffè* zu trinken, ist in ganz Italien ein festes Ritual. An einem normalen Tag gehen Hunderte und in größeren Bars Tausende Kaffees über den Tresen. Der *barista* kennt die Gewohnheiten seiner Stammgäste genau, er nimmt gar keine Bestellung mehr auf, sondern fragt nur kurz: »Il solito?« (»Das Übliche?«), um dann mit Schwung Glas oder Tasse auf den Tresen zu stellen. Man konsumiert im Stehen, das erlaubt größere Beweglichkeit beim Diskutieren und Gestikulieren. Viele Gäste kommen ohnehin nur für einige Minuten – dafür aber oft mehrfach am Tag.

In der Bar lässt man sich nicht gemütlich nieder wie in einem Wiener Café, sondern man passiert sie so, wie man auch über die Piazza schlendert – neugierig, was sich diesmal an Kontakten bietet, immer bereit, auch länger dazubleiben und doch ungezwungen. Die Bar ist ein Ort des Austauschs, an dem keiner genötigt wird, länger zu bleiben, als es ihm gerade passt. Sie bildet ein Gegenstück zum Familienleben mit seinen häufig starren Regeln und Verpflichtungen.

Trotz aller Emanzipation sind die Bars Männerwelten geblieben. Nicht im strengen Sinn: Eine Frau, die allein für einen Kaffee in die Bar kommt, erregt keinerlei Aufsehen, und an den Gesprächen sind oft auch Frauen beteiligt. Aber eher in einer Minderheitenrolle. Meist prägen Männer und ihre Themen die Kommunikation. Frauen treffen sich anderswo zum Gespräch: auf dem Markt, auf der Piazza, beim Stadtbummel, bei gemeinsamen Restaurantbesuchen.

Carruggio und Via Aurelia – die Anlage der Küstenorte

Fast alle sehenswerten Orte Liguriens liegen wie an einer Perlenkette aufgereiht entlang der Küste. Vor allem an der Riviera di Ponente – der Abschnitt zwischen französischer Grenze und Genua – sind sie meist nach einem relativ einheitlichen Plan angelegt. Sie gliedern sich in drei parallel zur Küste verlaufende Schichten. Jede hat ihre eigene Geschichte und Charakteristik.

Unter Palmen: am Lungomare

Unmittelbar am Strand verläuft die Uferpromenade (Lungomare). Mit dem im 19. Jh. einsetzenden Badetourismus entstanden überall Flaniermeilen am Meer. Der Lungomare ist immer mit Palmen bepflanzt; dazwischen stehen Orangenbäume oder Kirschlorbeer, seltener auch Oleander. Die Uferpromenade ist bis heute das unangefochtene Territorium der Touristen. An der Meerseite befinden sich einige Cafés und die Kabinen der Badeanstalten, an der Landseite drängen sich Restaurants, Pizzerien, Bars, Eisdielen, Hotels, Boutiquen, gelegentlich auch das Büro eines Immobilienmaklers oder eines Bootsverleihs.

Die Atmosphäre kann sehr unterschiedlich wirken; entscheidend dafür ist vor allem, ob die Uferpromenade von Autos befahren wird oder ausschließlich Fußgängern zur Verfügung steht. In manchen Orten wie Varigotti oder Alassio stellt sich das Problem gar nicht: Hier stehen die ehemaligen Fischerhäuser direkt am Meer, sodass gerade noch Platz für schmale Wege zwischen Häusern und Strand bleibt.

Malerische Gassen: am Carruggio

Hinter der ersten Häuserreihe verläuft parallel zum Meerufer der *carruggio*, die schmale Hauptgasse im alten Ortszentrum, dessen Anlage oft noch auf das Mittelalter zurückgeht. Die Carruggi sind meist zu eng für einen flüssigen Autoverkehr, in fast allen Orten wurden sie deshalb in den letzten Jahrzehnten zu Fußgängerzonen umgewandelt. Im Allgemeinen werden sie von hübschen historischen Bauten flankiert, oft von geschlossenen Reihen farbiger Wohnhäuser, gelegentlich auch von noblen Palazzi. Irgendwo am Wege öffnet sich meist eine gemütliche kleine Piazza mit einer Barockkirche, manchmal erhebt sich über einem Torbogen ein alter Uhrturm.

Im Carruggio mischt sich das Leben der Einheimischen mit dem der Gäste. Hier finden sich Lebensmittelläden und Modeboutiquen, Bars, Trattorien und Galerien, Schreibwarengeschäfte, manchmal ein Fisch- oder Weinhändler und gelegentlich eine Buchhandlung. Es ist der gemütlichste Teil der Orte, wo man schnell die Bausünden der

Meist zu eng für den Autoverkehr: der Carruggio ist ideal zum Flanieren

Umgebung vergisst. Um den Carruggio erstreckt sich der mehr oder weniger ausgedehnte, meist recht malerische historische Ortskern mit schmalen Gassen, bröckelndem Putz und blumengeschmückten Balkonen. Beispiele für einen typischen Carruggio findet man u. a. in Alassio, Laigueglia, Loano, Celle Ligure und Varazze.

Profaner Alltag: an der Via Aurelia

Ein Stück weiter landeinwärts herrscht ohne idyllische Beimischung die Gegenwart. Hier verläuft die große Durchgangsstraße, die schon in der Römerzeit trassierte Via Aurelia. Sie ist zu

jeder Tageszeit stark befahren. Benzindämpfe steigen auf und Motoren dröhnen. Trotzdem herrscht ein reges geselliges Leben. Die Einheimischen sind unter sich; sie treffen sich in Bars und Eisdielen, die meist schlichter und preiswerter sind als am Lungomare und kaufen in den vielen ›normalen‹ Läden ein. Da gibt es Elektro- und Eisenwarengeschäfte, Drogerien und Möbelhäuser, Apotheken und Zeitungskioske, Friseure und Fahrschulen. Tankstellen stehen neben Hotels, deren Gäste entweder unempfindlich gegen den Krach sind oder leise leiden.

Parallel zur Via Aurelia verläuft, häufig erhöht auf einem Damm, die Hauptküstenbahnstrecke. Dahinter dehnt sich das fast überall rücksichtslos zersiedelte Umland aus. Neubauten, Gewächshäuser und Autobahnbrücken schaffen ein unerfreuliches Bild, das sich erst im Hintergrund mit den kargen, ginsterbewachsenen Hängen der Berge aufhellt.

Etwas anders: an der Riviera di Levante

Zwischen Genua und La Spezia unterscheiden sich die Ansiedlungen stärker. Fast überall bildet zwar auch hier der Carruggio das Zentrum des örtlichen Lebens, doch die natürliche Umgebung erzwang wechselnde Lösungen für die Anlage der Orte. Sie passen sich an die Steilküste und die Ausläufer der Gebirge an, die hier oft bis ans Ufer reichen.

Portofino liegt gekrümmt in einer engen Bucht, Sestri Levante zieht sich auf einer Halbinsel ins Meer hinaus, in den Cinque Terre verlaufen die Hauptgassen in schmalen Tälern rechtwinklig zum Ufer. Die Durchgangsstraße berührt nur wenige Küstenorte, über große Strecken verläuft sie weit vom Meer entfernt im Hinterland. Die Bahnlinie verschwindet über lange Strecken im Tunnel. Daher geht es in den Orten meist ruhiger zu als an der Riviera di Ponente. Auch die Umgebung ist weniger zersiedelt, häufig bietet sich das Bild einer noch intakten mediterranen Naturlandschaft.

Winters Gärten – Blumenzucht an der Riviera dei Fiori

Dass Gärtner Beete und Rasenflächen pflegen, ist normal. Dass sie ganze Parks anlegen, bildet eher die Ausnahme. Vermutlich einzigartig aber ist ein Gärtner, der das Landschaftsbild einer ganzen Region verwandelt: Ludwig Winter, 1846 in Heidelberg geboren, begründete die kommerzielle Blumenzucht in Ligurien. Damit schuf er die Voraussetzung für tief greifende Veränderungen in der Gegend zwischen Ventimiglia und Imperia.

Der Pionier aus Deutschland

Ludwig Winter, der Sohn einer Malerin, hatte mit 22 Jahren im französischen Badeort Hyères den englischen Kaufmann Thomas Hanbury kennengelernt und fünf Jahre an der Anlage von Hanburys Garten La Mórtola bei Ventimiglia gearbeitet (s. S. 86). Nun suchte er neue Aufgaben in Italien. 1873 begann er, in Bordighera Rosen zu züchten. Bereits im Oktober 1874 verkaufte er erstmals Schnittblumen nach München. Die kurz vorher fertiggestellte Bahnlinie entlang der Riviera ermöglichte einen schnellen Transport. Rosen im Winter (und von Winter) waren für die deutsche Kundschaft etwas Neues, und der einfallsreiche Gärtner hatte keine Absatzprobleme.

Ludwig Winter beschränkte sich nicht auf die Rosenzucht. Er experimentierte auch mit exotischen Pflanzen, vor allem mit Palmen. Von Ligurien aus verkaufte er tropische Gewächse. Mit Erfolg: Die ›Zimmerpalme‹ gehörte bald zum normalen Bild bürgerlicher Salons. Der frisch gebackene Unternehmer erfand ein Verfahren, das auch den Versand hochwachsender Bäume ermöglichte: Er züchtete sie im Freiland an, schnitt dann die Wurzeln stark zurück und verpflanzte die Gewächse in kleine Kübel. Hier bildeten sie neue Wurzeln und konnten nun bei relativ geringem Gewicht – und entsprechend niedrigen Transportkosten – verschickt werden.

Blumen statt Orangen

Winters Verfahren wurden von den ligurischen Bauern bald nachgeahmt, da die Landwirtschaft der Region sich in einer schweren Krise befand. Seit Jahrhunderten waren hier Orangen und Zitronen angebaut worden. Sie wurden ins Ausland exportiert und bildeten neben dem Olivenöl die Haupteinnahmequelle. Im späten 19. Jh. aber kamen aufgrund der verbesserten Verkehrsverbindungen immer mehr Zitrusfrüchte aus Spanien und Sizilien auf den Markt; die Italienische Riviera verlor ihre Monopolstellung.

Winters Ideen fielen daher auf fruchtbaren Boden. Ein Wechsel der Anbauprodukte konnte nur von Vorteil sein. Binnen Kurzem wurden über-

Auf dem Blumenmarkt in Ventimiglia

all um Bordighera und San Remo Zitrusplantagen in Blumenfelder umgewandelt. Zuerst pflanzte man vor allem Rosen, Anemonen, Veilchen und Narzissen, später auch Nelken, die sich wie die Rosen zum Verkaufsschlager entwickelten. Zugleich breiteten sich exotische Pflanzen aus, insbesondere Palmen, aber auch Agaven, Yuccas und Bougainvilleen. Die traditionelle Vegetation wurde zurückgedrängt; der mediterrane Buschwald, die Macchia, ist heute zwischen Ventimiglia und Imperia fast völlig verschwunden.

Ein Meer aus Gewächshäusern

Die Riviera entwickelte sich so zum wichtigsten Zentrum des Blumenanbaus und -handels in Europa. Doch paradoxerweise hat die Blütenpracht mittlerweile negative Folgen für die Landschaft. Seit den 1960er-Jahren werden die Pflanzen vorwiegend in Gewächshäusern oder unter Folien gezogen. Ausgedehnte Gebiete der ›Blumenriviera‹ sind von einer unschönen weiß-grauen Hülle aus Glas und Plastik bedeckt, die sich vor allem um San Remo weit die küstennahen Hänge hinaufzieht. Während man früher nur Strohmatten oder gelegentlich Glasvitrinen als Schutz gegen die seltenen Fröste benutzte, zwingt der Weltmarkt heute zur forcierten Produktion. Das ligurische Wetterprivileg ist im Wettkampf mit Kenia oder Kolumbien wenig wert, der Sonnenstrahlung soll ständig nachgeholfen werden. Die ligurischen Blumenzüchter stehen im Konkurrenzk(r)ampf. Das schlägt sich in Landschaftsbildern nieder, die wenig ›naturnah‹ wirken – und von denen sich Ludwig Winter nicht träumen ließ, als er vor 130 Jahren die ersten leuchtenden Blumenfelder anlegte.

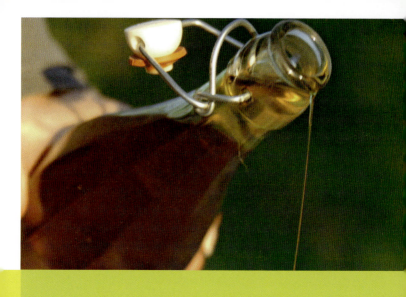

Flüssiges Gold – Olivenöl aus Ligurien

Ölbäume stehen überall in Ligurien, meist muss man sich nur ein kurzes Stück von der Küste entfernen, um auf die silbergrün schimmernden Olivenpflanzungen zu stoßen. Bis in Höhen von 600 bis 700 m bedecken sie die Hänge und prägen das Landschaftsbild.

Seit rund 1000 Jahren wird in Ligurien Olivenöl produziert, vor allem Benediktinermönche förderten die Verbreitung des Ölbaums. Sie schufen durch Aufpfropfen die Taggiasca-Olive, die ihren Namen nach dem Ort Taggia trägt und noch heute eine ligurische Spezialität darstellt. Die über Jahrhunderte betriebene Kultivierung des Ölbaums auf steilen Hangterrassen hat eine eigene Landschaftsarchitektur hervorgebracht (s. S. 125).

Das ligurische Olivenöl hat nicht das ausgeprägte Olivenaroma wie das toskanische oder umbrische; es schmeckt feiner, aber weniger intensiv. Es eignet sich besonders gut für Fischgerichte, da es deren Eigengeschmack nicht übertönt. Oft hat es ein leicht süßliches Aroma; die Farbe ist gelb, nicht grün, wie bei den Ölen aus Mittelitalien. Ligurische Olivenöle genießen einen guten Ruf, schon Anfang des 20. Jh. wurden sie von Oneglia bis in die USA und nach Südamerika exportiert.

Vergleichsweise mild: ligurisches Olivenöl

Qualität hat ihren Preis

Beim Olivenöl gibt es große Qualitätsunterschiede. Dass nur Extra-Vergine-Öl (also Öl aus der ersten Pressung) akzeptabel ist, hat sich inzwischen herumgesprochen. Öl ohne dieses Prädikat ist in geschmacklicher wie gesundheitlicher Hinsicht von minderer Qualität. Doch die Bezeichnung Extra-Vergine allein gibt noch keine ausreichende Garantie. Sie kann von allen Ölen beansprucht werden, deren Säuregehalt unter 1 % liegt. Das aber ist gleichsam die untere Anstandsgrenze: Erstklassige Öle haben vielfach nur 0,1–0,2 % Säure.

Zahlreiche Faktoren spielen bei der Produktion hochwertigen Öls eine Rolle: der Boden, auf dem die Bäume stehen; der Reifegrad der Oliven und die Art der Ernte; die Schnelligkeit der Weiterverarbeitung; die Methoden der Ölgewinnung aus den Früchten. Die qualitätssteigernden Verfahren sind kostenintensiver, sodass gutes Olivenöl normalerweise seinen Preis hat. Verhältnismäßig billig ist es nur, wenn kleine Produzenten ihre Arbeitszeit mit wenig Geld veranschlagen.

Ernte im Winter

Die Ernte findet gewöhnlich zwischen November und Januar, manchmal auch noch im Februar und März statt. Der beste Erntezeitpunkt liegt relativ früh: wenn die Oliven beginnen, sich schwarz zu färben, das Fruchtfleisch aber noch hell ist. Diese nicht ganz ausgereiften Oliven geben das optimale Öl, aber der Ertrag liegt niedriger als bei später geernteten Früchten.

Vor der Ernte, die auch heute noch viel menschliche Arbeitskraft benötigt, werden unter den Bäumen weitflächig Netze ausgebreitet, in die die von den Zweigen abgelösten Früchte fallen sollen. Das Abstreifen geschieht meist noch per Hand oder mit einer Art Kamm – neuerdings auch mit mechanischen Rüttlern, die aber den Baum schädigen können. Nach dem Pflücken müssen die Oliven möglichst schnell weiterverarbeitet werden, denn sobald sie nicht mehr am Baum hängen, entwickeln sich chemische Reaktionen (z. B. Oxidationsprozesse), die zu Lasten der Qualität gehen.

Die Früchte kommen nun in die Ölmühle *(frantoio)*. Statt der von Eseln bewegten Mahlsteine findet man heute einen hochmodernen Maschinenpark vor. In der Ölmühle werden die Oliven zunächst mit Kernen und Schalen gemahlen, bis eine homogene Masse entsteht. Aus diesem Brei wird, entweder durch Auspressen in einem Pressstock oder durch Zentrifugieren, das Öl gewonnen. Das traditionelle Verfahren der kalten Pressung ist arbeitsintensiver, gibt aber die besten Resultate. Beim Zentrifugieren dagegen verlieren sich Geschmacks- und Nährstoffe, weil die Ölmasse erhitzt und mit warmem Wasser vermischt wird. Manche Produzenten erhitzen auch bei der Pressung den Ölbrei oder geben sogar chemische Substanzen zu, um das Öl leichter aus der Masse zu lösen. Gute Qualität ergibt aber nur die erste rein mechanische Kaltpressung.

Unser Tipp

Gutes Olivenöl
Das wichtigste Anbaugebiet für das feine ligurische Olivenöl ist das Hinterland von Imperia (s. S. 123). Hier kann man bei vielen Produzenten direkt einkaufen. Der Star unter den Ölbauern ist **Dino Abbo** in **Lucinasco** (s. S. 128). Für seine Spitzenprodukte zahlt man allerdings höhere Preise als anderswo. Preisgünstigeres, gutes biologisches Öl, aber auch empfehlenswerte eingelegte Gemüse und Pilze bekommt man bei **Renzo Bronda** in Vendone bei Albenga (s. S. 148).

Ein heiliger Baum

Unter günstigen Umständen können Ölbäume Hunderte von Jahren alt werden. Schon immer wurden sie bei vielen Völkern als besondere, vielfach sogar als heilige Pflanzen gesehen. Bei den Griechen war der Ölbaum der Athene geweiht. Die olympischen Sieger wurden mit Olivenzweigen bekränzt. In der Bibel verkündet ein Ölbaumzweig Noah das Ende der Sintflut. Die jüdischen Könige wie die des christlichen Mittelalters wurden mit Öl gesalbt. Als besonderer Frevel galt es, in Kriegszeiten die Ölbäume des Gegners zu fällen: Neu gepflanzte Ölbäume brauchen fünf bis zehn Jahre, bis sie wieder Frucht tragen. Auch im heutigen Italien dürfen die Bäume selbst vom Besitzer nicht ohne Genehmigung gefällt werden.

Von der Romantik zur Moderne – Ligurien literarisch

Der fantasievolle Erzähler Italo Calvino ist in San Remo aufgewachsen

Im 19. und frühen 20. Jh. bildete Ligurien eines der beliebtesten Reiseziele berühmter Künstler und Literaten. Der in San Remo aufgewachsene Italo Calvino ist einer der bekanntesten italienischen Autoren der Moderne.

Viele der auswärtigen Literaten des 19./20. Jh. lebten monate-, einige sogar jahrelang an der Italienischen Riviera. Zu den prominenten Gästen zählten Gustave Flaubert, Friedrich Nietzsche, Ezra Pound, Hermann Hesse, Rainer Maria Rilke, Christian Morgenstern, D. H. Lawrence, André Gide, Ernest Hemingway und Max Frisch. Die meisten von ihnen haben in Briefen, Tagebüchern oder Reiseberichten ihre Eindrücke von der Region festgehalten.

Schwärmerische Geister

»Ich reiste zwischen Genua und La Spezia während einer prächtigen Sommernacht. Der Mond spiegelte sich im Meer, Pinienschirme, Oliven und Kastanienbäume, die Felsen am Ufer verdunkelten die Erde; mich befiel es wie Trunkenheit beim Anblick der Erde, des Meeres und der Nacht. Fieberhafter Enthusiasmus erfüllte meine Seele für dieses herrliche Land ...«, notierte 1826 der romantische Dichter Alphonse de Lamartine. Und auch der sonst eher ironisch-distanzierte Charles Dickens äußerte sich 1845 begeistert: »In Italien gibt es für mich nichts Schöneres als die an der Küste entlanglaufende Straße von Genua nach La Spezia. Tief unten, ... oft gesäumt von Felstrümmern in mannigfaltigster Form, erstreckt sich weithin das blaue Meer, auf dem hie und da eine malerische Feluke gemächlich dahingleitet. Auf der anderen Seite dagegen steigen schroffe Berghänge empor, in deren Schluchten verstreut weiße Hütten liegen, dunkle Olivenhaine, Dorfkirchen mit hohen, offenen Türmen und lustig bemalte Landhäuser.« Angesichts der Schönheit der ligurischen Küsten gerieten die Literaten des 19. Jh. ins Schwärmen.

Friedrich Nietzsche fühlte sich an Griechenland erinnert. Aus Ruta bei Camogli schrieb er 1886 an Peter Gast: »Lieber Freund, ein Wort aus diesem wunderlichen Welt-Winkel ... Denken Sie sich eine Insel des griechischen Archipelagos, mit Wald und Berg willkürlich überworfen, welche durch einen Zufall eines Tags an das Festland herangeschwommen ist und nicht wieder zurück kann. Es ist etwas Griechisches daran, ohne Zweifel: andrerseits etwas Piratenhaftes, Plötzliches, Verstecktes, Gefährliches ...« Nüchterner bemerkte Max Frisch 60 Jahre später im benachbarten Santa Margherita Ligure: »Die Fischer sind einheitlich-schmutzig, ölig, fröhlich und müde, ein wenig auch stolz: der Mann, der erbeutet, und die Weiber, die die Beute in Empfang nehmen, alles weitere für die häusliche Verwertung tun. Markt unter schattigen Bögen ... Ganze Hügel von Schuppensilber. Natürlich stinkt es.«

Ruffinis »Doctor Antonio«

Im Gegensatz zu den unzähligen Reisenotizen europäischer Autoren sind Romane und Erzählungen, in denen Landschaft und Atmosphäre Liguriens spürbar werden, vergleichsweise selten. Der früheste Ligurien-Roman war auch der einflussreichste. 1855 veröffentlichte Giovanni Ruffini in London »Doctor Antonio«. Die in Bordighera angesiedelte Liebesgeschichte zwischen einem sizilianischen Arzt und einer jungen Engländerin wurde zu einem großen Publikumserfolg und trug wesentlich zur Popularität der Riviera bei ausländischen Touristen bei. Der 1807 in Genua geborene Ruffini lebte seit 1833 im Exil, nachdem er als Anhänger der italienischen Einigungsbewegung zum Tode verurteilt worden war. 1874 kehrte er nach Ligurien zurück, wo er 1881 starb.

Ligurien im Blick der Moderne

Cesare Pavese (1908–1950), wichtiger Mitbegründer des italienischen Neorealismus, erzählt 1941 in »La spiaggia« (›Am Strand‹) ebenfalls die Geschichte einer Beziehung. Anders als in Ruffinis Bestseller ist jedoch die Liebe hier herbe, kompliziert und alles

Portofino
Portofino kleiner Hafen,
da wir uns im Frühling trafen.
Da geheim wie eine Mythe
Unverhofft ein Glück erblühte.
Glück und Leid? Wer will es wissen?
Wehrlos ward ich fortgerissen,
dass sich eine oder scheide,
was zu Glück ward oder Leide.
Portofino, kleiner Hafen,
da wir uns im Frühling trafen.
Du, was auch mein Schicksal werde,
bleibst mir ewig teure Erde.
          Christian Morgenstern

andere als sentimental. Das Ferienleben an der Riviera bildet den atmosphärischen Hintergrund. Pavese hielt sich, wie auch andere Turiner Schriftsteller, häufig in dem Bade- und Fischerort Varigotti bei Finale Ligure auf.

Aus Genua stammt der Literatur-Nobelpreisträger von 1975, Eugenio Montale (1896–1981). Bis zu seinem 30. Lebensjahr verbrachte der Dichter den Sommer in Monterosso, dem Geburtsort seines Vaters. In seiner Lyrik finden sich Naturmotive der Küste, vor allem in dem frühen Band »Ossi di seppia«. Der Toskaner Antonio Tabucchi hat lange Zeit als Dozent in Genua gelebt. Sein Roman »Der Rand des Horizonts« (1986) schildert meisterhaft die Atmosphäre der Stadt.

Der Baron auf den Bäumen: Italo Calvino

»Am 15. Juni 1767 beschließt Baron Cosimo Piovasco di Rondo aus Ombrosa, die Erde zu verlassen, um auf den Bäumen zu leben. Er erhebt sich von der Familientafel, klettert hinauf auf eine Steineiche und wird den Boden nie mehr betreten.« In seinem Roman »Il barone rampante« (Der Baron auf den Bäumen) erzählt der in San Remo aufgewachsene Italo Calvino die fantastische Geschichte eines jungen Adeligen des 18. Jh., der im Alter von 13 Jahren unwiderruflich den Entschluss fasst, fortan im Geäst der Bäume zu leben, um von hier aus, befreit von allen Konventionen, intensiv am gesellschaftlichen Leben teilzunehmen. Das 1957 erschienene Werk machte seinen Autor auch international bekannt. Die vielschichtige, spielerisch-humorvolle, märchenhafte Erzählweise ist typisch für fast das gesamte literarische Schaffen Calvinos. »Was ich in der komischen, ironischen, grotesken und possenhaften Verwandlung suche, ist ein Ausweg aus der Begrenztheit und der Eindeutigkeit jeder Darstellung und jedes Urteils«, schreibt er 1980.

Calvino wurde 1923 in Kuba geboren, wo seine Eltern ein experimentelles Landwirtschaftsgut leiteten. 1925 kehrte die Familie in die italienische Heimat nach San Remo zurück. Nach der Gründung der faschistischen Republik von Salo 1943 schloss sich Calvino der ligurischen Resistenza, der Widerstandsbewegung gegen Mussolini an. 1944 wurde er Mitglied der im Untergrund aktiven kommunistischen Partei Italiens. Mit den Partisanen der Brigade Garibaldi kämpfte er noch im März 1945 in der Schlacht von Baiardo gegen deutsche Besatzer und faschistische Milizen.

Nach dem Kriegsende konnte sich Calvino endlich seiner großen Leidenschaft, der Literatur, widmen. Nach dem Studium der Literaturwissenschaften in Turin bekam er Zugang zum Literatenkreis der Neorealisten um Cesare Pavese und Elio Vittorini. Diese erkannten das außergewöhnliche schriftstellerische Talent Calvinos und förderten ihn nach Kräften. In seinem ersten Roman »Wo Spinnen ihre Nester bauen« (1947) verarbeitete Calvino seine Erfahrungen in der ligurischen Resistenza noch ganz im wirklichkeitsnahen Stil des Neorealismus. Doch schon das zweite größere Werk »Der geteilte Visconte« (1952) zeigt den fortan prägenden, experimentellen, fiktiv-allegorischen Erzählstil. In seine ligurische Heimat kehrte Calvino nicht mehr zurück, Turin, Paris und Rom bildeten nach dem Krieg Mittelpunkte seines umfangreichen Schaffens.

Genua Superba – die freie Seerepublik

Eingeklemmt zwischen Meer und steilen Bergen war Genua von Anfang an auf die Seefahrt und den Handel ausgerichtet – aus knappen Böden und kargem Hinterland konnte man keinen Wohlstand ziehen. Die Genuesen blickten in unbekannte Fernen. Und sie hatten damit Erfolg: Als mittelalterliche Seerepublik und erfolgreiches Finanzzentrum wurde Genua zu einem der reichsten Stadtstaaten Europas.

Die Anfänge: Aufbruch nach Spanien

Im Mittelalter konkurrierten Papst, Kaiser, islamischen Staaten und Byzantiner in wechselnden Konstellationen um die Macht am Mittelmeer. Durch geschicktes Taktieren zwischen diesen Kräften konnten sich ab dem 10. Jh. an der Küste Italiens vier selbstständige Stadtrepubliken etablieren: Amalfi,

Über Jahrhunderte machtvoll: die reiche Seerepublik und Finanzmetropole Genua

Pisa, Genua und Venedig. Dank des Seehandel gewannen die vier Hafenstädte rasch an Einfluss und Wohlstand. Aus Andalusien, Nordafrika und den Küsten der Levante wurden begehrte Waren wie Baumwolle, Seide, Elfenbein und Gewürze in die Häfen des Mittelmeers verschifft. Auch auf dem Gebiet der Wissenschaft und der Landwirtschaftstechniken profitierte man von den Verbindungen zur damals überlegenen islamischen Kultur.

Mit der Vertreibung sarazenischer Korsaren von den Küsten Sardiniens und Korsikas durch verbündete Flottenverbände Genuas und Pisas im 11. Jh. war ein wesentliches Handelshemmnis beseitigt worden. Die Interessen Genuas richteten sich zunächst nach Westen. Die Stadt knüpfte stabile Handelskontakte zur Iberischen Halbinsel, sowohl zu den christlichen Königen von Kastilien und Aragon als auch zu den maurischen Fürsten von Al Andalus. Vor allem der Handel mit afrikanischem Gold, feinen Lederwaren aus Cordoba und Seide aus Granada ließ die Wirtschaft Genuas prosperieren.

Expansion unter dem Zeichen des Kreuzes

Der Aufruf Papst Urban II. Ende 1095 zum ersten Kreuzzug gen Palästina bot Genua eine günstige Gelegenheit, seinen Handelsraum nach Osten zu erweitern. Man lieferte bereitwillig Kriegsschiffe, Belagerungsmaschinen und Soldaten. Auch mit Hilfe der wendigen genuesischen Galeeren gelang es den Kreuzfahrern 1099, Jerusalem einzunehmen. Genuesische Kaufleute erhielten nun auch Handelskonzessionen im Osten des Mittelmeers, die nach 1261 auf das byzantinische Kleinasien und die Schwarzmeerküsten ausgedehnt wurden. Genua hatte den byzantinischen Kaiser Michael VIII. bei der Rückgewinnung seiner Hauptstadt Konstantinopel unterstützt; venezianische Truppen hatten 1204 beim vierten Kreuzzug die Metropole am Bosporus in einer Gewaltorgie erobert. Der sechste Kreuzzug 1246 war für Genua vor allem ein gutes Geschäft. Der französische König Ludwig IX. finanzierte seine Unternehmung mit von Genua zu 20 % Zinsen geliehenem Geld, seine Streitmacht ließ er auf angemieteten genuesischen Schiffen nach Ägypten transportieren.

In wichtigen Handelsmetropolen wie Sevilla oder Konstantinopel entstanden im Laufe des Mittelalters rein genuesische Wohn- und Handelsbezirke mit eigener Verwaltung und vertraglich abgesicherten Privilegien; manche Städte und Inseln des Mittelmeers unterstanden gar unmittelbar der Herrschaft Genuas.

Mächtige Rivalen: Pisa und Venedig

Anfang des 12. Jh. vernichtete Pisa die Seerepublik Amalfi. Auch mit dem zuvor verbündeten Genua begannen kriegerische Konflikte um die Herrschaft im westlichen Mittelmeerraum. Am Golf von La Spezia demonstrieren noch heute die mächtigen Seefestungen von Lerici (Pisa) und Portovenere (Genua) die tiefe Feindschaft. In langen Auseinandersetzungen konnte sich Genua als wichtigste Macht der italienischen Westküste behaupten; die entscheidende Seeschlacht bei Meloria 1284 endete mit einer vollständigen Vernichtung der Kriegsarmada Pisas. Im westlichen Mittelmeer hatte Genua nun keine ernsthafte Konkurrenz mehr zu fürchten.

Im Osten mussten sich die Genuesen gegenüber Venedig behaupten. Die von Genua unterstützte Vertreibung der Venezianer 1261 aus Konstantinopel und die 1298 für Genua siegreiche Seeschlacht von Curzola an der dalmatinischen Küste brachten jedoch keine bleibende Dominanz: Während in Venedig eine zentrale politische Führung die Geschicke der Stadt leitete und man hier gegen äußere Feinde konsequent zusammenhielt, schwächten sich die Genuesen in ständigen inneren Konflikten. Reiche Patrizierclans (Doria, Grimaldi, Spinola, Fieschi) setzten rücksichtslos ihre privaten Interessen durch und riefen dabei auch skrupellos auswärtige Mächte zu Hilfe.

Der venezianische Staatskapitalismus erwies sich letztlich als stärker. Im Friedensvertrag von Turin musste Genua 1381 die Vormachtstellung Venedigs anerkennen und erste Stützpunkte im östlichen Mittelmeerraum aufgeben. Im 15. Jh. beherrschten Franzosen, Spanier und Mailänder abwechselnd den Stadtstaat. Mit der Eroberung Konstantinopels durch die Osmanen 1453 und der Entdeckung des Seewegs nach Amerika 1492 schien auch die ökonomische Macht Genuas ruiniert, denn der Mittelmeerhandel verlor nun insgesamt an Bedeutung.

Geld als Ware: Financiers aus Genua

Doch Genua erholte sich von diesen Schlägen. Es widmete sich verstärkt einem Gewinn versprechenden neuen Handelsgut, dem Geld. Schon 1407 entstand die Casa di San Giorgio als eine der ersten modernen Banken der Welt. Sie war zur Verwaltung der staatlichen Zwangsanleihen gegründet worden, die Genua bei reichen Bürgern aufnehmen musste, um die Kriege gegen Venedig zu finanzieren. Die Ausgabe von staatlichen Schuldverschreibungen, deren Verzinsung die neue Bank nicht in barer Münze, sondern als weiter zirkulierende handelbare Verbriefungen auskehrte, war eine frühe Form des virtuellen Buchgeldes, das man gewinnbringend weiter einsetzen konnte.

Die Casa di San Giorgio dehnte den bargeldlosen Kreditverkehr immer weiter aus, bediente Staaten und Potentaten gegen Verpfändung von Landbesitz und Steuerrechten mit neuem Geld. Der Historiker John Morissey schildert das respektvolle Staunen eines Gesandten Venedigs angesichts der vor den Toren Genuas stattfindenden Wechselmessen, wo in einer Art »Utopia« mit einer fiktiven europäischen Währung, dem »scudo de Marchi«, riesige Summen kreuz und quer durch Europa bewegt würden.

Im Jahre 1528 stellte der als unbesiegbar geltende Admiral Andrea Doria seine Flotte gegen Zusicherung der Unabhängigkeit Genuas in den Dienst des Kaisers Karl V. Dies förderte den Aufstieg des Stadtstaates, der schon 1492 die Amerikaexpedition des Columbus mitfinanziert hatte, zum wichtigsten Geldgeber der spanischen Krone. Genuesische Geschäftsleute gewannen nun eine Schlüsselrolle im europäischen Finanzwesen. Sie profitierten von den enormen Gewinnen, die Spanien aus der Eroberung Amerikas zog. Ab dem 16. Jh. zirkulierte ihr Geld gewinnbringend in ganz Europa, Genua superba, das stolze Genua, entwickelte sich zur reichsten Stadt des Kontinents. Die Spuren des einstigen Luxus lassen sich in der Stadt noch heute entdecken. Erst mit dem Einmarsch Napoleons und dem Verlust der Selbstständigkeit 1797 endete die große Zeit Genuas.

Vielfalt im Verborgenen – die Pflanzenwelt Liguriens

Subtropische Palmen, Zitruspflanzen, Kakteen und Agaven wachsen an den Sonnenküsten der Riviera. Für die wärmeren Zonen Liguriens typischer ist jedoch der mediterrane Trockenbuschwald, die artenreiche Pflanzengemeinschaft der Macchia. In den bewaldeten Bergen des Hinterlandes führt die Grenzlage zwischen mediterranen und gemäßigten Klimaeinflüssen zu besonderer Artenvielfalt.

Aufgrund des milden Klimas gedeiht an der ligurischen Küste eine reiche, auch im Winter farbenfrohe Pflanzenwelt mit vielen subtropischen Gewächsen. Schon im Januar leuchten die gelben Blüten der Mimosenbäume, im Februar blühen Rosmarin, Kamelien, Veilchen, Gänseblümchen. Die dem Klima und der Landschaft am besten angepasste Pflanzengesellschaft der Küstenregion ist jedoch der mittelmeerische Buschwald, die Macchia. Aus der Ferne betrachtet wirkt sie manchmal karg, von nahem entfaltet sie mit ihren zahlreichen blühenden Pflanzen und aromatischen Kräutern durchaus ihren Reiz. Die Macchia entwickelt sich an der Küste überall dort, wo der Hochwald verschwunden ist und die Natur sich selbst überlassen bleibt. Mediterrane Buschwälder sind in Ligurien heute vor allem an den Steilküsten der Riviera di Levante häufig, an der Riviera di Ponente findet man sie vor allem im Finalese.

Macchia Mediterranea

Der Charakterbaum der Macchia, die immergrüne Steineiche, zeigt fast nur durch ihre Eichelfrüchte die botanische Verwandtschaft zu den bei uns heimischen Eichen. Die einst dichten Steineichenhochwälder der Apenninhalbinsel wurden seit der Antike durch Holzeinschlag, Viehverbiss und Brandrodung dezimiert und durch niedrigere Waldformen verdrängt.

Im mediterranen Buschwald wächst unter den Steineichen eine große Vielfalt von Sträuchern und Kräutern. Die roten, im Herbst reifenden Früchte des Erdbeerbaums erinnern tatsächlich an Erdbeeren. Die Baumheide blüht im Frühjahr mit weißlichen Dolden und entfaltet intensive Düfte, ebenso wie die im Frühsommer gelb an den Hängen leuchtenden Ginsterarten. Die Steinlinde ähnelt entfernt dem Ölbaum.

Weitere Buschpflanzen der Macchia sind der Lorbeer, der Zedernwacholder und der Mastixstrauch. Unter diesen meist 2–3 m hohen Gewächsen gedeihen Blumen und Kräuter, die vor allem in der Hauptblütezeit – Mai und Juni – starke aromatische Düfte ausströmen: Rosmarin, Thymian, Salbei, Oregano, verschiedene Minzarten, Myrte und die wie chinesische Papierblumen wirkenden Zistrosen, von deren korsischer Bezeichnung sich der Name Macchia herleitet. Die im Buschwald ebenfalls recht häufig vertretenen Kiefernarten

(Strandkiefer, Aleppokiefer) gehören demgegenüber nicht zur spontan wachsenden Vegetation; sie sind bei Aufforstungsmaßnahmen angepflanzt worden. Aufgrund ihrer Hitzeresistenz gedeihen sie nahe der Küste prächtig. Fast alle Buschwaldpflanzen haben Nadeln oder sehr harte Blätter; dadurch ist die Verdunstung gering und sie können lange Trockenzeiten ohne Schaden überstehen.

Exoten aus aller Welt

Mindestens ebenso stark wie durch diese einheimische Pflanzengesellschaft ist die Riviera-Vegetation aber durch ›Importpflanzen‹ geprägt, die irgendwann im Lauf der Geschichte hier angesiedelt wurden. Dazu zählen einige der wichtigsten Kulturpflanzen wie der Ölbaum und die Feige, die vor etwa 2500 Jahren aus Vorderasien über Griechenland nach Italien gelangten. Im 19. Jh. versuchten sich die Besitzer der Nobelvillen an der Riviera in der Exotik ihrer Gärten gegenseitig zu übertrumpfen; das schönste Beispiel hierfür ist die Villa Hanbury bei Ventimiglia. Aus Asien kamen Magnolien, Orangen, Zitronen und Kaki, aus Amerika Feigenkakteen (Opuntien) und Agaven, aus Afrika die Palmen, die an der Riviera mit über 70 Sorten vertreten sind. Die meisten dieser Gewächse können nur in Regionen überleben, in denen das Thermometer selten oder nie unter die Null-Grad-Grenze fällt.

Im Gebirge: Kastanien, Buchen, Blumenwiesen

Etwa zwei Drittel der Fläche Liguriens bedecken Wälder. Die Region verfügt damit über die größte Walddichte innerhalb Italiens. Warmes Klima und unterschiedlichen Höhenstufen führen zu einem großen Artenreichtum. In mittleren Lagen um 600–800 m ist die Edelkastanie stark verbreitet. Wie Olive und Feige stammt sie ursprünglich aus Kleinasien, ist aber seit der Römerzeit in Italien heimisch. Für die arme Bevölkerung des Berglands, in dem kaum Getreide gedeiht, war Kastanienmehl traditionell das Grundnahrungsmittel. Noch bis in die Mitte des 20. Jh. zogen im Herbst die Bewohner der Bergdörfer tagelang in die Wälder, um die *marroni* zu sammeln.

Neben den Kastanien stehen in den mittleren Gebirgslagen auch sommergrüne Eichen und Schwarzkiefern. Für Italien eine Besonderheit sind die großen Bergbuchenwälder im Hinterland der Levante (Aveto-Naturpark) und in den Ligurischen Alpen. Die Hügel- und Bergwälder sind reich an Pilzen. Steinpilze gehören ab dem Spätsommer zu den großen kulinarischen Reizen Liguriens. Pilze zu sammeln ist ligurischer Volkssport, zu Saisonende werden in den Dörfern des Hinterlandes große Pilzfeste gefeiert. Auf Weiden und Lichtungen blühen im Frühjahr, wie kaum irgendwo sonst in Europa, zahlreiche Blumen, darunter viele Orchideenarten.

In der Hochgebirgszone machen die Laubbäume allmählich Nadelwäldern Platz. Die großen Lärchenbestände in den Ligurischen Alpen zeigen, wie auch die Buchenwälder, im Herbst eine eindrucksvolle Laubfärbung. In den Kammlagen erstrecken sich karge Bergwiesen. Im späten Frühjahr und Sommer blühen hier zahlreiche Gebirgsblumen, wie beispielsweise die Narzissenwiesen am Monte Antola.

Von bewaldeten Bergen umgeben: das mittelalterliche Ceriana

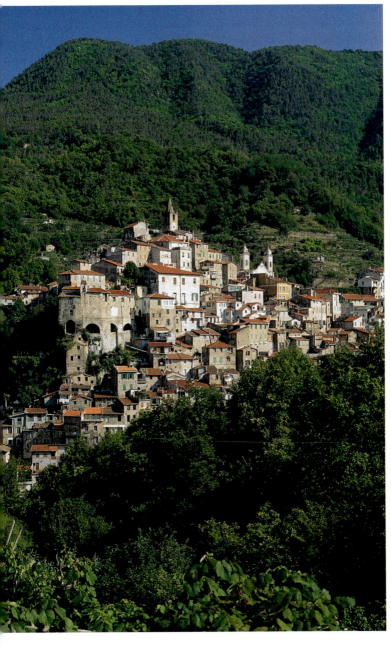

Wölfe und Wale – die Fauna Liguriens

Delfine können auch im berühmten Meerwasser-Zoo von Genua bewundert werden

Die Fauna der dicht besiedelten Küsten ist arm an größeren Arten; vor allem die Eidechsen stören sich nicht an der Gegenwart der Menschen. Im gebirgigen Hinterland nimmt hingegen dank vielfältiger Schutzmaßnahmen die Artenvielfalt wieder zu. Seit etwa zwanzig Jahren ist hier auch wieder der Wolf unterwegs. Und was kaum einer weiß: Wale und Delfine sind seit jeher im Meer vor den Küsten Liguriens heimisch.

Im Reich der Reptilien

Die wärmeren küstennahen Hügelgebiete sind das Reich der Reptilien. An den Legesteinmauern der vielen Hangterrassen sonnen sich überall die flinken, farblich unscheinbaren Mauereidechsen in großer Zahl, um bei der Annäherung des Menschen blitzschnell in den Ritzen zu verschwinden. Mehr fürs Auge bietet die gar nicht so seltene, bis zu 40 cm lange, leuchtend-hellgrün gefärbte Smaragdeidechse. Mit etwas Glück bekommt man auch die blaugrüne Perleidechse zu Gesicht, mit bis zu 60 cm Länge die größte Vertreterin ihrer Familie in Europa.

Unter den diversen Schlangenarten gibt es auch zwei giftige Vertreterinnen. Die bis zwei Meter lange Eidechsennatter ist für den Menschen relativ ungefährlich, denn ihre Giftzähne sitzen hinten im Rachen und werden erst beim Herunterwürgen der Beute aktiv. Gefährlicher, wenn auch in der Regel nicht tödlich, ist der Biss der kleineren Aspisviper. Sie hat ein weites Verbreitungsgebiet, ist aber relativ selten.

Große Vielfalt: die Tierwelt im Gebirge

Im waldreichen Hügel- und Bergland sind vor allem Wildschweine sehr zahlreich – zum Leidwesen der Bauern. Nachts fallen sie in die Pflanzungen ein und richten große Schäden an. Im Herbst werden sie massiv bejagt, um anschließend als Gulasch oder Zutat zur beliebten Nudelsauce *a la cinghiale* im Kochtopf zu landen. Doch auch viele andere Tierarten haben sich aufgrund von Schutzbemühungen in den letzten Jahren wieder vermehrt. So leben in den Wäldern der mittleren Höhenlagen Füchse, Dachse, Marder, Igel, Hasen und Eichhörnchen.

Am Monte Saccarello und am Monte Beigua ist inzwischen Rehwild wieder häufig anzutreffen, und in den Ligurischen Alpen ist der Feuersalamander heimisch. Eulen und Greifvögel finden unter den Kleintieren ausreichend Nahrung. In Hochgebirgslagen kommt sogar der Steinadler vor, dem u. a. Bergfasane und Berghühner als Beute dienen. In einigen eng umgrenzten Gebieten der Ligurischen Alpen gibt es Gämsen, Murmeltiere und Hermeline. Von den Stachelschweinen findet man öfters die schwarz-weiß gemusterten Stacheln auf den Wegen, das nachtaktive, scheue Tier selbst bekommt man so gut wie nie zu Gesicht.

Konfliktreich: die Rückkehr des Wolfes

Ende des 19. Jh. wurde im Nervia-Tal der letzte Wolf in Ligurien geschossen, 100 Jahre später kehrte er zurück. Vom Nationalpark der Abruzzen aus hat er sich über die dünn besiedelten Kämme der Apenninen kontinuierlich weiter nach Nordwesten ausgebreitet. Der italienische Wolf, eine etwas kleinere Unterart des europäischen Wolfes, wurde in Italien 1976 unter strengen Schutz gestellt und erobert sich seitdem sein angestammtes Terrain zurück. Inzwischen ist er in den provenzalischen Alpen angekommen und auch in der Südschweiz wurde er schon gesichtet. Konflikte mit dem Menschen bleiben nicht aus. Zwar erhalten die Bauern für gerissene Schafe und Ziegen eine staatliche Entschädigung, dennoch wird ihm wie eh und je heimlich mit Gewehr und Giftfalle nachgestellt. Dies allerdings nicht ungestraft: 2011 musste sich ein Wilderer für die Tötung von sechs Wölfen vor dem Gericht von Chiavari verantworten.

Auf Walsafari vor Liguriens Küste

Beim Thema Walbeobachtung denkt man wohl kaum an die Italienische Riviera. Doch auch vor den Küsten Liguriens kann man die großen Meeressäuger antreffen. Vor allem im Dreieck zwischen Toulon (Provence), der Nordspitze Sardiniens und dem Monte Argentario (Toscana) findet man noch größere Bestände. In dieser Zone ist das Mittelmeer bis zu 2600 m tief und besonders nährstoffreich. Im 1999 hier länderübergreifend eingerichteten **Schutzgebiet Santuario dei Cetacei** sind vier Walarten heimisch, darunter mächtige Pott- und Finnwale. Auch Delfine in vier Unterarten kommen vor.

Lange hielt man die Wale im Mittelmeer für verirrte Exemplare aus dem Nordatlantik. Heute weiß man jedoch, dass es sich um eine eigenständige Population handelt, die wohl schon seit langen Zeiten existiert – Grundlage der biblischen Geschichte von Jonas, der vom Walfisch ausgespieen wird. Der Bestand der bis zu 24 m langen Finnwale, die zweitgrößte Tierart der Erde, wird im Schutzgebiet auf etwa 3000 Exemplare geschätzt. Der bis zu 12 m lange Pottwal mit seiner eigentümlich kantigen Kopfform geht in großen Tiefen auf die Jagd nach Kalmaren, seiner Lieblingsspeise. Seine Bestandszahlen sind nur schwer festzustellen.

Die Wal- und Delfinpopulationen im Mittelmeer sind stark gefährdet. Die Überfischung dezimiert das Nahrungsangebot, zu engmaschige Netze produzieren viel unnötigen Beifang, der dann Walen und Delphinen als Nahrung fehlt. Immer wieder verheddern sich Tiere in illegal ausgelegten Bodenschleppnetzen oder ersticken am verschluckten Plastikmüll. Wale und Delfine leben zudem in einer akustischen Welt. Sie kommunizieren mit ihrer Stimme und Klicklauten untereinander, Pottwale orten so auch ihre Beute.

Akustische Umweltverschmutzung durch den Motorenlärm der Frachtschiffe und Ausflugsboote beeinträchtigen die Orientierungs- und Beutefähigkeit. Der Fortbestand der Walpopulationen im Mittelmeer steht auf Messers Schneide und auch das relativ große Delfinvorkommen – noch etwa 200 000 Streifendelfine leben im westlichen Mittelmeer – nimmt stetig ab.

Unser Tipp

Beobachtungsfahrten
Noch ist es möglich, auf Schiffstouren vor der ligurischen Küste Wale und Delfine zu sichten. Es ist immer wieder ein besonderes Erlebnis, wenn nach geduldigem Warten endlich der mächtige dunkle Buckel eines Finnwals aus dem Meer auftaucht, um eine helle Fontaine in die Luft zu blasen.
Wal- und Delfinbeobachtungstouren starten von Mitte Juni bis Mitte September ein- oder mehrmals wöchentlich von Imperia Porto Maurizio, San Remo, Alassio, Genua und Varazza. Die Wahrscheinlichkeit einer Sichtung wird von den Veranstaltern mit etwa 90 % angegeben. Die Fahrten dauern je nach Startort 5–9 Stunden und kosten pro Person ca. 33 € (Kinder von 5 bis 14 Jahren 22 €). Eine Reservierung, telefonisch oder per E-Mail, ist unerlässlich (auch Englisch). Tel. 01 83 76 93 64 oder 336 68 88 29 (mobil), info@whalewatch.it, www.whalewatchliguria.it.

Schützenswerte Landschaften – Bodenspekulation und Ökoboom

Unter dem großen Touristenandrang hat die Schönheit der ligurischen Landschaft gelitten, viele Gebiete – vor allem an der Riviera di Ponente – fielen der Bauspekulation zum Opfer. Doch es gibt inzwischen auch in Ligurien eine Gegenbewegung: Große Bereiche der Region stehen heute unter Naturschutz – auch aus wirtschaftlichen Gründen, wie nicht nur das Beispiel Cinque Terre zeigt.

Fast die gesamte Küste zwischen Ventimiglia im Westen und Sestri Levante im Osten wurde in der zweiten Hälfte des 20. Jh. hemmungslos zugebaut. Mit dem einsetzenden Touristenboom entstanden hier in kürzester Zeit in großem Stil Hotelanlagen und Apartementsbauten. Der große Schriftsteller Italo Calvino hat dem traurigen Phänomen schon 1957 den Roman »La speculazione edilizia« (Die Bauspekulation) gewidmet. Das nicht ins Deutsche übersetzte Werk schildert den Kampf um ein zerstörerisches Bauprojekt in einem Küstenort; wie in der Realität der Nachkriegszeit setzen sich auch im Roman die Spekulanten durch.

Durch den anfangs ungezügelten Bauboom ging vielerorts die ursprüngliche Schönheit der Küstenlandschaft verloren. Das ist besonders ärgerlich, weil die hässlichen Häuser meist nicht einmal den Einheimischen dienen, sondern nur wenige Monate oder Wochen im Jahr von Urlaubern genutzt werden. Doch die natürliche Beschaffenheit des Landes leistete der Zerstörung an einigen Stellen Widerstand. Fast unberührt von Neubauten blieben beispielsweise die herrlichen Steilküsten zwischen Sestri Levante und La Spezia, und auch das touristisch schwerer vermarktbare einsame Hinterland von Levante und Ponente überrascht immer noch mit intakten Landschaftsbildern.

Ende des 20. Jh. war auch dem letzten politisch Verantwortlichen klar geworden, dass einer weiteren großflächigen Bebauung des Landes Einhalt geboten werden müsse, auch um die touristische Attraktivität der Region zu bewahren. Mittlerweile sind die meisten noch unverbauten Gebiete zu Schutzzonen erklärt worden.

Naturschutz statt Bauboom

Längst hat man erkannt, dass die traumhafte Landschaft des Cinque-Terre-Nationalparks ein wichtiger Wirtschaftsfaktor ist und deshalb besonders geschützt werden muss. Auf dem meistbesuchten Weg zwischen Vernazza und Riomaggiore muss man seit einigen Jahren Eintritt zahlen. Das Geld ist für einen guten Zweck gedacht: Die Nationalparkverwaltung finanziert damit die kostspielige Rekultivierung aufgegebener landwirtschaftlicher Flächen – vor allem der Terrassenkulturen an den Steilhängen. Die arbeitsaufwendige Bewirtschaf-

Die imposante Steilküste in den Cinque Terre steht unter Naturschutz

tung lohnt sich ökonomisch nicht mehr, ist aber dringend notwendig, um die durch den Menschen geformte Landschaft der Cinque Terre vor Erosion zu schützen. Werden die »muretti a secco«, die in vielen Jahrhunderten sorgfältig aus Natursteinen aufgeschichteten Terrassenmauern, nicht mehr regelmäßig unterhalten, rutscht das Land unvermeidlich früher oder später ab.

Die Förderung eines naturnahen Tourismus lohnt auch unter einem anderen Gesichtspunkt. Die Reisesaison verlängert sich, da Wanderer, anders als die klassischen Badetouristen, auch außerhalb der sommerlichen Hochsaison unterwegs sind. Der Wanderboom der Cinque Terre schwappt auch in die Nachbarorte über; Levanto, Bonassola und Moneglia wurden zu beliebten Standquartieren für Wanderer. In vielen anderen Gegenden der Riviera di Levante wurden mittlerweile ebenfalls Wege markiert.

Eine Öko-Stadt in den Bergen

Dass sich Naturschutz und Umweltbewusstsein finanziell lohnen können, beweist seit Jahren auch die Kleinstadt Varese Ligure im Hinterland von Chia-

braucht wird, und die Bauern – die nahezu ein Drittel der berufstätigen Bevölkerung ausmachen – produzieren fast ausnahmslos »biologisch«.

Mit Erfolg: Während der BSE-Panik wurden die beiden Fleischereien des Städtchens von auswärtigen Käufern überrannt, und auch der Käse aus biologischer Produktion verkauft sich blendend. Caranza schaffte es, mehr als 50 Mio. € aus EU-Fonds für die »ökologische Wende« locker zu machen und zahlreiche neue Arbeitsplätze zu schaffen.

Das Öko-Image der Gegend zieht immer mehr Touristen an, erstmalig seit Jahrzehnten steigt die Bevölkerungszahl wieder, und nicht weniger als 150 Bürgermeister anderer Kommunen sind inzwischen nach Varese gepilgert, um von der erfolgreichen ökologischen Stadtplanung zu lernen.

vari, der 1999 als erster europäischer Ort das EU-Zertifikat »Ökologische Kommune« verliehen wurde. Der 2006 verstorbene Bürgermeister Maurizio Caranza, der sich mit den komplizierten EU-Richtlinien perfekt auskannte, hatte herausgefunden, dass nicht nur Betriebe, sondern auch Dörfer und Städte ein Umweltetikett aus Brüssel beantragen können. Zuvor hatte Caranza seit 1990 den Ausbau Vareses zum ökologischen Musterort vorangetrieben. Alte Häuser wurden stilvoll renoviert und die Infrastruktur erneuert – von der Kanalisation bis zum Naturstein-Straßenbelag. Zwei Windräder liefern so viel Energie, wie im Ort verbraucht wird,

Die wichtigsten Naturschutzgebiete

In Ligurien gibt es zehn National- und Regionalparks. Eine Übersicht gibt die Internetseite www.parks.it. Die vier wichtigsten sind:

Parco Nazionale delle Cinque Terre: Steilküste zwischen Monterosso und Portovenere, www.parconazionale5terre.it (s. S. 252).

Parco Naturale Regionale di Portofino: Regionalpark der Portofinohalbinsel, www.parcoportofino.it (s. S. 216).

Parco Naturale del Beigua: Küstengebirge zwischen Genua und Savona, www.parcobeigua.it (s. S. 177).

Parco Naturale Regionale delle Alpi Liguri: 2007 neu eingerichtetes Alpenschutzgebiet, www.parcoalpiliguri.provincia.imperia.it.

Unterwegs in Ligurien

Das einstige Fischerdorf Portofino gehört heute zu den teuersten Ferienzielen Liguriens

Das Beste auf einen Blick

Blumenriviera und Ligurische Alpen

Highlights !

La Pigna in San Remo: Die verwinkelte Altstadt mit ihrem fast orientalisch anmutenden Gassengewirr wirkt wie ein mittelalterliches Dorf inmitten der Stadt – trotz pittoresker Winkel eine Stadtarchitektur der Armut. S. 98

Triora: Das in den Bergen hoch über der Valle Argentina gelegene uralte Dorf strahlt eine fast unheimliche Faszination aus. Ein Labyrinth düsterer Gassen und Treppenwege durchzieht das weitgehend entvölkerte historische Zentrum. S. 114

Auf Entdeckungstour

Die Gärten der Villa Hanbury: Ein Spaziergang durch den Park der noblen Villa bei Ventimiglia führt in eine subtropische Pflanzenwelt. Die in Terrassen zum Meer abfallende Anlage vermittelt herrliche Garten- und Landschaftseindrücke. S. 86

Durch die Ligurischen Alpen: Unmittelbar hinter der betriebsamen Küste von San Remo beginnen die Alpi Liguri. Eine kombinierte Auto- und Wandertour durch diese Gebirgsregion führt in wunderschöne Berglandschaften mit dunklen Wäldern, lichten Almen, schroffen Steilwänden, Karsthöhlen und Wasserfällen. S. 110

Kultur & Sehenswertes

Museo Preistorico dei Balzi Rossi: Das Museum nahe Ventimiglia vermittelt einen guten Eindruck vom Leben und der Kultur des Menschen der Steinzeit. S. 83

Roia-Tal: Die landschaftlich spannende Gebirgsregion bietet auch Kulturhistorisches: bei La Brigue einen Renaissance-Freskenzyklus von Giovanni Canavesio, nahebei im ›Tal der Wunder‹ prähistorische Felszeichnungen ligurischer Völker. S. 85

Aktiv & Kreativ

Wandern in den Ligurischen Alpen: Die Berge im Hinterland der Blumenriviera bieten Wandermöglichkeiten in Hülle und Fülle. S. 88, 90, 110

Radeln und Skaten: Gelegenheit für eine gemütliche Tour entlang der Küste bietet die autofreie »Pista ciclabile« zwischen San Remo und Imperia. S. 104

Genießen & Atmosphäre

Großer Markt: An jedem Freitagmorgen füllen sich die Straßen und Plätze Ventimiglias – Ziel der vielen Besucher ist einer der größten Wochenmärkte Italiens. S. 84

Osteria Magiargè: Die angenehme Osteria am Kirchplatz von Bordighera verbindet entspannte Atmosphäre mit kreativer Küche. S. 94

Abends & Nachts

Lungomare: An den Uferpromenaden von San Remo und Bordighera mit ihren vielen Bars und Discos pulsiert in den Sommermonaten das Nachtleben. S. 95, 102

Lebhafte Küstenorte, stille Berglandschaften

Im milden Klima der Blumenriviera (Riviera dei Fiori) gedeihen nicht nur farbenprächtige subtropische Pflanzen, hier blühten einst auch ausgetrocknete Lords und bleichgesichtige Ladies auf. Bordighera und San Remo stellten im 19./20. Jh. klassische Reiseziele eines mondänen Riviera-Tourismus dar (s. a. S. 48). Noble Villen, exotische Gärten und Palmenpromenaden erinnern bis heute an die längst vergangene große Zeit. Während sich Bordighera noch ein Stück weit seine Vornehmheit bewahrt hat, ist San Remo zu einer geschäftigen Alltagsstadt geworden, in der es meist laut und lebhaft zugeht. Für die Markt- und Grenzstadt Ventimiglia galt dies schon immer.

Der Elite-Tourismus an der Riviera ist weitgehend Vergangenheit, die Besucher aus der Fremde sind heute ganz überwiegend sehr normal. Sie kommen vor allem wegen des milden Klimas und der üppigen Vegetation. Der Badetourismus hat nach wie vor eine gewisse Bedeutung, das ökonomische Rückrat bildet jedoch unübersehbar die Blumenzucht. Gewächshäuser ziehen sich überall dicht an dicht die Küstenhänge hinauf – nicht gerade zum Vorteil für das Landschaftsbild.

Die Uferzonen der Riviera dei Fiori sind ohnehin unerfreulich dicht bebaut und stark zersiedelt, aber das einsame Hinterland mit seinen kleinen Dörfern und kahlen Bergkuppen bietet Romantikern und Naturfreunden jede Menge aufregender Eindrücke. Von der Küste leiten die tief eingeschnittenen Flusstäler von Roia, Nervia und Argentina in nur noch dünn besiedelte Bergregionen, wo sich verschachtelt gebaute alte Orte an steile Ölbaumhänge drängen. Die Gebirgskämme der Seealpen an der Grenze zu Frankreich und dem Piemont, die Alpi

Infobox

Reisekarte: ▶ A–D 4–7

Internet
www.rivieradeifiori.org: Seite des Tourismusverbandes der Blumenriviera; Informationen zu Unterkünften und Veranstaltungen.

Verkehr
In der Saison ist die Küstenstraße oft verstopft, als Alternative empfiehlt sich dann für **Autofahrer** trotz der Gebührenpflicht die Autobahn.
Entlang der Küste fährt etwa stündlich ein Zug. **Bahnhöfe** gibt es in Ventimiglia, Bordighera, San Remo und Taggia. Die Tenda-Bahn (s. auch Unser Tipp S. 89) führt von Ventimiglia durch das malerische Roia-Tal nach Limone/Piemont. **Busse** fahren an der Küste in dichtem Takt, zu den Bergorten im Hinterland gibt es hingegen nur wenige Verbindungen pro Tag (Fahrplaninfo unter www.rivieratrasporti.it).

Unterwegs mit der Travelcard
Fährt man öfters Bus, lohnt sich möglicherweise der Kauf der Travelcard. Sie gilt sieben Tage lang unbegrenzt auf allen Buslinien der Provinz Imperia. Man erhält sie für 18 € in den Fahrkartenverkaufsstellen. Auf der Karte muss der Namen des Inhabers eingetragen werden.

Liguri (Ligurische Alpen), erreichen noch Höhen von über 2000 m. Das Gebiet gehört zu Unrecht zu den am wenigsten bekannten und besuchten Zonen des gesamten Alpenbogens.

Ventimiglia ▶ A 6

Die Grenzstadt (25 000 Einw.) erstreckt sich zu beiden Seiten der von Palmen gesäumten Mündung der Roia. Hier stand bereits in der Frühgeschichte eine Ansiedlung der ligurischen Intimilier, die 180 v. Chr. von Rom unterworfen wurden. Aus dem römischen Militärlager ging die Stadt Albintimilium hervor, die in der Völkerwanderungszeit in Vintimilium umgetauft wurde, und dieser Name hat sich in italienischer Fassung bis heute erhalten. Am Schnittpunkt der Küstenstraße und der wichtigen Nord-Süd-Verbindungen ins Piemont gelegen, besaß Ventimiglia immer strategische Bedeutung. Im Mittelalter residierte hier ein mächtiges Grafengeschlecht, die Conti di Ventimiglia.

Die Stadt gliedert sich in zwei völlig unterschiedliche Teile. Östlich des Flusses liegt in der Ebene das moderne Zentrum. Es bietet Besuchern wenig Interessantes: Nur die hübschen Stände der großen **Markthalle** 3 am Corso della Repubblica und die **Uferpromenade** 1 am Meer lohnen einen Bummel. Pulsierendes Leben erfüllt die Neustadt allerdings an jedem Freitag, wenn der Wochenmarkt – der größte Italiens – stattfindet.

Durch die Altstadt

Die kleine Altstadt auf dem Hügel westlich des Flusses bietet eine ganz andere Atmosphäre. Schmale Sträßchen und Treppenwege ziehen sich zwischen jahrhundertealten Bauten den Hang hinauf. Man betritt den mittelalterlichen Ortskern durch die **Porta Marina** 2 aus dem 16. Jh. Im Gassengewirr erhebt sich die **Kathedrale** 3. Mit dem Bau wurde vor fast 1000 Jahren begonnen, allerdings war die Kirche erst im 13. Jh. vollendet. Reizvoll sind das Portal und der romanische Glockenturm mit einem barocken Aufbau. Der eindrucksvolle Innenraum gibt einen rein romanischen Eindruck. Die Krypta stammt von einem Vorgängerbau aus der karolingischen Epoche.

Neben der Kirche erheben sich das **Baptisterium** 4 aus dem 11. Jh. sowie das 1668 gegründete **Monastero delle Canonichesse Lateranensi** 5. Das Kloster nimmt den Platz ein, an dem im Mittelalter die Festung der Grafen von Ventimiglia stand.

Ein Bummel durch die Altstadt führt über die Via Garibaldi, vorbei an der **Loggia del Parlamento** 6 aus dem 14./15. Jh. (Haus-Nr. 12) und dem spätbarocken **Oratorio dei Neri** 7, zur Piazza San Michele am nordwestlichen Rand des Hügels. Von hier genießt man einen schönen Ausblick auf die Berge. Die Kirche **San Michele** 8 stammt aus der Zeit um 1100; sie war die Familienkapelle der Grafen von Ventimiglia (leider nur So 10–12 Uhr für Besucher zugänglich). Neben dem Gotteshaus öffnet sich in den alten Stadtmauern das Stadttor **Porta Piemonte** 9. An seiner Seite steht ein Renaissancebrunnen.

Genuesische Festungen und römisches Theater

Wer Lust auf einen Spaziergang hat, kann von der Porta Piemonte in rund 30 Min. zur **Festung San Paolo** 10 ansteigen, die von den Genuesen im 13. Jh. errichtet wurde; man genießt von

Ventimiglia

Sehenswert
1. Uferpromenade
2. Porta Marina
3. Kathedrale
4. Baptisterium
5. Monastero delle Canonichesse Lateranensi
6. Loggia del Parlamento
7. Oratorio dei Neri
8. Kirche San Michele
9. Porta Piemonte
10. Festung San Paolo
11. Castel d'Appio
12. Forte dell'Annunziata/ Archäologisches Museum
13. Römisches Theater
14. Museo Preistorico dei Balzi Rossi

Übernachten
1. Sole e Mare
2. Posta
3. Calypso
4. Camping Por la Mar

Essen & Trinken
1. Balzi Rossi
2. Marco Polo
3. XX Settembre
4. Pasta & Basta

hier aus einen herrlichen Blick auf die Küste. In weiteren 45 Min. erreicht man die Ruinen des **Castel d'Appio** 11 auf 345 m Höhe; die ebenfalls genuesische Anlage steht auf den Grundmauern frühgeschichtlicher und römischer Befestigungen. Am westlichen Stadtrand steht die Küstenfestung **Forte dell'Annunziata** 12, sie beherbergt das **Archäologische Museum** von Ventimiglia mit Funden aus dem römischen Albintimilium (Statuenköpfe, Reliefs, Vasen, Tongefäße, Grabinschriften usw.; www.fortedellannunziata.it, Di–Sa 9–12.30, 15–17, So 10–12.30 Uhr, Eintritt 3 €).

Am entgegengesetzten Stadtrand blieben am **Corso Genova,** etwa 1,5 km vom Zentrum in Richtung Bordighera, Teile eines **römischen Theaters** 13 erhalten. Es wurde im 2. Jh. errichtet und fasste rund 5000 Zuschauer.

Balzi Rossi

Die Küste zwischen San Remo und Nizza gehört dank des milden Klimas und der zahlreichen Höhlenplätze zu den am längsten besiedelten Gebieten Europas. Beim Grenzübergang Ponte San Luigi 10 km westlich Ventimiglias erheben sich die rötlichen Steilfelsen der Balzi Rossi über dem Meer. Hier hat man in mehreren Grotten Menschenknochen gefunden, deren Alter auf

Einkaufen
1 Großer Wochenmarkt
2 Antiquitäten/Flohmarkt
3 Markthalle

Abends & Nachts
1 Bar Bananarama

rund 250 000 Jahre geschätzt wird. Die steinzeitlichen Wohnhöhlen kann man besichtigen. Mehr zu sehen gibt es in dem benachbarten kleinen **Museo Preistorico dei Balzi Rossi** 14, wo Werkzeuge von Neandertalern und Homo sapiens, Skelette, Rekonstruktionen von Tierzeichnungen, weibliche Fruchtbarkeitsstatuen und Schautafeln Einblicke in das Leben und der Kultur der Steinzeitmenschen gewähren (Di–So 8.30–19 Uhr, Eintritt 2 €).

Übernachten

Frische Brise – **Sole e Mare** 1: Passeggiata Marconi 22/A, Tel. 01 84 35 18 54, www.hotelsolemare.it, DZ um 95 €. Komfortables Haus in Ufernähe am westlichen Stadtrand, geräumige Zimmer mit Meerblick.

Zentral – **Posta** 2: Via Sottoconvento 15, Tel. 01 84 35 12 18, www.postahotel.net, DZ/F um 80 €. Sehr gepflegte, gut geführte Unterkunft im Zentrum der Neustadt, besonders angenehm sind die neueren Zimmer im rückwärtigen Teil.

Meernah und günstig – **Calypso** 3: Via Matteotti 8/bis, Tel. 01 84 35 27 42, www.calypsohotel.it, DZ/F ab 70 €. Angenehmes Kleinstadthotel mit 30 Zimmern in zentraler Lage ca. 150 m von der Uferpromenade entfernt, freundlicher Service, oft ausgebucht.

Blumenriviera und Ligurische Alpen

Camping – **Por la Mar** 4: Ortsteil Latte, Corso Nizza 107, Tel. 01 84 22 96 26. Ein schöner Platz auf schattigem Terrassengelände am Meer, 5 km westlich des Zentrums.

Essen & Trinken

Vornehm und teuer – **Balzi Rossi** 1: Piazzale De Gasperi 11, Tel. 018 43 81 32, Di u. Mi (mittags) geschl., Menü ab ca. 60 €. Direkt am Grenzübergang nach Frankreich liegt dieses Gourmet-Lokal, bei dem sich die Feinschmecker nicht einig sind, ob es das beste oder ›nur‹ eines der besten Liguriens ist.

Am Strand – **Marco Polo** 2: Passeggiata Cavallotti 2, Tel. 01 84 35 26 78, Mo geschl., Mittagsmenü 22 €, Hauptgerichte ab 15 €. Ausgezeichnete Fischküche, Holzhaus mit schöner Panoramaterrasse direkt am Meer.

Solide – **XX Settembre** 3: Via Roma 16, Tel. 01 84 35 12 22, So/Mo geschl., Menü ab 22 €. Trattoria bei der Markthalle, auf den Tisch kommen in guter Qualität zubereitete regionale Gerichte ohne kreative Experimente, abends auch Pizza.

Nudeln satt – **Pasta & Basta** 4: Passeggiata Marconi 20/A, Tel. 01 84 23 08 78, Mo geschl., großer Pasta-Teller ab 10 €. Teigwaren in allen Variationen, z. T. selbst gemacht *(Pasta Fresca)*, daneben gibt es Salate und Desserts.

Einkaufen

Märkte – **Großer Wochenmarkt** 1: Jeden Freitag findet vormittags in der Neustadt um die Via Rossi und die Via Vittorio Veneto einer der größten Märkte Italiens statt (Lebensmittel, Kleidung, Alltagswaren jeder Art, Kunsthandwerk). Er zieht auch Tausende von französischen Kunden an. In der Stadt ist dann kein freier Parkplatz mehr zu finden. **Antiquitäten- und Flohmarkt** 2: am 3. Sa des Monats am Roia-Ufer. Farbiger **Blumen- und Lebensmittelmarkt** Mo–Sa (vormittags) in der **Markthalle** 3 (Mercato Coperto).

Aktiv & Kreativ

Baden – Ventimiglia ist nicht ideal zum Baden. Die breiten Kiesstrände in Zentrumsnähe sind ohne besondere Reize, unmittelbar an der Roia-Mündung ist auch die Wasserqualität nicht immer optimal. Strände außerhalb siehe Unser Tipp S. 85.

Abends & Nachts

Sympathischer Treffpunkt – **Bar Bananarama** 1: Passeggiata Cavallotti 23, nur abends, Di geschl. In dem liebevoll eingerichteten Lokal gibt es kleine Gerichte und gelegentlich Livemusik.

Infos & Termine

Infos
Ufficio del Turismo: Via Sir Thomas Hanbury, an der Westseite der Chiesa di Sant'Agostino, Tel. 01 84 35 11 83, infoventimiglia@rivieradeifiori.org, Mo–Sa 9.30–12.30, 15–18.30 Uhr.

Termine
Agosto Medievale: In der ersten Augusthälfte verwandelt sich die Altstadt auf dem Hügel für eine Woche in ein mittelalterliches Ambiente. Ritter, Bogenschützen und Gaukler in prachtvollen Kostümen bevölkern die Gassen des historischen Zentrums. Mittelaltermarkt, Tavernen, Musik und Tanz, Bootsrennen, Wettbewerb der Bogen-

schützen; Programminfo unter www.
enteagostomedievale.it.

Verkehr
Bahn: Intercity über Imperia/Alassio/Finale Ligure/Genua nach Mailand (6 x tgl.) sowie über La Spezia/Pisa nach Rom (1 x tgl. gegen 6.30 Uhr). Häufig Regionalzüge entlang der Küste nach San Remo, Imperia, Alassio, Finale Ligure, Genua. Über die Tendabahn (s. S. 89) nach Cuneo (9 x tgl.) und Turin (2 x tgl.). Etwa stdl. französischer Regionalzug über Menton/Monaco/Nizza.
Bus: Die Busse nach Bordighera/San Remo starten westlich der Roia-Brücke auf der Piazza della Costituente. Weiterer Bushalt im Zentrum an der Via Cavour 30 bei Einmündung der schmalen Via Firenze, Fahrkarten in der freundlichen Bar nebenan; werktags alle 15 Min., So etwas seltener.

Bei der Via Cavour 30 halten auch die Busse ins Nervia-Tal nach Dolceacqua (Mo–Sa 10 x tgl.), Pigna (6 x), Apricale (3 x), Rocchetta Nervina (3 x), Buggio (4 x), Perinaldo (6 x); So etwas seltener. Schräg gegenüber an der Haltestelle »Largo Sandro Pertini« in der Via Cavour 39 starten die Fahrten über La Mortola (Villa Hanbury) nach Ponte San Luigi an der französischen Grenze (Mo–Sa 10 x, So 8 x tgl.) sowie nach Airole/Olivetta im Roiatal (Mo–Sa 7 x, So 3 x tgl.); Tickets im Tabacchi-Laden.

Unser Tipp

Zu einsamen Stränden der Steilküste

Zur französischen Grenze hin lassen sich – äußerst selten an der Riviera di Ponente – einige kurze unerschlossene Uferabschnitte entdecken. Sie geben noch einen Eindruck von der ursprünglichen Küstennatur. Die folgenden drei Plätze sind nur zu Fuß zugänglich:

Von der Ostseite der Forte dell'Annunziata (s. S. 82) führt ein Pfad im Rechtsbogen hinunter zum unter Steilfelsen gelegenen **Kiesstrand der Spiaggia delle Calandre**. Etwa 50 m unterhalb des Eingangs zu den Hanbury-Gärten (s. S. 86) leiten die Treppen und Pfade der »Discesa del Marinaio« zu den **Felsbuchten der Punta Mortola** unterhalb der Villa Hanbury. In Grimaldi Inferiore/Ponte San Luigi beginnt kurz vor der Staatsgrenze, an der Hauptstraße Corso Mentone 39, ein rot markierter Pfad Richtung Meer; hinter der Bahnbrücke links abzweigend wird der schöne Kiesstrand der **Baia Beniamino** erreicht; er ist auch von den Balzi Rossi (s. S. 82) auf einem Fußweg an der Küste entlang erreichbar.

Im Hinterland von Ventimiglia

Durch das Tal der Roia

▶ A/B 5/6

In vielen Windungen schlängelt sich die türkisblaue Roia durch die von Olivenpflanzungen, Pinienwald und Macchia bedeckten Ausläufer der Seealpen zur Küste. Zu Ligurien gehören nur die unteren 15 km des Roia-Tals, von den Staatsgrenzen sollte man sich die Reiseroute aber nicht vorschreiben lassen. Sie haben in dieser Gegend immer nur eine untergeordnete Rolle gespielt. Bis 1860 war das gesamte Roia-Tal italienisch, manche Orte wie Tende, St-Dalmas und La Brigue wurden erst 1947 französisch. ▷ S. 88

Auf Entdeckungstour

Subtropische Pflanzenwelt – die Gärten der Villa Hanbury

Die größte Attraktion Ventimiglias liegt einige Kilometer westlich der Stadt beim Weiler La Mortola. Im Park der Villa Hanbury taucht man ein in eine Wunderwelt exotischer Pflanzen. Die Gärten erstrecken sich auf Terrassen bis zum Meer hinab – vor allem im Frühjahr ein magisches Reich der Farben und Düfte.

Reisekarte: ▶ A 6

Infos: www.giardinihanbury.com.

Öffnungszeiten: Mitte Okt.–Febr. 9.30–17 Uhr (Nov.–Febr. Mo geschl.), März–Mitte Juni, Mitte Sept.–Mitte Okt. tgl. 9.30–18 Uhr, Mitte Juni–Mitte Sept. tgl. 9.30–19 Uhr; Einlass bis 1 Std. vor Schließung; Eintritt 7,50 €, Mitte März– Ende Juni 9 €.

Anfahrt von Ventimiglia: Mit dem Auto Richtung Menton, den Hinweisschildern »Mortola« und »Villa Hanbury« folgen. Linienbusse ab Stadtzentrum (s. S. 85).

Die botanische Wunderwelt der Gärten von La Mortola schuf der Brite Thomas Hanbury. 1853 trieb ihn Abenteuerlust nach China, wo er mit dem Export von Seide und Tee steinreich wurde. Nach seiner Rückkehr nach Europa suchte der Millionär wie viele seiner Landsleute einen Wohnsitz in mediterraner Wärme. An der Steilküste von Ventimiglia entdeckte er 1867 den verfallenen Palazzo Orengo, den er in kurzer Zeit wieder herstellte.

Zugleich begann Hanbury seinen exotischen Gartentraum zu verwirklichen. Das vor Nordwinden geschützte Parkgelände der Villa mit seinem milden Mikroklima war dafür ideal. Auch hatte Hanbury fähige Berater. Sein Bruder Daniel half mit profunden botanischen Fachkenntnissen, der Landschaftsgärtner Ludwig Winter übernahm die ästhetische Gestaltung. »Handle niemals gegen die Natur«, war Thomas Hanburys Handlungsmaxime. 1889 wuchsen auf dem Gelände bereits 2500 Pflanzenarten, 1912 waren es schon 5800. Jahrzehntelang ruhten die Hanbury-Gärten unter Gestrüpp im Dornröschenschlaf, bis 1987 die Universität Genua den Park übernahm und restaurierte.

Aloen, Agaven und Sukkulenten

Bei einem Spaziergang durch die zum Meer hin abfallenden Terrassen lassen sich seltene Pflanzen aus vielen Regionen der Erde entdecken. Sich hinter dem Eingang links haltend, passiert man im oberen Teil aus Afrika und Arabien stammende Aloen sowie Agaven aus Mittelamerika, die sich mit lederartig verdickten Blättern gegen die Hitze schützen. Den Saft der Aloen, von denen manche Arten bis 15 m hoch werden, nutzten schon die alten Ägypter zu Heilzwecken. Exotisch wirken die bis 10 m hohen, gelben Blütenstände einiger Agavenarten, die nur einmal im Leben der Pflanze ausgebildet werden. Der **Sukkulentengarten** verblüfft durch eine Vielzahl von Säulenkakteen. Den ›**Drachenbrunnen**‹ unterhalb schmückt die nördlichste Papyruspflanzung der Welt.

Traumvilla über der Küste

Mittelpunkt des Gartens ist die meist verschlossene Villa Orengo. Als Hanbury den eleganten Renaissancepalast kaufte, hausten in den einstigen Prunkräumen Ziegen. Doch Sir Thomas war begeistert: »Die Lage ist ganz und gar außergewöhnlich, und nichts, was ich an dieser Küste gesehen habe, kann sich, was die Schönheit der Landschaft anlangt, damit messen.« Von der frei zugänglichen Terrasse genießt man in der Tat ein herrliches Panorama. Unterhalb in einem maurisch inspirierten Mausoleum liegen der 1907 verstorbene Millionär und seine Frau begraben.

Duftgarten und australischer Wald

Treppenwege führen von der Villa hinunter zu den mehr parkartigen unteren Terrassen. Unterwegs sorgen im **Giardino dei Profumi** subtropische Orangenarten und mediterrane Kräuterpflanzen für Dufterlebnisse. Über die Trasse der antiken Via Julia Augusta hinweg gelangt man zum **Palmenhain** vor der meerseitigen Begrenzungsmauer (kein Durchgang zur Küste, kleine Bar).

Der mühsamere Rückweg durch den Westteil des Parks führt durch mediterrane Vegetation mit Pinien und alten Olivenbäumen zum **australischen Wald** auf halber Höhe, wo zwei Dutzend Eukalyptusarten gedeihen. An japanischen Ginkgos, seltenen afrikanischen Palmen und Bananenbäumen vorbei erreicht man den Ausgang.

Blumenriviera und Ligurische Alpen

Airole und Fanghetto ▶ A 6
Im italienischen Teil des Tals liegen inmitten von Olivenhainen die beiden eng gebauten alten Dörfer **Airole** und **Fanghetto**. Südlich von Airole mündet die Bevera in die Roia. Der Nebenfluss windet sich oberhalb Torri durch ein heute völlig verlassenes und nur zu Fuß zugängliches tiefes Tal. Zahlreiche Ruinen und verfallende Ölbaumterrassen erinnern an vergangene bäuerliche Besiedlung.

Breil-sur-Roya ▶ A 6
und La Brigue ▶ B 5
Die verschachtelt gebaute Kleinstadt **Breil-sur-Roya** (ital. Breglio) kurz hinter der Grenze ist mit gut 2000 Einwohnern der zweitgrößte Ort des Tals. In der barocken Hauptkirche Sancta Maria in Albis sind eine Renaissancealtartafel (um 1500) und das geschnitzte Orgelgehäuse (17. Jh.) bemerkenswert. Weiter nördlich steht das außergewöhnlich malerische **Saorge** (Saorgio) amphitheaterartig auf einem Bergsporn hoch über dem Tal. Die romanische Ortskirche La Madonna del Poggio (11. Jh.) im lombardischen Stil ist einer der ältesten Sakralbauten der Region.

Auch das kleine **La Brigue** besitzt noch einen alten Ortskern mit engen Gassen um die ursprünglich romanische Hauptkirche St-Martin, die schöne Renaissancewerke aus der Malschule des Ludovico Brea bewahrt. Das von außen unscheinbare Kirchlein **Notre-Dame-des-Fontaines** etwa 4 km östlich von La Brigue ist innen vollständig mit Fresken ausgemalt, die durch ihre lebendige Darstellungsweise beeindrucken. Vor allem die vom Mönch Giovanni Canavesio um 1492 gemalte Passionsgeschichte bietet eine für die Zeit ungewöhnlich realistische Bildgeschichte des Leidens und der Leidenschaften. La Brigue (Briga Marittima) war der Hauptort des rund um den Monte Saccarello siedelnden Hirtenvolkes der Brigasker (s. Entdeckungstour S. 112).

Tende ▶ A 5
Das in schöner Berglandschaft gelegene Tende (Tenda), mit knapp 3000 Einwohnern der größte Ort im Roia-Tal, bietet mit seine engen Gassen, Torbögen und überwölbten Durchgängen ein malerisches Bild. Am Portal der 1506 geweihten Hauptkirche Notre-Dame de l'Assomption, aber auch an vielen Haustüren findet man fein gearbeitete Schieferreliefs aus der Steinmetzschule von Cenova. Über den 1870 m hohen Tendapass verlief einst der wichtigste Alpenübergang zwischen Turin und den Mittelmeerhäfen Piemont-Savoyens. Die Organisation der Maultierkarawanen, die vor allem Salz über den Pass beförderten, sicherte Tenda über Jahrhunderte relativen Wohlstand.

Übernachten

Flussrauschen – **Castel du Roy**: Breil-sur-Roya, Tel. 00 33 493 04 43 66, www.castelduroy.com, DZ/F 80 €, im Sommer 95 €. Sehr angenehmes Haus in schöner ruhiger Lage etwas außerhalb nahe dem Roia-Ufer.

Aktiv & Kreativ

Wandern – Das Roia-Tal ist ein ideales Wandergebiet. Auf einem gut markierten Weg, dem Sentier Valléen, gelangt man durch traumhafte Landschaften in drei bis vier Tagen von Airole über Breil, Saorge und La Brigue nach Tende. Mit einem weiteren Wandertag lässt sich von hier aus Casterino im Mercantour-Nationalpark erreichen. Wegen der guten Bahnverbindungen kann man die Landschaft bis Tende auch problemlos von einem festen Standort aus erkunden.

Vallée des Merveilles ▶ A 5

Von **St-Dalmas-de-Tende** mit seinem riesigen Bahnhof aus der Mussolini-Zeit, bis 1947 Grenzstation auf der Route Turin–Nizza, gelangt man aus dem Roia-Tal nach wenigen Kilometern in den **Mercantour-Nationalpark** mit dem Vallée des Merveilles (Valle delle Meraviglie, ›Tal der Wunder‹). Das ehemalige Jagdrevier der italienischen Könige mit reicher Flora und Fauna gehört zu den schönsten Gebieten der Seealpen. Die alpine Felslandschaft mit ihren Almwiesen, Lärchenwäldern, Gletscherseen und Moränen um den Mont Bégo (2872 m) bietet ein eindrückliches Naturschauspiel. Steinböcke, Gämsen und zahlreiche Murmeltiere sind hier heimisch, in den Lüften schweben majestätisch Steinadler und der wiedereingebürgerte Bartgeier.

Am Fuße des **Mont Bégo** hat man Tausende von primitiven bronzezeitlichen **Felsgravuren** entdeckt (1800–1200 v. Chr.), deren Bedeutung der Wissenschaft seit ihrer Erstbeschreibung durch den englischen Forscher Clarence Bicknell 1881 immer noch Rätsel aufgibt. Die mit Steinwerkzeugen Punkt für Punkt in den Stein gemeißelten Linien zeigen zur Hälfte symbolhaft Stiere, daneben Werkzeuge, Waffen, Ackergeräte wie Pflüge, als Felder gedeutete geometrische Muster, vereinzelt auch umrisshaft primitive menschliche Figuren. Überwiegend nimmt man heute an, dass der Mont Bégo für die ligurischen Volksstämme ein heiliger Berg, ein wichtiger Kultort ihrer animistischen Religion war.

Übernachten, Essen

Im Gebiet des Nationalparks existieren mehrere, von Mitte Juni bis Ende Sept. auch bewirtschaftete Berghütten. Vor allem im Juli/Aug. sind sie fast immer langfristig ausgebucht, insbesondere gilt das für die Schutzhütte **Refuge des Merveilles** bei den Felsgravuren (frü-

Unser Tipp

Mit der Tenda-Bahn in die französischen Seealpen ▶ A 4–6
Ventimiglia ist Ausgangspunkt der Tenda-Bahn, die im Roia-Tal langsam ansteigt und durch den Tunnel unter dem Tendapass schließlich Limone im Piemont erreicht. Der Zug passiert wildromantische Schluchtlandschaften und klettert in den Bergen der Seealpen bis auf 1300 m Höhe. Um die Steigungen zu bewältigen, beschreibt die Bahn unterirdisch große Bögen. Besonders schöne Ausblicke genießt man auf dem ersten Teilstück von Ventimiglia bis Fontan-Saorge (45 Min. Fahrzeit).
Die Linie wurde ab 1883 erbaut, aber erst 1928 fertiggestellt. Nach Zerstörungen der Brücken und Tunnel im Zweiten Weltkrieg lag sie jahrzehntelang brach. Seit der Wiedereröffnung 1979 verkehren zwischen Ventimiglia und Cuneo täglich zehn Zugpaare. Zu den Zielen im Roia-Tal lohnt es sich, eine italienische Rückfahrkarte Ventimiglia–Limone Piemonte zu lösen. Dann wird auch für den heute französischen Streckenteil statt des teuren internationalen Fahrpreises der günstigere italienische Binnentarif berechnet.

Blumenriviera und Ligurische Alpen

zeitige schriftliche Anmeldung erforderlich, Kontaktadresse unter www.mercantour.eu). Im kleinen Ferienort **Casterino** existieren drei Hotels. Eine weitere Übernachtungsmöglichkeit findet man 4 km südlich des Ortes oberhalb des Lac des Mesches:
Bergeinsamkeit – **Neige et Merveilles:** La Minière de Vallauria, 06430 Saint-Dalmas-de-Tende, Tel. 00 33 493 04 62 40, www.neige-merveilles.com, ganzjährig geöffnet, neben Mehrbettzimmern auch einfach eingerichtete DZ mit Bad und HP (41 € p. P. im DZ). Sympathische Wandererherberge in einer 1960 originalgetreu wiederaufgebauten Bergarbeitersiedlung.

Aktiv & Kreativ

Wandern und besichtigen – Die **Felsgravuren** südwestlich des Mont Bégo sind per gebuchter Jeeptour oder auf einer schönen Wanderung zu erreichen: Von der ehemaligen Bergwerkssiedlung Minière de Vallauria beim Lac des Mesches 4 km südlich Casterino gelangt man zu Fuß in knapp 3 Std. auf markierter Route durch das wild-romantische Val d'Enfer (Höllental) zur Refuge des Merveilles (2130 m) am Bergsee Lac Long Superior. Hier starten in der Sommersaison geführte Touren zu den Felsgravuren, die in dem Felsgewirr ohne Ortskunde kaum zu finden sind. Weitere Felsbilder verstecken sich im Tal von Fontanalbe westlich Casterino.

Infos

Infos
Website des Nationalparks: www.mercantour.eu.
Musée des Merveilles: Einen guten Überblick über die bronzezeitliche Kultur am Mont Bégo gibt das Museum in Tende (www.museedesmerveilles.com, Mai–Mitte Okt. 10–18.30, sonst 10–17 Uhr, Eintritt frei).

Verkehr
Bus: Nur Juli/Aug. 4 x tgl. von Tende über St-Dalmas-de-Tende zum Lac des Mesches und nach Casterino.
Taxi: Taxi Rossi, Casterino, Tel. 06 70 70 70 19.

Nervia-Tal ▶ B 5/6

Nordöstlich von Ventimiglia öffnet sich mit dem freundlich-grünen Val Nervia eines der schönsten Täler im Hinterland der Riviera di Ponente. Es zieht sich über 20 km von der Küste zu den Bergen der Ligurischen Alpen hin. Verschachtelt gebaute mittelalterliche Dörfer stehen zwischen Wein- und Oliventerrassen, durch die Talaue schlängelt sich der Nervia-Fluss. Die bewaldeten Randberge steigen auf gut 1000 m an, den markanten nördlichen Talschluss bilden die Steilflanken des Monte Torraggio (1972 m). Im unteren Teil bis Dolceacqua ist das Tal dichter besiedelt, aber schon um Dolceacqua wird die Landschaft einsam.

Dolceacqua ▶ B 6
Das Nervia-Tal hatte einst strategische Bedeutung für die Kontrolle der Bergstraßen. Davon zeugen noch die Ruinen der großen **Burg** in Dolceacqua. Das Kastell entstand im 12. Jh.; die genuesische Adelsfamilie der Doria erwarb es um 1260. Für rund 450 Jahre beherrschte sie von hier aus den Ort und seine Umgebung. Die Burgruine steht an manchen Tagen zur Besichtigung offen (Sa/So/Fei 10–17, Winter nur So/Fei 10–17 Uhr, Juli–Mitte Sept. tgl. 10–13, 15.30–18.30 Uhr, Eintritt 5 €).

Im Hinterland von Ventimiglia

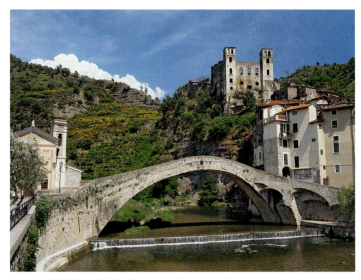

Die mittelalterliche Brücke ist das Wahrzeichen von Dolceacqua

Wahrzeichen Dolceacquas ist die charakteristische mittelalterliche **Brücke** über die Nervia. Ihr geschwungener Bogen hat eine Spannweite von 33 m. Claude Monet, der 1884 von Bordighera aus hierher kam, notierte in seinem Tagebuch: »Der Ort ist großartig, die Brücke ein Juwel an Leichtigkeit.« Zwischen Burg und Brücke erstreckt sich am Hang der alte Ortsteil **Terra.** In den engen Gassen befinden sich zahlreiche Galerien; manche Kunsthandwerker pflegen noch die örtliche Tradition, Gebrauchsgegenstände aus Olivenholz herzustellen. Der Glockenturm der **Barockkirche Sant'Antonio** wurde auf der alten Stadtmauer errichtet.

In der Umgebung des Ortes wird der Rossese di Dolceacqua erzeugt, einer der bekanntesten ligurischen Weine. Mehrere Weinhandlungen in Dolceacqua laden zum Probieren und zum Einkaufen ein.

Apricale ▶ B 6
Ein kurzer Abstecher führt oberhalb von Dolceacqua aus dem Nervia-Tal nach Apricale. In dem malerischen Dorf scheint eine Häuserkaskade den Hang hinabzustürzen, doch keine Sorge: Apricale ist seit 700 Jahren stabil. Viele Einwohner sind in den letzten Jahrzehnten fortgezogen; stattdessen wohnen hier nun zahlreiche Ausländer, darunter viele Künstler. Die Comunità Artistica Nervina veranstaltet regelmäßig Ausstellungen und Feste; die Künstlergemeinschaft hat auch dafür gesorgt, dass viele Hauswände der Hauptgasse Via Roma mit Wandbildern zeitgenössischer Maler (meist aus den frühen 1970er-Jahren) versehen wurden.

Auf dem freskengeschmückten Weg gelangt man zur hübschen Piazza Vittorio Emanuele mit dem barocken **Oratorio di San Bartolomeo** und der spätmittelalterlichen, im 19. Jh. umgebau-

Blumenriviera und Ligurische Alpen

ten **Pfarrkirche**. Rechts an San Bartolomeo vorbei führt die reizvolle, zum Teil noch gedeckte Via Cavour zur mittelalterlichen Friedhofskirche **Sant' Antonio**.

Rocchetta Nervina ▶ A 6
Nördlich Dolceacqua führt eine Stichstraße ins pittoreske **Rocchetta Nervina** am Torrente Barbaira. Ein Maultierpfad führt vom Dorf am Ostufer, an der Kapelle Santo Stefano vorbei, in das idyllische Engtal des Gebirgsbaches, der zwischen großen Felsblöcken zu Tal fließt. Natürliche Steinbecken eignen sich hier bestens für ein erfrischendes Bad bei sommerlicher Hitze. Nach etwa 45 Min. erreicht man auf kurzem Abstecher einen Badeplatz bei der Brückenruine **Ponte Cin**. Weitere Gumpen findet man 15 Min. talaufwärts bei der intakten mittelalterlichen Flussbrücke **Ponte Pau**.

Perinaldo ▶ B 6
Eine schmale Straße führt von Apricale hinauf nach Perinaldo, das sich in herrlicher Panoramalage 570 m hoch über einen luftigen Kammrücken erstreckt. Bei einem Gang durch das eng gebaute *centro storico* öffnen sich weite Durchblicke zur Küste und zu den Felsgipfeln der Ligurischen Alpen. Der einst halbverlassene Ort ist wegen seiner schönen Lage zwischen Meer und Gebirge durch Zuzügler wieder zum Leben erwacht.

Aus Perinaldo stammt der bedeutende Astronom Domenico Cassini (1625–1712), auf den grundlegende Erkenntnisse zum Planetensystem zurückgehen. Er berechnete u. a. erstmalig die Rotationsdauer von Venus, Mars und Jupiter, entdeckte vier Saturnmonde und eine Lücke in den Saturnringen (»Cassinische Spaltung«). Die neue kleine Sternwarte **Osservatore Astronomico Communale G. D. Cassini** knüpft daran an, zu wechselnden Zeiten steht sie auch Besuchern offen (www.astroperinaldo.it, Eintritt 6 €).

Pigna ▶ B 6
Nördlich von Dolceacqua folgt als letzter größerer Ort des Tals Pigna. Die Altstadt ist ein Gewirr verschachtelter, meist überwölbter dunkler Gassen am Hang. Nicht zufällig heißen sie im lokalen Dialekt *chibi* (von *cupi* = dunkel). Manche Passagen wirken düster und verfallen, andere Winkel sind außerordentlich reizvoll. Überall entdeckt man Brunnen, alte Portale und Fensterrahmungen, geschwungene Gassen und Treppenwege. Die mittelalterliche Anlage des Städtchens ist noch gut erhalten, allerdings sind viele Häuser verfallen – eine Folge der starken Abwanderung. Nahe beim Ort tritt 32 °C warm das schwefelhaltige Wasser der Madonna-Assunta-Heilquelle zu Tage. Mit dem Bau des modernen Kurkomplexes der **Antiche Terme de Pigna** im Jahre 2000 versucht die Gemeinde, eine bis ins Mittelalter zurückreichende Bädertradition wiederzubeleben.

Pigna war jahrhundertelang ein Vorposten der piemontesischen Könige auf der Südseite der Seealpen. Von der früheren Burg im Ortszentrum existieren nicht einmal mehr spärliche Reste, doch der Aufstieg zur **Piazza Castello** lohnt trotzdem: wegen des schönen Ausblicks in die Landschaft und auf den kompakt am Talhang stehenden Nachbarort Castel Vittorio. Etwas unterhalb stehen an der Piazza XX Settembre die **Loggia della Piazza Vecchia** aus dem 15. Jh. und die Pfarrkirche **San Michele**. Das 1450 erbaute Gotteshaus hat ein schönes Portal und eine Rosette mit einem bunten Glasfenster, das die Apostel darstellt. Im dreischiffigen Innenraum springt die große, mit vergoldetem hölzernem Schnitzwerk verzierte Altartafel ins

Auge. 36 farbenfrohe Bilder des Renaissancemalers Giovanni Canavesio (1482) zeigen den hl. Michael und andere Heilige sowie Szenen aus dem Neuen Testament. Canavesio hat auch die kleine **Friedhofskirche San Bernardo** mit Fresken ausgemalt (leider nur unregelmäßig geöffnet).

Buggio ▶ B 5

Weiter nördlich duckt sich das halbverlassene Buggio unter die Steilwände des Monte Toraggio (1972 m), nahe beim Ort endet das Nervia-Tal mit einer schroffen Felsklamm. Eine kurvenreiche Straße führt über den Langan-Pass (1127 m) in das malerische Valle Argentina (s. S. 105).

Essen & Trinken

Verfeinerte Landküche – **Le Terme:** Pigna, Ortsteil Madonna Assunta, Tel. 01 84 24 10 46, Mi geschl., Menü ab 20 €. Gutes Hotelrestaurant, es gibt z. B. Pasta in Walnusssauce oder Kaninchen mit Rotwein und Oliven.

Infos

Bus: Verbindungen nach Ventimiglia s. S. 85.

Bordighera ▶ B 6/7

Bordighera war im 19. Jh. einer der bevorzugten Aufenthaltsorte reicher Engländer. Die Kleinstadt mit 10 500 Einwohnern atmet noch heute eine noble Atmosphäre. Elegante Villen und ausgedehnte Gärten bestimmen das Stadtbild, die Stimmung ist aristokratisch ruhig – außer an der vom Verkehr durchtosten Durchgangsstraße Via Vittorio Emanuele.

Der Hügel direkt über dem Meer, auf dem sich der kleine alte Ortskern erhebt, wurde im 13. Jh. erstmals besiedelt und im 16. Jh. mit Mauern umgeben. Bordighera gewann niemals historische Bedeutung, es blieb bis Mitte des 19. Jh. ein Fischer- und Bauerndorf.

Seinen guten Ruf bei den Briten verdankte es dem Roman »Doctor Antonio« von Giovanni Ruffini, der 1855 in London erschien. Die Liebesgeschichte vom Dorfarzt und einer britischen Lady lockte Massen von Reisenden in den kleinen Ort. Um 1900 wohnten in Bordighera mehr Briten als Einheimische! Dafür waren allerdings neben dem Doktor Antonio auch das milde Klima, die ruhige Atmosphäre und die schöne landschaftliche Umgebung verantwortlich. Die Engländer prägten Bordighera nach ihrem eigenen Geschmack; sie ließen Jugendstilvillen und Parkanlagen errichten.

Die Gäste der Jahrhundertwende kamen nicht zum Baden, und der steinige Strand lädt dazu immer noch nicht ein. Der Reiz Bordigheras liegt vielmehr in den Belle-Epoque-Bauten und den Gärten mit prachtvollen Palmen, Kakteen, Orangen- und Lorbeerbäumen. Man sieht viel Grün in der Stadt und riecht angenehme Düfte. Zahlreiche Geschäfte, viele mit luxuriösem Angebot und gehobenen Preisen, zeigen, dass Bordighera seine Beliebtheit bei den ›besseren Kreisen‹ nicht verloren hat.

Stadtrundgang

Der älteste Ortsteil liegt auf einem Hügel am östlichen Stadtrand. Er ist durch zwei alte Stadttore, die **Porta Sottana** und die **Porta della Maddalena**, zugänglich. Im Mittelpunkt steht die Barockkirche **Santa Maria Maddalena**, an einer kleinen Piazza erhebt sich die Kirche **San Bartolomeo degli Armeni** aus dem 15. Jh.

Etwas unterhalb blickt das Kirchlein **Sant'Ampelio** direkt aufs Meer. An dieser Stelle lebte der Überlieferung nach im 5. Jh. der aus Afrika stammende Eremit Ampelius. Sein Fest am 14. Mai wird mit einem großen Feuerwerk gefeiert. Die im 11. Jh. errichtete Kirche des Heiligen lässt aufgrund zahlreicher An- und Umbauten den ursprünglichen romanischen Eindruck nur noch erahnen, doch ihre Lage auf einem vom Wasser umspülten Felsen ist pittoresk.

Das **Bicknell-Museum**, das 1888 von dem britischen Pfarrer und Privatgelehrten Clarence Bicknell gegründet wurde, zeigt u. a. archäologische Funde, darunter Nachbildungen der ungewöhnlichen prähistorischen Felszeichnungen aus dem Vallée des Merveilles (s. S. 89), die Bicknell als erster erforschte (Via Bicknell 3, Mo–Fr 9.30–13, 13.30–16.45 Uhr, Eintritt frei).

Das **Rathaus** an der Piazza De Amicis stammt von Charles Garnier, dem Architekten der Pariser Oper und des Kasinos von Monte Carlo. Garnier hat auch die in der Neustadt gelegene **Chiesa di Terrasanta** (Via Vittorio Emanuele) und die **Villa Bischoffsheim** (Via Romana 38) errichtet, für sich selbst schuf er die weiße **Villa Garnier** am östlichen Stadtrand.

Unter den vielen Gärten der Stadt ist der **Giardino Pallanca** besonders interessant. Der in den 1930er-Jahren angelegte, aber erst seit 1988 öffentlich zugängliche botanische Garten weist nicht weniger als 3250 verschiedene Pflanzenarten auf, darunter besonders viele und ungewöhnliche Kakteen und Sukkulenten (an der Via Aurelia 1 km außerhalb Richtung Ospedaletti, Via Cornice dei Due Golfi, www.pallanca.it, Nov–März Di–So 9–17 Uhr, April–Okt. Di–So 9–12.30, 14.30–19 Uhr, Eintritt 6 €).

Übernachten

Fenster zum Meer – **Parigi:** Lungomare Argentina 16–18, Tel. 01 84 26 14 05, www.hotelparigi.com, DZ/F ab 100 € in der Saison. Nobles Haus, direkt am Meer, 56 Zimmer in unterschiedlichen Komfort- und Preisklassen, viele mit Balkon zur Seeseite, die Rückseite allerdings geht auf die Bahnlinie hinaus, Wellnesscenter.

Villa mit Garten – **Villa Elisa:** Via Romana 70, Tel. 01 84 26 13 13, www.villaelisa.com, DZ/F um 100–185 € je nach Ausstattung/Saison. Ausgezeichnetes Hotel in einer Villa um 1900, Garten mit Schwimmbecken, komfortable Zimmer, reichhaltiges Frühstück.

Familiär und ruhig – **Villa Speranza:** Via G. Galilei 3, Tel. 01 84 26 17 17, www.hotelvillasperanza.it, DZ/F 90–110 €. Ältere Villa in schöner Lage am oberen Ortsrand, Meerblick aus vielen Zimmern, Garten.

Freundlich – **Kristina:** Via Regina Margherita 24, Tel. 01 84 26 13 09, www.albergokristina.it, DZ/F 50–60 €. Einfaches Haus, kleine Zimmer, aber nett und preiswert.

Essen & Trinken

Im Kirchschatten – **Osteria Magiargè:** Piazza Giacomo Viale, Tel. 01 84 26 29 46, Mi, Di mittags geschl., Menü ab ca. 27 €, Hauptgerichte um 15 €. Die Altstadtosteria lockt mit lockerem Ambiente, originellen Speisen und einer umfangreichen Weinkarte, im Sommer Tische im Freien auf der Piazza.

Regionale Tradition – **Il Tempo Ritrovato:** Via Vittorio Emanuele II 144, Tel. 01 84 26 12 07, So/Mo geschl., Juli/Aug.

nur abends geöffnet, Hauptgerichte ab ca. 10 €. Die regionaltypische Küche des kleinen Lokals orientiert sich stark am jahreszeitlichen Angebot, gute Weinkarte, Reservierung empfohlen!
Familiär – **Garibaldi:** Via La Loggia 5 (bei der Piazza del Popolo), Tel. 01 84 26 24 15, Mo geschl., Menü um 20 €, Hauptgerichte ab 7 €. Freundliche, eher einfache Trattoria in der Altstadt mit den typischen Gerichten der Gegend, einige Tische im Freien.
Für den kleinen Hunger – **A Tartana:** Via Vittorio Emanuele II 62, Tel. 01 84 26 13 92, Mo–Sa 8.30–14, 16.30–19.30 Uhr, Pizza, Appetithappen schon ab 1 €. Großes Angebot an kleinen Speisen wie Gemüsetorte, *farinata* (Kichererbsenfladen).

Einkaufen

Märkte – **Mercato Coperto:** tgl. außer So/Fei Lebensmittelmarkt in der Markthalle an der Piazza Garibaldi. **Großer Wochenmarkt:** Do am Lungomare Argentina.

Aktiv & Kreativ

Baden – Langer, breiter Strandabschnitt, meist kiesig oder steinig; in der Saison überwiegend kostenpflichtige »bagni« mit Liegen und Sonnenschirmen, es gibt aber auch einige frei zugängliche Abschnitte, wie die Felsbänke bei Sant'Ampelio.

Abends & Nachts

Sehen und Gesehenwerden – An der Uferpromenade **Lungomare Argentina** pulsiert in den Sommermonaten das Nachtleben. Ein beliebter Treffpunkt ist die **Bar Buga Buga,** Corso Italia 13.
Discos – Die **Diskothek Kursaal** (Lungomare Argentina 7, Tel. 01 84 26 46 85) wird vorwiegend von Jugendlichen aufgesucht. Bei den 30- bis 50-Jährigen ist das **Dolce Vita** im Nachbarort Ospedaletti beliebter (Corso Regina Margherita 1, Tel. 01 84 68 88 32).

Infos & Termine

Infos
Ufficio del Turismo: Via Vittorio Emanuele II 172–174, Tel. 01 84 26 23 22, in fobordighera@rivieradeifiori.org, Mo–Sa 9.30–12.30, 15.30–18.30 Uhr.
Internet: www.bordighera.it (auch auf Deutsch).

Termine
Feierlichkeiten zu Ehren des Ortsheiligen Ampelius: 14. Mai (s. S. 94).

Verkehr
Bahn: Intercity über Genua nach Mailand (6 x tgl.) sowie über La Spezia/Pisa nach Rom (1x tgl. gegen 6.45 Uhr). Häufig Regionalzüge nach Ventimiglia sowie San Remo, Imperia, Alassio, Finale Ligure, Genua.
Bus: Nach Ventimiglia und San Remo Mo–Sa alle 15 Min., So/Fei etwas seltener.

San Remo und Umgebung ▶ B/C 6

San Remo hat mehrere Gesichter. Auf den ersten Blick ist es eine quirlige, ein wenig laute Stadt. Mit rund 57 000 Einwohnern bildet es die viertgrößte Ansiedlung Liguriens; stärker als in den Nachbarorten Ventimiglia, Bordighera und Imperia spürt man urbane Atmosphäre. Im Guten wie im Schlechten: Die Neustadt ist verkehrsgeplagt, 18

Blumenriviera und Ligurische Alpen

Stunden am Tag bedrängen Abgase und Lärm die Fußgänger. Aber es ist immer viel los, und man kann voll in den lebhaften italienischen Alltag eintauchen – auf den Märkten, beim Schaufensterbummel, beim Kinobesuch, in den Cafés und Geschäften.

Seinen Ruhm als mondänes Zentrum des internationalen Elite-Tourismus verdankt San Remo anderen Qualitäten: dem milden Klima, den Uferpromenaden und Parks, dem Kasino, den Palmenalleen und noblen Villen. Von der Mitte des 19. Jh. bis zum Zweiten Weltkrieg war der Ort Treffpunkt der Reichen und der Super-Reichen. Heute sind die meisten Touristen sehr normal. Aber das vornehme San Remo überlebt in Jugendstilbauten, eleganten Läden und ausgezeichneten Restaurants. Und mit einer Fülle publicity-trächtiger Veranstaltungen, vom Schlagerfestival über das Radrennen Mailand–San Remo bis zur Verleihung von Literaturpreisen versucht die Stadtverwaltung an die großen Zeiten anzuknüpfen.

Drittes Bild: der Altstadthügel der Pigna mit fast orientalischem Gassengewirr, verfallenden Bauten und düsteren Treppenwegen. Unbehelligt von der Bauspekulation ist die Pigna ein Dorf in der Stadt, mit pittoresken Winkeln, autofrei, ruhig und trotz allen Niedergangs auf ihre Art ein Schmuckstück. Hier kann man sich noch vorstellen, wie ligurische Küstenorte bis vor 150 Jahren aussahen und wie die Bevölkerung damals lebte.

Die Bucht von San Remo zählt zu den ältesten Siedlungsgebieten in Europa; im heutigen Stadtgebiet gingen in der Altsteinzeit Neandertaler auf die Jagd! Auch in der Eisenzeit und in der römischen Antike war die Gegend bewohnt. Vor den Sarazeneneinfällen des frühen Mittelalters flohen die Bewohner auf die Berge, ließen sich dann aber wieder am Meer nieder.

Das Städtchen hatte unter der Herrschaft Genuas eine begrenzte Autonomie; die Einheimischen lebten von Handel, Fischfang und Landwirtschaft, wobei der Anbau von Orangen, Zitronen und Mandarinen eine besonders wichtige Rolle spielte. Mit dem Beginn des Tourismus (ab 1860) und der Umstellung auf die Blumenzucht (spätes 19. Jh., s. S. 56) änderte sich die wirtschaftliche Basis. Damit war auch der Grundstein gelegt für das enorme Wachstum der Stadt – und leider auch für die Zersiedlung ihrer Umgebung.

Neustadt

Das heutige Leben pulsiert in den Hauptstraßen der Neustadt, dem Corso Matteotti und der Via Roma mit zahlreichen Modegeschäften und ansprechenden Bars, vorzüglichen Eisdielen und Weinhandlungen, Restaurants und Kaufhäusern. Im **Teatro Ariston** **1** am Corso Matteotti findet im Februar jeden Jahres das in ganz Italien leidenschaftlich verfolgte Schlagerfestival statt.

Ein schöner historischer Bau ist der **Palazzo Borea d'Olmo** **2** mit einer aufwendig geschmückten barocken Fassade. Das Palais beherbergt das **Archäologische Museum** mit Funden aus der Frühgeschichte und der Römerzeit, sowie die städtische **Pinakothek** mit Gemälden ligurischer Barockmaler (Corso Matteotti 143, Di–Sa 9–19, So 15.30–18.30 Uhr, Eintritt frei).

Die Via Gaudio mit mehreren sympathischen Lokalen führt von hier zum alten Hafen, wo sich der **Forte di Santa Tecla** **3** erhebt. Die Genuesen errichteten die Festung 1755, um die Einheimischen niederzuhalten, die zwei

Vom Hafen aus ist der Altstadthügel von San Remo gut zu erkennen

Sehenswert

1. Teatro Ariston
2. Palazzo Borea d'Olmo/ Archäologisches Museum/Pinakothek
3. Forte di Santa Tecla
4. Kirche Santa Maria degli Angeli
5. Porta Santo Stefano
6. Kirche Madonna della Costa
7. Kathedrale San Siro
8. Baptisterium
9. Oratorio dell'Immacolata Concezione
10. Villa Zirio
11. Rathaus
12. Villa Ormond

Jahre zuvor einen Aufstand gewagt hatten.

Parallel zum Corso Matteotti verläuft am Altstadtrand die Fußgängerstraße Via Palazzo. An ihrem östlichen Ende steht an der Piazza Colombo die schöne Rokokokirche **Santa Maria degli Angeli** 4, deren Innenraum mit einer aufwendigen Stuckdekoration verziert ist.

Altstadtviertel Pigna !

Der historische Kern San Remos, das Pigna-Viertel, ist für Liebhaber malerischer Ecken und Winkel sicher der reizvollste Teil der Stadt. Die Autos bleiben notgedrungen ausgesperrt, denn das *centro storico* windet sich mit Treppenwegen und winzigen Gassen einen steilen Hügel hinauf. Man betritt es

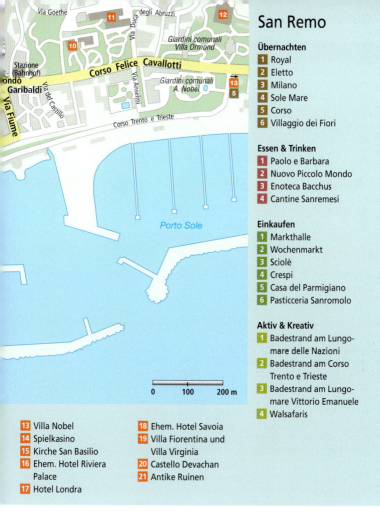

San Remo

Übernachten
1. Royal
2. Eletto
3. Milano
4. Sole Mare
5. Corso
6. Villaggio dei Fiori

Essen & Trinken
1. Paolo e Barbara
2. Nuovo Piccolo Mondo
3. Enoteca Bacchus
4. Cantine Sanremesi

Einkaufen
1. Markthalle
2. Wochenmarkt
3. Sciolè
4. Crespi
5. Casa del Parmigiano
6. Pasticceria Sanromolo

Aktiv & Kreativ
1. Badestrand am Lungomare delle Nazioni
2. Badestrand am Corso Trento e Trieste
3. Badestrand am Lungomare Vittorio Emanuele
4. Walsafaris

13. Villa Nobel
14. Spielkasino
15. Kirche San Basilio
16. Ehem. Hotel Riviera Palace
17. Hotel Londra
18. Ehem. Hotel Savoia
19. Villa Fiorentina und Villa Virginia
20. Castello Devachan
21. Antike Ruinen

von der Piazza Cassini durch das gotische Stadttor **Porta Santo Stefano** 5. Gleich dahinter geht links die gedeckte Gasse Rivolte San Sebastiano ab; der düstere Weg macht das Bild vom ›finsteren Mittelalter‹ lebendig. Im Labyrinth der Sträßchen, Treppen und Plätze spielte sich bis ins 19. Jh. das städtische Leben ab; heute bildet die Pigna das ärmste Viertel San Remos.

Am höchsten Punkt des Hügels steht die 1630 erbaute barocke Wallfahrtskirche **Madonna della Costa** 6. Vom Kirchplatz bietet sich ein weiter Ausblick auf die Küste und die Stadt. Deutlich wird, was Bauspekulation und ungeplante Erschließung aus der Umgebung San Remos gemacht haben. Vor dem Hintergrund kahler Berge drängen sich Wohnblocks und Einfamilien-

Blumenriviera und Ligurische Alpen

häuser, so weit das Auge reicht. Den freien Raum dazwischen füllen die Gewächshäuser der Blumenzüchter. Gigantische Autobahnbrücken vervollständigen den traurigen Anblick, der sich erst an der großen Fläche des Meeres wieder aufheitert.

Im Viertel San Siro

Am westlichen Rand der Altstadt liegt das San-Siro-Viertel. Zusammen mit der Pigna bildete es das ursprüngliche Zentrum. Die **Kathedrale San Siro** 7 wurde im 13. Jh. auf den Grundmauern einer frühchristlichen Kirche errichtet. An den Portalen der linken Seite sieht man romanische Skulpturen. Im Innenraum befindet sich am Hauptaltar ein barockes Kruzifix des genuesischen Bildhauers Antonio Maria Maragliano. Gegenüber der Kirche steht das **Baptisterium** 8 auf den Grundmauern eines antiken Bauwerks. Das **Oratorio dell'Immacolata Concezione** 9 aus dem 16. Jh. ist das dritte sakrale Gebäude am Domplatz.

Bauten der Belle Epoque

Die Belle-Epoque-Bauten aus der Glanzzeit San Remos stehen außerhalb des historischen Zentrums. Am östlichen Stadtrand befinden sich am Corso Cavallotti mehrere interessante Villen vom Ende des 19. Jh. In der **Villa Zirio** 10 (Nr. 51) erfuhr im März 1888 der deutsche Kronprinz Friedrich, dass er Kaiser geworden sei. Bei seiner Abreise nach Berlin begleiteten ihn 5000 Menschen zum Bahnhof. Das ehemalige Luxushotel Bellevue (Nr. 59) dient heute als **Rathaus** 11. Die **Villa Ormond** 12 ist von einer besonders schönen, öffentlich zugänglichen Gartenanlage umgeben. In der **Villa Nobel** 13 (Nr. 116) lebte Alfred Nobel von 1891 bis zu seinem Tod 1896.

Am westlichen Rand der Altstadt erhebt sich am Corso Matteotti das berühmte **Spielkasino** 14. Es wurde 1904–06 nach Plänen des Architekten Eugenio Ferret errichtet. Stadtauswärts gelangt man auf der Via dell'Imperatrice in wenigen Minuten zur Kirche **San Basilio** 15, die von der russischen Zarin Maria Alexandrowna anlässlich ihres San-Remo-Aufenthalts 1874 gestiftet wurde. Mit seinen Zwiebeltürmen wirkt das Gotteshaus wie ein exotischer Fremdkörper. Gegenüber steht das ehemalige **Hotel Riviera Palace** 16 von 1903, heute Sitz der Touristeninformation, noch weiter westlich befindet sich am Corso Matuzia (Nr. 2) das älteste Hotel San Remos, das **Londra** 17 von 1860, immer noch eine Unterkunft der Nobelkategorie. Weitere bemerkenswerte Belle-Epoque-Bauten sind das ehemalige **Hotel Savoia** 18 (Via Nuvoloni 44), am Corso degli Inglesi die **Villen Fiorentina** 19 (Nr. 450) und **Virginia** (Nr. 452) sowie das **Castello Devachan** 20 (Nr. 468).

Antike Ruinen

Als einzige Überreste des antiken San Remo liegen im westlichen Ortsteil Foce am Meer **Ruinen einer römischen Villa und antiken Thermenanlage** 21.

Übernachten

Die meisten Unterkünfte liegen an stark befahrenen Straßen; deshalb Zimmer zur Rückseite bestellen!
Herrschaftlich – **Royal** 1: Corso Imperatrice 80, Tel. 01 84 53 91, www.royalhotelsanremo.com, DZ/F je nach Saison und Ausstattung 230–420 €. Nobelhotel in einem Park voller Blumen.

San Remo und Umgebung

Gute Tradition – **Eletto** 2: Corso Matteotti 44, Tel. 01 84 53 15 48, www.eletohotel.it, DZ/F je nach Saison 90–135 €. Kleinerer Altbau mitten im Zentrum und dennoch einigermaßen ruhig, sehr freundlicher Familienbetrieb mit 70-jähriger Tradition.

Art Nouveau – **Milano** 3: Corso Garibaldi 39, Tel. 01 84 50 93 67, www.hotelmilanosanremo.com, DZ/F je nach Saison/Ausstattung 80–120 €. Angenehmes, gut geführtes Haus in einer Jugendstilvilla.

Sonne und Meer – **Sole Mare** 4: Via Carli 23, Tel. 01 84 57 71 05, www.solemarehotel.com, DZ um 90 €. Korrekte Unterkunft in zentraler Lage nicht weit vom Lido, manche Zimmer mit Meerblick.

Gemütlich – **Corso** 5: Corso Cavallotti 194, Tel. 01 84 50 99 11, corsohotelsanremo@virgilio.it, DZ/F um 80 €. Am Stadtrand, hübsche kleine Zimmer, sehr liebevoll geführt, nicht ganz ruhig.

Camping – **Villaggio dei Fiori** 6: Via Tiro a Volo 3 (2 km Richtung Bordighera), Tel. 01 84 66 06 35, www.villaggiodeifiori.it. Der schönste Campingplatz von San Remo liegt schattig am Meer unter Bäumen, allerdings mit etwas Straßenlärm.

Essen & Trinken

Junge Kreative – **Paolo e Barbara** 1: Via Roma 47, Tel. 01 84 53 16 53, Mi/Do u. Fr mittags geschl., 4-Gänge-Menü mit zwei Glas Wein zu 55 €. Das Renommier-Restaurant von San Remo bietet anspruchsvolle Küche der Spitzenklasse.

Oft empfohlen – **Nuovo Piccolo Mondo** 2: Via Piave 7, Tel. 01 84 50 90 12, So/Mo geschl., Menü ab ca. 26 €. In der freundlichen Trattoria gibt es regionale Gerichte von sehr guter Qualität, z. B. die Spaghetti mit Kapern, Pinienkernen, Sardellen und Tomaten.

Nicht nur für Weinfreunde – **Enoteca Bacchus** 3: Via Roma 65, Tel. 01 84 53 09 90, So geschl., *primi* ab 7 €, Hauptgerichte ab 9 €. Enoteca mit großem Weinangebot und guten kleinen Gerichten.

Preiswert gut – **Cantine Sanremesi** 4: Via Palazzo 7, Tel. 01 84 57 20 63, Mo geschl., Hauptgerichte ab 9 €, Imbiss ab 5 €. In dem sympathischen Lokal gibt es kleine Gerichte wie Gemüsetorten, Zwiebelsuppe, Kastanienkuchen.

Einkaufen

Märkte – **Lebensmittelmarkt:** Mo–Fr 8–13, Sa 8–19 Uhr in der **Markthalle** 1 an der Via Martiri della Libertà. **Wochenmarkt** 2: (Lebensmittel, Kleidung, Gebrauchsgegenstände) Di und Sa (vormittags) auf der Piazza del Mercato.

Feinkost – **Sciolè** 3: Via Roma 125. Gut sortierter, altmodischer Feinkostladen im Zentrum; Salami, Schinken, Pasta in vielen Formen, Saucen, Käse, Olivenöl usw. Breites Feinkostangebot auch bei **Crespi** 4 (Via Palazzo 84).

Käse – **Casa del Parmigiano** 5: Via Palazzo 15. Hervorragende Käseauswahl.

Süßes – **Pasticceria Sanromolo** 6: Via Carli 6. Hübscher altmodischer Pralinen- und Kuchenladen.

Aktiv & Kreativ

Baden – Freies Baden am **Lungomare delle Nazioni** 1 (Kies- und Steinstrand). Schöner, aber in der Saison nur gegen Eintrittsgeld zugänglich, sind die feinen Sandstrände am **Corso Trento e Trieste** 2 sowie am **Lungomare Vittorio Emanuele** 3.

Schiffsausflug – **Walsafaris** 4: Die Walbeobachtungstouren (s. S. 72) von

Blumenriviera und Ligurische Alpen

Enge, verwinkelte Gassen prägen das Bild der Altstadt von San Remo

Imperia ins Meeresschutzgebiet Santuario dei Cetacei vor der ligurischen Küste nehmen Mitte Juni–Anfang Sept. Di, Do, Sa auch im Hafen von San Remo (Banchina Vesco) Passagiere auf, Abfahrt gegen 13 Uhr.

Abends & Nachts

Im Sommer sind viele Lokale bis morgens geöffnet. Das Nachtleben spielt sich vor allem an der Uferpromenade **Corso Trento e Trieste** beim Hafen ab, der Hauptflaniermeile am Lido von San Remo.

Infos & Termine

Infos
Ufficio del Turismo (iat): Largo Nuvoloni 1, nahe beim Casino, Tel. 018 45 90 59, Mo–Sa 8.30–19, So 9–13 Uhr.
Im Internet: www.rivieradeifiori.org (auch auf Deutsch).

San Remo und Umgebung

6.50 Uhr). Häufig Regionalzüge entlang der Küste nach Bordighera und Ventimiglia sowie nach Imperia, Alassio, Finale Ligure, Genua. 2 x tgl. über die Tendabahn (s. S. 89) nach Turin.
Bus: Zentraler Busbahnhof an der Piazza Colombo. Nach Bordighera/Ventimiglia Mo–Sa alle 15 Min., So/Fei etwas seltener. Alle 30 Min. nach Imperia/Cervo/Andora. Mo–Sa alle 20 Min., So halbstündlich nach Taggia. Verbindungen auch in die Orte des Hinterlandes, u. a. nach Badlucco/Montalto (Mo–Sa 8 x, So 5 x tgl.), Triora (Mo–Sa 4 x, So 3 x), Carpasio (Mo–Sa 4 x, So 2 x), Ceriana (Mo–Sa 8 x, So 4 x), Baiardo (Mo–Sa 5 x, So 3 x).

Die Küste östlich von San Remo ▶ C 6

Bussana Vecchia
Von Bussana, einem gesichtslosen modernen Küstenort, lohnt der Abstecher ins Hinterland nach Bussana Vecchia. Das Dorf wurde bei einem Erdbeben 1887 vollständig zerstört, die überlebenden Einwohner zogen an die Küste. Jahrzehntelang wurden die Trümmer von Gebüsch überwuchert, bis sich in den 1950er-Jahren Künstler in den Ruinen provisorische Wohnungen einrichteten. Sie bauten auf ein altes Gewohnheitsrecht: Wer 20 Jahre lang ein verlassenes Haus bewohnt, wird zum Besitzer. Mitte der 1970er-Jahre wurde Bussana Vecchia endlich ans Wasser- und Stromnetz angeschlossen; die Neubesiedlung war damit offiziell anerkannt.

Heute leben hier mehrere Dutzend Menschen, vor allem Künstler und Kunsthandwerker, neben Italienern auch Deutsche, Holländer, Engländer und Franzosen. In Bussana Vecchia sind Verfall und Eleganz, Ruinen und neues Leben eng miteinander verbunden.

Termine
Festival della Canzone Italiana: Febr. Das berühmte Schlagerfestival.
Corso fiorito: Febr. Blumenfest.
Jazz- und Bluesfestival: Juli.

Verkehr
Bahn: Neuer unterirdischer Bahnhof am Ostrand des Zentrums. Von der Schalterhalle zum Zug braucht man fast 10 Minuten! Intercity über Genua nach Mailand (6 x tgl.) sowie über La Spezia/Pisa nach Rom (1 x tgl. gegen

Blumenriviera und Ligurische Alpen

Unser Tipp

Entspanntes Radeln: Auf der Pista ciclabile am Meer entlang
Die Verlegung der Küstenbahn ins Hinterland – wegen der Schließung zentrumsnaher Bahnhöfe verkehrspolitisch nicht unumstritten – hat einen unzweifelhaft erfreulichen Aspekt: die Umwidmung des alten Bahndamms zur »Pista ciclabile«. Auf einer neuen Asphaltbahn kann man unbehelligt von Motorenlärm und Abgasen per Rad oder auch mit Inlinern am Meer entlangrollen. Palmen, Pinien und Agaven säumen die 18 km lange Route zwischen San Remo und San Lorenzo al Mare. Die Verlängerung Richtung Bordighera bzw. Imperia ist in Bau. Leihfahrräder bekommt man am alten Bahnhof von San Remo oder in San Lorenzo al Mare.

Hohe Wände ragen leer in den Himmel, die Vegetation zerfrisst zerfallende Mauern. Aber in den blumengeschmückten Gassen schaut man in stilsicher restaurierte Gewölbe mit Ateliers, Läden und Galerien, die Häuserwände zieren moderne Skulpturen – eine ungewöhnliche Verbindung alter und moderner Ästhetik.

Von Arma di Taggia nach San Lorenzo al Mare

In **Arma di Taggia** wird es wieder prosaisch. Das ausgedehnte Städtchen hat einen guten Sandstrand, sonst aber wenig Reize. Schöner ist **Riva Ligure**, dessen kleines Zentrum um die barocke Pfarrkirche San Maurizio noch den Charakter des einstigen Fischerdorfs erahnen lässt. Demgegenüber sind **Santo Stefano al Mare** und **San Lorenzo al Mare** Opfer einer ungezügelten Bauspekulation geworden; kaum noch ein hübscher Winkel hat sich gerettet.

Essen & Trinken

Meeresfrüchte satt – **Lanterna**: Riva Ligure, Corso Villaregia 50, Tel. 01 84 48 57 89, Di geschl., Menü ab ca. 30 €. In dem von Kunstlicht erhellten, beliebten Fischrestaurant wird lebhaft und genussvoll getafelt. Keine Speisekarte – das Tagesangebot des Familienbetriebs wird nur mündlich vorgetragen. Empfehlenswert ist die reichhaltige Platte mit Fisch-Antipasti, eine Portion reicht gut für zwei Personen!

Im Valle Armea ▶ B 6

Im Hinterland der Blumenriviera gewinnen die Berge rasch an Höhe. Eine schmale Serpentinenstraße folgt vom östlichen Stadtrand San Remos dem Tal des Armeaflusses ins Gebirge. Sie verläuft zunächst hoch am Hang durch Wein- und Ölbaumterrassen zum mittelalterlichen Ceriana, danach in vielen Windungen durch waldreichere Landschaft ins Panoramadorf Baiardo.

Ceriana

Die enge Altstadt von Ceriana (1300 Einw.) steht wie ein ›Steingebirge‹ am Steilhang über dem Fluss. Die große Barockkirche **SS Pietro e Paolo** im oberen Teil des *centro storico* besitzt rechts vom Altar ein interessantes Polyptichon (1526) mit Kreuzigungsszene oben, drei Heiligen in der Mitte und kleiner Bildfolge in der Predella (Jesuswunder am See Genezareth). Ein Gewirr dunkler Gewölbgassen zieht sich von hier durch den mittelalterlichen

Ortskern zum Fluss hinunter. Viele Häuser sind verlassen, manches wirkt verwahrlost. Ganz unten am Armea steht zwischen Gärten das renovierungsbedürftige Ensemble **Santo Spirito** mit der ursprünglich romanischen Kirche San Pietro, dem spätbarocken Oratorio Santa Caterina und dem ehemaligen Bischofspalast.

Baiardo und Monte Ceppo

Auf einem Bergkamm liegt 900 m hoch das kleine **Baiardo**. 1887 wurde der Ort durch ein Erdbeben weitgehend zerstört und danach wiederaufgebaut. Eine Treppengasse führt zu restaurierten Häusern und den Ruinen von San Nicolo beim höchsten Punkt. Die Kirche stürzte 1887 während der Messe ein und begrub mehr als 200 Gläubige unter sich. Vom Wiesenplatz bei den Ruinen genießt man weite Ausblicke zu den Ligurischen Alpen.

Ein besseres Panorama bietet nur noch gut 10 km nordöstlich der 1627 m hohe **Monte Ceppo**. Eine schmale Nebenstraße führt von Baiardo an seiner Ostseite entlang über einen 1500 m hohen Pass ins Argentina-Tal (s. u.). Von der Passhöhe aus lässt sich der baumlose Wiesengipfel in einer halben Stunde leicht erklimmen.

Essen & Trinken

Gutes vom Lande – **Armonia:** Baiardo, Via Roma 18, Tel. 01 84 67 32 83, Di Ruhetag, im Winter nur am Wochenende nach Voranmeldung geöffnet, in der Saison Reservierung ratsam, Menü ca. 28 €. Die beliebte Trattoria bietet verfeinerte Landküche mit frischen Zutaten der Umgebung; Wildkräuter-Gemüsetorte Ciausun, Pansotti-Nudeln in Walnusssauce, Bandnudeln mit Pesto oder Pilzen oder Lamm mit Artischocken.

Infos & Termine

Termine
Settimana Santa: In Ceriana wird die Karwoche, nach mittelalterlicher Tradition organisiert durch vier rivalisierende Ortsbruderschaften, mit großer Anteilnahme der Bevölkerung zelebriert.

Verkehr
Bus: Linie San Remo–Ceriana–Baiardo s. S. 103.

Valle Argentina

Das reizvolle Argentina-Tal verbindet die Blumenriviera mit dem Hochgebirge. Es ist rund 30 km lang und führt von der Küste zu einsamen, fast verlassenen Bergdörfern unterhalb von Zweitausender-Gipfeln. Im unteren Teil folgt die Straße einem engen, tief eingeschnittenen, mediterran bewaldeten Tal. Dann folgen idyllische Olivenhügel und Weinberge, die von mittelalterlichen Dörfern bewacht werden. Am Talschluss begleiten steile Wiesenhänge und schroffe Felsen den Flusslauf. Weiden, Wälder und die Gipfel der Ligurischen Alpen beherrschen jetzt das Bild.

Taggia ▶ C 6

Der erste Ort im Tal ist das 3 km vom Meer entfernte Taggia. Die Kleinstadt ist eines der wichtigsten Kunstzentren Liguriens. Sie hat einen vorzüglich erhaltenen mittelalterlichen Ortskern. Er präsentiert sich bescheiden: Nur wenige der historischen Gebäude in den dunklen Gassen wurden aufwendig restauriert, viele wirken sogar heruntergekommen. Doch die geschlossene Bausubstanz und die reizvollen Archi-

Lieblingsort

Auf dem Dach Liguriens: Aufstieg zum Monte Saccarello ▶ B 5
Am Ende des tiefen Argentina-Tales schiebt sich der mächtige Kammrücken des Monte Saccarello vor den Horizont, mit 2200 m der höchste Berg Liguriens. Vom Passo della Guardia nördlich Triora erklimmt ein uralter Saumpfad in vielen Serpentinen die steile Südflanke. Auf der Höhe bietet sich ein überwältigendes Panorama: Der Blick erfasst den gesamten Südalpenbogen, in dem die Pyramidenspitze des Monviso (3841 m) einen Akzent setzt. Im Frühsommer leuchten rosa Alpenrosen im Grün der Grasmatten, Murmeltiere verschwinden mit spitzen Warnpfiffen in ihren unterirdischen Bauten – Alpenidylle nahe am Mittelmeer.

Blumenriviera und Ligurische Alpen

tekturdetails sind interessant, auch wenn nichts edel herausgeputzt ist.

Nach Taggia ist die charakteristische Olivenart der Riviera di Ponente, die Taggiasca, benannt. Die aromatische Frucht wurde vermutlich von Benediktinermönchen an der Küste heimisch gemacht. Heute stehen in der Umgebung allerdings vorwiegend Gewächshäuser; das wichtigste Gebiet des Olivenanbaus liegt jetzt weiter östlich, in den Tälern von Imperia (s. S. 124).

Rundgang

Etwas außerhalb der Altstadt steht am südlichen Ortsrand das 1490 fertiggestellte **Kloster San Domenico.** Die Abtei wurde mit den Spenden zahlreicher Adelsfamilien – u. a. der Visconti und Sforza aus Mailand und der Grafen von Ventimiglia – erbaut; an der Ausstattung wirkten bedeutende Renaissancekünstler mit. Für drei Jahrhunderte bildete das Kloster den kulturellen Mittelpunkt der Region.

Über dem Hauptportal der gotischen Abteikirche ist ein Pietà-Relief aus dem 16. Jh. angebracht. Im Innenraum befinden sich fünf Gemälde von Lodovico Bréa aus den Jahren 1483–1513. Wunderschön ist der blumengeschmückte Kreuzgang an der rechten Seite der Kirche. Die kleinen Säulen stammen von einem älteren Bau des 13. Jh. Von hier gelangt man in das Refektorium, den Kapitelsaal (mit einem Kreuzigungsfresko von Canavesio) und ein kleines Museum, dessen schönstes Werk wiederum von Lodovico Bréa stammt: die »Pietà« mit 15 Szenen des Lebens Jesu (tgl. außer Do 9–17 Uhr).

Von San Domenico gelangt man zum südlichen Stadttor **Porta dell' Orso.** In der anschließenden Via Lercari findet sich gleich links (Haus Nr. 10) ein bemerkenswertes Schieferrelief mit der »Anbetung Christi«. An der folgenden Piazza Farini stehen der barocke **Palazzo Lercari** und ein hübscher Brunnen aus dem 15. Jh., die **Fontana Braki.** Man biegt nach links in die Via Gastaldi, erreicht die Piazza Gastaldi mit der Barockkirche **Santi Giacomo e Filippo,** geht durch einen Gang unter dem Palazzo Lombardi hindurch und gelangt in die alte Hauptstraße Via Soleri. Sie ist von jahrhundertealten Häusern und Bogengängen und Palazzi gesäumt.

Über den Viale Rimembranza und die Via Anfossi erreicht man den **Pontelungo,** eine eindrucksvolle, 1450 errichtete Brücke über das Flüsschen Argentina (die beiden östlichen Bögen stammen noch aus der romanischen Epoche). Der Bau hat 16 Bögen und eine Länge von 260 m.

Zurück über die Via Anfossi und dann nach rechts biegend kommt man zur hübschen Piazza Santissima Trinità. Man steigt kurz über die Salita Campo Marzio an, wendet sich dann nach rechts in die Via San Dalmazzo. Diese passiert das nördliche Stadttor **Porta del Colletto** und führt außerhalb der Altstadt zu dem romanischen Bau der **Madonna del Canneto,** einer ehemaligen Benediktinerkirche. Auf dem Rückweg lohnt es sich, der Via San Dalmazzo mit ihren mittelalterlichen Häusern weiter stadteinwärts zu folgen. Nach rechts führen von hier die Via Littardi und die Via Santa Lucia in die verwinkelten dunklen Gassen des ältesten Ortsteils von Taggia.

Essen & Trinken

Viel Fisch, wenig Fleisch – **Germinal:** Via Gastaldi 15b, Tel. 0 18 44 11 53, Di–Sa nur abends geöffnet, So auch mittags, Mo Ruhetag, Menü um 27 €. Altstadttrattoria mit guter Küche, Schwerpunkt sind Fischgerichte.

Valle Argentina

Infos & Termine

Termine
Festa dei Saraceni: Mitte/Ende Febr. Bei dem Fest werden historische Szenen nachgespielt.
Fest der hl. Magdalena: dritter So im Juli: Gezeigt wird u. a. ein Totentanz, der wohl noch auf heidnische Kulte zurückgeht.

Verkehr
Bahn: Bahnhof Taggia-Arma ca. 2 km südlich der Altstadt; häufig nach Imperia, Genua und San Remo/Ventimiglia. 2 x tgl. über die Tendabahn nach Turin.
Bus: Mo–Sa alle 20 Min., So halbstündlich nach San Remo; Richtung Imperia muss im Küstenort Arma umgestiegen werden (Anschluss alle 25–30 Min.). Ins Hinterland nach Badalucco/Montalto (Mo–Sa 8 x, So 5 x tgl.), Triora (Mo–Sa 4 x, So 3 x) und Carpasio (Mo–Sa 4 x, So 2 x). Alle Busse halten auch am Bahnhof.

Badalucco ▶ C 6

Badalucco, einst ein wichtiger Verkehrsknotenpunkt, weist ebenfalls eine intakte mittelalterliche Anlage auf. Die besondere Attraktion des Ortes sind aber die zeitgenössischen Fresken an vielen Fassaden. Zahlreiche Häuser in den alten Gassen sind blumengeschmückt – die Einwohner pflegen den Ort besonders liebevoll. Elegant schwingt sich die alte Santa-Lucia-Brücke über den Argentina-Fluss; auf ihrem Scheitelpunkt steht eine kleine Kapelle aus dem 16. Jh.

Essen & Trinken

Urig – **Canon d'Oro:** Via Boeri 32, Tel. 01 84 40 80 06, Mo geschl., Menü um 20 €. Altmodische kleine Trattoria mit regionaler Küche. Die Auswahl ist nicht groß, aber die Qualität hervorragend.
Zu Recht beliebt – **Ca'Mea:** Strada Statale km 13,8, Tel. 01 84 40 81 73, Mo geschl., Menü des Hauses mit rund zehn Gängen (!) und Getränken um 35 €. Viel besuchtes Ausflugslokal an der Hauptstraße (1 km in Richtung Taggia). Die große Pilz-Skulptur vor dem Restaurant weist deutlich auf die Spezialität des Hauses hin. Vorzügliche Antipasti.

Montalto Ligure und Carpasio ▶ C 5/6

Wenige Kilometer talaufwärts liegt **Montalto Ligure** beeindruckend am Hang. Ein Bummel durch die Gassen des mittelalterlich geprägten Dorfes ist reizvoll. Die Pfarrkirche San Giovanni Battista zeigt ein Polyptychon des hl. Georg von Lodovico Bréa (1516), dessen Familie aus Montalto stammte; der bedeutende Maler der Frührenaissance hat vor allem in Nizza und Umgebung gewirkt. Etwas unterhalb des Ortskerns steht die hübsche spätromanische Friedhofskirche San Giorgio; der Innenraum ist mit Fresken des 14. Jh. geschmückt (zugänglich nach Anmeldung bei der Gemeinde, Tel. 01 84 40 70 04).

Eine kaum befahrene Nebenstraße führt von Montalto durch das grüne Seitental der Carpasina zum verschachtelten alten Bergort **Carpasio** (720 m) und auf die **Passhöhe Colla d'Oggia** (1167 m). Hier ist man schon oberhalb der Baumgrenze, Wiesenpfade führen westlich in gut einer Stunde auf den kahlen Rücken des **Monte Carpasina** (1415 m), wo sich ein weites Bergpanorama bietet. Die dünn besiedelte Gegend war ▷ S. 114

Auf Entdeckungstour

Alpen im Abseits – eine Fahrt durch die Ligurischen Alpen

Direkt hinter den Badeküsten im Westen Liguriens erheben sich die Alpi Liguri, rasch vollzieht sich der Wechsel vom Mediterranen der Oliven- und Weinterrassen zum Alpinen der Lärchenwälder, Almen und Kalksteingrate. Die Tour durch das Hinterland führt – ergänzt um kurze Wanderungen – in einsame Bergwelten mit Schluchten, Höhlen, Wasserfällen und vergessenen Dörfern.

Reisekarte: ▶ A–D 4–6

Route: Albenga – Valle Pennavaira – Colle di Nava – Viozene – Mendatica – Pieve die Teco – Triora – Pigna – Ventimiglia; für die 240 km auf kurvigen, schmalen Asphaltstraßen sollte man etwa zwei Tage einplanen.

Unterkünfte: am Colle di Nava, in Viozene, Pieve di Teco, Cenova und Triora.

Das bis auf gut 2600 m ansteigende Grenzgebirge von Ligurien, Piemont und Frankreich gehört zu den am stärksten von Abwanderung betroffenen Zonen des Alpenraums. In den Dörfern leben nur noch wenige Menschen ganzjährig, überall trifft man auf verlassene Bauernhäuser und überwucherte Ruinen. Tiefe Täler, weite Almweiden, steinige Karstgebiete mit steilen Graten, aber auch große Buchen-, Kastanien- und Lärchenwälder charakterisieren die Landschaft.

Die kleinen Dolomiten

Erst auf Höhe von Finale Ligure enden geologisch die Alpen. So zeigt auch das Valle Pennavaira nahe der Küste von **Albenga** (s. S. 140) noch alpine Formen. Beim Internetdorf **Castelbianco** (s. S. 145) stehen über dem sattgrünen Tal die Steilfelsen der ›kleinen Dolomiten‹, beliebtes Terrain der Freeclimber. Das kleine **Nasino** talaufwärts duckt sich zwischen Oliven- und Gemüsegärten unter der mächtigen Steilflanke des Aussichtsberges Castell'Ermo (1092 m). In **Alto** zeigt die Burg mit Rundbastionen wehrhaftes Mittelalter, unterhalb durchfließt der Pennavaira ein einsames Engtal mit Wasserfällen und Grotten, Siedlungsplätze der Bronzezeit.

Wanderung zum Ferraia-Wasserfall: Vor dem Brunnen 250 m westlich der Burg von Alto beginnt der alte Maultierweg in die Schlucht. Hinter der Capella di San Sebastiano scharf links biegend geht es über die alte Flussbrücke zu einem erhöht über dem Südufer verlaufenden breiten Weg. Ca. 20 Min. talaufwärts, kurz vor der **Klamm Forra Ferraia**, zweigt von ihm links der rot-weiß markierte Pfad hinauf zu den steilen Randfelsen ab. Nach rechts am Felsfuß entlang erreicht man eine gute Stunde ab Alto den Wasserfall bei der großen **Höhle Arma di Cupa**.

Festungen der Savoyer

Über den Caprauna-Pass (1379 m) unterhalb des kahlen Monte Armetta (1739 m) erreicht man den Marktflecken **Ponte di Nava** im Tal des Tanarello, der das Gebirge zur Po-Ebene hin entwässert. Südlich über den **Colle di Nava** (934 m) verläuft seit jeher die wichtigste Passroute zur Riviera. Ende des 18. Jh. eroberten französische Truppen vorübergehend die Region. Um später die Franzosengefahr ein für allemal zu bannen, sicherten die Savoyer im 19. Jh. die militärischen Schlüsselstellen östlich des Tendapasses mit massiven Verteidigungsbauten. Am Colle di Nava entstanden 1880 fünf Festungen, das **Forte Centrale** auf dem Pass und vier Höhenforts in der Umgebung.

Wanderung zum Forte Richermo: Von dem Forte östlich des Colle die Nava bietet sich aus 1200 m Höhe ein herrliches Gebirgspanorama: Vom Nava-Pass geht man durch das Forte Centrale, dahinter 10 Min. auf dem Sträßchen in der Bergflanke. Vor einem Trafohäuschen geht es links bergan auf einen Fahrweg. Sich im Anstieg links haltend passiert man ein Haus mit Glockengiebel über Wiesen und erreicht 20 Min. danach das zylinderförmige **Forte Richermo** (1 Std.). Zurück folgt man dem lichten Kammrücken ca. 30 Min. südlich in eine Senke, biegt hier scharf nach rechts. Stetig Richtung haltend trifft man hinter dem flachen **Forte Bellarasco** auf den Hinweg.

Im Karstgebirge

Von Ponte di Nava folgt eine Nebenstraße dem Tanarello Richtung Viozene. Mehrere hundert Meter hohe Steilwände begleiten den Fluss. Bei der Einmündung des Negrone zweigt eine Erdstraße zur nahen **Ponte Schiarante** ab. Unter der Brücke rauscht der Tanarello durch natürliche Becken –

schöne Badeplätze im allerdings kalten Gebirgswasser. Vom anderen Ufer leitet links ein kurzer Pfad hinauf zur tiefen **Höhle Arma Cornarea**. Auf dem gemütlichen Haupttalweg käme man flussaufwärts in einer Stunde zur mittelalterlichen **Ponte Tanarello**.

Die bescheidene Sommerfrische **Viozene** am Nordhang des Negrone-Tals überragen die steilen Dolomitwände des **Monte Mongoie** (2630 m), nach der Punta Marguareis (2651 m) die höchste Erhebung der Ligurischen Alpen. Tief im Bauch der Berge erstrecken sich riesige Höhlensysteme. An einigen Stellen treten unterirdische Wasserläufe zu Tage, u. a. in der kurzen Schlucht **Gola delle Fascette** vor **Upega**, wo sich gähnend die Felslöcher Garb d'la Fus und Garbo del Butau öffnen. Im Frühjahr bricht aus ihnen ein kräftiger Wasserstrahl hervor.

Kurz vor der Fascette-Schlucht führt eine Stichstraße zum verlassenen **Carnino Superiore**, einem traditionellen Bergweiler mit schindelgedeckten Alphäusern. Ein Wanderpfad leitet westlich durch das Engtal Gola della Chiusetta zum bewirtschafteten Rifugio Don Barbera am Colle dei Signori (2112 m). Man ist hier mitten in der verkarsteten Hochgebirgswüste des Monte Marguareis.

Im Land der Brigasker

»Ben Arrivai en Tera Brigaska«, »Willkommen im Land der Brigasker« lautet die traditionelle Grußformel in den Dörfern am Monte Saccarello. Wie auch die seltsam klingenden Ortsnamen (»Garbo del Butau«) erinnert er an das alte brigaskische Hirtenvolk, eine der kleinsten Minderheiten der Alpen. Ihre kaum noch gebrauchte Sprache liegt näher am Okzitanischen als am Ligurischen. Auf den Almen des Monte Saccarello (s. u.) weideten die Brigasker ihre große Schafherden und betrieben dabei eine umgekehrte Transhumanz: Feste Wohnorte lagen in den Bergen, im Winter durchstreifte man mit den Herden die Küsten von Provence und Riviera. Der Verkauf der Wolle auf den Märkten zwischen Genua und Marseille brachte relativen Wohlstand. Ende des 20 Jh. verschwand die Wanderweidewirtschaft der Brigasker endgültig, an den zugebauten Küsten gab es keine Weideplätze mehr. Heute verteilt sich der

Kulturraum der Brigasker auf zwei Staaten und zwei italienische Regionen. Der Hauptort **Briga Marittima** (La Brigue, s. S. 88) liegt in Frankreich, die Dörfer nördlich des Saccarello gehören zum Piemont, die an der Südseite zu Ligurien.

Am Monte Saccarello

Von Upega kurvt eine schmale Straße durch Kiefern- und Lärchenwälder hinauf zu den Almen an der Nordseite des Monte Saccarello (2201 m). Die Weiterfahrt zu den Brigaskerdörfern an der steilen Südseite des mächtigen Bergrückens erfordert einen weiten Umweg über **Pieve di Teco**, da die auf den Karten verzeichnete direkte alte Militärstraße der Mussolinizeit San Bernardo di Mendatica–Triora mit normalem Pkw nicht befahrbar ist!

Vor Pieve di Teco lohnt das kleine **Mendatica** einen Stopp. Die Kapelle Santa Margherita d'Antiochia südlich des Ortes bewahrt anschauliche Fresken zur Leidensgeschichte Jesu von Pietro Guido aus Ranzi (um 1525). Dahinter führt ein rot-weiß markierter Weg in einer Stunde zum im Frühjahr rauschenden **Arroscia-Wasserfall**, in einer weiteren Stunde zum verlassenen Brigaskerdorf **Poilarocca**.

Hinter Pieve di Teco zweigt kurz vor Rezzo eine Stichstraße ins hochgelegene **Cenova** ab. Die hier ab dem Spätmittelalter tätige Steinmetzschule schuf die für die Region typischen, figürlich und ornamental verzierten schwarzen Schieferportale. Hinter Rezzo zeigt das **Santuario di Nostra Signora del Sepolcro** weitere Renaissancefresken aus der Malschule von Ranzi (16. Jh.).

Danach schraubt sich die schmale Straße durch dichten Buchenwald, Heimat des Apenninenwolfes, zum **Teglia-Pass** (1287 m) hinauf, wo sich das Landschaftsbild schlagartig ändert: Karge Felshänge mit aufgegebenen Feldterrassen ziehen sich tief ins Argentina-Tal (s. S. 105) hinunter, darüber stehen steil die letzten Alpengipfel vor dem Mittelmeer, die Monte Pietravecchia (2038 m) und Monte Torragio (1972 m).

Über **Molini di Triora** und **Triora** (s. S. 114) gelangt man zu den Brigaskerdörfern im schroffen oberen Argentina-Tal. **Realdo** liegt dramatisch am oberen Rand einer senkrechten Felsklippe. Um 1900 lebten hier noch ca. 700 Menschen, heute dürften es kaum mehr als zehn sein. In **Verdeggia** auf 1092 m Höhe endet die Straße, schmale Pfade erklimmen von hier aus in gut drei Stunden den Monte Saccarello, das Dach Liguriens (s. Lieblingsort S. 106).

Zurück zur Küste

Die schönste Route vom Argentina-Tal zur Küste führt über den **Colle Langan** (1127 m) ins obere Nervia-Tal. Westlich des Langan-Passes, hinter der Alavena-Berghütte, zieht sich der **Sentiero degli Alpini** durch die Steilfelsen des Monte Pietravecchia. Zwischen 1936 und 1938 sprengten italienische Gebirgsjäger den Weg in die Felsen, um sich der Beobachtung durch französische Verbände zu entziehen. Wo im Krieg Maulesel Munitionskisten schleppten, sind heute Wanderer unterwegs, denen sich atemberaubende Fern- und Tiefblicke bieten.

Auf dem Weg nach **Ventimiglia** bietet ein Abstecher ins Felstal von **Buggio** (s. S. 93) alpine Szenerie unter mediterraner Sonne, ein zweiter von **Pigna** (s. S. 92) zur Passhöhe **Gola di Gouta** frische intakte Bergwälder, die man so nahe der Küste nicht erwartet. Besondere Landschaftseindrücke bietet letztmalig bei Rocchetta Nervina das Engtal des **Torrente Barbaira** (s. S. 92).

1943–45 Schauplatz blutiger Kämpfe zwischen Partisanenverbänden und faschistischen Milizen, von denen das Museo della Resistenza in Carpasio berichtet (Ortsteil Costa, Tel. 01 84 40 90 08, www.isrecim.it, April–Okt. Sa/So 9–18 Uhr, sonst nach Voranmeldung).

Übernachten

Alteingesessen – **Santo Spirito**: Piazza Roma 21, Tel. 018 49 40 19, www.ristorantesantospirito.com, DZ um 80 €. Familienbetrieb im Zentrum mit angenehmer Atmosphäre.

Molini di Triora ▶ B 5

Das im engen Talgrund gelegene Dorf war ursprünglich, wie der Name sagt, der »Mühlenort« für das größere Triora hoch am Berg. Einige der einst 23 Mühlen sind noch in Betrieb. Das runde Brot der Gegend *(pane di Triora)* genoss einen besonderen Ruf; das Korn der Bergfelder und die vorzügliche Qualität des Wassers gaben ihm seinen Eigengeschmack.

Noch heute hat die größte Sehenswürdigkeit in Molini mit dem Essen zu tun: Der **Lebensmittelladen La Bottega di Angelamaria** zeigt ein unglaubliches, aber ästhetisches Durcheinander von Aprikosen, Äpfeln, Nüssen, Knoblauch sowie Kräutern, Blumen, Ansichtskarten, Zitronen, Zeitungen, Kichererbsen, Honig, Würsten, Weinflaschen und vielem mehr. Hinter der Verkaufstheke spielt Angelamaria Zucchetto in Look und Gehabe mit der Hexentradition von Triora (s. u.) und füttert die Kunden mit Probebissen, als wolle sie sie mästen wie den Hänsel im Märchen. Keine Angst – man kommt unverhext, wenn auch vermutlich mit einigen Fresspaketen beladen aus dem Geschäft heraus (tgl. außer Mi)!

Kulinarischer Art ist auch das Wappentier von Molini. Überall im Ort sind Schnecken aufgemalt, und selbst Grappa heißt hier *latte di lumache* (Schneckenmilch). Im September findet das Schneckenfest statt, bei dem die Tierchen reichlich zum Verzehr angeboten werden.

Triora ! ▶ B 5

In Triora sind Hexen allgegenwärtig: Es gibt ein Hexendenkmal und Hexenlikör, Hexen aus Ton, Stoff und Glas, Hexenansichtskarten und gelegentlich sogar einen Hexenkongress, zu dem sich seriöse Wissenschaftler einfinden. Ob immer noch praktizierende Zauberinnen hier tätig sind, verrät einem niemand, aber ohne Zweifel hat das Bergdorf auf 800 m Höhe magische Züge: Triora strahlt eine stellenweise unheimliche Faszination aus. Die Lage hoch über dem Argentina-Tal ist großartig, die Berglandschaft der Umgebung eindrucksvoll, die mittelalterliche Ortsanlage wunderschön. Aber manche Gebäude sind völlig verfallen, Kräuter und Büsche überwuchern das Mauerwerk, das Rathaus auf dem Hauptplatz steht als Ruine da. Schönheit und Verfall liegen hier dicht beieinander.

Das hat gute Gründe. In wenigen Orten Liguriens ist der Kontrast von einstiger Bedeutung und heutiger Randlage so ausgeprägt. Durch Triora führten einst die Verbindungswege vom oberen Roia-Tal zum Meer; Viehzucht und Weidewirtschaft machten das Städtchen reich. Im 13. Jh. lebten auf dem Gemeindegebiet etwa acht- bis zehnmal so viele Menschen wie heute. Im eigentlichen Ortszentrum, das gegenwärtig noch 200 ständige Bewohner beherbergt, künden zehn Kirchen, viele verzierte Palazzi, die Ruinen von fünf Burgen und drei Stadttore (einst waren es sieben) vom alten Glanz.

Valle Argentina

Rundgang

Die überwölbte Hauptgasse Via Roma führt zur zentralen **Piazza della Collegiata**. Die mittelalterliche **Assunta-Kirche** wurde 1775 vollständig umgebaut. Sie behielt aus der Entstehungszeit (13./14. Jh.) nur noch den unteren Teil des Glockenturms und das gotische Portal. Im Innenraum hängt ein sehenswertes Tafelbild der Taufe Christi von dem sienesischen Maler Taddeo di Bartolo (1397). Geht man gegenüber der Kirche in die Via Camurata und dann gleich wieder nach links, so gelangt man in das **Quartiere della Sambughea** – ein Labyrinth düsterer Gässchen und Treppenwege. Ruinenromantik findet man auch an vielen anderen Stellen Trioras.

Eine besonders schöne Aussicht über Dorf und Berge genießt man vom Platz bei der **Kirche San Dalmazio**, den man von der Piazza della Collegiata über die Via Cima erreicht. In der Nähe befindet sich die Höhle **Cabotina**. Hier trafen sich der Überlieferung nach die ›Hexen‹ von Triora. Sie sind in die Geschichte eingegangen, weil die Akten eines Inquisitionsprozesses von 1588 vollständig erhalten blieben. Gegen zahlreiche Frauen, die angeblich Schuld an einer Missernte trugen, wurde damals Anklage erhoben. Einige von ihnen starben im Gefängnis oder unter der Folter, 15 wurden verurteilt. Die Erinnerung an das brutale Verfahren ist im Tal bis heute lebendig. Das kleine **Heimatmuseum** dokumentiert ausführlich den Prozess (Museo Etnografico, Mo–Fr 15–18 Uhr, Juli/Aug. auch Sa/So 10.30–12 Uhr, Eintritt 2 €).

Sehenswert ist auch die am Ortsrand unterhalb der Zufahrtsstraße gelegene **Kirche San Bernardino**. Ein unbekannter Meister hat sie 1463 mit biblischen Szenen ausgemalt. Auf einer Stichstraße gelangt man mit dem Auto von Triora durch wild-einsame Landschaft in die Brigaskerdörfer **Realdo** und **Verdeggia** am Fuße des Monte Saccarello (s. Lieblingsort S. 106).

Übernachten

Hoch oben am Berg – **Colomba d'Oro**: Corso Italia 66, Tel. 0 18 49 40 51, www.colombadoro.it, DZ/F 70–90 €. Gastfreundliche Unterkunft in Triora an der Zufahrtsstraße beim unteren Ortsrand, aus vielen Zimmern schaut man auf die schöne Landschaft der Umgebung, auf dem Frühstücksbuffet steht hausgemachte Marmelade.

Essen & Trinken

Im Sommer mit Aussicht – **Colomba d'Oro**: Im Restaurant des gleichnamigen Hotels (s. oben, Di geschl., Menü ab ca. 26 €) isst man ausgezeichnet, es gibt sowohl traditionelle als auch vorsichtig experimentelle Gerichte, wie Auberginenflan oder Tintenfisch mit Steinpilzen, an warmen Tagen speist man mit Bergblick auf der Terrasse.

Einkaufen

Lokale Spezialitäten – **Bottega della Strega**: Corso Italia 48, Di geschl. Produkte dieser Gebirgsgegend: hausgemachte Marmeladen, eingelegte Pilze und Tomaten, Kräuterlikör, vorzüglicher Schafskäse, Saucen, Berghonig (mit so seltenen Sorten wie Alpenrosenhonig – *miele di rododendro*).

Infos

Bus: Mo–Sa 4 x, So 3 x tgl. von San Remo durch die Valle Argentina nach Triora.

Das Beste auf einen Blick

Von Imperia nach Albenga

Highlight !

Albenga: Die gut erhaltene Altstadt der etwa 20 000 Einwohner zählenden Kleinstadt präsentiert sich bis heute ganz im Geist des Mittelalters. Kantige Geschlechtertürme überragen das eng gebaute und dunkle *centro storico*. Ein Rundgang durch die Innenstadt führt zu alten Kirchen und malerischen Winkeln. S. 140

Auf Entdeckungstour

Im Reich des Ölbaums: Ausgedehnte Olivenpflanzungen bedecken weitflächig die Talhänge im Hinterland von Imperia. Das Museo dell'Olivo in Imperia Oneglia zeigt didaktisch vorbildhaft die Geschichte der Ölbaumkultivierung, eine kurze Wanderung bei Dolcedo die durch den traditionellen Olivenanbau geschaffene Landschaftsarchitektur. S. 124

Kultur & Sehenswertes

San Giovanni Battista: Die große Ortskirche von Cervo bildet das vielleicht schönste Beispiel des ligurischen Barock. S. 132

Castello di Andora: In dem halbverlassenen Hügeldorf trifft man auf den am besten erhaltenen mittelalterlichen Kirchenbau der Region. S. 133

Grotte di Toirano: Das ausgedehnte Karsthöhlensystem zeigt bizarre Tropfsteinformationen und Relikte frühgeschichtlicher Besiedlung. S. 149

Aktiv & Kreativ

Wal- und Delfinbeobachtung: Schiffstouren ins Meeresschutzgebiet Santuario dei Cetacei starten im Sommer in Imperia Porto Maurizio, Alassio und Loano. S. 122, 139 und 148

Genießen & Atmosphäre

Gute Fischküche: Am Hafenkai von Imperia Oneglia drängen sich die Fischlokale; gute Qualität und ungezwungene Atmosphäre bietet die alteingesessene Trattoria Beppa. S. 122

Ristorante al Santuario: Das Lokal neben der Wallfahrtskirche von Montegrazie bietet gute biologische Landküche in gemütlichem Ambiente. S. 128

Abends & Nachts

Disco und Livemusik: In der sommerlichen Badesaison herrscht überall in den Bars und Kneipen der Uferpromenaden bis spät in die Nacht Massenandrang. Besonders viel los ist dann in Imperia Porto Maurizio (s. S. 122) und Alassio (s. S. 140). In der Saison gibt es hier Discos, teilweise mit Tanzflächen direkt über dem Strand, sowie fast täglich Livemusik in Clubs und auf improvisierten Bühnen am Meerufer und auf den Plätzen der Altstadt.

Breite Strände, alte Städte

Zwischen Imperia und Albenga finden sich besonders schöne Strände. Das an einer weit geschwungenen Bucht gelegene Alassio ist im Sommer der meistbesuchte Badeort an der Riviera di Ponente, die Gäste kommen traditionell überwiegend aus Deutschland.

Daneben sind Diano Marina, Loano und Pietra Ligure seit Jahrzehnten beliebte Ziele für Badeferien unter südlicher Sonne. In der Sommersaison sind die meisten Unterkünfte in Strandnähe langfristig ausgebucht und in den Gassen und Plätzen drängen sich die Massen.

Die Gegend bietet aber auch interessante Kunst und schöne Natur: Unbedingt sehenswert sind die gut erhaltenen historischen Zentren von Imperia Porto Maurizio, Cervo und insbesondere Albenga, das im Mittelalter als freie Stadtrepublik existierte. Auch die Architektur vieler Dörfer des Hinterlands ist noch mittelalterlich geprägt. Diese eng gebauten alten Orte liegen oft inmitten ausgedehnter Olivenhaine, aus denen traditionell das beste Olivenöl Liguriens kommt. Unberührte Naturlandschaften findet man in den einsamen Felstälern von Neva, Arroscia, Pennavaire und Varatello im Hinterland von Albenga, wo letzte Alpenausläufer auf die Küste stoßen. Tief im Berg erstrecken sich hier ausgedehnte Karsthöhlensysteme, wie das von Toirano.

Infobox

Reisekarte: ▶ C/D 4–6

Internet
www.rivieradeifiori.org: Internetseite des Tourismusverbandes der Provinz Imperia; Informationen zu Unterkünften und Festveranstaltungen für alle Orte bis Cervo.
www.turismo.provincia.savona.it: Die entsprechende Informationsseite der Provinz Savona, die in Andora beginnt.

Verkehr
In der Saison ist die Via Aurelia oft verstopft, als Alternative empfiehlt sich dann trotz der Gebührenpflicht die Autobahn.
Der **Intercity** hält in Imperia, Diano, Alassio und Albenga, daneben verkehrt auf der Küstenstrecke etwa stündlich ein **Regionalzug**. Für längere Strecken ist er dem langsameren **Bus** vorzuziehen, der alle Orte am Meer in dichtem Takt verbindet. Von Imperia bis Marina Andora fährt die Gesellschaft Riviera Trasporti (Fahrplan unter www.rivieratrasporti.it) – hier gilt die Travelcard (s. S. 80) –, von Marina di Andora bis Savona die Gesellschaft S.A.R. (Fahrplan unter www.tpllinea.it). In die Dörfer des Hinterlandes gibt es nur wenige Verbindungen.

Imperia ▶ C 6

Imperia ist keine Stadt, sondern ein Städtepaar. 700 Jahre lang hatten die benachbarten Orte **Porto Maurizio** und **Oneglia** ein getrenntes Schicksal, bis sie 1923 zusammenkamen und den neuen Namen erhielten; dieser hat nichts mit einem »Imperium« zu tun, sondern leitet sich von dem Fluss Impero her. Doch die beiden vereinten Stadthälften – zusammen Provinzhauptstadt mit gegenwärtig insgesamt 40 000 Einwohnern – bewahrten

Imperia

An der pittoresken Piazza Parasio lag einst der Palast des genuesischen Gouverneurs

ihren unterschiedlichen Charakter. Porto Maurizio mit der malerischen Altstadt auf einem Hügel über dem Meer hat das historische Ambiente gut gehütet, Oneglia wirkt geschäftiger und moderner.

Für die nahe Zukunft hat man Großes vor. Im Küstenabschnitt zwischen den beiden Stadthälften entsteht zurzeit auf alten Industriebrachen ein neues Stadtviertel mit modernen Geschäfts- und Wohnbauten, Messezentrum und dem größten Hafen für Großyachten im gesamten Mittelmeerraum. Dessen groß dimensionierte Kaimauer nennen die Einheimischen spöttisch *muro cinese*, »die chinesische Mauer«.

Porto Maurizio

Die Altstadt bietet das vollständige Repertoire mediterraner Küstenorte: Treppenwege, Torbögen, farbige Häuser, flatternde Wäsche, bröckelnden Putz und Plätze mit dem Panoramablick aufs Meer. Dabei wirkt nichts künstlich herausgeputzt; das Urlaubsleben, das hier ohnehin nicht so heftig tobt wie in den Nachbarorten, konzentriert sich auf die am Meer gelegenen Ortsteile Foce und Borgo Marina.

Porto Maurizio ist vermutlich römischen Ursprungs. Seit dem 13. Jh. gehörte es als treuer Verbündeter zu Genua. Die Anlage des *centro storico* geht im Wesentlichen auf das 12. und 13. Jh. zurück. Trotz schwerer Schäden beim Erdbeben von 1887 ist die historische Bausubstanz noch weitgehend erhalten.

Ein Rundgang beginnt beim imposanten klassizistischen **Dom San Maurizio** 1, der größten Kirche Liguriens. Er wurde ab 1781 erbaut und sollte mit seinen enormen Ausmaßen den damaligen Wohlstand der Stadt dokumentieren. Das gelang nur zum Teil: Die überdimensionierte Kuppel brach 1821 zusammen und musste durch eine kleinere ersetzt werden. Erst nach

57-jähriger Bauzeit wurde die Kirche fertiggestellt.

Über die Via Porta Nuova, Via Fossi, Via Vianelli und Via Santa Caterina gelangt man zum **Klarissinnenkloster** 2 aus dem 18. Jh. Auf seiner Rückseite erhebt sich ein sehenswerter, auf den alten Stadtmauern errichteter Arkadengang wie ein riesiger Balkon über der Küste. In westlicher Richtung gelangt man von hier zur Kirche **San Pietro** 3 mit einer schwungvollen spätbarocken Fassade; vom Platz vor dem Bau genießt man schöne Blicke aufs Meer und auf die – allerdings zersiedelten – Hügel der Umgebung.

An der rechten Seite der Kirche steigt man an zum höchsten Punkt der Altstadt, der **Piazza Parasio** 4, an der einst der Palazzo des genuesischen Gouverneurs stand. Sich nach links wendend, gelangt man wieder zu einem Aussichtsplatz, kommt dann über Treppenwege und die Via Acquarone neuerlich zum Dom.

Die Via San Maurizio, Via Cascione (links halten) und Via De Tommaso führen zum Ortsteil **Foce** am Meer. Auf einem schönen Uferweg kann man oberhalb von ruhigen Kiesstränden in 10 Min. zum Ortsteil **Borgo Marina** spazieren, wo sich das Bade- und Nachtleben abspielt und die meisten Hotels stehen.

Oneglia

Oneglia hatte lange Zeit eine Ausnahmestellung an der vorwiegend von Genua beherrschten Küste: Es gehörte seit 1576 zu Piemont-Savoyen. Der Ort wurde zur zweitwichtigsten Hafenstadt des Königreichs neben Nizza. Relativ früh entstanden Fabriken, insbesondere in der Lebensmittelbranche; schon im 19. Jh. florierten Nudel- und Ölproduktion in großem Stil. Sie spielen noch immer eine wichtige Rolle; daneben ist heute auch die Herstellung pharmazeutischer Produkte von Bedeutung.

Hafen und Industrie prägen das Stadtbild; unter touristischem Gesichtspunkt ist es nur von begrenztem Interesse. Das alte Zentrum wurde im

Imperia

Sehenswert
1. Dom San Maurizio
2. Klarissinnenkloster
3. San Pietro
4. Piazza Parasio
5. Piazza Dante
6. Kathedrale San Giovanni
7. Museo dell'Olivo
8. Villa Grock

Übernachten
1. Ariston
2. Antica Locanda Costa
3. Al Porto

Essen & Trinken
1. Osteria dell'Olio Grosso
2. Hostaria
3. La Patria
4. Beppa
5. Pasticceria Piccardo
6. Vittoria
7. Caffé Pasticceria Franchiolo

Einkaufen
1. Isnardi

Aktiv & Kreativ
1. Circolo Velico
2. Schiffsausflüge

Abends & Nachts
1. Cinema Centrale

19. Jh. architektonisch im Stil der Zeit umgestaltet. Die pulsierende Mitte bildet die **Piazza Dante** 5 mit dem 1891 mit mittelalterlichen Stilanleihen erbauten Rathaus, östlich schließen sich vornehme Einkaufsarkaden an. Zum alten Handelshafen gelangt man durch das lebhafte Marktviertel um die monumentale spätbarocke **Kathedrale San Giovanni** 6.

Das **Hafenviertel** hat einen gewissen herben Charme. Unter den Arkaden am Wasser finden sich viele gute Fischrestaurants. Auch die anderen Reize der Stadt sind vorwiegend kulinarischer Natur. Es gibt exzellente Cafés und Lebensmittelgeschäfte, und das **Museo dell'Olivo** 7 jenseits der Bahngleise widmet sich der Geschichte des Ölbaums und des Olivenöls (s. Entdeckungstour S. 124).

Auf dem Cascine-Hügel am nördlichen Stadtrand steht die fantasievoll bizarre Gartenvilla des 1959 in Oneglia verstorbenen Schweizer Clowns und Cirkusartisten Adrian Wettach, alias »Grock«. Die verspielte Gartenanlage der **Villa Grock** 8 steht nach grundlegender Restaurierung Besuchern offen (tgl. außer Mo 10–12, 15–18 Uhr, Eintritt frei).

Übernachten

Fast alle Hotels Imperias liegen im Ortsteil **Porto Maurizio**, u. a.
Meeresnah und zentral – **Ariston** 1: Via Privata Rambaldi 2, Tel. 0 18 36 37 74, www.hotelariston-imperia.it, im Winter geschl., DZ saisonabhängig 60–120 €. Gepflegtes Haus in ruhiger Lage am Hang über der Küste, einige Zimmer mit Balkon und Hafenblick, Fahradverleih.
In der Altstadt – **Antica Locanda Costa** 2: Via Cascione 184, Tel. 0 18 36 13 48, anticalocandacosta@yahoo.it, DZ/F 60–70 €. Einfache, aber gepflegte Unterkunft am Westrand des *centro storico*.
Freundlich, familiär – **Al Porto** 3: Via Privata Rambaldi 13, Tel. 018 36 49 67, DZ 36–50 €. Freundlicher Familienbetrieb, ruhige Lage nahe beim Hafen, schlicht eingerichtete, preisgünstige Zimmer.

Essen & Trinken

In Porto Maurizio
Ganz oben – **Osteria dell'Olio Grosso** **1**: Piazza Parasio 36, Tel. 0 18 36 08 15, abends ab 19.30 Uhr geöffnet, Mi geschl., Menü ab ca. 28 €, Fisch-Degustationsmenüs zu 35 und 39 €. Angenehmes kleines Lokal mit guter Küche beim höchsten Punkt der Altstadt. Reservierung empfohlen!
Fisch fangfrisch – **Hostaria** **2**: Via Sant´Antonio 7, Tel. 01 83 66 70 28, Mo u. Di mittags geschl. Menü ab ca. 30 €. Die gemütliche Osteria in einem umgebauten Kirchenraum in Hafennähe bietet eine gute Auswahl an traditionellen ligurischen Fischgerichten.
Kaffee und Süßes – Gute Bars in Porto Maurizio sind das **Vittoria** **6**, Viale Matteotti 10, und das hübsche historische **Caffé Pasticceria Franchiolo 7**, Via Cascione 14.

In Oneglia
Am alten Handelshafen von Oneglia reiht sich ein Fischrestaurant an das andere.
Gute Tradition – **La Patria** **3**: Piazza De Amicis 13, Tel. 01 83 29 57 39, Di geschl., Hauptgerichte ab 9 €, Fisch ab 12 €. Der seit 1865 bestehende Familienbetrieb bietet reichhaltige Portionen, das empfehlenswerte Menu Degustazione kostet 30 € inkl. ¼ l Wein, ½ l Wasser.
Mamma's Fischküche – **Beppa** **4**: Via Andrea Doria 24, Eingang Calata Cuneo 49, Di Ruhetag, Tel. 01 83 29 42 86, Fischmenü ca. 28 €. In der beliebten Trattoria herrscht gute Stimmung, einfaches Ambiente, gutes Angebot an typisch ligurischen Fischgerichten wie Brandacujun (Stockfisch mit Kartoffeln).
Kaffee und Süßes – **Pasticceria Piccardo** **5**: Piazza Dante 1. Dieses stilvolle und gemütliche Traditionscafé am Hauptplatz von Oneglia bietet ein reichhaltiges Angebot an Gebäck und Kuchen.

Einkaufen

In Oneglia gibt es vorzügliche Lebensmittelgeschäfte mit den Spezialitäten der Region.
Olivenöl – **Isnardi** **1**: Oneglia, Piazza de Amicis 20; neben den hochwertigen Olivenölen gibt es u. a. auch Pasta, Nudelsaucen, eingelegte Gemüse.
Wochenmärkte – am **Domplatz** in Porto Maurizio Mo und Do, am Do auch in der **Via Cascione**; bei **San Giovanni** in Oneglia Mi und Sa, jeweils 8–13 Uhr.

Aktiv & Kreativ

Baden – Sandstrände westlich des Hafens von Porto Maurizio, im Ortsteil Borgo Marina. Ruhige, etwas abgelegenere Kiesstrände findet man zwischen Borgo Marina und Foce.
Segeln – **Circolo Velico** **1**: Porto Maurizio, Via Scarincio 146, Tel. 0 18 36 37 88. Segelkurse auch für Kinder.
Wale und Delfine – **Schiffsausflüge** **2**: Mitte Juni–Mitte Sept. startet an allen Werktagen gegen 12 Uhr eine Walbeobachtungstour vom Hafen Porto Maurizio. Die 5–6-stündige Fahrt kostet 33 € (Kinder 5–14 Jahre 22 €). Reservierung, telefonisch oder per E-Mail, unerlässlich, Tel. 01 83 76 93 64 oder 336 68 88 29 (mobil), info@whalewatch.it, www.whalewatchliguria.it.

Abends & Nachts

Das Nachtleben spielt sich am Meer ab: An der Uferpromenade von Borgo Marina unterhalb von Porto Maurizio herrscht vor allem an Wochenenden in Bars und Kneipen Massenandrang,

ebenso am Hafen von Oneglia. Hier gibt es auch Discos, teilweise mit Tanzflächen direkt überm Strand.
Kino – **Cinema Centrale** [1]: Via Cascione 52, Tel. 0 18 36 38 71. Das originelle Kino geht noch auf die Pionierzeit des Films zurück. Es wurde 1914 eröffnet. 1992 erhielt es einen Preis als Italiens originellstes Filmtheater.

Infos & Termine

Infos
IAT Oneglia: an der Piazza Dante (Südseite), Mo–Sa 9–12.30, 15–18.30 Uhr, im Sommer auch So 9–12.30 Uhr.

Termine
Infiorata: An Fronleichnam wird die Via Carducci mit kunstvollen Blütenteppichen ausgelegt.
Vele d'Época: Alle zwei Jahre im Sept. wird beim Hafen von Porto Maurizio ein Oldtimer-Jachtrennen veranstaltet, nächster Termin 2012, www.veledepoca.com.

Verkehr
Bahn: Bahnhöfe zentrumsnah sowohl in Porto Maurizio als auch in Oneglia. Von Porto Maurizio Intercity über Genua nach Mailand (6 x tgl.) sowie über La Spezia/Pisa nach Rom (1 x tgl. morgens). Häufig Regionalzug nach San Remo/Ventimiglia und Alassio/Albenga/Finale Ligure/Genua. 2 x tgl. über die Tendabahn nach Turin. Regionalzüge halten auch in Oneglia.
Bus: Busse starten in Oneglia an der Piazza Dante (Fahrkarten in Bars und Zeitschriftenläden am Platz) und fahren über Porto Maurizio zu ihren Zielen; Haupthalt in Porto Maurizio an der Viale Matteotti bei der Bar Pensilina (Fahrkartenverkauf). Halbstündlich nach San Remo und Diano Marina/Andora (Anschluss nach Alassio). Ins Hinterland nach Dolcedo (Mo–Sa 9 x, So 3 x tgl.), Molini di Prela (Mo–Sa 7 x, So 3 x), Valloria/Villatalla (Mo–Sa 3 x), Vasia (Mo–Sa 3 x), Montegrazie (Mo–Sa 7 x, So 2 x). Nur ab Oneglia nach Borgomaro (Mo–Sa 10 x, So 4 x), Aurigo/Poggialto (Mo–Sa 7 x, So 3 x), Ville San Pietro/Conio (Mo–Sa 3 x), Bestagno (Mo–Sa 6 x). Fahrplan im Internet: www.rivieradeifiori.it. Ab Oneglia Piazza Dante mit Viani nach Pieve di Teco (Mo–Sa 7 x, So 2 x) und Ormea/Piemont (Mo–Sa 4 x, So 2 x tgl.); www.rtpiemonte.it.

Im Hinterland von Imperia

Von Imperia ziehen sich die Täler der Flüsse Prino, Caramagna und Impero in die Berge hinauf. Hier liegt das wichtigste Anbaugebiet für das ligurische Olivenöl. Vor allem Dolcedo im Prino-Tal ist ein Zentrum der Ölproduktion. Aber auch in vielen anderen Orten der Gegend erhält man – oft in Familienbetrieben – Öl von guter Qualität.

Sobald man den unmittelbaren Einzugsbereich Imperias verlässt, gelangt man in abwechslungsreiche Landschaften. Die Landflucht war in dieser Region weniger ausgeprägt als anderswo im ligurischen Hügel- und Bergland, die Dörfer sind noch belebt. Bis auf etwa 500 m Höhe wird das Bild durch ausgedehnte Olivenpflanzungen an den Talhängen geprägt. In höheren Lagen treten Buchen- und Kastanienwälder an die Stelle der Ölbäume. In den zahlreichen kleinen Bergdörfern drängen sich die Häuser eng aneinander, nur die Kirchtürme ragen sichtbar über den Dächern hervor. Ab und zu trifft man auf eine geschwungene alte Brücke oder eine einsam gelegene Kapelle.   ▷ S. 127

Auf Entdeckungstour

Im Reich des Ölbaums – in den Oliventälern von Dolcedo

Bei Imperia werden seit Jahrhunderten hochwertige Olivenöle produziert. Das Museo dell'Olivo in Oneglia zeigt anschaulich die Geschichte der Ölbaumkultivierung, bevor eine Wanderung bei Dolcedo durch die vom Olivenanbau geschaffene Landschaftsarchitektur führt.

Reisekarte: ▶ C 6

Museo dell'Olivo: Hinter dem Bahnhof von Oneglia auf dem Gelände der Firma Fratelli Carli, www.museodellolivo.com, Mo–Sa 9–12.30, 15–18.30 Uhr, Eintritt frei.

Wanderung: Die dreistündige Route ohne größere An- und Abstiege ist bis auf ein kurzes Stück hinter Ripalta mit rot-weißen Doppelbalken markiert. Rückweg mit dem Bus (Haltestelle in Dolcedo an der Hauptstraße).

Bus: Mehrmals tgl. von Imperia über Dolcedo nach Molini di Prela (s. S. 127).

Wissenswertes zur Olivenölproduktion: im Olivenmuseum

Das in einer Jugendstilvilla untergebrachte Museo dell'Olivo in Oneglia widmet sich in Raum 1 den frühen Anfängen der Ölbaumkultivierung. Babylonische Steinschriften belegen, dass Olivenöl schon vor 5000 Jahren wertvolles Handelsgut war. Ein 4000 Jahre alter in Stein gemeißelter Vertrag regelte den Verkauf von 25 l Olivenöl. In Raum 2 erklärt ein Film – auch deutschsprachig – die Produktionsschritte der Ölherstellung. Ausgestellte Pflüge, Zangen, Hacken und Sicheln belegen, das früher viel mühevolle Handarbeit dabei notwendig war. Raum 3 zeigt, was man noch so alles aus dem Olivenbaum machen kann: gutes Holz für Möbel, Lampenöl, Grundstoff für Seifen, Kosmetika und Medizin.

Die folgenden Ausstellungsräume schildern die Ausbreitung des Olivenbaums vom Vorderen Orient über Griechenland ins westliche Mittelmeer. Großen Anteil daran hatte das Seefahrervolk der Phönizier, denen vielleicht als ersten die Kultivierung des Ölbaums aus der Wildform des Oleasters gelang. Ausgestellt sind u. a. eine mykenische Ölvase (13. Jh. v. Chr.), das antike Mosaik eines Schiffes mit Ölamphoren und griechische Keramiken mit Olivenblattdekorationen.

Die Räume 12–14 widmen sich der traditionellen Technik der Ölpressung. Alte Ölmühlen zeigen anschaulich das Prozedere: Zum Zermahlen der Oliven benutzte man bis vor wenigen Jahrzehnten noch schwere Steinscheiben, die von im Kreise laufenden Eseln in Bewegung gesetzt wurden, die Kraftübertragung erfolgte über archaisch wirkende Holzzahnräder. Wuchtige Handpressen mit hölzernen Schraubzwingen nutzte man zur Extrahierung allen Öls aus der Fruchtmasse. Weitere Ausstellungsthemen sind Handel und Transport. Zu sehen ist u. a. der Nachbau eines antiken Schiffsladeraums mit schlanken Ölamphoren (Raum 16).

Von wilder Natur zur kunstvollen Landschaftsarchitektur

Der Olivenanbau hat in den Tälern von Imperia das Landschaftsbild nachhaltig verändert. Die menschlichen Eingriffe begannen im Mittelalter mit der Rodung der Wälder und der Anlage erster Ölbaumterrassen. Über Generationen wurden in mühsamer Handarbeit *muretti a secco*, aus Feldsteinen aufgeschichtete Trockenmauern, die Hänge hinaufgebaut. Nach den Angaben im Olivenmuseum beträgt ihre Gesamtlänge in Ligurien 220 000 km! Das *terrazzamento* war notwendig, um den Abfluss des Regenwassers zu verlangsamen und das Abrutschen der Anbauflächen zu verhindern. Gleichzeitig hatte es auch einen ästhetischen Effekt: Die dem Landschaftsrelief mit seinen Mulden und Vorsprüngen behutsam angepassten Mauerreihen verbinden sich zu einer Art Gesamtkunstwerk unter freiem Himmel.

Dieses erschließt sich zum Beispiel auf einer Wanderung durch die Täler von Dolcedo. Ein dichtes, teilweise noch erhaltenes Netz alter Pfade verbindet hier die Dörfer und Ölbaumhaine. Um die Trittsicherheit für bepackte Esel und Maultiere zu erhöhen, wurden sie sorgfältig mit Natursteinen gepflastert. Alte Steinbrücken leiten über die Wasserläufe. An den Wegen stehen Kapellen und Heiligenschreine, die für Gottes Segen bei der Anpflanzung eines neuen Olivenhains errichtet wurden.

Sichtbar wird auch die Gefährdung der Landschaft. Der mühselige, oft nur zum Eigenverbrauch betriebene Olivenanbau verschwindet mit steigendem Wohlstand. Werden die Stützmauern nicht mehr unterhalten, rutschen die Terrassen früher oder später ab. Der Eichenwald erobert das Land zurück.

Durch Olivenbaumhaine: Zu Fuß von Molini di Prela nach Dolcedo

Von der Straßengabelung am Ostrand von **Molini di Prela** (s. S. 127) folgen wir 50 m der Via Marconi Richtung Villatalla, biegen hinter der **Kapelle Oratorio di San Giacinto** nach links in die Treppengasse Via Santa Lucia. Auf der alten Bogenbrücke **Ponte Ca'Sottane** kreuzen wir den Prino-Fluss; das Dorfbild mit Palmen bietet hier ein malerisches Motiv. Danach geht es auf rot-weiß markiertem Pfad 5 Min. bergan zu einem breiteren Weg, auf ihm 30 m nach links vor eine Mauer, von wo wir rechts den alten Pfad wieder aufnehmen. Durch Olivenhaine steigt er zu einem Fahrweg an. Wir folgen ihm 250 m nach links in eine Rechtskehre, wo wir den Weg geradeaus nehmen. Er verläuft am Hang über dem Prino-Tal durch typische Ölbaumterrassenlandschaft. Nach einigen Häusern geht es kurz bergab zu einer Straße, auf ihr 3 Min. bergan zu dem alten Dorf **Ripalta** (45 Min.).

Um wenig Anbaufläche zu opfern, baute man die Orte sehr kompakt. Auf engen Gewölbegassen (Via Centrale, Via Colla della Valle) durchquert man den Dorfkern zu seinem Westrand. Beim Waschbrunnen beginnt der (unmarkierte) alte Pfad hinunter ins Tal des Rio Acquasanta. Gut 5 Min. unterhalb Ripalta kreuzen wir auf einer **alten Steinbrücke** den Wasserlauf, der schilfüberwachsen ein idyllisches Tal mit Oliven-, Wein- und Gemüsegärten durchfließt. Auf perfekt gepflastertem Maultierweg gelangen wir von der Brücke hinauf zu einer Wegkreuzung (1 Std.).

Flussaufwärts lässt sich auf nun wieder rot-weiß markierten Wegen das idyllische Tal des Rio Acquasanta weiter erkunden. Hinter **Lecchiore** (1,30 Std.) wandert man 10 Min. auf einem Sträßchen, gelangt auf einem Pfad nach rechts hinunter zur Flussbrücke beim schön gelegenen Wallfahrtskirchlein **Madonna dell'Acquasanta** (1,45 Std.). Es wurde im 17. Jh. am Platz einer Marienerscheinung errichtet. Unter der Brücke erstreckt sich ein natürliches Badebecken, am anderen Ufer ziehen sich uralte Ölbaumterrassen den Hang hinauf.

Wieder zurück an der Wegkreuzung nahe der alten Steinbrücke nimmt man den Pfad geradeaus. Hinter einer verfallenen Kapelle trifft er auf einen befestigten Weg, der zu einer mittelalterlichen Flussbrücke am Ortsrand von **Dolcedo** absteigt. Auf dem Uferweg gelangt man an der markant über dem Fluss stehenden Pfarrkirche vorbei ins Ortszentrum. Ein Besuch der **Ölmühle Ghiglione** ermöglicht zum Abschluss der Tour Einblicke in moderne Produktionsweisen (s. S. 128).

Im Hinterland von Imperia

Eigentliche ›Sehenswürdigkeiten‹ gibt es in diesem Gebiet kaum, aber ein geruhsamer Bummel durchs Land vermittelt harmonische Eindrücke.

Das Hinterland von Imperia ist besonders bei Deutschen beliebt. Viele von ihnen haben hier Ferienhäuser erworben, und so sind die kleinen Dorfläden überraschend gut mit deutschen Zeitungen versorgt; FAZ, Süddeutsche und DIE ZEIT erhält man hier leichter als an manchen Küstenorten.

Dolcedo und Caramagna-Tal ▶ C 6

Von Dolcedo nach Villatalla

Im Tal des Prino gelangt man von Imperia aus zunächst nach **Dolcedo,** mit 1200 Einwohnern die größte Ansiedlung des Gebiets. Das hübsche Ortsbild wird geprägt vom Ponte Grande, einer 1292 errichteten Flussbrücke und dem hoch aufragenden Turm der barocken Pfarrkirche San Tommasio. Gut erhalten ist auch die mittelalterliche Loggia del Comune. Unter ihren Bögen findet man noch die Hohlmaße für den Öl- und Weinhandel aus dem 17. Jh. Ein Durchgang führt von hier auf den intimen Kirchplatz von San Tommasio.

Etwa 3 km talaufwärts schwingt sich beim ehemaligen Mühlenort **Molini di Prela** eine weitere mittelalterliche Brücke über den Prino. Eine nach Osten abzweigende Nebenstraße führt zunächst nach **Valloria.** Beim Gang durch die Gassen des alten Bergdorfs stößt man auf überraschende Bilder. Durch die Initiative engagierter Dorfbewohner hat sich Valloria seit 1994 zu einem Freilichtmuseum zeitgenössischer Kunst entwickelt. Rund 60 Haustüren des Ortes wurden von namhaften ligurischen Künstlern bemalt. Die Werke zeigen u. a. Stillleben, Naturmotive und abstrakte Kompositionen.

Vom hochgelegenen **Villatalla** beim Ende der Stichstraße genießt man weite Ausblicke auf die Landschaft der Umgebung. Ein Maultierpfad in westlicher Richtung führt in gut 15 Min. zur einsam gelegenen Barockkirche Madonna della Neve.

Vásia und Montegrazie

Auf der Hauptstrecke erreicht man zwischen Molini und **Vásia** den landschaftlich schönsten Abschnitt der Tour. Das kurvige Sträßchen windet sich zwischen Ölbaumhainen dahin; immer wieder genießt man weite Ausblicke auf die Berglandschaft und das Meer. Ab Vásia fährt man im Caramagna-Tal bergab. Von Caramagna Ligure lohnt der Abstecher zum gut erhaltenen alten Dorf **Montegrazie** und der **Wallfahrtskirche Nostra Signora delle Grazie** in herrlicher, aussichtsreicher Lage. Im Innenraum des 1450 erbauten Gotteshauses (den Schlüssel erhält man beim Pfarrer von Montegrazie) befindet sich ein Freskenzyklus des späten 15. Jh. Er zeigt das Jüngste Gericht und das Leben Johannes' des Täufers (von Tommaso und Matteo Biasacci), die Passion Christi (von Pietro Guidi) und Geschichten des heiligen Jakob (von Gabriele della Cella).

Essen & Trinken

Zehn Gänge – **Al Terziere:** Torrazza (2 km südl. von Dolcedo), Strada Torrazza 46, Tel. 01 83 78 04 71, Mo/Di geschl. In dem sympathischen und gemütlichen Dorfrestaurant wird ein reichhaltiges, häufig wechselndes Mehrgangmenü mit traditionellen Speisen der Region serviert (ca. 27 € inkl. Getränke). Im Sommer sitzt man unter Bäumen im Garten. *Gutes vom Lande* – **Ristorante Agriturismo Al Santuario:** siehe Unser Tipp S. 128.

Unser Tipp

Gutes vom Lande: das Ristorante Al Santuario

Ein Besuch des Wallfahrtsheiligtums von Montegrazie (s. S. 127) lohnt auch unter kulinarischen Aspekten. Das Ristorante Al Santuario am Kirchplatz bietet beste ligurische Landküche in gemütlichem Ambiente. An warmen Tagen sitzt man unter der schattigen Pergola, von der Küste weht eine frische Brise, Grillen zirpen und in der Ferne funkeln die Lichter Imperias über dem Meer … Die Küche verzichtet auf allzu kreative Experimente, sie lebt ganz von der Frische und Qualität der Zutaten aus biologischer Produktion (Tel. 0 18 36 91 92, Do–So abends, So auch mittags, tgl. wechselndes fixes Menü, acht Gänge inkl. Wasser, Hauswein und Grappa 28–30 €, am Vortag reservieren!).

Einkaufen

Zu Besuch in einer Ölmühle – **Frantoio Ghiglione:** Dolcedo, Via Ciancergo 23, Tel. 01 83 28 00 43, www.frantoioghiglione.it. Die Besitzer der Ölmühle am Flussufer gegenüber der Pfarrkirche zeigen gerne ihre moderne Produktionsanlage. Hier wird aus der kleinen Taggiasca-Olive kalt gepresstes, ungefiltertes Öl hergestellt. Dieses und weitere Produkte rund um die Olive (eingelegte Früchte, Seifen, Kosmetika) kann man nebenan im Laden kaufen.

Infos

Bus: siehe unter Imperia S. 123.

Impero-Tal ▶ C 5/6

Im Impero-Tal lohnt sich zunächst ein Abstecher in das Dorf **Bestagno** mit seiner gewaltigen mittelalterlichen Burgruine. Ein kleines Stück talaufwärts empfiehlt es sich, die parallel zur Hauptstraße verlaufende Bergstrecke über die alten Dörfer Gazzelli, Chiusánico und Torría einzuschlagen. Bei der hübschen Ortschaft **San Lazzaro Reale,** in der eine mittelalterliche Brücke sehenswert ist, biegt das Tal nach Westen.

Die **Alta Valle dell'Impero** ist noch immer bäuerlich geprägt, die Landschaft ist weitgehend intakt. Die abgelegenen, eng gebauten Dörfer sind reizvoll: **Borgomaro,** wo jahrhundertelang sieben Ölmühlen direkt am Fluss standen, Aurigo, Ville San Pietro, Cónio, Poggialto. An vielen Stellen ragen weithin sichtbar schlanke Kirchtürme aus dem dichten Grün der Oliventerrassen und Eichenwälder empor.

Von **Ville San Pietro** kann man auf schmalen Bergstraßen weiterfahren zum Passo del Maro (1064 m), Colle d'Oggia (1167 m) und in die Valle Argentina (s. S. 105) oder über San Bernardo di Cónio (986 m) und Rezzo ins Arroscia-Tal (s. S. 145); beide Strecken sind schön, aber etwas mühselig zu fahren.

Einkaufen

Olivenöl – **Azienda Agricola Dinoabbo:** Lucinasco, Salita Costa 16, Tel. 0 18 35 24 11, www.dinoabbio.it. Das aus ausgewählten Früchten hergestellte Olivenöl von Dino Abbo hat bei Feinschmeckern zu Recht einen ausgezeichneten Ruf.

Infos

Bus: siehe unter Imperia S. 123.

Zwischen Imperia und Alassio

Diano Marina ▶ C/D 6

5 km von Imperia entfernt bietet Diano Marina die ersten großen Sandstrände östlich der Côte d'Azur. Der ausgedehnte Badeort (6000 Einw.) war im 19. Jh. ein wichtiges Zentrum des Olivenölhandels. Bei einem Erdbeben wurde er 1887 zerstört und entstand anschließend vollständig neu. In Diano Marina finden sich daher keine verwinkelten Gassen wie andernorts in Ligurien, sondern eine planmäßig errichtete Anlage vergleichsweise breiter, rechtwinklig angeordneter Straßen. Das 1892 in neugotischem Stil erbaute **Hotel Paradiso** an der Uferpromenade markierte den Beginn der touristischen Entwicklung. Heute lebt Diano Marina zum größten Teil von den Badeurlaubern, denen mehr als hundert Unterkünfte zur Verfügung stehen.

Die weite Bucht war bereits in der Eisenzeit besiedelt. Die Römer errichteten hier im 2. Jh. v. Chr. eine Siedlung, die sie der Diana weihten. Im Palazzo del Parco an der Uferstraße ist das **Städtische Museum** untergebracht. Zu sehen sind frühgeschichtliche und römische Funde, darunter Material von einem Frachtschiff, das beim Nachbarort San Bartolomeo al Mare vom Meeresgrund gehoben wurde (Museo Civico, Corso Garibaldi 60, www.palazzodelparco.it, Mo–Sa 9–12.30, 15–17.30 Uhr, Juli/Aug. Mo–Sa 9–12, Mi u. Fr auch 21–23.30 Uhr, Eintritt 3 €).

Diano Castello ▶ C 6

3 km landeinwärts liegt das im 10. Jh. zur Abwehr der Sarazenengefahr als Castrum Diani gegründete **Diano Castello**, einst der Hauptort dieses Landstrichs. Ein Rundgang durch den verwinkelten Ortskern führt zur reich geschmückten **Barockkirche San Nicolo di Bari** und der ursprünglich mittelalterlichen **Chiesa Santa Maria Assunta** mit einer Altartafel aus der Malschule des Lodovico Brea (Mitte 15. Jh.). Am Nordrand des *centro storico* steht die **Taufkirche San Giovanni Battista** (11. Jh.) mit bemalter hölzener Hängedecke aus dem 15. Jh. Um den Ort erstrecken sich Olivengärten und Weinberge, in denen die Vermentino-Traube angebaut wird, aus der ein beliebter trockener Weißwein gekeltert wird.

Übernachten

Palmen, Pinien, Meeresrauschen – **Arc en Ciel**: Viale Torino 21, Tel. 01 83 49 52 83, www.hotelarcenciel.it, Mindestaufenthalt 3 Tage, nur HP, saisonabhängig p. P. im DZ 57–83 € bzw. 63–93 € mit Meerblick. Neuerer Bau am südwestlichen Ortsrand in schöner Lage direkt am Meer, die Zimmer zur Seeseite hin sind attraktiver, mit großer Sonnenterrasse und eigenem Strandzugang.

Badefreuden – **Gabriella**: Via dei Gerani 9, das östliche Strandende, Tel. 01 83 40 31 31, www.hotelgabriella.com, DZ/F saisonal 100–200 €, HP 60–100 € p. P. In einem Garten unmittelbar am Meer, mit Schwimmbad und eigenem Strand, sowie kostenloser Fahrrad- und Bootsnutzung. Gut geeignet für Familien mit Kindern.

Orangengarten – **Villa degli Aranci**: Via Capoccaccia 8, Tel. 01 83 49 73 04, www.villaranci.com, DZ/F je nach Saison 80–100 €. Die stilvoll eingerichtete kleine Villa liegt nördlich des Bahnhofs in einem grünen Garten mit Orangenbäumen, 5 Min. zu Fuß zum Strand.

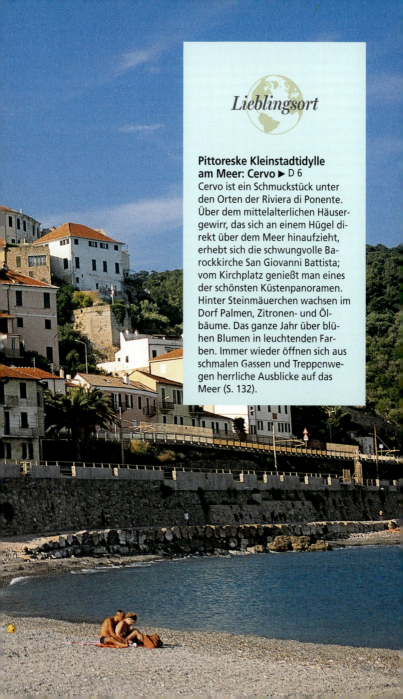

Lieblingsort

Pittoreske Kleinstadtidylle am Meer: Cervo ▶ D 6

Cervo ist ein Schmuckstück unter den Orten der Riviera di Ponente. Über dem mittelalterlichen Häusergewirr, das sich an einem Hügel direkt über dem Meer hinaufzieht, erhebt sich die schwungvolle Barockkirche San Giovanni Battista; vom Kirchplatz genießt man eines der schönsten Küstenpanoramen. Hinter Steinmäuerchen wachsen im Dorf Palmen, Zitronen- und Ölbäume. Das ganze Jahr über blühen Blumen in leuchtenden Farben. Immer wieder öffnen sich aus schmalen Gassen und Treppenwegen herrliche Ausblicke auf das Meer (S. 132).

Von Imperia nach Albenga

Strandnah und günstig – **Tina:** Viale Torino 24, Tel. 01 83 49 41 45, www.hoteltina.com, DZ/F 60–80 €, HP ab 45 € p. P. Villenartiger kleiner Bau im westlichen Strandabschnitt, nur durch die Uferstraße vom Meer getrennt; Zimmer mit Meerblick bestellen, die anderen Räume sind weniger attraktiv!

Camping – **Angolo di Sogno:** Viale Torino 27, Tel. 01 83 49 74 24, www.angolodisogno.com. Am westlichen Ortsrand direkt am Meer, aber wenig Schatten. Auch Holzbungalows für 2–4 Personen für ca. 50–70 € plus 20 € Endreinigung.

Einkaufen

Märkte – **Großer Wochenmarkt:** Di vormittags auf der Piazza Giovanni XXIII.

Aktiv & Kreativ

Baden – Ausgedehnte, breite Sandstrände im Stadtbereich, flach ins Meer abfallend, daher gut für Kinder geeignet.

Infos & Termine

Infos
IAT: Corso Garibaldi 60, im Palazzo del Parco an der Hauptuferstraße, Tel. 01 83 49 69 56, infodianomarina@rivieradeifiori.org.

Termine
Infiorata: An Fronleichnam wird die Piazza Martiri della Libertà mit einem riesigen Blütenteppich von 4000 m² geschmückt.

Verkehr
Bahn: Bahnhof zentrumsnah an der Piazza Mazzini. Intercity über Genua nach Mailand (4 x tgl.) sowie über La Spezia/Pisa nach Rom (1 x tgl. morgens). Häufig Regionalzüge über Imperia, San Remo, Bordighera nach Ventimiglia sowie über Alassio, Albenga, Finale Ligure nach Genua.
Bus: Halbstündlich nach Imperia/San Remo sowie über Cervo nach Andora (Anschluss nach Alassio). Mo–Sa 8 x tgl. ab Via C. Battisti nach Diano Castello.

Cervo ▶ D 6

Der Ort von heute 1200 Einwohnern (siehe auch Lieblingsort S. 130) wurde erstmals im 11. Jh. erwähnt. Vermutlich gab es aber hier schon in älteren Zeiten eine Ansiedlung. Cervo bedeutet Hirsch – das Lieblingstier der römischen Jagdgöttin Diana, an deren Kult auch der Name des benachbarten Städtchens Diano erinnert. Im 13. Jh. ließ Genua Cervo mit Stadtmauern und Türmen befestigen, um die Küstenstraße zu kontrollieren. Später spezialisierten sich die Seefahrer des Ortes auf die Korallenfischerei; sie bauten eigens dafür ausgerüstete Schiffe, die *coralline,* und gelangten auf ihren Fahrten bis nach Nordafrika und auf die Balearen. Im kleinen **Heimatmuseum** in der Burg sind unter anderem Ausrüstungsgegenstände für den Korallenfang zu sehen (Mo–Fr 9.15–12.30, 14–18 Uhr, Sa/So 9.30–12, 15–18 Uhr, Eintritt 2 €).

Aus den beträchtlichen Einnahmen der Korallenfischer wurde auch der spätbarocke Bau von **San Giovanni Battista** finanziert. Die hoch aufragende, geschwungene Fassade der Kirche prägt das gesamte Ortsbild. Mit seiner heiteren Leichtigkeit passt der eindrucksvolle Bau, der zu den bedeutendsten Werken des ligurischen Barock zählt, vorzüglich in die Atmosphäre Cervos. Er wurde nach Plänen

Zwischen Imperia und Alassio

von Giovanni Battista Marvaldi ab 1686 errichtet. Eine Freitreppe führt von dem kleinen gepflasterten Kirchplatz zum Portal. Hoch oben an der Fassade erblickt man das Relief eines Hirsches, das auf den Ortsnamen anspielt. Die verspielten Stuckornamente des reich geschmückten Innenraums stammen aus dem 18. Jh.

Etwas unterhalb von San Giovanni Battista steht das **Oratorium der hl. Katharina** aus dem 13. Jh. mit einem schönen Portal im romanisch-gotischen Übergangsstil.

Übernachten

Schöne Aussicht – **Bellavista:** Piazza Castello 2, Tel. 01 83 40 80 94, DZ/F 80–100 €. Das kleine Hotel mit nur sechs Zimmern oben im Ort vor den Burgmauern wurde 2006 gründlich renoviert; mit Panoramaterrasse.

Aktiv & Kreativ

Baden – Kleiner Kiesstrand jenseits der Bahnstrecke unterhalb des alten Ortes.

Infos & Termine

Infos
Pro Loco: Piazza S. Caterina 2 (Burgmuseum), Tel. 01 83 40 81 97, infocervo@rivieradeifiori.org.

Termine
Internationales Kammermusikfestival: Juli/Aug. Mit Auftritten erstrangiger Ensembles.
Internationale Sommerakademie Cervo: Anfang Sept. Vom Pianisten Arnulf von Arnim organisierte Meisterkurse für junge Musiker mit reichem Konzertprogramm.

Verkehr
Bahn: Bahnhof an der Hauptstraße 5 Gehminuten westlich der Altstadt; nur wenige Züge halten: Mo–Sa 7 x, So 4 x tgl. nach Alassio/Savona und Imperia/San Remo/Ventimiglia.
Bus: Haltestelle am Fuß der Altstadt, halbstündlich Busse nach Imperia/San Remo und Andora, dort Anschluss nach Alassio.

Andora ▶ D 6

Marina di Andora ist ein gesichtsloser Ferienort am Meer, doch erreicht man von hier in kurzer Fahrt (2 km in Richtung Autobahnauffahrt, kurz vor der Autobahn Hinweisschildern »Castello« folgen) das winzige alte Hügeldorf **Castello di Andora** mit der Kirche Santi Giacomo e Filippo, einem der schönsten mittelalterlichen Sakralbauten der Region. Das romanisch gotische Gotteshaus aus dem späten 13. Jh. wurde in hellem Steinmauerwerk errichtet; besonders schön sind das gestufte Portal und die Apsispartie. Als Glockenturm dient ein Wehrturm. Er bewachte einst den Zugang zur benachbarten Burg, von der auf der Hügelkuppe noch einige Ruinen erhalten blieben.

Laigueglia ▶ D 5

Hinter Andora folgt die Küstenstraße dem Felsvorsprung des Capo Mele. Der hübsche Badeort Laigueglia (2000 Einw.) liegt an der weit geschwungenen Bucht von Alassio. Er hat ähnlich gute Strände wie die Nachbarstadt, wirkt aber viel intimer und ruhiger. Der Verkehr wird um den alten Ortskern herumgeleitet; farbige Häuser umgeben kleine, meist zum Meer hin offene Plätze, Orangenbäume verströmen ihren Duft. Trotz des Badebetriebs ist die

Lieblingsort

Panoramablick in die Sonnenbucht: Colla Micheri ▶ D 6
In den Hügeln über Laigueglia liegt das winzige alte Dorf Colla Micheri (s. S. 136), in dem die Zeit stehen geblieben zu sein scheint. Ein Maultierpfad führt vom kleinen gepflasterten Dorfplatz mit seinem rosafarbenen Kirchlein auf die luftige Kammhöhe südlich der Häusergruppe. Von der Ruine einer Windmühle schweift der Blick weit über die sanft geschwungene Baia del Sole, die Sonnenbucht von Alassio. Vom Trubel der nahen Badeküste fühlt man sich hier oben weit entfernt.

Von Imperia nach Albenga

Atmosphäre eines ehemaligen Fischerdorfs noch spürbar.

Zwischen der Via Aurelia und dem Badestrand erstreckt sich das schmale, langgestreckte *centro storico*. Beim nördlichen Ortseingang steht unmittelbar am Meer als einziges Überbleibsel der alten Befestigungsanlagen der **Torrione del Cavallo**, ein Wachtturm aus dem 16. Jh. Die Ortssilhouette dominiert der große Bau von **San Matteo** im Viertel hinter der Bahnlinie. Der Zentralbau des 18. Jh. zeigt eine lebendige, bewegte Barockfassade sowie hübsche mehrfarbige Majolikakuppeln auf den beiden Glockentürmen. An der zentralen Fußgängerstraße Via Dante finden sich noch mehrere Barockpalazzi.

Colla Micheri ▶ D 6
Auf dem Bergkamm oberhalb von Laigueglia liegt zwischen Olivenhainen das winzige Dorf Colla Micheri (siehe auch Lieblingsort S. 134). Das Dorf wurde vom norwegischen Völkerkundler Thor Heyerdahl restauriert, der 1947 durch seine Pazifik-Überquerung mit dem Floß Kon-Tiki Weltruhm erlangte. Heyerdahl ließ sich dauerhaft in Colla Micheri nieder; er hat sich immer wieder für den Schutz der ligurischen Landschaft und der alten Dörfer engagiert.

Übernachten

Grillen zirpen – **Mediterraneo**: Via A. Doria 18, Tel. 01 82 69 02 40, www.hotelmedit.it, DZ/F 90–110 €. Gutes Mittelklassehotel hinter dem Bahnhof, ruhige Lage am Rand der Pinienwaldhügel. Gut 5 Min. bis zum Strand.
Familiär – **Villa Bianca**: Via Maglione 6, Tel. 01 82 69 00 74, www.hotelvillabianca.net, DZ/F um 65 €. Die sympathische Pension, strandnah im Viertel hinter dem Bahnhof gelegen, wird von einer freundlichen Familie geleitet. Kleiner Garten.
Camping – **San Sebastiano**: Via San Sebastiano 23, Tel. 01 82 69 04 20, www.campingsansebastiano.it. In guter schattiger Lage in einem kleinen Wald in der Nähe des Ortszentrums.

Essen & Trinken

Meeresrauschen – **La Prua**: Via Dante Alighieri 5, beim Torione, Tel. 01 82 69 91 95, Do geschl., Menu del Giorno 26 €, à la carte ab ca. 35 €. Auf der Terrasse genießt man eine schöne Aussicht auf das Meer, auch der Blick auf den Teller ist erfreulich: Pasta mit Meeresfrüchten, frischer Fisch und Fritto misto werden gut zubereitet.

Aktiv & Kreativ

Baden – Feiner, ausgedehnter Sandstrand unmittelbar beim alten Ortszentrum.

Abends & Nachts

Disco – **La Suerte**: Via Roma 115, Tel. 01 82 69 91 36, Mai/Juni–Sept. Di, Do–So. Die große Disco direkt am Meer zieht Nachtschwärmer von weither an. Open-Air-Tanzfläche, Publikum bis etwa 35 Jahre.

Infos & Termine

Infos
IAT: Via Roma 2 (im Bahnhofsgebäude beim nördlichen Ortsende), Tel. 01 82 69 00 59, www.inforiviera.it, in der Saison Di–Fr 9–12.30, 15–19 Uhr, Sa 9–12.30 Uhr, So 15–19 Uhr.

Alassio

Termine
Festa di San Matteo: 21. Sept. Fest zu Ehren des Ortsheiligen San Matteo mit großer Prozession.

Verkehr
Bahn: Kleiner Bahnhof beim nördlichen Ortsende. Nur wenige Züge halten: Mo–Sa 7 x, So 4 x tgl. nach San Remo/Ventimiglia und Albenga.
Bus: alle 20 Min. nach Alassio/Finale Ligure/Savona sowie Andora; dort Anschluss nach Imperia.

Alassio ▶ D 5

Der Überlieferung nach wurde Alassio im 6. Jh. von Mailändern gegründet, die vor dem Ansturm des germanischen Volksstamms der Langobarden nach Ligurien auswichen. Heute gibt es in Alassio kein Ausweichen vor den Germanen: Im Sommerhalbjahr ist der wichtigste Badeort der Riviera di Ponente (11 500 Einw.) zum guten Teil in deutscher Hand. Man erhält problemlos »Kännchen deutscher Kaffee«, deutsches Bier sowieso, und die Länderspiele mit deutscher Beteiligung werden live auf großer Leinwand übertragen. Nach der Legende hat selbst der Ortsname mit den Germanen zu tun: Er leite sich angeblich ab von Adelasia, einer Tochter des sächsischen Kaisers Otto I. Sie sei mit ihrem Geliebten vor dem Zorn des Vaters hierher geflohen, bis der Kaiser ihr schließlich verzieh.

Im Hochsommer herrscht in Alassio viel Rummel, angenehmer sind Vor- und Nachsaison. Der Touristenandrang hat seine guten Gründe: Die geschützte Lage des Ortes an der weiten Bucht Baia del Sole am Fuße eines Vorgebirges ist optimal, der feine Sandstrand immerhin 3 km lang, das Klima besonders mild. Dazu kommen Diskotheken, Geschäfte, zahllose Restaurants und in der Saison ein relativ großes Unterhaltungsangebot. Schon Ende des 19. Jh. ›entdeckten‹ englische Touristen das damalige Fischerdorf. Seither hat sich Alassio zur Stadt entwickelt, aber das alte dörfliche Zentrum mit der lang gestreckten Hauptgasse ist noch gut erhalten. Viele Häuser stehen direkt am Strand und beherbergen heute Hotels und Restaurants. Drumherum ist die weniger reizvolle, verkehrsgeplagte Neustadt gewachsen, aber am Meer und in den angrenzenden Gassen vergisst man sie schnell.

Stadtrundgang

Die Sehenswürdigkeiten sind dünn gesät. Reizvoll ist der Bummel auf der Uferpromenade Passeggiata Italia und auf dem von den Einheimischen nur *Budello* (Schlauch) genannten Straßenzug Via XX Settembre/Via Vittorio Veneto, der parallel zum Meer an jahrhundertealten Häusern und zahlreichen Geschäften vorbeiführt. Am nordöstlichen Rand der Altstadt steht der Wachtturm **Torrione della Coscia** [1] aus dem 16. Jh. Die **Kirche Sant'Ambrogio** [2] (1507) an der Via G. Bosco hat ein schönes Renaissanceportal und einen prunkvollen barocken Innenraum mit farbigen Deckengemälden. Auf dem **Muretto** [3], einem ›Mäuerchen‹ in der Via Dante beim Bahnhof, sind die Namenszüge zahlloser prominenter Alassio-Gäste auf Keramikfliesen gefasst, von den glorreichen alten Zeiten mit Ernest Hemingway, Louis Armstrong, Zarah Leander, Anita Ekberg und Jean Cocteau in scharfem Abstieg zur Gegenwart, die nur durch Sternchen wie den Talkmaster Mike Bongiorno oder Skistar Alberto Tomba repräsentiert wird.

Sehenswert
1 Torrione della Coscia
2 Kirche Sant'Ambrogio
3 Muretto
4 Kirche Santa Croce

Übernachten
1 Savoia
2 Milano
3 Ambra

Ein Spaziergang von etwa 45 Min. führt am nordöstlichen Ortsrand über die steil ansteigende Strada Romana zum Kirchlein **Santa Croce** 4, das sich in schöner Panoramalage auf dem gleichnamigen Kap erhebt. Apsis und Nordwand stammen noch aus dem 11. Jh., die restlichen Bauteile wurden im 16. Jh. erneuert.

Übernachten

Kühle Ästhetik – **Savoia** 1: Via Milano 14, Tel. 01 82 64 02 77, www.savoiahotel.it, DZ ca. 140–200 €, abhängig von Standard und Saison, Zimmer mit Balkon und Meerblick sind am teuersten, in der Hauptsaison HP obligatorisch. Komfortables, modern durchgestyltes Haus am Meer, über die Einrichtung ließe sich lange diskutieren …

Am Wasser – **Milano** 2: Piazza Airaldi Durante 11, Tel. 01 82 64 05 97, www.hotelmilanoalassio.com, DZ/F 115–135 €. Angenehme Unterkunft in optimaler Lage zentrumsnah am Strand, die meisten Zimmer mit Balkon, aber alle mit Meerblick.

Sympathisch – **Ambra** 3: Via Garibaldi 123, Tel. 01 82 64 06 26, www.hotelambra.it, DZ/F um 80 €, in der Saison nur HP 90–130 € für 2 Pers. im DZ. Eine hundertjährige Villa am Ortsrand, familiäre Atmosphäre, geräumige ordentliche Zimmer, kleiner Garten.

Mittendrin – **Italia** 4: Via XX Settembre 126, Tel. 01 82 64 41 08, www.hotelitaliaalassio.it, DZ/F je nach Saison 80–120 €. Freundliches kleines Stadthotel in einem Altbau von 1700 an der lebhaften Hauptgasse, ansprechend eingerichtete, allerdings z. T. recht kleine Zimmer, sieben von elf haben Meerblick.

Frische Brise – **Fanny** 5: Vico Cantiere 9, Tel. 01 82 64 25 06, hotel.fanny@katamail.com, DZ/F um 75 €. Ordentlich geführte, schlichte Unterkunft direkt am Meer, einige Zimmer mit Balkon zur Seeseite hin.

Camping – **Monti e Mare** 6: Via Giancardi 47, Tel. 01 82 64 30 36, www.campingmontiemare.it. In großem, bewaldetem Terrassengelände über der Küste, ca. 4 km nördlich von Alassio an der Straße nach Albenga, eigener kleiner Kies- und Felsstrand.

Alassio

- 4 Balzola
- 5 Giacomel

Einkaufen
- 1 Wochenmarkt

Aktiv & Kreativ
- 1 Whalewatching

Abends & Nachts
- 1 Bar Hollywood Alassio
- 2 Victorian Pub
- 3 Le Vele

- 4 Italia
- 5 Fanny
- 6 Camping Monti e Mare

Essen & Trinken
- 1 Sail Inn
- 2 Osteria Mezzaluna
- 3 Osteria dei Matetti

Essen & Trinken

Fisch vom Feinsten – **Sail Inn** 1: Via Brennero 38, Tel. 01 82 64 02 32, Mo geschl., Menu Riviera (vier Gänge inkl. ¼ l Wein, ½ l Wasser) 22 €, à la carte um 35 €. Das atmosphärisch etwas unterkühlte Restaurant bietet klassische Fischküche in bester Qualität, daneben aber auch viele kreativ komponierte, fein zusammengestellte Speisen.

Lockeres Ambiente – **Osteria Mezzaluna** 2: Vico Berno 6, Tel. 01 82 64 03 87, Mo–Fr nur abends geöffnet, im Sommer Mo geschl., Hauptgerichte 10–16 €, kleine Speisen ab 5 €. Eines der beliebtesten Lokale der Stadt, es gibt ausgezeichnete kleine Gerichte (Nudeln, Crostini, Bruschette, Carpaccio), gute Weine und Livemusik – die Stimmung ist hervorragend!

Konsequent ligurisch – **Osteria dei Matetti** 3: Viale Hanbury 132, Tel. 01 82 64 66 80, Mo geschl., Hauptgerichte 7–10 €. Gute Küche mit ausschließlich regionaltypischen Gerichten (Gemüsetorte, Farinata, Pestonudeln, geschmorter Oktopus) in ungezwungenem Osteria-Ambiente, an den Wänden hängen alte Fotos von Schulkindern (ital.: *mattetti*).

Süßes – **Balzola** 4: Piazza Matteotti 26. Altmodisches Plüschcafé mit hervorragender Auswahl an Kuchen, Eis, Pralinen, Schokoladen. **Giacomel** 5: Via Mazzini 65. Die Caffè-Gelateria mit über 100-jähriger Tradition bietet Raritäten an wie das originelle Basilikum-Eis.

Einkaufen

Märkte – **Großer Wochenmarkt** 1: am Sa (vormittags) auf der Via Pera beim Parco San Rocco.

Aktiv & Kreativ

Baden – Ausgedehnte Sandstrände, wegen der flachen Ufer für Kinder besonders geeignet.

Schiffsausflug – **Whalewatching** 1: Mitte Juni–Mitte Sept. fährt Di gegen 12.30 Uhr von der Hafenmole im Zentrum (Molo Bestoso) ein Schiff zur Walbeobachtung hinaus aufs Meer;

Von Imperia nach Albenga

Juli/Aug. auch Do gegen 11.30 Uhr, Voranmeldung notwendig, Tel. 0 10 26 57 12, www.whalewatchliguria.it.

Abends & Nachts

Im Sommer ist nachts in Alassio einiges los, schon zur Passeggiata, dem frühabendlichen Ritual des Sehens und Gesehenwerdens schieben sich die Massen durch den Budello, bis weit nach Mitternacht reist der Strom nicht ab.
Bars und Pubs – Im alten Zentrum gibt es zahlreiche Musikclubs und Pubs. Besonders ›in‹ sind die **Bar Hollywood Alassio** 1, Via Vittorio Veneto 143, und der **Victorian Pub** 2 in der Via Cavour.
Disco – **Le Vele** 3: Via Giancardi 46, Tel. 01 82 47 01 62, Mai–Sept. In der Open-Air-Disco tanzt man direkt am Meer.

Infos & Termine

Infos
IAT: Via G. Mazzini 68, Tel. 01 82 64 70 27, www.inforiviera.it.

Termine
Feuerwerk: am Abend des 15. Aug. Großes pyrotechnisches Spektakel.

Verkehr
Bahn: Bahnhof mit Gepäckaufbewahrung. Gute Verbindungen entlang der Küste. Intercity über Genua nach Mailand (6 x tgl.) sowie über La Spezia/Pisa nach Rom (1 x tgl. morgens). Häufig Regionalzüge nach Imperia, San Remo, Bordighera, Ventimiglia sowie Albenga, Finale Ligure, Genua.
Bus: Ab Piazza Libertà alle 20 Min. in Richtung Albenga/Finale Ligure/Savona sowie Andora (dort Anschluss an Imperia/San Remo).

Albenga ! ▶ D 5

Albenga (22 500 Einw.) gehört zu den historisch bedeutendsten Städten der Riviera. Das gut erhaltene mittelalterliche Zentrum zeugt von den großen Zeiten im 11.–13. Jh., als Kaufleute und Handwerker eine unabhängige Stadtrepublik errichteten. Heute lebt der Ort hauptsächlich vom Handel mit Gemüse, Obst und Blumen aus der fruchtbaren Mündungsebene des Flusses Centa. Der Tourismus macht sich – im Gegensatz zu den benachbarten Badeorten Alassio und Loano – wenig bemerkbar. Das Strandleben spielt keine wesentliche Rolle; nach Albenga fährt man eher wegen der intakten Altstadt und ihrer Kunstwerke.

Stadtgeschichte

Der ligurische Stamm der Ingauner besiedelte vor etwa 2500 Jahren den Hügel südlich des heutigen Zentrums. 181 v. Chr. unterwarfen die Römer Albium Ingaunum und gründeten im 1. Jh. v. Chr. in der Ebene die neue Stadt Albingaunum. Ab dem 11. Jh. erlebte Albenga eine Blütezeit. Handel und Handwerk florierten, als *libero comune* (freie Gemeinde) verbündete sich die Stadt mit Pisa und den deutschen Kaisern sogar gegen das mächtige Genua. Das konnte nicht gutgehen: Nach dem Tod des Stauferherrschers Friedrich II. verlor Albenga 1251 seine Unabhängigkeit; es wurde nun von den Genuesen kontrolliert. Die Pest von 1348 und vor allem die Verlagerung des Centa führten nach dem politischen auch zum wirtschaftlichen Niedergang: Weil Schwemmlandablagerungen die Mündung verstopften, wechselte der Fluss seinen Lauf. Dadurch verlandete der Hafen, und es

Albenga

kam zu häufigen Überschwemmungen. Albenga musste auf den Seehandel verzichten und lebte ab dem 14. Jh. als Provinzstädtchen hauptsächlich von der Landwirtschaft.

Das historische Ambiente des *centro storico* blieb geschlossen erhalten. Um den zentralen Domplatz zieht sich ein rechtwinkliges Straßennetz, das noch auf die römische Stadtgründung zurückgeht. Es gibt angenehme Cafés, hübsche Lebensmittel- und Antiquitätenläden, und in den Altstadtgassen kann man gelegentlich Handwerkern bei der Arbeit zuschauen. Den stärksten architektonischen Akzent setzen die Geschlechtertürme. Solche Prestige- und Verteidigungsbauten der mächtigen Familien standen im Mittelalter in vielen italienischen Städten. Nur an wenigen Orten blieben sie erhalten. In Albenga erhebt sich noch etwa ein Dutzend dieser Bauten; sie geben dem Stadtbild seinen besonderen Reiz.

Stadtrundgang

Kathedrale
Mittelpunkt der Altstadt ist die Piazza San Michele mit den repräsentativen mittelalterlichen Bauten. Die Kathedrale entstand ab dem 11. Jh. an gleicher Stelle und in denselben Maßen wie ein frühchristlicher Vorgängerbau des 5. Jh. Sie weist Elemente aus zahlreichen Epochen auf. Die Skulpturen über dem Hauptportal sind romanisch, das Portal selbst ist barock, der Glockenturm spätgotisch. Im Innenraum erkennt man unter dem Chor Reste einer Krypta aus dem 9. Jh.

Palazzio Vecchio del Comune
Neben der Kathedrale steht das ehemalige Rathaus, der Palazzo Vecchio del Comune. Der Bau aus dem 14. Jh. öffnet sich im Erdgeschoss mit der Loggia Comunale zur Straße hin. Die 60 m hohe Torre del Comune, der Rathausturm, war ursprünglich der Privatbau einer Adelsfamilie; er ist der höchste Geschlechterturm der Stadt. Im Rathaus befindet sich das **Städtische Museum** mit Funden aus prähistorischer und römischer Zeit (Civico Museo Ingauno, Di–So 10–12.30, 14.30–18 Uhr; 15. Juni–15. Sept. Di–So 9.30–12.30, 15.30–19.30 Uhr, Eintritt 3 € mit Besichtigung des Baptisteriums).

Baptisterium
Das frühchristliche Baptisterium neben der Kathedrale ist das kunstgeschichtlich bedeutendste Bauwerk Albengas. Es stammt vermutlich aus dem 5. Jh. Man betritt die außen zehn- und innen achteckige Taufkirche durch die Loggia Comunale. Antike Säulen aus korsischem Granit formen einen Umgang um das Taufbecken unter der Kuppel. Ein schönes Mosaik aus dem 5. Jh. zeigt das Christusmonogramm zwischen drei konzentrischen Kreisen – sie stehen für die Dreifaltigkeit – sowie 12 Tauben (die Apostel) und zwei Lämmer, die sich auf ein Gemmenkreuz zubewegen. Ein romanisches Fresko stellt die Taufe Christi dar. Am Außenbau finden sich schön verzierte Fenster aus dem 8. Jh. Das Baptisterium ist eines der ältesten Gotteshäuser Liguriens; mit seinen schlichten, eindrucksvollen Formen, dem Mosaik und der vielfältigen Dekoration gehört es zu den großen Kunstwerken der Riviera (Besichtigung über das Städtisches Museum gegenüber).

Weitere historische Bauten
An der Rückseite der Kathedrale gelangt man zur **Piazzetta dei Leoni,** einem stimmungsvollen Ensemble mit der Apsis der Kirche, mittelalterlichen Häusern, dem Geschlechterturm Torre

Von Imperia nach Albenga

Costa und drei steinernen Renaissancelöwen, nach denen der Platz seinen Namen trägt. Haus Nr. 1, der **Palazzo Costa del Carretto di Balestrino,** ist der heutige Bischofssitz; früher befand sich hier der Markt der Schuster.

Durch die Via Lengueglia gelangt man zur Via delle Medaglie d'Oro, einer der Hauptstraßen des römischen Albenga. Sie führt an beiden Enden zu alten Stadttoren. An der Straße erheben sich zahlreiche mittelalterliche Häuser und Türme; besonders bemerkenswert ist der schiefe Turm **Torre Cepolla** (bei Haus Nr. 25). Bei der Einmündung der Via Bernardo Ricci befand sich das antike Forum. Auch an der Via Ricci stehen viele historische Bauten (z. B. Nr. 2, 6, 16). Sie führt zurück zum Domplatz. Unterwegs passiert man – links vom Baptisterium – den früheren Bischofspalast **Palazzo Vescovile** mit dem **Diözesanmuseum**. Es besitzt religiöse Kunstwerke: frühchristliche Inschriften, Sarkophage, Gemälde, liturgisches Gerät, Wandteppiche (Museo Diocesano, geöffnet wie Städtisches Museum, Eintritt 3 €).

Museo Navale Romano

Das **Römische Schifffahrtsmuseum** an der Piazza San Michele verdankt seine Existenz einem Schiffbruch. Es zeigt die Reste eines antiken Frachters, der 1950 und 1962 vor der Küste in 50 m Tiefe geborgen wurde. Man fand dabei mehr als 1000 Weinamphoren – offenbar handelte es sich um einen ›Weintanker‹ (geöffnet wie Städtisches Museum, Eintritt 3 €).

Fortino und Pontelungo

Außerhalb des alten Ortskerns bietet Albenga wenig Reizvolles. Die Vororte wirken anonym, die Umgebung ist stark zersiedelt. Etwas außerhalb der Altstadt steht das **Fortino,** eine kleine Festungsanlage des 16. Jh., die sich ursprünglich direkt am Meer befand, heute jedoch weit von der Küstenlinie entfernt liegt. Vom nördlichen Stadttor gelangt man über den Viale Pontelungo in 10 Min. zu Fuß zum **Pontelungo,** einer großen mittelalterlichen Brücke über den früheren Flusslauf des Centa.

Übernachten

Die 15 Hotels Albengas liegen im Strandviertel, im Zentrum gibt es nur einige wenige Privatvermieter.
Gemütlich – **Artemisia:** Via Ernesto Rolando Ricci 12 (bei Piazza San Francesco), Tel. 38 99 91 40 76, www.artemisiaalbenga.com, DZ/F 70–80 €. Liebevoll eingerichtes B & B in der Altstadt unter sympathischer Leitung, nur drei Zimmer, unbedingt reservieren!
Meerblick – **Sole Mare:** Lungomare Colombo 15, Tel. 0 18 25 18 17, www.albergosolemare, DZ/F je nach Saison 85–110 €. Gute Lage am Meer, hübsche Einrichtung, viele Zimmer mit Balkon.
Beliebt – **Villa Rosa:** Lungomare Colombo 1, Tel. 0 18 25 05 29, hotelvillarosa@libero.it, DZ 50–60 €, in der Hochsaison 80 €. Einfaches Neubauhotel am Ufer, sauber und freundlich geführt, oft ausgebucht.

Essen & Trinken

Günstig – **Al Vecchio Mulino:** Via Torlaro 13, Tel. 0 18 25 36 32, Do geschl., Festpreismenü 13,50 € ink. ¼ l Wein, ½ l Acqua, drei Gänge à la carte um 20 €, Pizza ab 5 €. Hier gibt es knusprige Holzofenpizza, die ligurische Spezialität Farinata, aber auch viele andere Speisen zu günstigen Preisen; im Sommer Tische im Freien.
Puppenstube – **Puppo:** Via Torlaro 20, Tel. 0 18 25 18 53, Mo ganztags, So mit-

Albenga

Die Geschlechtertürme verleihen dem Stadtbild Albengas einen besonderen Reiz

tags geschl., Hauptgerichte ab 8 €. Kleines dunkles Altstadtlokal, sehr beliebt wegen seiner guten Farinata, die nach uralten Rezepten zubereitet wird, auch Pizza aber keine Pasta, kleine Speisekarte.

Einkaufen

Enoteca – **Del Vascello:** Via Gian Maria Oddo 16. Große Auswahl an Wein und Grappa.
Märkte – **Großer Wochenmarkt:** Mi vormittags auf der Via Dalmazia ca. fünf Gehminuten nordöstlich der Altstadt; Lebensmittel, Kleidung, Haushaltswaren.

Aktiv & Kreativ

Baden – Mittelmäßige Sand- und Kiesstrände; nahe der Flussmündung des Centa ist die Wasserqualität nicht immer optimal.

Wandern – **Via Julia Augusta:** Auf dem »Itinerario Archeologico«, der weitgehend der antiken Via Julia Augusta folgt, gelangt man in zwei Stunden von Albenga zur Kirche Santa Croce bei Alassio (s. S. 138). Der Weg hoch über dem Meer passiert mehrere römische Ruinen. Einstieg: Über die Centa-Brücke in die Via Ruffini, dann rechts in Via San Calogero, von dieser links in die Salita Madonna di Fatima, dann die zweite Straße links nehmen; ab hier markiert. Eine Kartenskizze erhält man beim Touristenbüro.

Infos & Termine

Infos
IAT: Piazza del Popolo, Tel. 01 82 55 84 44, albenga@inforiviera.it, Di–Sa 9–12.30, 15.30–19 Uhr, So 9–12.30 Uhr.

Termine
Festa di San Michele: 29. Sept. Großes Ortsfest zu Ehren des Stadtpatrons.

Von Imperia nach Albenga

Verkehr

Bahn: Bahnhof 750 m südöstlich der Altstadt. Intercity nach Genua/Mailand (6 x tgl.) und La Spezia/Pisa/Rom (1 x tgl. morgens). Häufig Regionalzug nach Imperia/San Remo und Loano/Finale Ligure/Genua.

Bus: Haupthalt an der Piazza del Popolo. Alle 20–30 Min. nach Finale Ligure/Savona sowie Alassio/Andora (Anschluss nach Imperia). Ab Bahnhof über die Piazza del Popolo ins Hinterland nach Pieve di Teco (Mo–Sa 6 x, So 4 x tgl.), Cisano sul Neva (Mo–Sa 7 x, So 2 x), Zuccarello/Castelvecchio di Rocca Barbena (Mo–Sa 4 x, So 1 x), Castelbianco/Caprauna (Mo–Sa 2–3 x, So 1 x tgl.).

Isola Gallinara ▶ D 5

Vor Albenga liegt die private Isola Gallinara. Wegen ihrer seltenen Flora steht sie unter Naturschutz und ist für Besucher gesperrt. Im Sommer führen Schiffsausflüge von Albenga, Loano und Alassio um die kleine Insel herum. An der Ostseite fallen die Felsen steil zum Meer hin ab; hier befinden sich zahlreiche Grotten. In einer von ihnen lebte der Überlieferung nach zwischen 356 und 360 der hl. Martin von Tours. Später entstand auf der Insel ein mächtiges Benediktinerkloster. Seine Überreste – heute Teil einer Villa –, die Wehrtürme aus dem 16. Jh. und eine neugotische Kirche sind auch von fern zu erkennen.

Im Hinterland von Albenga

Von der weiten, wirtschaftlich intensiv genutzten Ebene um Albenga gelangt man in kurzer Zeit in die Flusstäler der Neva, Pennavaira und Arroscia. Sie bilden einen starken Kontrast zur verstädterten Küste. Hier findet man die landschaftliche Harmonie wieder, die in der unmittelbaren Umgebung Albengas unwiderruflich verloren ging: silbern glänzende Olivenhaine und sattgrüne Bergweiden, mittelalterliche Dörfer und verstreute Anwesen, Wälder und Schluchten, und unterwegs immer wieder großartige Fernblicke.

Neva-Tal ▶ D 5

Über Cisano sul Neva nach Zuccarello

Im Neva-Tal erreicht man zunächst **Cisano sul Neva** mit einem kleinen alten Ortskern direkt am tief in den Felsen geschnittenen Fluss. Im Nachbarort **Conscente** steht eine Burg aus dem 16. Jh. Gleich darauf zweigt die Straße ins einsame Pennavaira-Tal ab (s. u.). Die Hauptstrecke führt im Neva-Tal weiter nach **Zuccarello**. Der Ort wurde im 13. Jh. von der Adelsfamilie Clavesana zur befestigten Ansiedlung ausgebaut; seine mittelalterliche Anlage ist noch gut erhalten. Die reizvolle Hauptgasse Via Tornatore ist durchgehend von Arkaden gesäumt. Die Pfarrkirche stammt aus dem 17. Jh., der Glockenturm ist noch romanisch. Ein steiler Fußweg führt zu den Ruinen der Burg, von der man eine schöne Aussicht aufs Tal genießt.

Castelvecchio di Rocca Barbena

Einer der schönsten Orte im Hinterland von Albenga ist talaufwärts Castelvecchio di Rocca Barbena. Das verwinkelte alte Dorf mit engen Gassen, Torbögen und Treppenwegen duckt sich unter einer weiteren Burganlage der Clavesana, die im Mittelalter von Castelvecchio aus nicht nur über das Neva-Tal, sondern weite Teile Westliguriens herrschten. Im zeitweise völlig verlassenen Ort leben heute stadtmüde Neusiedler, die die alten Häuser liebevoll restauriert haben.

Essen & Trinken

Beliebt – **Bar Sport:** Cisano sul Neva, Piazza G. Gallo, Tel. 01 82 59 53 23, Mo (abends) geschl., Mittagsmenü um die 15 €, abends ab ca. 18 €. In der einfachen Trattoria herrscht meist eine sehr lebendige Stimmung, am Wochenende gibt es kaum freie Plätze; die traditionellen ligurischen Gerichte sind von bester Qualität.

Infos

Bus: siehe unter Albenga S. 144.

Pennavaira-Tal ▶ D 5

Der Ausflug von **Cisano sul Neva** (s. o.) ins Val Pennavaira lohnt vor allem wegen der schönen und einsamen Natur. Steile Kalksteinwände erheben sich über dem grünen Flusstal, geologisch ist man hier schon in den Kalkalpen. Aber auch aus kulinarischen Gründen empfiehlt sich ein Abstecher: In Castelbianco kann man vorzüglich speisen.

Das kleine **Coletta,** einer der vier Ortsteile von **Castelbianco,** ist als modellhaftes »Internetdorf« überregional bekannt geworden. In den perfekt restaurierten alten Steinhäusern entfalten mithilfe bestens ausgebauter moderner Telekommunikation erfolgreiche Freiberufler ihre geschäftlichen Aktivitäten. Traditionelles italienisches Dorfleben gibt es nicht mehr, aber die Ästhetik stimmt. Die unverputzten kubischen Häuser repräsentieren einen heute weitgehend verschwundenen mittelalterlichen Bautyp des ligurischen Hinterlands.

Übernachten, Essen

Im grünen Tal – **Scola:** Castelbianco, Via Pennavaira 166, Tel. 018 27 70 15, www.scolarist.it, DZ/F ca. 70 €. Angenehme, gepflegte Unterkunft, freundliche Wirte. Das angeschlossene Lokal überrascht mit einer gehobenen Küche, besonders gut sind die originellen Antipasti (Di abends u. Mi geschl., Degustationsmenü (vier Gänge) 38 €, à la carte um 35 €).

Aktiv & Kreativ

Steile Wände – **Felsklettern:** Das Pennavaira-Tal entwickelt sich neben dem Finalese (s. S. 160) zu einer ersten Adresse für Freeclimber aus ganz Europa; diverse Routen in allen Schwierigkeitsstufen; Infos unter www.stadler-markus.de.

Arroscia-Tal ▶ C/D 5

Pieve di Teco

Aus dem Pennavaira-Tal gelangt auf wunderschöner Strecke durch einsame Berglandschaft über Caprauna- und Nava-Pass nach Pieve di Teco im oberen Arroscia-Tal (s. Entdeckungstour Ligurische Alpen S. 113). Die Kleinstadt hat ein hübsches altes Zentrum. Den Mittelpunkt des *centro storico* bildet die von mittelalterlichen Bogengängen gesäumte Hauptstraße Corso Ponzoni. Hier spielt sich alles Leben ab, Bars und kleine Geschäfte reihen sich aneinander. Die um 1800 erbaute monumentale klassizistische Kirche San Giovanni Battista zeugt von der einstigen Bedeutung des Ortes, der am Schnitt-

Von Imperia nach Albenga

punkt mehrerer Salzstraßen ins Piemont lag. Nebenan erstrahlt das aufwendig renovierte Teatro Sabatini von 1834 in neuem Glanz, am Wochenende ist der winzige Theatersaal mit seinen 106 Zuschauerplätzen zu besichtigen.

Von Borghetto d'Arroscia nach Albenga

Talabwärts erreicht man bald **Borghetto d'Arroscia**. Kurz hinter dem Dorf steht rechts an der Straße die Kirche San Pantaleo (11.–15. Jh.), ihre Vorhalle ist mit Fresken ausgemalt. Sie stammen aus der Künstlerwerkstatt des Pietro Guido aus Ranzo, die in der ersten Hälfte des 16. Jh. mehrere Kirchen im Tal im Stil der Frührenaissance ausschmückte.

Ab Borghetto d'Arroscia empfiehlt sich der Umweg über eine kurvige Bergstraße, die durch schöne Weiler und Dörfer führt und herrliche Panoramen bietet – vor allem bei guter Fernsicht ein Genuss! Man biegt in Borghetto nach links und fährt 7 km bergauf über **Gazzo** nach **Aquila d'Arroscia**. Von hier führt die Route am Südhang des Castell'Ermo (1092 m) entlang – ein fantastischer Aussichtsberg mit schroffen Felsabbrüchen, der sich ab **Onzo** in ca. vier Stunden besteigen lässt. Über **Vendone** und **Arnasco** gelangt man schließlich kurz vor Albenga wieder ins Tal. In den Dörfern spielen Oliven- und Gemüsekulturen eine wichtige Rolle; mehrfach findet man am Wege kleine Ölmühlen, die vielfach noch in Familienbesitz sind.

Übernachten

Zeitreise – **Albergo dell'Angelo:** Pieve di Teco, Piazza Carenzi 11, Tel. 0 18 33 62 40, DZ ab 60 €, Frühstück 5 €. Das seit 1796 bestehende Hotel, vielleicht das älteste Liguriens, hat ohne größere Umbauten die Zeiten überdauert. Einige Zimmer sind noch mit dem alten Mobiliar ausgestattet. Freundlicher Service, ordentlicher Komfort, alle Zimmer mit eigenem Bad, ruhige Lage am Westrand der Altstadt.

Zur Sonne – **Al Sole:** Aquila d'Arroscia, Ortsteil Salino, Via Salino 4, Tel. 01 83 38 20 93, www.albergoalsole.it, DZ/F 50–60 €, HP 35–45 € pro Person im DZ. Hoch über dem Tal gelegenes Hotel

Im Hinterland von Albenga

mit einfach eingerichteten Zimmern, fast alle haben einen Balkon zur Südseite hin, freundlicher Service, mit gutem Restaurant.

Essen & Trinken

Antipasti-Kreationen – **La Baita:** Gazzo d'Arroscia, Tel. 01 83 31 083, außer Sa/So nur auf Vorbestellung geöffnet. Das vorzügliche ländliche Lokal ist vor allem für seine fast endlose Folge von Antipasti und seine Pilzgerichte bekannt, neben dem Degustationsmenü mit 13 Gängen zu 40 € gibt es für kleine Mägen auch ein normales Dreigangmenü zu 26 € (jeweils inkl. Getränke).

Günstig und gut – **Al Sole:** außerhalb der Hochsaison am Di geschl. Das beliebte Hotelrestaurant in Aquila d'Arroscia, Ortsteil Salino (s. o.) bietet regionale Küche bei optimalem Preis-

Castelvecchio di Rocca Barbena im Hinterland von Albenga

Leistungs-Verhältnis. Für ganze 25 € wird ein reichhaltiges Menü mit acht kleinen Vorspeisen, mehreren Nudel- und Hauptgerichten, Dessert, Café, Wasser und Wein geboten. Auch die Qualität stimmt.

Einkaufen

Olivenöl – **Renzo Bronda:** Vendone, Ortsteil Cantone Nr. 9 (an der Straße zwischen Aquila d'Arroscia und Arnasco), Tel. 0 18 27 62 53. Öl aus biologischem Anbau, eingelegte Pilze, Tomaten und Artischocken. Außerdem zahlreiche andere Ölmühlen *(frantoi)* an der Straße.

Infos

Bus: Von Pieve di Teco nach Albenga Mo–Sa 6 x, So 4 x tgl., Fahrzeit 60 Min. von Aquila d'Arroscia/Gazzo über Ranzo (Umstieg) nach Pieve di Teco und Albenga Mo–Sa 3 x tgl.

Zwischen Albenga und Finale Ligure

Ceriale, Loano und Pietra Ligure ▶ D/E 4/5

Der Küstenabschnitt nördlich von Albenga ist ziemlich unschön. Selbst der gewöhnlich betont nüchterne Führer des Touring Club Italiano bemerkt, die Ufer seien stellenweise ›abartig‹ zersiedelt. In **Ceriale** findet man immerhin einen hübschen Ortskern mit freundlicher Atmosphäre. Am Hauptplatz Piazza della Vittoria, der sich zum Meer hin öffnet, steht ein Wehrturm von 1564.

Das größere und stark auf den sommerlichen Badetourismus ausgerichtete **Loano** (11 200 Einw.) hat lange Strände und ein großes Hotelangebot. Das hübscheste Bauwerk im kleinen *centro storico* ist der barocke Uhrturm mit dem Stadtwappen. Im ersten Stock des Rathauses an der Piazza Italia kann man ein römisches Fußbodenmosaik aus dem 3. Jh. bewundern.

Der ebenfalls beliebte Badeort **Pietra Ligure** (9500 Einw.) ist im Zentrum breiter und regelmäßiger angelegt als die anderen Küstenorte der Ponente. Mittelpunkt der Altstadt ist die weiträumige Piazza bei der monumentalen Pfarrkirche San Nicolò di Bari. Der vollständig ausgemalte, groß dimensionierte Innenraum zeigt dunklen Spätbarock.

Übernachten

Mit Garten – **Iris:** Loano, Viale Martiri della Libertà 14, Tel. 0 19 66 92 00, www.hotelvillairis.it, 45–68 € p. P. im DZ. Gut geführtes Haus in einem schönen Park unter alten Bäumen, aber leider direkt an der Bahnlinie, Halbpension obligatorisch.

Strandnah – **Milano:** Loano, Corso Europa 17, Tel. 0 19 66 83 89, www.milanoalbergo.com, DZ/F um 55 €, im Sommer bis 90 €. Gepflegte Unterkunft am Altstadtrand, mit etwas Straßenlärm, etwas nüchterne Einrichtung, 50 m zum Strand.

Aktiv & Kreativ

Baden – Lange Sand- und Kiesstrände in Loano und Pietra Ligure.
Wale und Delfine – **Schiffsausflug:** Juli–Anfang Sept. fährt Do gegen 11 Uhr ein Schiff von Loano aus zur Walbeobachtung hinaus aufs Meer. Die

Fahrt dauert rund 5 Std. und kostet 32 € p. P. (Kinder 20 €). Voranmeldung notwendig, Tel. 0 10 26 57 12, www.whalewatchliguria.it.

Infos & Termine

Infos
IAT: Loano, Corso Europa 19, Tel. 0 19 67 60 07, loano@inforiviera.it.

Termine
Sbarco dei Turchi Ceriale: am 1. Wochenende im Juli wird der Sarazenenüberfall von 1657 nachgespielt.

Verkehr
Bahn: Ab Loano und Pietra Ligure häufig Regionalzüge entlang der Küste nach Imperia/San Remo/Ventimiglia und Finale Ligure/Savona/Genua. In Ceriale halten werktags acht, So fünf Züge.
Bus: Halbstündlich auf der Küstenstrecke Finale Ligure–Albenga–Alassio–Andora.

Balestrino und die Grotten von Toirano ▶ D 5

Das Hinterland von Loano bietet jenseits der Autobahn abwechslungsreiche Landschaften mit grünen Flusstälern, steilen Kalkfelsen und ausgedehnten Laubwäldern in den Hochlagen um den Monte Carmo (1389 m).

Toirano am Varatella-Fluss besitzt noch ein verwinkeltes altes Ortszentrum um die reich geschmückte Barockkirche San Martino. Die rechte Seite des Kirchenschiffes schmückt ein schönes Madonnenbild der Frührenaissance.

In **Balestrino** steht ein gut erhaltenes, noch immer von der Adelsfamilie Del Carretto bewohntes Schloss aus dem 16. Jh. Das alte Zentrum unterhalb der Burg liegt in Ruinen; es wurde nach einem Erdrutsch in den 1950er-Jahren von seinen Bewohnern verlassen.

Von **Toirano** führt eine schöne kurvige Bergstraße durch Fels- und Schluchtlandschaften über den Pass Giogo di Toirano (807 m) nach **Calizzano** im oberen Bórmida-Tal. Gleich am Beginn dieser Strecke, kurz hinter Toirano, zweigt eine Straße ab zu den **Grotte di Toirano** (Hinweisschilder). Die ausgedehnten Höhlen sind auf geführten Rundgängen von ca. 70 Min. Dauer zugänglich. Neben interessanten Tropfsteinformationen, kleinen Grottenseen und korallenförmigen Steingebilden finden sich als besondere Attraktionen 12 000 Jahre alte menschliche Fußspuren sowie die Knochen der riesigen, aufgerichtet fast 3 m großen Höhlenbären (www.toiranogrotte.it, 9.30–12.30, 14–17, im Sommer bis 17.30 Uhr, Eintritt 10 €).

Essen & Trinken

Rustikal – **La Greppia:** Balestrino, Via Lucifredi 9, Tel. 01 82 98 80 20, Mo geschl. Angenehme Dorftrattoria, sehr reichhaltiges Menü mit vielen Vorspeisen 22 €.

Infos

Bus: Ab Loano (Piazza G. Valerga) fährt der Bus alternativ über Borghetto Santo Spirito oder Boissano nach Toirano (Mo–Sa 14 x, So 7 x tgl.). Über Toirano nach Balestrino (Mo–Sa 5 x, So 2 x), Calizzano (Mo–Sa 3 x, So 2 x) und zu den Grotte di Toirano (tgl. 2 x nachmittags, in der Sommersaison auch 1 x vormittags); Fahrplan im Internet: www.tpllinea.it (unter Albeganese, Linea 80).

Das Beste auf einen Blick

Von Finale Ligure nach Genua

Highlights !

Finale Ligure: Der beliebte Badeort bietet die richtige Mischung für einen abwechslungsreichen Urlaub am Meer: eine lebendige kleine Altstadt, gute Strände, und gleich am Stadtrand beginnt die unberührte Berglandschaft des Finalese. S. 153

Noli: Die kleine Stadt am Meer, im Mittelalter zeitweise eine freie Seerepublik, liegt in einer von grünen Bergen eingerahmten Strandbucht. Mittelalterliche Mauern und Stadttore umgeben ein eng gebautes historisches Zentrum mit malerischen Ecken und Winkeln. S. 165

Auf Entdeckungstour

Wandertour im Finalese: Im Hinterland von Finale Ligure erstreckt sich einsames Bergland. Über dem Dunkelgrün des Steineichenwaldes erheben sich steile, von Höhlen durchsetzte Kalkfelsen. Doch die Wandertour führt nicht nur in schöne Natur, sondern auch zu prähistorischen Kult- und Siedlungsplätzen sowie den antiken Brückenruinen der Via Julia Augusta. S. 162

Kultur & Sehenswertes

Perti: Im Hinterland von Finale Ligure trifft man inmitten mediterraner Natur auf interessante bauliche Relikte aus Mittelalter und Renaissance. S. 160

San Paragorio: Unverfälschte Romanik zeigt die mehr als tausend Jahre alte Kirche am Stadtrand von Noli. S. 166

Villa Farragiana in Albisola: Der vornehme Adelssitz des 17. Jh. verrät den vergangenen Glanz Genuas. S. 174

Aktiv & Kreativ

Moutainbike: Im Finalese verlaufen spannende Routen in allen Schwierigkeitsgraden, Räder können vor Ort entliehen werden. S. 160

Wandern: Das Naturschutzgebiet des Monte Beigua bietet lohnende Touren. S. 177

Genießen & Atmosphäre

Ristorante Da Casetta: Das kleine Dorfrestaurant am ruhigen Kirchplatz von Borgio bietet verfeinerte ligurische Landküche in gemütlichem Ambiente. S. 165

Osteria da Bacco: Die Osteria im Herzen Savonas verbindet uriges Ambiente und entspannte Atmosphäre mit guter traditionell-ligurischer Fischküche. S. 172

Abends & Nachts

Der Badetourismus an diesem Küstenabschnitt ist familiär geprägt. Selbst im Hochsommer ist das Nachtleben bescheiden, außerhalb der Saison ist es so gut wie nicht vorhanden.

Beliebte Badeufer

Zwischen der breiten Schwemmlandebene von Albenga und der Küste von Savona erstreckt sich der landschaftlich vielleicht schönste Abschnitt der Riviera di Ponente. Stellenweise fällt das Küstengebirge mit steilen Kalkfelsen zum Meer hin ab, darunter erstrecken sich mehrere gute Badestrände.

Die Kleinstadt Finale Ligure ist vor allem bei deutschsprachigen Gästen beliebt – aus gutem Grund, denn die Verbindung aus Strandleben, lockerer Atmosphäre und Landschaftseindrücken ist optimal. Das Hinterland des Finalese lädt zu Streifzügen durch unberührte mediterrane Natur ein. Das kleine Varigotti besitzt den besten Strand dieses Küstenabschnitts, Noli hat ein besonders gut erhaltenes historisches Zentrum.

Im Dunstkreis der modernen Provinzhauptstadt Savona endet dann die Idylle. Verkehrschneisen, Industrieanlagen und moderne Zweckbauten bestimmen hier das Bild. Die im Zweiten Weltkrieg weitgehend zerstörte lebendige Hafenstadt bietet einige kleinere Sehenswürdigkeiten, vor allem aber gute Gelegenheit, das italienische Alltagsleben zu studieren.

Infobox

Reisekarte: ▶ D–F 3/4

Internet
www.turismo.provincia.savona.it: Internetseite des Tourismusverbandes der Provinz Savona.

Verkehr
In der Saison ist die Küstenstraße oft verstopft, es empfiehlt sich dann, auf die gebührenpflichtige Autobahn auszuweichen.
In Savona und Finale Ligure halten **Intercity-Züge.** Östlich von Savona verkehren in dichtem Takt **Regionalzüge** über Varazze nach Genua. Zwischen Finale Ligure, Noli und Savona fährt halbstündlich ein **Bus** der Gesellschaft S.A.R (Fahrplan unter www.tpllinea.it).

Finale Ligure und Umgebung ! ▶ E 4

Östlich Savona folgen kleine Strandorte wie Albisola, Celle Ligure und Varazze, die vorwiegend von italienischen Badegästen aufgesucht werden. Sie besitzen noch ihr kleines verwinkeltes altes Ortzentrum um den *carrugio* (s. S. 53), an den Ortsrändern dominiert moderne Ferienarchitektur. Das Landschaftsbild beherrscht der parallel zur Küste aufragende Gebirgskamm um den Monte Beigua. Das als Parco Naturale del Beigua unter Schutz gestellte Gebiet bietet viel unberührte Natur.

Der Badeort (11 800 Einw.) ist ganz auf Feriengäste eingestellt, doch das hat der ›typisch‹ italienischen Atmosphäre nicht geschadet – im Gegenteil. Cafés, Läden, Bars und Trattorien werden von Einheimischen und Ausländern gemeinsam genutzt; die Urlauber scheinen ins Alltagsleben integriert – wohl

Der kleine Küstenort Varigotti kann mit einem herrlichen Strand aufwarten

Von Finale Ligure nach Genua

auch deswegen, weil es hier nicht ganz so voll wird wie in anderen Orten des Riviera-Tourismus. Denn bei etwa gleicher Einwohnerzahl ist die Bettenkapazität nur halb so groß wie in Alassio.

Finale Ligure besteht aus mehreren Ortsteilen. **Finale Marina** umfasst die Altstadt mit historischen Wohnhäusern, Palazzi, belebten Fußgängergassen und hübschen Plätzen, aber auch neuere Vororte, die ausgedehnte Uferpromenade und breite Strände. Hier befinden sich die meisten Hotels, Restaurants und Geschäfte. Am östlichen Ortsrand geht Finale Marina in das kleinere und ruhigere **Finalpia** über. Es liegt ebenfalls direkt am Meer, doch der Bade- und Urlaubsbetrieb ist weniger ausgeprägt als im Zentrum. 2 km landeinwärts stehen inmitten alter Wehrmauern die Häuser und Kirchen von **Finalborgo**, einem der besterhaltenen alten Orte Liguriens.

Der Name Finale leitet sich von *fines* (= Grenze) her. Das Kap am Südende der Bucht markierte in der Antike die Grenze zwischen den Ligurerstämmen der Sabater und der Ingauner. Größere Bedeutung erlangte Finale erst im Mittelalter unter den Markgrafen Del Carretto. Sie gründeten 1188 Finalborgo und machten es im 13. Jh. zu ihrer Hauptstadt. 1598 kam Finale an die spanische Krone. Es entwickelte sich zu einem wichtigen Handelszentrum, nach 1666 begünstigt durch die neu angelegte ›Strada Beretta‹, die durchs Gebirge zu den spanischen Besitzungen in der Lombardei führte. Ab 1709 gehörte die Stadt vier Jahre zu Österreich, anschließend zur Republik Genua.

Finale Marina

Der Hauptplatz von Finale Marina ist die große, zum Meer hin offene Piazza Vittorio Emanuele II. An der Seeseite erhebt sich der monumentale **Bogen der Margarethe von Österreich** [1]; er wurde 1666 zu Ehren der spanischen Königstochter errichtet, die auf dem Weg zur Vermählung mit Kaiser Leopold I. in Finale Station machte. Unter den Arkaden der Piazza findet man vielbesuchte Bar und Cafés.

Hübsche Geschäfte und schöne Palazzi (z. B. Nr. 3, 6, 14) prägen die zentrale Via Roma. Die große Pfarrkirche **San Giovanni Battista** [2] hat eine schwungvolle stuckverzierte Barock-Fassade. Der Hauptaltar ist mit Marmorintarsien ausgelegt, das Chorgestühl mit Holzeinlegearbeiten verziert. Oberhalb der Via Aurelia befinden sich am östlichen Ortsrand die Ruinen der Burg **Castelfranco** [3], die im 14. Jh. von den Genuesen errichtet wurde. Sie stand früher direkt am Meer, doch im Lauf der Jahrhunderte hat sich die Uferlinie verlagert.

Finalpia

Finalpia ist um die **Abtei Santa Maria di Pia** [4] herum gewachsen, die erstmals 1170 erwähnt wurde. Die Klosterkirche zeigt eine aufwendige Rokokofassade und einen reich geschmückten barocken Innenraum; vom mittelalterlichen Ursprungsbau blieb noch der Glockenturm erhalten. In den Renaissancekreuzgängen befinden sich farbige Terrakottareliefs (16. Jh.) der florentinischen Künstlerfamilie Della Robbia (nur unregelmäßig geöffnet).

Finalborgo

Finalborgo, die einstige Residenz der Markgrafen Del Carretto, wurde 1449 von den Genuesen zerstört und anschließend unter den Markgrafen neu aufgebaut. Das vorzüglich erhaltene

Finale Ligure und Umgebung

historische Stadtbild geht zum größten Teil auf das 15. Jh. zurück. In allen Ecken und Winkeln bietet Finalborgo reizvolle Ansichten. Es ist vollständig von Stadtmauern umgeben, hat hübsche alte Stadttore, schöne Plätze und blumengeschmückte Gassen. Dabei wirkt es nicht museal, sondern ist von Besuchern und Einheimischen belebt.

Rundgang

Man betritt den Ort durch das Stadttor **Porta Reale** 5 aus dem 17. Jh. Gleich dahinter erhebt sich die Pfarrkirche **San Biagio** 6. Als einzige Überreste eines gotischen Vorgängerbaus blieben die Apsis und der ungewöhnliche achteckige Glockenturm erhalten, der leicht schräg über den Wehrmauern emporragt. Die heutige Kirche stammt aus dem Barock. Die Fassade blieb unvollendet; der große Innenraum hat zwar keine bedeutenden Einzelkunstwerke, ist aber grandios mit Gemälden, Skulpturen und einer gewaltigen Orgel ausgeschmückt.

Den Ortsmittelpunkt bildet die hübsche **Piazza Garibaldi** 7 (siehe Lieblingsort S. 158/159). Durch einen barocken Torbogen erreicht man den nahe gelegenen **Palazzo del Tribunale** 8 an der gleichnamigen Piazza. Der einstige Justiz- und Verwaltungssitz der Grafschaft ist leider sehr heruntergekommen. Interessant sind die Fassadenreliefs aus dem 15. Jh. mit der Darstellung der vier Kardinaltugenden.

In besserer Verfassung zeigt sich (ebenfalls an der Piazza del Tribunale) die Rokokofassade des **Palazzo Arnaldi** 9. Biegt man vor diesem Gebäude nach rechts, so gelangt man in einem 15-minütigen Anstieg zu den Ruinen des Castel Gavone (s. S. 160). Von der Piazza Garibaldi führt die Via Nicotera zum 1452 errichteten, farbig bemalten Stadttor **Porta Testa** 10. Kurz vor dem Tor zweigt ein Sträßchen nach rechts ab zum **Dominikanerkloster Santa Caterina** 11. Die Abteikirche war einst die Grabstätte der Markgrafen; 1864–1965 diente sie als Gefängnis. Während dieser Zeit wurden starke Eingriffe in die Bausubstanz vorgenommen. Als schönstes Kunstwerk blieb der Freskenzyklus eines unbekannten Malers aus dem frühen 15. Jh. mit Szenen aus dem Marienleben erhalten. Reizvoller als das Gotteshaus sind die angrenzenden Kreuzgänge aus der Renaissance. Vom ersten Kreuzgang aus betritt man das **Archäologische Museum** mit frühgeschichtlichen Funden aus den Höhlen der Umgebung (Museo Archeologico del Finale, www.museoarcheofinale.it, Di–So 9–12, 14.30–17, Juli/Aug. Di–So 10–12, 16–19 Uhr, Eintritt 4 €).

Übernachten

Prunkstück – **Punta Est** 1: Via Aurelia 1, Tel. 0 19 60 06 11, www.puntaest.com, im Winter geschl., DZ je nach Saison und Ausstattung 180–260 €. Alte Villa etwas außerhalb in einem schattigen Park, Panoramalage über der Küste, stilvolle Einrichtung, ausgezeichneter Komfort – eines der schönsten Hotels der Ponente.

Strandnah – **Medusa** 2: Vico Bricchieri 7, Tel. 0 19 69 25 45, www.medusahotel.it, nur HP, je nach Saison und Aufenthaltsdauer 55–75 € im Standardzimmer. Engagiert geführtes Hotel im Ortszentrum, beliebt bei Radlergruppen, der Chef gibt Tipps für Mountain-Biker und Wanderer.

Sympathisch – **Villa Giardino** 3: Via Pertica 49, Tel. 0 19 69 28 15, giardinofi@libero.it, DZ/F 50–70 €. Schlichtes alteingesessenes Altstadthotel, strandnahe Lage im Zentrum, freundlicher Empfang, einfach eingerichtete Zimmer.

Finale Ligure

Sehenswert
1. Bogen der Margarethe von Österreich
2. San Giovanni Battista
3. Castelfranco
4. Abtei Santa Maria di Pia
5. Porta Reale
6. Pfarrkirche San Biago
7. Piazza Garibaldi
8. Palazzo del Tribunale
9. Palazzo Arnaldi
10. Porta Testa
11. Dominikanerkloster Santa Caterina/ Archäologisches Museum

Übernachten
1. Punta Est
2. Medusa
3. Villa Giardino
4. Villa Ave
5. Ostello Wuillermin
6. Eurocamping
7. Del Mulino

Essen & Trinken
1. Gnabbri
2. Patrick
3. Tavernetta
4. Alla Vecchia Maniera
5. Sotto Il Santo
6. Il Portico
7. Giovanacci

Freundlich – **Villa Ave** 4: Via Madonna 23, Tel. 0 19 60 06 72, www.hotelvillaave.it, DZ/F 50 – 65 €, ohne eigenes Bad ab 35 €, HP 35–45 € p. P. im DZ. Einfache, aber gepflegte und freundlich geführte Pension.

Jugendherberge – **Ostello Wuillermin** 5: Via G. Caviglia 46, Tel. 0 19 69 05 15, 15. März–15. Okt., Ü/F p. P. 14,50 €. Die Jugendherberge liegt wunderschön in einer Burg über dem Ort, mit Meerblick, unbedingt reservieren!

Camping – **Eurocamping** 6: Via Calvisio 36, Tel. 0 19 60 12 40, www.eurocampingcalvisio.it. Guter schattiger Platz im Tal des Sciusa-Flusses, mit Pool, 20 Fußminuten vom Meer entfernt; Busverbindung ins Zentrum (Linie Finalborgo–Calvisio).

Camping – **Del Mulino** 7: Via Castelli, Tel. 0 19 60 16 69, www.campingmulino.it. Auf einem terrassierten Hügel in recht zentraler Lage oberhalb Finalpia, die steile Anfahrt ist für Wohnwagen schwierig; über eine Treppe geht es zum Strand (10 Min.).

Essen & Trinken

Am Kirchplatz – **Gnabbri** 1: Via Polupice 5, Tel. 0 19 69 32 89, außer So nur abends geöffnet, Mo geschl., Menü um 25 €. Vorzügliche Gerichte, besonders interessant sind die hausgemachten Borretsch-Taglierini mit Pilzen oder Artischocken.

Feine Fischküche – **Patrick** 2: Via Roma 45, Tel. 0 19 68 00 07, Mo geschl., Menü um 28 €, Hauptgerichte ab 12 €. Nette Atmosphäre, helle Räume, einige Tische auf der Piazza. Interessan-

Einkaufen
1 Salumeria Chiesa
2 Libreria Centro Fiori
3 Vercelli & Bellora

Aktiv & Kreativ
1 Riviera Outdoor
2 Rock Store

Abends & Nachts
1 El Patio

tes Angebot an Pasta und Fisch. Besonders gut: die Panna cotta mit Minze und Schokolade.

Klassisch mediterran – **Tavernetta** 3: Via C. Colombo 37, Tel. 0 19 69 20 10, Mo geschl., Hauptgerichte um 12 €, Menü um 22 €. Die beliebte, etwas altmodische Trattoria mit karierten Tischdecken bietet gute regionale Küche (Vorbuchung ratsam). Breites Angebot mit Schwerpunkt Fisch.

Frischer Fisch und Farinata – **Alla Vecchia Maniera** 4: Via Roma 25, Tel. 0 19 69 25 62, Menüpreis um 22 €. Das sympathische kleine Altstadtlokal bietet von Oktober bis April die traditionelle Farinata in guter Qualität. Im Sommer bleibt der Holzofen kalt, dann gibt es vor allem frischen Fisch.

Pastavariationen – **Sotto Il Santo** 5: Piazza Garibaldi, Pasta ab ca. 7,50 €. In der Spaghetteria mit Tischen auf der Hauptpiazza von Finalborgo hat man die Qual der Wahl zwischen 30 Nudelsaucen, daneben gibt es auch Antipasti, Bruschette und Salate.

Im Hinterland – **Il Portico** 6: in Feglino, Via San Rocco 22, Tel. 0 19 69 92 07, außer So nur abends geöffnet, Mo/Di geschl., Menü 24 €. Das Restaurant im Dorf Feglino ca. 10 km nördlich Finalmarina ist bei den Einheimischen so bekannt, dass es sich leisten kann, auf jedes Hinweisschild am Eingang zu verzichten; das reichhaltige Menü mit zahlreichen Gängen belastet den Magen mehr als die Geldbörse.

Im Kaffeereich – **Giovanacci** 7: Via Rossi 28. In der gemütlichen Altstadtbar mit Café bekommt man angeblich den besten Kaffee der Stadt, er stammt aus der hauseigenen Rösterei.

Lieblingsort

Stimmen auf der Piazza – der Stadtplatz von Finalborgo 7

Die Mitte von Finalborgo ist die kleine, intime Piazza Garibaldi – der vielleicht schönste Dorfplatz Liguriens. Farbige Hausfassaden mit manieristischen Malereien, Loggia und barockem Bogendurchgang säumen das Geviert. Autos dürfen hier nicht fahren, akustisch dominiert menschliches Stimmengesumm. Vor der sympathischen Bar, die einfach nur Centrale heißt, kann man sich im Freien niederlassen und das stetige Kommen und Gehen beobachten. Auch in Finalborgo ist die Piazza gleichzeitig öffentliche Theaterbühne, Gesprächsforum und gute Stube, die jeder Ortsbewohner möglichst täglich aufsucht (s. S. 155).

Von Finale Ligure nach Genua

Einkaufen

Feinkost – **Salumeria Chiesa** 1: Via Tommaso Pertica 11. Ausgezeichnete Auswahl an Käse und Wurstwaren.
Bücher, Karten – **Libreria Cento Fiori** 2: Via Ghigliera 1. Wanderkarten und etwas deutschsprachige Literatur.
Weine und Liköre – **Vercelli & Bellora** 3: Fianalborgo, Via G. Nicotera 56. Gut sortierte Enothek nahe dem Stadttor Porta Testa.
Wochenmärkte – Do (vormittags) in Finale Marina, Mo (vormittags) in Finalborgo.

Aktiv & Kreativ

Baden – Breite Sandstrände im Ort, einsamere Strände an der Straße nach Varigotti.
Wandern – Im Hinterland von Finale finden sich schöne, z. T. markierte Wanderwege; Informationsmaterial, u. a. ein vierteiliges Wanderkartenset, erhält man beim Touristenbüro. Die drei schönsten Routen sind im Band DuMont Wanderführer Ligurien beschrieben; siehe auch Entdeckungstour S. 162.
Mountainbiketouren – Das Finalese hat sich in den letzten Jahren zu einem beliebten Terrain für Mountainbiker entwickelt. Fahrradverleih und Tourenvorschläge: **Riviera Outdoor** 1: Piazza Garibaldi 18, Tel. 01 96 89 80 24, www.rivieraoutdoor.com.
Felsklettern – **Rock Store** 2: Piazza Garibaldi 14, Tel. 019 69 02 08, www.rockstore.it. Hier gibt es Ausrüstung und Infos für Klettertouren im Finalese.

Abends & Nachts

Disco – **El Patio** 1: Lungomare Italia 9. Breit gefächertes Musikangebot für alle Altersstufen.

Infos & Termine

Infos
IAT: Via San Pietro 14, Tel. 019 68 10 19, finaleligure@inforiviera.it.

Termine
Festa di San Giovanni: 24. Juni. Zum Ortsfest des hl. Johannes wird die Uferpromenade festlich geschmückt.

Verkehr
Bahn: Intercity über Genua nach Mailand (6 x tgl.) und nach La Spezia/Pisa/Rom (1x tgl. morgens). Häufig Regionalzug nach Alassio/Imperia/San Remo und Savona/Genua.
Bus: Halbstündlich (auch So) nach Albenga/Alassio (z. T. Umstieg in Pietra Ligure); ebenso über Varigotti/Noli nach Savona. Mo–Sa halbstündlich, So 14 x tgl. innerstädtische Verbindung Finalborgo–Finalmarina–Finalpia–Calvisio. Fahrplaninfo unter www.tpllinea.it.

Castel Gavone und Ruinen von Perti ▶ E 4

Oberhalb von Finalborgo stehen die mächtigen Ruinen des **Castel Gavone**. Die Burganlage geht auf das 12. Jh. zurück. Nach der Zerstörung durch die Genuesen 1449 ließen die Markgrafen Del Carretto sie neu errichten. Dabei entstand der schöne Diamantenturm mit einer ungewöhnlichen Verkleidung aus spitz zulaufenden Steinen. 1714 zerstörte Genua das Kastell zum zweiten Mal – diesmal endgültig (Zugang: zu Fuß ab Finalborgo, Piazza del Tribunale, oder per Auto in Richtung Calice Ligure, dann rechts nach Perti, vom Ende dieser Straße kurzer Fußweg).

In der Nähe der Burgruine befinden sich die Überreste der im Mittelalter

Finale Ligure und Umgebung

bedeutenden Ortschaft **Perti**. Die Kirche Sant'Eusebio besteht aus einem barocken Gotteshaus und einem älteren, gotischen Bauteil mit einer romanischen Krypta (Schlüssel zur Kirche in der benachbarten Osteria Castel Gavone). Auf schmaler Straße erreicht man zwischen Zypressen und Olivenbäumen die **Kirche Nostra Signora di Loreto**, einen fünftürmigen Renaissancebau nach dem Vorbild der von Donato Bramante erbauten Mailänder Portinari-Kapelle. Nach Norden hin schließt sich ein idyllisches, von hellen Kalkfelsen gesäumtes Tal an.

Varigotti ▶ E 4

Östlich von Finale senken sich die Hügel steil zum Meer, sodass die Küste weitgehend vor der Zersiedlung geschützt blieb. Zwischen Varigotti und Noli windet sich die Straße unter senkrecht abfallenden Kalkfelsen entlang; streckenweise wurde sie direkt in den Fels geschlagen.

Das Dorf Varigotti ist ein Schmuckstück. Direkt am Strand erheben sich kleine, in warmen Gelb-, Rot- und Ockertönen getünchte Häuser. Die flach gedeckten Bauten haben Loggien und Dachterrassen, zu denen Außentreppen emporführen; mit ihren Bögen und gerundeten Mauern wirken sie arabisch beeinflusst. Der Charakter des einstigen Fischerdorfs blieb gut erhalten.

Von der kleinen, zum Meer hin offenen **Piazza dei Pescatori** am östlichen Ortsrand führt der Wanderpfad der Via al Castello auf den steilen Felsvorsprung der Punta Crena, wo sich ein herrliches Küstenpanorama bietet. Ein weiterer Fußweg am östlichen Ortsrand führt zur romanischen **Kirche San Lorenzo** in einsamer Lage über dem Meer.

Übernachten

Maurischer Stil – **Arabesque**: Piazza Cappello da Prete, Tel. 019 69 82 62, m.tritzo@libero.it, DZ/F je nach Saison 85–145 €. Schönes, atmosphärisch angenehmes Haus mit leicht orientalischem Ambiente, im alten Ortskern und nah am Strand.

Camping am Meer – **Valentino**: Via Aurelia 77, Tel. 019 69 80 04. Kleiner Platz am Ufer, nur im Sommer geöffnet.

Aktiv & Kreativ

Baden – Breite Sand- und Kiesstrände im Ort; einige Badebuchten unterhalb der Straße in Richtung Noli.

Wandern – **Von Varigotti nach Noli:** Ein schöner markierter Wanderweg führt mit herrlichen Küstenblicken in gut 2 Std. und mit ca. 300 Höhenmeter An- und Abstieg über das Vorgebirge nach Noli. Einstieg: An der Hauptstraße gegenüber der Boutique del Gelato nimmt man den Weg zwischen Steinmauern. Er führt in 3 Min. zu einem Sträßchen, bei dem die Markierungen – rote Andreaskreuze – beginnen.

Infos

Infos
IAT: Via Aurelia 79, am westlichen Ortsrand, Tel. 0 19 69 80 13, www.varigotti.it, nur in der Saison geöffnet.

Verkehr
Bus: Halbstündlich (auch So) nach Finale Ligure und Noli/Savona.

Borgio-Verezzi ▶ E 4

Hinter dem **Capo di Caprazoppa**, dem Vorgebirge westlich von ▷ S. 165

Auf Entdeckungstour

Steinzeitliches und Römisches – eine Wandertour im Finalese

Oberhalb von Finale Ligure erstreckt sich ein fast mystisch wirkendes unbesiedeltes Hochland. Über dem Dunkelgrün der Steineichen erheben sich von Höhlen durchsetzte helle Steil-felsen. Eine Wanderung durch dieses kleine Naturparadies führt zu prähistorischen Siedlungsplätzen und Brückenruinen der Römerzeit.

Reisekarte: ▶ E 4

Info: Die gut 4-stündige Wanderung von Calvisio nach Varigotti ist auch für geübte Mountainbiker machbar.

An-/Rückfahrt: Von Finale Ligure fahren mehrmals tgl. Busse nach Calvisio, halbstündlich nach/ab Varigotti.

Einkehr: Bar-Trattoria bei der Arma-Höhle, sowie 5 Min. später, 100 m links hinter San Giacomo.

Das Finalese gehört zweifellos zu den reizvollsten Küstenlandschaften der Riviera di Ponente. Direkt hinter dem Ufer beginnt dünn besiedeltes, mit Buschwald und Macchia bedecktes Karstgebiet. Ein dichtes Netz uralter Pfade durchzieht das kleine Gebirge, das trotz seiner geringen Höhe (max. 400 m) ein ausgesprochen bewegtes Relief zeigt. Seine Steilfelsen sind ein Paradies für Freeclimber. Eine reiche Flora und Fauna hat sich erhalten: seltene Mittelmeerpflanzen und die größte Eidechse Europas, die mehr als 60 cm lange *Lacerta ocellata*.

Relikte der Steinzeit

Das Finalese ist zugleich ein wichtiger prähistorischer Siedlungsplatz. Seine Höhlen dienten schon vor 60 000 Jahren den Menschen als Wohn- und Zufluchtsstätte. Damals durchstreifte noch der gefürchtete Höhlenbär die Wälder. In den Kalksteingrotten und auf der Manie-Hochebene hat man zahlreiche Kleinfunde gemacht – einfache Werkzeuge aus Stein, Knochen und Muscheln, Keramiken, Pfeilspitzen und Tonfiguren. Sie belegen die durchgehende Besiedlung des Finalese seit der Altsteinzeit.

Straßen der Römer

Nach der Unterwerfung aller ligurischer Stämme durch Rom im 2. Jh. v. Chr. wurde die Küstenroute als Verbindung in die Provence immer wichtiger. Die Via Aurelia wurde über Albigaunum (Albenga) nach Arelate (Arles) verlängert. Um die Steilklippen von Noli zu umgehen, bauten die Römer 13 v. Chr. im Finalese eine weiter landeinwärts verlaufende Straße, die Via Julia Augusta. Von ihr haben sich im Tal des Flüsschens Ponci fünf antike Brückenruinen erhalten, von denen vier an unserer Wanderroute liegen.

Auf der Via Julia Augusta

Von der Busendhaltestelle in **Calvisio** geht man 50 m zurück auf der Talstraße und biegt nach links in die nach Verzi ansteigende Nebenstraße Via Julia Augusta (Hinweis zum Colle di Magnone, Markierung roter Punkt). Nach 3 Min. kürzt ein Pfad rechts eine Kurve ab, nach weiteren 10 Min. biegt man nach links in einen breiten Erdweg. Am Fuß der Kletterfelsen des Monte Corno erreicht er die **Ponte delle Fate** (30 Min.), die am besten erhaltene Römerbrücke im Tal. Ihren Namen hat sie von der rechts oberhalb in den Randfelsen versteckten **Arma delle Fate** (Feengrotte), in der man Bärenknochen und Werkzeuge aus der Steinzeit gefunden hat (der schmale Pfad zur in den östlichen Randfelsen versteckten Grotte zweigt kurz vor der Römerbrücke rechts ab).

Hoch über dem Land

Gleich hinter der Römerbrücke leitet links ein unmarkierter Pfad aus dem Tal hinaus. Nach ca. 20 Min. Anstieg im Wald trifft man auf dem Kammrücken auf einen mit roter Raute markierten Querpfad. Er führt auf einem Abstecher nach links in 10 Min. zur **Felskanzel des Monte Corno** – einem herrlichen Aussichtspunkt (1 Std. ohne Abstecher zur Feengrotte).

Nach Norden führt der gut markierte Pfad ein langes Stück über den Corno-Höhenrücken. Der wunderschöne einsame Weg schlängelt sich durch einen verwunschenen Steineichenwald und eine nach Kräutern duftende Kalksteinmacchia. Nach etwa 30 Min. ab dem Monte Corno, ca. 5 Min. nach einem Drahtverhau rechts, verläuft er ansteigend am rechten Rand der glatten Felsen des **Ciappo del Sale**; in den Steinflächen lassen sich schmale Rinnen zur Sammlung von Regenwasser und einfachste Steinritzungen (Rauten, Kreuze) ausmachen, deren Alter und Bedeutung unklar ist. Manche vermuten einen prähistorischen Kultplatz.

Durch das Tal der Brücken zur Höhle Arma delle Manie

Kurz nach dem Ciappo del Sale senkt sich die markierte Route als Hohlweg zum Ende eines Fahrweges, der sich nach 100 m verzweigt (1,45 Std.): Ein durch drei rote Punkte markierter Pfad führt nach rechts abwärts zwischen Schichtmauern und über Wiesenterrassen in den Wald. Im Talgrund erreicht man bei der Hausruine Ca' Puncin erneut das idyllisch-grüne Val Ponci, das **Tal der Brücken** (2 Std.). Nach rechts kreuzt man gleich auf der antiken **Ponte dell'Acqua** einen Bach. Der Trasse der Via Julia Augusta talabwärts folgend erreicht man zwei weitere römische Brückenruinen, die **Ponte delle Voze** und – 100 m danach — die **Ponte Sordo** (2,15 Std.).

Ein Linksabzweig bei der Ponte delle Voze (Markierung zwei rote Quadrate) führt aus dem Val Ponci hinaus zum Weiler La Grotta am Rande der Manie-Hochfläche (3 Std.). Rechts hinter den Häusern öffnet sich die Höhle **Arma delle Manie,** ein wichtiger steinzeitlicher Siedlungsplatz (s. Bild S. 162). Alte Steinpferche, Malsteine und Ölpressen stammen aus historischer Zeit.

Meerblicke: Abstieg nach Varigotti

Von La Grotta wandert man auf schmaler Straße in 5 Min. zum **Kirchlein San Giacomo,** geht hier rechts und gleich wieder links, auf einem durch zwei rote Quadrate markierten Weg. Er führt in 10 Min. zu einer Straße, die 150 m nach rechts die Zufahrt zum **Camping La Foresta** passiert. Gleich hinter dem rechten Eingangstor wendet man sich nach rechts (westlich) auf einen unmarkierten Pfad. Er führt unterhalb der Straße in 10 Min. zurück zu dieser beim **Camping San Martino** (3,30 Std.). Hier nimmt man den nach links absteigenden breiten Weg (Markierung bis Varigotti zwei rote Rauten), zweigt ca. 5 Min. nach dem Camping nach links auf einen alten, stellenweise gepflasterten Pfad ab. Durch Steineichenwald geht es abwärts zu einem Asphaltweg, auf ihm 3 Min. rechts bergan in eine Linkskurve, wo man rechts den alten Pfad wieder aufnimmt. Er senkt sich mit weitem Küstenblick unter Felsen, beschreibt vor einem Bassin eine Linkskehre, kreuzt danach zweimal eine Nebenstraße. Über den Treppenweg Strada di Chien erreicht man bei einer Bar am westlichen Strandende von **Varigotti** (s. S. 161) die Küstenstraße. Ca. 150 m nach links befindet sich die Bushaltestelle (4,15 Std.).

Finale, ändert sich die Stimmung: Unversehens gelangt man in einen chaotisch zersiedelten Abschnitt der Küste. Inmitten des Häuserbreis lohnt sich aber der Besuch der verschiedenen Ortsteile von Borgio-Verezzi. In dem gut erhaltenen alten Dorf Borgio ragt die Doppelturmfassade der klassizistischen Kirche **San Pietro** über den Dächern hervor. Am Ortsrand befindet sich die Tropfsteinhöhle **Grotta di Valdemino** (geführte Rundgänge Juni–Sept. tgl., Okt.–Mai Di–So, jeweils 9.30, 10.30, 11.30, 15, 16, 17 Uhr, Dauer der Führung rund 60 Min., Eintritt 6 €).

Verezzi besteht aus vier kleinen Weilern am Hang in 200 m Höhe. Weinberge und Ölbaumhaine umgeben die Häusergruppen aus kubischen Steinbauten, deren enge Gassen einen fast orientalischen Reiz ausstrahlen.

Essen & Trinken

Am stillen Kirchplatz – **Da Casetta:** Borgio, Via XX Settembre 12, Tel. 0 19 61 01 66, Di geschl., außer Sa/So nur abends geöffnet, Menü um 30 €. Das kleine Gewölberestaurant am abschüssigen Platz von San Pietro bietet sehr gute traditionelle Gerichte aus frischen Zutaten; im Sommer einige Plätze draußen unter schattiger Laube.

Noli! ▶ E 4

Noli (3000 Einw.) ist in mancher Hinsicht mit dem knapp 30 km entfernten Albenga vergleichbar. Beide Städte waren selbstständige Republiken, beide erlebten durch den Seehandel im Mittelalter eine Blütezeit. Hier wie dort blieb der alte Ortskern vorzüglich erhalten, daher zeigt auch das äußere Bild mit den historischen Wohnhäusern, Kirchen und Palästen Ähnlichkeiten. Aber während Albenga in einer zersiedelten, verstädterten Landschaft liegt, ist die Umgebung von Noli reizvoll. Die steilen Hänge um die kleine Bucht haben die Bauspekulation gezügelt; der Ort liegt direkt am Meer, ist noch von mittelalterlichen Mauern und Stadttoren umgeben, und in den engen Gassen und auf den kleinen Plätzen lässt sich wunderbar promenieren. Viel Platz gibt's hier nicht – so konnte sich keine Industrie ansiedeln, und Noli lebt weitgehend vom Tourismus.

Die Kaufleute aus Noli reisten durch den gesamten Mittelmeerraum; sie handelten vor allem mit Getreide, Stoffen, Gewürzen und Sklaven. 1193 errichteten sie eine selbst verwaltete Stadtrepublik mit eigenen Statuten. Um sich gegen die Feudalherren der Umgebung zu sichern, schlossen sie einen Beistandspakt mit Genua, der rund 600 Jahre lang galt. Unter genuesischem Schutz blieb Noli bis 1797 formell selbstständig, obwohl es nach dem 16. Jh. nur noch ein Fischerdorf war.

Eine Besonderheit des Ortes sind – wiederum wie in Albenga – die Geschlechtertürme, von denen es der Überlieferung nach einst 72 gab; heute stehen davon noch acht.

Stadtrundgang

An der Uferpromenade (neben dem Albergo Miramare) befindet sich die **Casa Pagliano** 1 , ein typisches mittelalterliches Bürgerhaus. Etwas weiter nördlich erhebt sich mit hohem Turm das **Rathaus** 2 (Palazzo del Comune) aus dem 14./15. Jh. Durch das bemalte Stadttor **Porta di Piazza** 3 gelangt man auf die hübsche **Piazza del Milite Ignoto** 4 . Sie wirkt wie eine erweiterte Wohnstube; man sitzt angenehm

Von Finale Ligure nach Genua

an den Tischen des Caffè Ginaio. Wer *dolci* mag, hat die Qual der Wahl: Gegenüber in der **Pasticceria Scalvini** 2 (mit historischer Patina – 1890 gegründet) gibt es süße Noli-Spezialitäten wie das ›Fischerbrot‹ (Pane del Pescatore) mit Rosinen, Pinienkernen und kandierten Orangen sowie die ›Küsse von Noli‹ (Baci di Noli) – Kakao und Nüsse mit Schokoladenüberzug.

Die **Portici della Repubblica** 5, ein vom Rathaus zur Piazza Dante führender Arkadengang, waren früher zum Meer hin offen; solche Bögen, die sich einst die ganze Hafenfront entlangzogen, dienten als Treffpunkt der Bürger und Lagerplatz der Boote. Der Gang durchs Zentrum führt überall zu alten Wohnbauten, Türmen, Kirchen. Viele mittelalterliche Häuser stehen im ruhigen Viertel um die Via Serravalle und in der Via Colombo, z. B. die **Casa Maglio** 6 (Haus Nr. 17).

Die ursprünglich romanische **Kathedrale** 7 wurde um 1600 barock verändert. Ein Barockbau ist auch die **Kirche Nostra Signora delle Grazie** 8 etwas außerhalb des Zentrums; von hier genießt man einen besonders schönen Blick auf die Bucht und die Altstadt. Ein Fußweg führt in 20 Min. weiter aufwärts am Friedhof vorbei zur mittelalterlichen Burgruine **Monte Ursino** 9.

Das bedeutendste Kunstwerk Nolis ist die Kirche **San Paragorio** 10 am südlichen Ortsrand. Sie entstand im 11. Jh. auf den Grundmauern eines frühchristlichen Baus. Die dreischiffige Basilika hat außen schöne Majolikaverzierungen im maurischen Stil. An der Nordseite erheben sich gotische Nischengräber; der romanische Glockenturm stammt aus dem 12. Jh. Ausgrabungen haben Reste eines Baptisteriums aus dem 6. Jh. freigelegt. Im Innenraum finden sich ein bemaltes romanisches Holzkruzifix, eine Kanzel

mit langobardischen Flechtbandornamenten und ein Renaissancetabernakel (Di–So Okt.–Mai 10–12, 15–17 Uhr, Juni–Sept. 10–12, 17–19 Uhr, Eintritt 2 €).

Übernachten

Meerblick – **Italia** 1: Corso Italia 23, Tel. 0 19 74 83 26, www.hotelitalianoli.com. Frisch renovierte komfortable Unterkunft In einem mittelalterlichen

Noli liegt in einer kleinen Bucht, umgeben von steilen Hängen

Bau an der Uferstraße, mit Sonnenterrasse und gutem Restaurant, DZ/F 110–130 €.
Im Grünen – **El Sito** 2: Via Ugo La Malfa 2, Tel. 0 19 74 81 07, www.el sito.it, DZ/F 65–100 €. Etwas außerhalb (2 km vom Meer entfernt) in aussichtsreicher Lage.
Strandnah – **Garden** 3: Via al Collegio 8, Tel. 0 19 74 89 35, www.garden2.it, DZ 65–75 €. Eine ruhig am Ortsrand gelegene eher einfache, aber freundliche Unterkunft.

Essen & Trinken

Exquisit – **Lilliput** 1: Voze (5 km von Noli), Via Regione Zuglieno 49, Tel. 0 19 74 80 09, Mo geschl., Di–Fr nur abends geöffnet, Menü (5 Gänge) ca. 50 €. Das in den Hügeln über Noli gelegene Restaurant gilt als das beste der Gegend: Klassische Fischküche in bester Qualität, aber auch exzellente Nudel- und Fleischgerichte.
Kuchen auf der Piazza – **Caffè Ginaio** 2: Piazza Milite Ignoto. Hier gibt es

gute Kuchen und Croissants; auch Verkauf von Wein, Olivenöl, Saucen.

Einkaufen

Wochenmarkt – Do (vormittags) auf der Piazzale Battisti/Via Stazione 1.
Spezialitäten aus Noli – **Pasticceria Scalvini** 2: Piazza del Milite, s. S. 166.
Pasticceria – **La Crêpe di Ganduglia** 3: Via Colombo 61. Die alteingesessene Konditorei in der Altstadt bietet hervorragende Qualität.

Aktiv & Kreativ

Baden – Ca. 1 km langer Sand- und Kiesstrand unmittelbar beim Ortszentrum.

Infos & Termine

Infos
IAT: Corso Italia 8, Tel. 01 97 49 90 03, noli@inforiviera.it, in der Saison Mi–Sa 9.30–12.30, 15–18 Uhr.

Termine
Regata dei Rioni: am 2. So im Sept. Ruderwettkampf und Umzug in historischen Kostümen zur Erinnerung an die Gründung der Stadtrepublik im Jahr 1193.

Verkehr
Bus: Halbstündlich (auch So) nach Finale Ligure und über Spotorno nach Savona.

Spotorno ▶ E 4

Die lebhafte Kleinstadt Spotorno (4000 Einw.) hat ein kleines, recht hübsches historisches Zentrum und gute ausgedehnte Sandstrände. Trotzdem wird man nicht ganz glücklich: Neubauten, darunter viele Hochhäuser, haben das Ortsbild und die Landschaft schwer beschädigt. Einige Jugendstilgebäude erinnern noch an die Zeit, als Spotorno zu den Urlaubszielen der britischen Oberschicht zählte und sich Künstler wie D. H. Lawrence hier aufhielten.

Übernachten

Für die sommerlichen Badegäste gibt es ca. 35 Hotelunterkünfte, fast alle sind von November bis Ostern geschlossen:

Noli

Sehenswert
1. Casa Pagliano
2. Rathaus
3. Porta di Piazza
4. Piazza del Milite Ignoto
5. Portici della Repubblica
6. Casa Maglio
7. Kathedrale
8. Kirche Nostra Signora delle Grazie
9. Burgruine Monte Ursino
10. Kirche San Paragorio

Übernachten
1. Italia
2. El Sito
3. Garden

Essen & Trinken
1. Lilliput
2. Caffè Ginaio

Einkaufen
1. Wochenmarkt
2. Pasticceria Scalvini
3. La Crêpe di Ganduglia

Direkt am Strand – **Premuda:** Piazza Rizzo 10, Tel. 0 19 74 51 57, www.hotelpremuda.it, DZ/F 80–110 €, Juli/Aug. 130 €. In optimaler Lage am Meerufer, für einen Badeurlaub gut geeignet. Im Preis sind Fahrradverleih, Liegestuhl, Umkleidekabine und Sonnenschirm am hauseigenen Strand enthalten.

Infos

Bahn: Bahnhof etwa 10 Min. außerhalb am westlichen Stadtrand; öfters Regionalzug nach Finale Ligure/Albenga und Savona/Genua.
Bus: Halbstündlich (auch So) nach Noli/Finale Ligure und Savona.

Savona ▶ E 4

In Savona bricht die Alltagswirklichkeit in die Ferienwelt der Riviera ein. Die Provinzhauptstadt (62 000 Einw.) lebt von Hafen, Handel und Industrie. Da bleibt wenig Platz für lauschige Winkel, zumal die historische Bausubstanz bei Bombenangriffen im Zweiten Weltkrieg weitgehend zerstört wurde. Neugierige Reisende können hier den ganz normalen italienischen Alltag erleben: die Menschen auf der Straße beobachten, zwischen Geschäften, urigen Kneipen und netten Bars herumbummeln, unbekannte Sehenswürdigkeiten – von mittelalterlichen Türmen bis zu Jugendstilbauten – betrachten. Das historische Savona ist das herbe Kontrastprogramm zu Strand, Boutiquen und palmenbestandenen Uferpromenaden.

Der römische Historiker Livius erwähnt Savona als Verbündeten Hannibals gegen Rom. Im Mittelalter entwickelte sich die Stadt zu einem bedeutenden Handelszentrum. Wie Noli und Albenga war auch Savona eine freie Stadtrepublik. Die Blütezeit endete 1528, als die Genuesen mit Hilfe des Habsburgerkaisers Karl V. die Konkurrentin unterwarfen. Sie ließen absichtlich den Hafen verlanden und zerstörten ein ganzes Stadtviertel, um Platz für die Zwingburg Priamar zu schaffen.

Savonas Wirtschaft brach zusammen; binnen 150 Jahren sank die Bevölkerungszahl von 18 000 auf 6200. Erst ab 1815 nahm der Ort, durch den Anschluss Liguriens an Piemont-Savoyen begünstigt, einen neuen Aufschwung. Bald entstanden Fabriken, vor allem im Bereich der Metallurgie und des Schiffbaus; der Hafen entwickelte sich zu einem der größten Italiens. Bis heute ist Savona ein Industriezentrum geblieben.

Im Hafen dienen enorme Speziallager zur Aufbewahrung von Getreide, Zellulose und Autos. Zum Hinterland gehören das Industriegebiet um Cairo

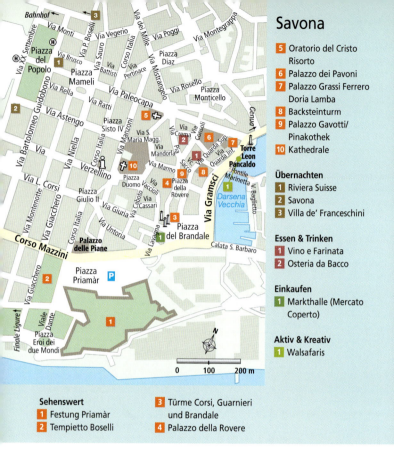

Sehenswert
1 Festung Priamàr
2 Tempietto Boselli
3 Türme Corsi, Guarnieri und Brandale
4 Palazzo della Rovere

Montenotte, das vom Pontile Miramare mit einer direkten Kohlenseilbahn beliefert wird (s. S. 173), sowie das gesamte Piemont.

Stadtrundgang

Der ursprüngliche Stadtkern liegt am alten Hafen unter der mächtigen **Festung Priamàr** 1. Sie wurde 1542 von den Genuesen errichtet, um die Herrschaft über den unterworfenen Stadtstaat von Savona dauerhaft zu sichern. Die restaurierte Burg beherbergt heute in der Loggia del Castello Nuovo ein kleines archäologisches Museum mit antiken und mittelalterlichen Grabungsfunden der Umgebung. Im ersten Stock findet man eine Sammlung moderner Kunst, die der 1996 verstorbene Staatspräsident Sandro Pertini seiner Heimatstadt vermachte.

In der gegenüberliegenden Parkanlage Giardini Priamar befindet sich der 1786 errichtete **Tempietto Boselli** 2. Der ungewöhnliche Gartenpavillon ist mit hübschen Keramiken verziert.

In den Straßen am alten Hafen (Darsena Vecchia) spürt man besonders deutlich die Zerstörungen des Zweiten Weltkriegs. Zwischen Parkplätzen und Neubauten ragen isoliert die mittelalterlichen Geschlechtertürme **Corsi, Guarnieri** und **Brandale** 3 auf.

Bei der Piazza del Brandale beginnt die Hauptstraße des mittelalterlichen Savona, die Via Pia. Sie war einst von prunkvollen Palazzi gesäumt. Der elegante **Palazzo della Rovere** 4 (Nr. 28) aus dem späten 15. Jh., heute Gerichtsgebäude, zeugt noch von dieser Zeit. Er wurde im Auftrag des späteren Papstes Julius II. von Giuliano da Sangallo errichtet.

Die Via Pia führt zu der hübschen Piazza della Maddalena und weiter zur breiten Via Paleocapa, der Hauptgeschäftsstraße des Zentrums. An der Einmündung steht das **Oratorio del Cristo Risorto** 5 (oder della Santissima Annunziata). Die Kirche besitzt eine sehenswerte Rokokoausstattung. Das geschnitzte Chorgestühl am Eingang mit Darstellungen der Passion Christi und der Auferstehung wurde Ende des 15. Jh. von einem unbekannten deutschen Künstler geschaffen (16.30–18.30 Uhr).

Ein bemerkenswerter Jugendstilbau mit Pflanzen- und Vogelmotiven auf farbigen Kacheln ist der 1912 von Alessandro Martinengo errichtete **Palazzo dei Pavoni** 6 (Via Paleocapa 5). Der Jugendstil – in Italien Liberty genannt – ist auch anderswo in Savona vertreten, z. B. am ebenfalls von Martinengo entworfenen **Palazzo delle Piane** (Corso Italia 31, bei der Priamàr-Festung) und in der **Casa Maffiotti** (Via Boselli 4).

Als eine der wenigen Altstadtgassen hat die Via Quarda Superiore die Bombardements des letzten Krieges relativ unversehrt überstanden. Sie lag in der Wohngegend der reichen Kaufleute. Der **Palazzo Grassi Ferrero Doria Lamba** 7 (Nr. 16), heute Sitz der Handelskammer, ist ein Beispiel für den aufwendigen Lebensstil des damaligen Großbürgertums. In seiner Nachbarschaft steht ein **Backsteinturm** 8 aus dem 13./14. Jh.

Im wenige Schritte entfernten **Palazzo Gavotti** ist die städtische **Pinakothek** 9 untergebracht. Sie besitzt schöne Werke von Künstlern des 15. Jh. wie Lodovico Bréa, Vincenzo Foppa und Giovanni Mazone (Piazza Chabrol 3, Mo, Mi, Fr 8.30–13, Di, Do 14–19, Sa 8.30–13, 15.30–18.30, So 10–13 Uhr, Eintritt 4 €).

Die **Kathedrale** 10 entstand um 1600, ihre Fassade erst 1886. Der Innenraum birgt ein Taufbecken des 12. Jh., ein Marmorkruzifix des 15. Jh. und das schöne Gemälde der Madonna mit Heiligen von Albertino Piazza (1517). Vom Renaissancekreuzgang betritt man die 1481–83 erbaute ›Sixtinische Kapelle‹. Sie entstand wie ihre berühmte römische Namensschwester im Auftrag Papst Sixtus' IV. und diente als Mausoleum für die Eltern des Kirchenfürsten. Der Innenraum wurde im 18. Jh. mit farbigen Rokokostuckverzierungen und einem Deckenfresko geschmückt (Besichtigung Sa/So 10–12, 16–18, Mo nur 10–12 Uhr).

Übernachten

Gute Tradition – **Riviera Suisse** 1: Via Paleocapa 24, Tel. 0 19 85 08 53, www.rivierasuissehotel.com, DZ/F um 90 €, im Winter 65 €, DZ ohne Bad 60 €, im Winter 35 €. Alteingesessenes Traditionshotel in zentraler Lage unter den Arkaden der Piazza del Popolo; Doppelfenster schützen gegen den Straßenlärm, 80 nicht sehr große Zimmer von unterschiedlichem Komfort.
Zentral – **Savona** 2: Piazza del Popolo 53r, Tel. 0 19 82 18 20, albergosavona. albergosav@tin.it, DZ 53 €, in der

Von Finale Ligure nach Genua

Hochsaison bis 70 €. Ordentliches Haus der unteren Mittelklasse, schlichte Räumlichkeiten, freundlicher Empfang.

Jugendherberge – **Villa de' Franceschini** 3: Via alla Stra' 29, Conca Verde, Tel. 0 19 26 32 22, www.ostello-de-franceschini.com, 15. März–15.Okt., Übernachtung mit Frühstück 14 € p. P. im Mehrbettzimmer, einige DZ/F ohne Bad zu 34 €. Der Neubau liegt auf einem Hügel am nordwestlichen Stadtrand, 4 km vom Zentrum entfernt. Reservierung nicht notwendig, einchecken tgl. von 17–23 Uhr. Es gibt behindertengerechte Zimmer.

Unser Tipp

Gute Fischgerichte in urigem Ambiente: Osteria da Bacco 2
Die Osteria nahe dem Hafen von Savona ist eines der originellsten Lokale Liguriens: Der Speisesaal ist mit Krimskrams vollgestopft, alte Reklameschilder, Banknoten und allerlei Alltagsutensilien aus vergangenen Zeiten schmücken den Raum, die Wände zieren naive Malereien, an der Decke schweben Schiffsmodelle. Über allem wacht der schnauzbärtige Chef, ein ehemaliger Seemann, der gerne mit seinen Gästen plauscht, die Stimmung ist locker, die Bedienung flink und freundlich. Und das Wichtigste: Im Gegensatz zum Sammelsurium der Einrichtung wird konzentriert gute Fischküche geboten, ausgezeichnet sind z. B. die Fisch-Antipasti oder die Spaghetti alle Vongole (Menü um 28 €, Hauptgerichte ab 10 €, Via Quarda Superiore 17r, Tel. 0 19 8 33 53 50, So geschl.).

Essen & Trinken

Beliebt – **Vino e Farinata** 1: Via Pia 15r, kein Tel., So/Mo geschl. Die einfache Trattoria, eine der ältesten der Stadt, bietet traditionelle ligurische Gerichte, die Farinata (Kichererbsenfladen) oder einen Teller Pasta erhält man schon ab 4 €, ein Hauptgericht ab 7 €; manchmal herrscht so großer Andrang, dass man am Eingang auf einen freien Platz warten muss.

Urig – **Osteria da Bacco** 2: siehe unten Unser Tipp.

Einkaufen

Lebensmittel – **Mercato Coperto** 1: In der tgl. am Vormittag geöffneten Markthalle in der Via Giuria gibt es u. a. fangfrischen Fisch.

Aktiv & Kreativ

Wale und Delfine – **Schiffsausflug** 1: Juli–Anfang Sept. fährt Do gegen 10 Uhr ein Schiff vom alten Hafen (Pontile Marinetta) zur Walbeobachtung hinaus aufs Meer. Die Fahrt dauert rund 6 Std. und kostet 35 € p. P. (Kinder 23 €). Voranmeldung notwendig, Tel. 0 10 26 57 12, www.whalewatchliguria.it.

Infos & Termine

Infos
IAT: Corso Italia 157r, Tel. 0 19 8 40 23 21, savona@inforiviera.it.

Termine
Processione del Venerdì Santo: Berühmt ist die alle zwei Jahre stattfindende prunkvolle nächtliche Karfreitagsprozession (nächster Termin 2012).

Verkehr
Bahn: Bahnhof ca. 10 Min. westlich der Piazza del Popolo, erreichbar vom Zentrum mit den städtischen Linien 4, 5 und 9. Intercity über Genua nach Mailand (6 x tgl.) und über La Spezia/Pisa nach Rom (1 x tgl. morgens). Regionalzug nach Genua werktags alle 30–60 Min., So etwas seltener; häufige Verbindungen nach Finale Ligure/Alassio/Imperia/San Remo, nach Turin Mo–Sa etwa stdl., So 10 x tgl.
Bus: Hauptbushalt rund um die Piazza del Popolo, in der Platzmitte Informationskiosk; Fahrkarten in den Bars der Piazza. Halbstündlich (auch So) nach Noli/Finale Ligure/Alassio. Alle 20 Min. nach Albisola Marina/Superiore (So alle 40 Min.), halbstündlich nach Celle/Varazze (So alle 40 Min.). Über Albisola Superiore nach Sassello Mo–Sa 9 x, So 3 x tgl.

Das Hinterland von Savona

Im Hinterland von Savona erreichen die Berge nur noch Höhen von 800–1000 m. Hier entspringen die drei Flüsschen Bórmida di Millésimo, Bórmida di Pállare und Bórmida di Mállare. Im Oberlauf strömen sie zwischen Wiesen und Gehölz dahin, die Hänge bedecken ausgedehnte Laubwälder. In dieser einsamen, kaum noch mediterranen Landschaft gibt es nur wenige, verloren wirkende Orte.

Von Altare zur Piana Crixia ▶ D/E 3

Altare verweist auf eine 1000-jährige Tradition der Glasproduktion. Altare-Glas war früher ein Markenzeichen; Kirchenfenster, Leuchter, Vasen und Trinkgefäße wurden in viele europäische Länder exportiert. Im Glasmuseum sind knapp 300 Objekte aus der Zeit seit 1889 ausgestellt (Piazza Consolato 4, Juli–Sept. Mi–So 16–19 Uhr, Okt.–Juni Mi/Do 10–12, Fr–So 15–18 Uhr).

Über das wenig attraktive **Cárcare**, Standort umweltbelastender Industriebetriebe, erreicht man **Millésimo**. Eine mittelalterliche Burgruine überragt den Ort. Im Zentrum erweitert sich die Hauptstraße zur von Arkaden gesäumten Piazza Italia. An ihrer Nordseite erhebt sich die Torre, im 15. Jh. Residenz der Feudalherren Del Carretto.

Cairo Montenotte (13 500 Einw.) hat ein winziges altes Zentrum mit dem Stadttor Porta Soprana und der Arkadenstraße Via dei Portici. Auffälliger ist die 1912 errichtete, 17 km lange gigantische Kohleseilbahn zum Transport des Brennmaterials vom Hafen Savona in das Industriegebiet. Nördlich des Ortes, an der Grenze zum Piemont, überrascht das merkwürdige Erosionsgebiet von **Piana Crixia** mit bizarren Ton- und Steinformationen. Bei **Dego** steht der ›Fungo‹, ein 14 m hoher, pilzförmiger Fels.

Essen & Trinken

Gute Tradition – **Da Quintilio:** Altare, Via Gramsci 23, Tel. 01 95 80 00, So abends, Mo geschl., Menü um 32 €. Das seit 100 Jahren existierende Speiselokal bietet exzellente Küche.

Einkaufen

Dolci – **La Bottega del Caffè:** Millésimo, Piazza Italia 22. Ansprechende Auswahl an Süßigkeiten, Marmeladen, eingelegtem Obst. Eine Spezialität Millésimos sind die Schokoladen-Rum-Pralinen Millesini al Rhum.

Infos

Bahn: 8 x tgl. von Savona nach Cairo Montenotte/Piana Crixia (Strecke nach Acqui Terme).
Bus: Von Savona nach Altare/Cairo Montenotte (Mo–Sa alle 30–60 Min., So stdl.) und nach Millesimo (Mo–Sa stdl., So 6 x tgl.).

Sassello ▶ E 3

Die beschauliche Kleinstadt (2000 Einw.) nördlich des Monte Beigua (s. S. 177) besitzt noch einen kleinen alten Ortskern mit schönen Plätzen und Gassen. Markantester Bau ist die Pfarrkirche S. S. Trinità mit klassizistischer Säulenvorhalle und prachtvoll geschmücktem Innenraum.

Die meisten Besucher Sassellos haben jedoch Kulinarisches im Sinn. Der Ort ist so etwas wie die Pilzhauptstadt der Ponente, im Herbst werden frische Steinpilze und auch Trüffeln aus den Laubwäldern der Umgebung feilgeboten. Überregional bekannt sind der Mandellikör Amaretto di Sassello und die Amaretti di Sassello, nach altem Rezept gebackene, sehr aromatische süße Mandelplätzchen.

Einkaufen

Feinkost – Mehrere Feinkostgeschäfte im Ort verkaufen die beliebten Mandelkekse, daneben auch (getrocknete) Pilze, Wildschweinsalami, Käse und Honig aus der Region.

Infos

Bus: nach Savona und Varazze s. S. 173.

Von Albisola nach Varazze

Albisola ▶ E 3/4

Albisola besteht aus dem Küstenort Marina und dem etwas landeinwärts gelegenen Superiore. Die beiden Teile sind verwaltungsmäßig getrennt, aber faktisch durch das neue Viertel Capo längst zusammengewachsen. Die Gemeindegrenze bildet das Flüsschen Sansobbia, über das einzig die Brücke der Uferstraße hinwegführt.

Albissola Marina
Albissola Marina (5600 Einw.) hat eine jahrhundertealte Tradition der Porzellan- und Keramikproduktion. Im 17. Jh. gründeten Meister aus Albissola sogar wichtige, noch heute bestehende Keramikzentren in Frankreich, z. B. in Nevers. Immer noch gibt es im Ort viele Handwerker und Töpferläden, doch bieten sie kaum noch künstlerisch interessante Ware an. Objekte aus der früheren Produktion – die Blütezeit lag im 17. und 18. Jh. – finden sich im **Keramikmuseum Museo Trucco** (Corso Ferrari 191, westlich der Flussbrücke im Ortsteil Capo, Di–Fr 10–16, Sa/So 10–12.30, 16–20 Uhr, Eintritt frei).

Der kleine alte Ortskern erstreckt sich um die Fußgängergasse Via Italia. Drumherum stehen Neubauten an einer Bucht mit guten Stränden. Die Uferpromenade wurde 1963 mit Keramikfliesen und -bildern geschmückt, die teilweise von zeitgenössischen Künstlern wie Lucio Fontana, asger Jorn, Aligi Sassu u. a. stammen.

Am nördlichen Ortsrand steht die vornehme **Villa Faraggiana.** Die reiche genuesische Adelssippe der Durazzo ließ den Landsitz im 17. Jh. erbauen. Die mit altem Mobiliar prunkvoll ausgestatteten Innenräume können im Rahmen geführter Rundgänge besichtigt werden, im schönen Barockgarten kann man sich frei bewegen. (Mitte März–Mitte Okt. tgl. außer Mo 15–19 Uhr, Eintritt 8 €, nur Garten 4 €).

Albisola Superiore
Das ursprüngliche Zentrum liegt in Albisola Superiore (10 800 Einw.), etwas vom Meer entfernt oberhalb der Bahnlinie. Am Bahnhofsplatz sind einige römische Grundmauern der alten Poststation Alba Docilia freigelegt worden. Daneben steht die frühchristliche Kirche **San Pietro**; sie stürzte 1887 bei einem Erdbeben ein und wurde anschließend mit den Originalteilen rekonstruiert.

Nördlich der Bahn duckt sich im Schatten der pompösen **Villa Gavotti** und der prachtvollen Pfarrkirche **S. Nicolò** ein winziges *centro storico* mit ein paar engen Gassen und der mittelalterlichen Ziegelsteinbrücke über den Riobasco-Bach. Die barocke Villa Gavotti mit ihrem reichen Skulpturenschmuck ist leider fast immer verschlossen (manchmal in der Saison an Wochenenden geführte Besichtigungen, über Termine informiert das Touristenbüro).

Übernachten

Meernah – **Garden:** Albissola Marina, Viale Faraggiana 6, Tel. 0 19 48 52 53, www.hotelgardenalbissola.com, DZ/F 80–150 € je nach Saison und Zimmerqualität. Gut geführtes neueres Haus in Ufernähe am Sansobbia, etwas nüchtern, aber mit gutem Komfort, mit Garten.
Freundlich – **Splendor:** Albissola Marina, Via Repetto 108, Tel. 0 19 48 17 96, hotelsplendor@libero.it, DZ/F ab ca. 60 €, in der Hochsaison bis 100 €. Einfaches, aber gepflegtes kleines Hotel am Westende des Zentrums, 50 m zum Strand.

Essen & Trinken

In guter Familie – **La Familiare:** Albisola Marina, Piazza del Popolo 8, Tel. 0 19 48 94 80, Mo geschl., Menü um 30 €. Die bürgerliche Trattoria mit weißen Tischdecken und etwas streng blickenden Porträtbildern an den Wänden bietet traditionelle ligurische Küche, sowohl Fisch- als auch Fleischgerichte sind sehr schmackhaft.
Cucina Casalinga – **Rio Basco:** Albisola Superiore, Piazza della Libertà 9, Tel. 0 19 48 33 47, So geschl., Mittagsmenü 10 €, abends ab ca. 22 €. Traditionelle einfache Trattoria mit ordentlicher Hausmacherküche in sympathischem Ambiente. Pizza gibt es hier nicht.

Einkaufen

Keramik – **Ceramiche San Giorgio:** Albissola Marina, Corso Matteotti 5, Tel. 0 19 48 27 47. Die Keramikwerkstatt mit 200-jähriger Tradition produziert die klassischen Modelle Albissolas, aber auch Objekte nach Entwürfen moderner Künstler.

Infos

Infos
Ufficio Turistico: Albissola Marina, Piazza Lam, Tel. 01 94 00 25 25, albisola@inforiviera.it.

Verkehr
Bahn: Bahnhof in Albisola Superiore. Häufig Regionalzüge nach Savona und Celle/Varazze/Genua.
Bus: siehe unter Savona, S. 173.

Von Finale Ligure nach Genua

Celle Ligure ▶ F 3

Celle Ligure zeigt im hübschen Ortskern noch die typische Anlage der ligurischen Fischerdörfer. Die Hauptgasse durchzieht das gesamte Zentrum und verbreitert sich dabei gelegentlich zu einem malerischen Platz; die farbige Häuserzeile an der Südseite schaut direkt aufs Meer. Ein guter Sandstrand zieht im Sommer zahlreiche Badegäste an. Die Umgebung ist allerdings auch hier modern verbaut.

Übernachten

Es gibt ca. 25 Hotelunterkünfte für den sommerlichen Badebetrieb, die meisten liegen östlich der Altstadt im neueren Ortsteil Piani.
Mit Aussicht – **Villa Costa**: Via Tabor 10 (Ortsteil Piani), Tel. 0 19 99 00 20, www.hotelvillacosta.it, DZ 50–80 €, Frühstück 8 € p. P. Die meisten Zimmer mit Meerblick, durchschnittlicher Komfort, 50 m zum Strand.

Infos

Infos
IAT: Via Boagno (Rathaus), zwischen Bahnhof und Altstadt, Tel. 019 99 00 21, celleligure@inforiviera.it.

Verkehr
Bahn: Bahnhof nahe Zentrum. Werktags alle 30–60 Min., So etwa stdl. nach Savona und Varazze/Genua.
Bus: siehe unter Savona, S. 173.

Varazze ▶ F 3

Varazze (14 000 Einw.) hat ein lebendiges Zentrum mit einer ausgedehnten Uferpromenade. Durch den 1287 m hohen Monte Beigua ist der Ort nach Norden hin geschützt und weist daher ein günstiges Mikroklima auf; im 19. Jh. war er ein bevorzugtes Ziel des Oberschicht-Tourismus. Die Zitronengärten, die damals die Stadt umgaben, gehören der Vergangenheit an; heute stehen Neubauten an ihrer Stelle. Die Stadt rühmt sich einer langen Tradition des Schiffsbaus, die noch heute in verschiedenen Werften fortgesetzt wird. Aus Varazze stammt der Seefahrer Lanzellote Mallocello, nach dem die Insel Lanzarote ihren Namen trägt.

Parallel zum Meerufer erstreckt sich mit einigen hübschen Winkeln die schmale Altstadt. Die **Kirche Sant'Ambrogio** im Zentrum wurde im 16. Jh. errichtet. Von einem mittelalterlichen Vorgängerbau blieb der Glockenturm erhalten. In der vierten Kapelle rechts befindet sich ein schönes Tafelbild von Giovanni Barbagelata (1500) mit einer Darstellung des von Heiligen und Engeln umgebenen hl. Ambrosius.

Eine weitere, romanische Ambrosius-Kirche stand etwas weiter nördlich. Am Ende der Via Paseri erheben sich die beeindruckenden **Backsteinruinen** dieses Gotteshauses; die Fassade (mit gotischem Portal) und der Glockenturm sind direkt in die alten Stadtmauern eingefügt. An der Uferstraße ganz im Osten der Stadt steht das vollständig ausgemalte Barockkirchlein der Stadtheiligen Santa Caterina.

Übernachten

Breites Angebot an Unterkünften, wegen der Nähe zu Genua an Wochenenden und in der Hauptsaison oft ausgebucht:
Komfortabel – **El Chico**: Strada Romana 63, Tel. 019 93 13 88, www.elchico.eu, DZ/F 130–150 €. Herrliche Park-

lage mit Meerblick ca. 1 km östlich außerhalb des Zentrums, großer Pool.
Klassizistisch – **Genovese Villa Elena:** Via Coda 16, Tel. 01 99 75 26, www.genovesevillaelena.it, DZ/F um 100 €. Vornehme weiße Villa im Westteil der Altstadt aus der Zeit um 1900 mit Mosaikböden, Stuck, Kronleuchtern, Garten.
Preiswert – **Doria:** Piazza Doria 6, Tel. 019 93 01 01, www.vislink.it/hoteldoria, DZ 45–65 €, Frühstück 5 € p. P., HP 34–42 €, im Aug. 50 €. Freundlich, einfach und trotz Bahnhofsnähe ruhig.

Essen & Trinken

Frischer Fisch – **La Mola:** Via Marconi 17/A, Tel. 0 19 93 24 69, Mo geschl., Menü um 30 €. Gutes Lokal am östlichen Stadtrand, 150 m hinter Santa Caterina, es gibt vorwiegend Fischgerichte.
Kaffee und Kuchen – **Bar-Pasticceria Giordano:** Via Gottfredo Mameli 18/20, im Ostteil der Altstadt. Das altmodische Café mit breitem Angebot an Kuchen, Keksen und Süßwaren existiert seit 1929.

Aktiv & Kreativ

Wale und Delfine – **Schiffsausflug:** Juli-Anfang Sept. fährt Do gegen 9.30 Uhr ein Schiff zur Walbeobachtung hinaus aufs Meer. Die Fahrt dauert rund 6 Std. und kostet p. P. 35 € (Kinder 23 €). Voranmeldung notwendig, Tel. 0 10 26 57 12, www.whalewatchliguria.it.

Infos

Infos
IAT: Piazza Beato Jacopo da Voragine, im Zentrum nahe Sant´Ambrogio, Tel. 0 19 93 50 43, varazze@inforiviera.it.

Verkehr
Bahn: Mo–Sa alle 30–60 Min. Regionalzug nach Genua und Savona.
Bus: Halbstündlich auf der Linie Savona–Varazze (So alle 40 Min.). Mo–Sa 3 x, So 2 x tgl. nach Sassello. Mo–Sa 10 x, So 6 x tgl. nach Genua-Voltri.

Parco Naturale del Beigua ▶ F 3

Nördlich von Varazza begrenzt der gut 1000 m hohe Kammrücken des **Monte Beigua** (1287 m) den Horizont. Als Parco del Beigua steht das dünn besiedelte Bergland unter Naturschutz. Nach Süden zum Meer hin bildet es karge Steilflanken, die sanfter abfallenden Nordhänge sind mit Kastanien-, Buchen- und Eichenwäldern bestockt – ein Paradies für Pilzsammler und Wildschweinjäger. Drei schmale Asphaltstraßen führen hinauf: im Süden von Varazze über Alpicella zum Rifugio Pra Riondo, im Norden von Piampaludo zum Rifugio Pra Riondo, im Osten von Masone zum Passo del Faiallo.

Zahlreiche Wanderwege durchziehen das Gebiet. Der höchste Berg, der durch Antennen verschandelte Monte Beigua, ist allerdings kein lohnendes Ziel. Eine leichte Panoramaroute verläuft mit den rot-weißen Zeichen der Alta Via über den Kamm zwischen der Pra-Riondo-Berghütte und dem Faiallo-Pass. Erheblich anspruchsvoller ist die Besteigung des **Monte Rama,** 1150 m hoch und 4 km Luftlinie von der Küste entfernt. Ein uralter, zum Teil mit großen Steinplatten belegter Passweg (Markierung rote Punkte) erklimmt von Lerca bei Cogoleto aus in drei Stunden den Gipfel, eine Rückwegvariante (zwei rote Striche) durchquert das schroffe Engtal des Wildbaches Rio Lerca an der Ostseite des Monte Rama.

Das Beste auf einen Blick

Genua

Highlight !

Die Altstadt: Im ausgedehnten Gassengewirr des historischen Zentrums kann man sich verlieren. Trotz aller Renovierungsanstrengungen in jüngster Zeit bewahrt das in seiner alltäglichen Lebendigkeit fast schon orientalisch wirkende Viertel den leicht dekadenten Charme einer typisch levantinischen Hafenstadt. S. 186

Auf Entdeckungstour

Porto Antico: Das alte Hafenviertel im Zentrum Genuas verwandelte sich in kurzer Zeit von einer Zone industriellen Niedergangs zu einer modernen Freizeitwelt mit interessanten Museen. S. 188

Friedhof von Staglieno: Der im 19. Jh. entstandene große Friedhof vor den Toren der Stadt ist ein wahres Freilichtmuseum klassizistischer Bildhauerkunst. S. 194

Die Festungen von Genua: Mit einem Kranz düsterer Militärbauten schützte sich Genua vor seinen Feinden. Sie liegen in schöner Natur hoch auf einem Kammrücken – ideal für eine Wanderung von Fort zu Fort. S. 204

Kultur & Sehenswertes

San Lorenzo: Der Dom von Genua zeigt wertvolle Kunst und Architektur aus diversen Stilepochen. S. 182

Straßen der Paläste: An der Via Garibaldi und der Via Balbi stehen die Palazzi des genuesischen Adels. S. 191

Galleria di Palazzo Bianco: Die in einer Adelsvilla untergebrachte Gemäldesammlung besitzt eine hervorragende Sammlung flämischer Meister. S. 192

Aktiv & Kreativ

Spaziergang am Meer: Auf dem Uferweg Passeggiata Anita Garibaldi in Nervi kann man sich bei Brandungsrauschen und frischer Seebrise von Lärm und Hektik der Metropole erholen. S. 196

Wal- und Delfinbeobachtung: Im Sommer starten vom Porto Antico Schiffstouren in das Meeresschutzgebiet Santuario dei Cetacei. S. 199

Genießen & Atmosphäre

Cafés im Centro Storico: Im Herzen der Altstadt locken gleich drei traditionsreiche Kaffeehäuser in historischem Ambiente. S. 191

Sa Pesta: Seit 1890 serviert die gemütlich-schlichte Altstadttrattoria knusprige Farinata, die typisch ligurische Kichererbsen-Pizza. Die Stimmung ist locker, die Preise sind niedrig. S. 191

Abends & Nachts

In der Altstadt: Vor allem im Sommerhalbjahr herrscht auf den Straßen und Plätzen der Altstadt bis weit in die Nacht hinein pulsierendes Leben. Zentrum des Geschehens ist das **Viertel um die Via San Donato, Via San Bernardo** und die **Piazza delle Erbe** mit diversen Bars, Pubs und Musikkneipen. S. 202

La Superba – eine Metropole im Wandel

Fast die Hälfte der Bewohner Liguriens wohnt in Genua (630 000 Einw.), im Zentrum pulsiert das städtische Leben: im Hafenviertel und den Altstadtgassen, in edlen Geschäften und auf lauten Märkten, in eleganten Cafés und einfachen Kneipen. Doch nicht nur die Atmosphäre, sondern auch die Sehenswürdigkeiten machen Genua zu einem lohnenden Reiseziel: Die Paläste aus der Zeit der Seehandelsrepublik strahlen in ihrer Pracht immer noch Macht und Größe aus, zahlreiche Kirchen und Museen besitzen große Kunstwerke, und der moderne Meerwasserzoo ist eine besondere Attraktion. Im Zentrum erstreckt sich eines der größten Altstadtviertel Italiens, in dessen Gassengewirr man sich verlieren kann.

Lange haftete der Stadt ein negatives Image an. Sie galt als laute und schmutzige Industrie- und Hafenmetropole, deren Niedergang sich u. a. in Verwahrlosung, abnehmender Bevölkerung und Wirtschaftskraft sowie

Infobox

Reisekarte: ▶ F–H 2/3 und Karte 2

Internet
www.genova-turismo.it: Informationen zu Anreise, Unterkünften, Veranstaltungen usw., auch in Deutsch.
www.museidigenova.it: Infoseite zu den Museen Genuas.

Card Musei
Die Sammeleintrittskarte gilt in über 20 Museen und Palästen Genuas, bei vielen weiteren Sehenswürdigkeiten wie Palazzo Ducale, Acquario oder Bigo wird eine Ermäßigung gewährt. Die 48 Stunden gültige Card kostet 16 €, mit Fahrkarte für den öffentlichen Stadtverkehr 20 €, für 24 Stunden zahlt man 12 bzw. 13,50 € (Tageskarte nicht gültig für das Museo del Mare). Erhältlich ist die Card in den Touristeninformationen, den angeschlossenen Museen und im Buchladen des Palazzo Ducale.

Verkehr
Die Innenstadt ist durch ein dichtes Netz häufig verkehrender Buslinien erschlossen (Informationen unter www.amt.genova.it). Der eigene Pkw ist innerhalb der Stadt wegen knappen Parkraums und oft verstopfter Straßen wenig hilfreich.

Mit Bus und Metro unterwegs
Fahrkarten für Bus und Metro gibt es in Tabacchi-Geschäften und an Zeitungskiosken, im Bus beim Fahrer nur zwischen 20 und 7 Uhr gegen 1 € Aufpreis. Eine Einzelfahrkarte kostet 1,50 € und gilt 100 Min. für fast alle städtischen Verkehrsmittel (Bus, Metro, Aufzüge, Standseilbahnen und Regionalzüge zwischen Voltri und Nervi). Die im gesamten AMT-Netz 24 Stunden gültige Tageskarte **Genovapass** ist für 4,50 € erhältlich, als Gruppenkarte für 2–4 Personen für 9 €. Fahrpläne finden sich unter www.amt.genova.it

Geschichte

überdurchschnittlichen Kriminalitätsraten äußerte. Die Touristen fuhren an der Stadt vorbei. In den letzten beiden Jahrzehnten hat jedoch ein tiefgreifender Wandel eingesetzt. Weite Bereiche der einst heruntergekommenen Altstadt wurden saniert, heute flanieren die Fußgänger in früher abgasverseuchten Straßen , neue Museen entstanden, interessante zeitgenössische Bauten wuchsen im alten Hafenviertel empor.

Ende der 1980er-Jahre steckte Genua in eine Krise. Der Handelshafen hatte einen katastrophalen Niedergang erlebt, und die durch Schwerindustrie geprägte Wirtschaft kämpfte mit massiven Problemen. Die Arbeitslosigkeit lag höher als in allen anderen Gebieten Norditaliens. Vor allem in der Altstadt wurden soziale Spannungen deutlich. Viele Zonen waren erschreckend schmutzig. Auf offener Straße spielte sich der Drogenhandel ab. Hunderte von *extracomunitari* (wie die Italiener die Nicht-EU-Ausländer nennen) hausten hier in Kellern und verlassenen Häusern, oft ohne jegliche sanitäre Anlagen. Mehrfach kam es zu tätlichen Auseinandersetzungen zwischen selbst ernannten italienischen ›Bürgerwehren‹ und Farbigen. Heute sieht es völlig anders aus. Genua ist zwar nicht puppenstubenartig sauber geworden – den leicht schrägen Charakter einer mediterranen Hafenstadt mit einem orientalisch wirkenden Viertel der Zuwanderer hat es bewahrt –, aber Wirtschaft und Stadtbild zeigen nun wesentlich modernere Seiten.

Der ökonomische Schwerpunkt liegt heute im Dienstleistungsbereich, der Tourismus hat einen enormen Aufschwung genommen, Klein- und Mittelbetriebe schufen neue Arbeitsplätze, die in den Großunternehmen verloren gingen. Im Westen der Stadt wurde ein völlig neuer Handelshafen angelegt, das alte Stahlwerk abgerissen. Drei Großereignisse brachten Milliardensubventionen, die geschickt zur Stadterneuerung genutzt wurden: die Kolumbusfeiern 1992, der G-8-Gipfel 2001 und die Wahl zur Europäischen Kulturhauptstadt 2004. Jedes Mal wurden wesentliche Teile der Stadt restauriert und architektonisch ambitionierte Bauten errichtet.

Besonders erfolgreich war die Umgestaltung des nicht mehr benötigten alten Hafens zu einem ausgedehnten Freizeitbereich. Erfreulich ist auch die Zurückdrängung des Autoverkehrs. Heute scheint es fast unvorstellbar, dass in Fußgängerzonen wie der Via San Lorenzo oder der Via Garibaldi noch vor wenigen Jahren Autolärm und -gestank die Szene dominierten. Am wichtigsten aber ist wohl, dass sich in der Altstadt neues Leben entfaltet. Kneipen, Galerien und Musikclubs beleben die Gassen, die früher abends verlassen und oft sogar etwas unheimlich erschienen. Ein vorwiegend junges Publikum hat das Zentrum wieder in Besitz genommen, von düsterer Stimmung ist nichts mehr zu spüren.

Geschichte

Das heutige Stadtgebiet Genuas wurde vor rund 2500 Jahren besiedelt. Vermutlich lag hier bereits um 400 v. Chr. eine Hafenstadt mit Handelskontakten nach Süditalien und Griechenland. Anders als die meisten ligurischen Stämme verbündete sich Genua schon im 3. Jh. v. Chr. mit Rom. Seine Handelsinteressen ließen es sinnvoll erscheinen, sich früh mit der kommenden Großmacht zu arrangieren. Trotzdem blieb die Bedeutung Genuas im Römischen Reich gering, denn die wichtigste Straße der Region, die Via Aemilia Scauri, führte in großem Ab-

Genua

stand an der Stadt vorbei. Im 4. Jh. wurde Genua zum Bischofssitz. In den folgenden Jahrhunderten hatte es nur wenig politische und wirtschaftliche Macht. Erst im Hochmittelalter begann der Aufstieg: Genua wurde zu einer reichen See- und Handelsrepublik und zu einem der führenden Finanzzentren Europas (s. auch S. 64).

Mit dem Einmarsch der napoleonischen Truppen verlor die Republik Genua 1797 ihre Selbstständigkeit; nach dem Wiener Kongress kam Ligurien 1815 an das Königreich Piemont-Savoyen. In der folgenden Zeit entwickelte sich Genua zu einem der Zentren der italienischen Einigungsbewegung, des Risorgimento. Aus Genua stammte Giuseppe Mazzini, der revolutionäre Führer der Republikaner, und im Vorort Quarto begann 1860 Garibaldis Expedition der »Mille«, jenes Heeres von anfänglich nur tausend Soldaten, mit denen er das Königreich Neapel besiegte.

Die Einigung Italiens 1860 brachte der Stadt erneut eine wirtschaftliche Führungsrolle. Sie war bald eines der wichtigsten Industrie- und Hafenzentren des Landes. Bis nach dem Zweiten Weltkrieg konnte Genua diese Stellung bewahren; dann aber wurde es – wie ganz Ligurien – in wirtschaftlicher und kultureller Hinsicht von anderen italienischen Regionen überflügelt.

Rund um den Dom

San Lorenzo [1]
Museo del Tesoro: halbstündlich Führungen Mo–Sa 9–11.30, 15–17.30 Uhr, Eintritt 6 €

Genuas größte Kirche wurde ab 1100 errichtet, aber erst 1550 fertiggestellt. Reicher Reliefschmuck, vielfarbige Gewändeportale, ein Rosenfenster und mehrere Löwenskulpturen schmücken die gotische Fassade des 13. Jh. Im prunkvollen Innenraum spiegelt sich die lange Baugeschichte des Gotteshauses. Die schwarz-weiß gestreiften Bögen stammen aus dem 13. Jh., die vergoldete Decke aus der Barockzeit, die farbigen Glasfenster aus dem 19. Jh.

Die ältesten Kunstwerke im Innenraum sind die Fresken über dem Hauptportal. Ein unbekannter Meister stellte hier um 1300 das Jüngste Gericht und die Verherrlichung Marias dar. Lazzaro Tavarone schuf 1622–24 über dem Hauptaltar einen Freskenzyklus mit Legenden des hl. Laurentius. Die Kapelle Johannes' des Täufers im linken Seitenschiff hat eine reiche Renaissancedekoration von Domenico Gaggini (um 1555). Hier wurde früher die Asche Johannes' des Täufers aufbewahrt. Genuesische Kaufleute hatten die Reliquie 1098 in Kleinasien erworben, damit ihre Heimatstadt mit Venedig konkurrieren konnte, das die sterblichen Überreste des hl. Markus besaß. Mark Twain berichtet noch 1869, Frauen dürften die Kapelle nur an einem Tag im Jahr betreten, »wegen der Feindschaft, die sie immer noch gegenüber diesem Geschlecht hegen, weil der Heilige um der Befriedigung der Laune der Salome willen ermordet worden war.«

Zum **Domschatz** gelangt man vom linken Seitenschiff aus. Sein kostbarster Besitz ist der »Sacro Cantino«, eine orientalische Glasschüssel aus dem 9. Jh., die der Überlieferung nach von Christus beim Abendmahl benutzt wurde. Sehenswert sind auch die kostbaren Reliquienschreine, die liturgischen Geräte und das Papstgewand aus dem 15. Jh.

San Matteo
Wenige Schritte vom Dom entfernt befindet sich die **Piazza San Matteo**, der

Rund um den Dom

Mehrere Löwenskulpturen schmücken die Front der Genueser Kathedrale

besterhaltene mittelalterliche Platz Genuas. Hier wohnte einst das mächtige Adelsgeschlecht der Doria. Ihre 1308 fertiggestellte Familienkirche **San Matteo** 2 ist mit Stuck und Gemälden aus dem späten 16. Jh. geschmückt.

Palazzo Ducale und Oper

Der **Palazzo Ducale** 3 entstand um 1600 als repräsentatives Gebäude der genuesischen Oberschicht. Er wurde im Lauf der Jahrhunderte immer wieder umgebaut. Die monumentale klassizistische Fassade des 19. Jh. prägt seine heutige Erscheinung. Die farbig bemalte Seitenfassade ist zur weitläufigen **Piazza De Ferrari** ausgerichtet, an deren Nordseite sich das **Opernhaus Carlo Felice** 4 erhebt. Der Bau des späten 19. Jh. wurde im Zweiten Weltkrieg stark beschädigt und zu Beginn der 1990er-Jahre nach einem Entwurf von Aldo Rossi neu gestaltet.

Von der Jesuitenkirche zur Porta Soprana

Die reich ausgestattete **Jesuitenkirche** 5 (Chiesa del Gesù oder Sant'Ambrogio) aus dem 16./17. Jh. schmücken zahlreiche Barockgemälde. Darunter befinden sich zwei Werke von Peter Paul Rubens, der sich mehrere Male in Genua aufhielt: die »Beschneidung Christi« am Hauptaltar und »Der hl. Ignatius heilt einen Besessenen« in der dritten Kapelle links.

Wenige Schritte führen von hier zum 1155 errichteten Stadttor **Porta Soprana** 6 an der modernen Piazza Dante. Vor dem Tor stehen das **Kolumbus-Haus** 7, in dem der Entdecker an-

Sehenswert

1. Dom San Lorenzo
2. Kirche San Matteo
3. Palazzo Ducale
4. Opernhaus Carlo Felice
5. Jesuitenkirche
6. Porta Soprana
7. Kolumbus-Haus
8. Kreuzgang Sant' Andrea
9. San Donato
10. Santa Maria di Castello
11. Loggia dei Mercanti
12. Palazzo Spinola di Pellicceria
13. Porta della Vacca
14. San Giovanni di Pré
15. Commenda
16. Museo Nazionale del Mare
17. Acquario
18. Bigo
19. Bolla
20. Magazzini del Cotone
21. Città dei Bambini
22. Palazzo di San Giorgio
23. Palazzo Angelo Giovanni Spinola
24. Palazzo Podestà
25. Palazzo Doria-Tursi

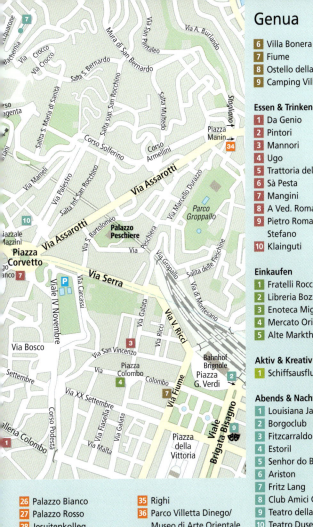

Genua

- 6 Villa Bonera
- 7 Fiume
- 8 Ostello della Gioventù
- 9 Camping Villa Doria

Essen & Trinken
- 1 Da Genio
- 2 Pintori
- 3 Mannori
- 4 Ugo
- 5 Trattoria del Galeone
- 6 Sà Pesta
- 7 Mangini
- 8 A Ved. Romanengo
- 9 Pietro Romanengo fu Stefano
- 10 Klainguti

Einkaufen
- 1 Fratelli Rocca
- 2 Libreria Bozzi
- 3 Enoteca Migone
- 4 Mercato Orientale
- 5 Alte Markthalle

Aktiv & Kreativ
- 1 Schiffsausflug

Abends & Nachts
- 1 Louisiana Jazz Club
- 2 Borgoclub
- 3 Fitzcarraldo
- 4 Estoril
- 5 Senhor do Bonfim
- 6 Ariston
- 7 Fritz Lang
- 8 Club Amici Cinema
- 9 Teatro della Corte
- 10 Teatro Duse
- 11 Teatro della Tosse
- 12 Caffè degli Specchi
- 13 Cantina Moretti

- 26 Palazzo Bianco
- 27 Palazzo Rosso
- 28 Jesuitenkolleg
- 29 Palazzo Reale
- 30 Chiesa Santissima Annunziata del Vastato
- 31 Palazzo del Principe
- 32 Stazione Marittima
- 33 Lanterna di Genova
- 34 Cimitero di Staglieno
- 35 Righi
- 36 Parco Villetta Dinego/ Museo di Arte Orientale

Übernachten
- 1 Grand Hotel Savoia
- 2 Cristoforo Colombo
- 3 Cairoli
- 4 Europa
- 5 Agnello d'Oro

Genua

Piazza De Ferrari: das turmartige Bühnenhaus der Oper setzt moderne Akzente

geblich seine Jugendjahre verbrachte, und der mittelalterliche **Kreuzgang von Sant'Andrea** 8, der nach der Zerstörung des gleichnamigen Klosters 1904 hier aufgestellt wurde.

Durch die Altstadt!

Die verwinkelte Altstadt von Genua wartet mit immer neuen Überraschungen auf. Genuas *centro storico* ist – im Unterschied zu den Zentren anderer norditalienischer Städte – kein Viertel der wohlhabenden Bürger, der Büros und vornehmen Geschäfte, sondern sozial völlig gemischt. Hier leben Arbeiter und Angestellte, Ladenbesitzer und Obdachlose, Straßenhändler und Künstler. Glanz und Verfall liegen dicht beieinander. Weite Teile der Altstadt wurden in den letzten Jahren restauriert, und in vielen einst heruntergekommenen Gassen entfaltet sich nun eine lebhafte Unterhaltungs- und Kulturszene mit Musikclubs, Cafés, Galerien und Lokalen.

Das historische Zentrum bildet zugleich ein ›Einkaufszentrum‹ eigener Art. In vielen Straßen steht ein Laden neben dem anderen. Alle Preis- und Qualitätsstufen sind vertreten. Schmuggelzigaretten werden auf umgestülpten Kartons feilgehalten; Musik schallt aus Autoradio-Läden, aber auch aus marokkanischen Garküchen und tune-

Durch die Altstadt

sischen Patisserien; Lebensmittelgeschäfte bieten Käse, Würste, hausgemachte Nudeln, Oliven und Pestosauce an. Viele Geschäfte sind trotz der manchmal etwas dekadenten Umgebung ausgesprochen elegant. Man findet schicke Modeboutiquen und Kunsthandwerk, Galerien, Antiquitäten und Bücher.

San Donato 9

Inmitten des Gassengewirrs stehen mehrere kunstgeschichtlich interessante Bauwerke. San Donato ist die besterhaltene romanische Kirche der Stadt. Der Bau des 12. Jh. hat einen achteckigen Glockenturm. Vom linken Seitenschiff gelangt man in die Kapelle des hl. Josef mit dem farben- und figurenreichen Bild »Anbetung der Könige« des flämischen Renaissancemalers Joos van Cleve. In der »Heiligen Familie« (von Domenico Piola, 17. Jh.) im gleichen Raum hält ausnahmsweise Josef – und nicht Maria – das Christuskind im Arm. Das ungewöhnliche Motiv erklärt sich dadurch, dass die Zunft der Zimmerleute, die das Gemälde in Auftrag gab, ihren Schutzpatron besonders hervorheben wollte.

Santa Maria di Castello 10

Auch Santa Maria di Castello stammt aus der Romanik, wurde aber in späteren Epochen umgebaut. Die Kirche ist mit schönen Frührenaissancebildern geschmückt, darunter ein Madonnenfresko von Lorenzo Fasolo an der Eingangswand und die »Mystische Hochzeit der hl. Katharina« eines unbekannten Meisters in der ersten Kapelle links. Durch die Sakristei gelangt man ins angrenzende **Kloster.** Die Loggia dell'Annunciazione im ersten Stockwerk zeigt ein Meisterwerk von Justus von Ravensburg, das 1451 geschaffene Verkündigungs-Fresko. In der Klosterbibliothek im zweiten Stock finden sich ein Kruzifix aus der Zeit um 1100 und eine weitere Darstellung der Verkündigung: ein großes Altarbild von Giovanni Mazone (um 1470) in einem holzgeschnitzten gotischen Rahmen.

Durch die Gassen oberhalb des alten Hafens

Das Herz der Altstadt schlägt im Bezirk zwischen Piazza Soziglia und Piazza Caricamento in der Nähe des alten Hafens. Um die **Loggia dei Mercanti** 11, eine repräsentative Bogenhalle des späten 16. Jh., stehen die Stände der Blumenhändler und Bouquinisten. Die Via degli Orefici führt von hier zur **Piazza Soziglia** mit einem der traditionsreichsten Kaffeehäuser ▷ S. 191

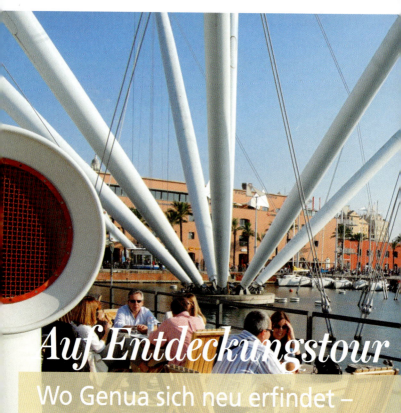

Auf Entdeckungstour

Wo Genua sich neu erfindet – der Porto Antico

Das ehemalige Hafenviertel in Genua ist ein Beispiel gelungener Stadterneuerung. Wo noch vor 20 Jahren verfallende Lagerhallen und vor sich hinrostende Schiffsruinen das Bild bestimmten, flanieren heute die Einheimischen vor den modernen Fassaden einer neuen Erlebniswelt.

Reisekarte: ▶ Karte 2, D 4

Öffnungszeiten: Acquario: Juli/Aug. tgl. 8.30–22 Uhr, sonst Mo–Fr 9.30–19.30, Sa/So/Fei bis 20.30 Uhr (an Wochenenden lange Warteschlangen!); Museo Nazionale del Mare: März–Okt. tgl. 10–19.30, sonst tgl. außer Mo 10–18 Uhr; Galeone Neptune: tgl. 10–19 Uhr; Città dei Bambini: Di–So 10–18 Uhr. Einlass jeweils bis 60–90 Min. vor Schließung.

Eintritt: Sammelticket für alle Museen und Sehenswürdigkeiten 39 € (Erw.), 34 € (Senioren), 27 € (Kinder 4–12 Jahre).

Bis ins 20. Jh. hinein war der Hafen Genuas eng mit der Stadt verbunden. An diese Epoche erinnern noch die Arkadengänge der Via di Sottoripa und der Palazzo di San Giorgio. Mit fortschreitender Industrialisierung zerriss die direkte Beziehung von Docks, Werften, Plätzen und Gassen immer mehr. Zwischen dem Ufer und der Altstadt entstanden breite Verkehrsschneisen. Diese Trennung hat man in den letzten 15 Jahren teilweise rückgängig gemacht. Die modernen Hafenanlagen wurden in die westlichen Vororte verlagert und der ehemalige Handels- und Industriehafen, der Porto Antico, wurde zu einer Freizeitwelt für die Bürger der Stadt und die Touristen umgestaltet.

Die Kolumbusfeiern 1992, das G-8-Gipfeltreffen 2001 und die Wahl zur europäischen Kulturhauptstadt 2004 ließen viel Geld in das Projekt zur Neugestaltung des Porto Antico fließen. Federführend bei der Planung war der aus Genua stammende Stararchitekt Renzo Piano. Die neuen Bauten an den alten Kais setzten in der Fachwelt viel beachtete städtebauliche Akzente. Im ehemaligen Industriehafengelände entstanden moderne Museumsbauten und eine Reihe von Touristenattraktionen. Der Meerwasserzoo Acquario und das Museo del Mare sind heute auch international bekannte Sehenswürdigkeiten, und die verkehrsberuhigte palmenbestandene Uferpromenade wurde in kurzer Zeit zur beliebtesten Flaniermeile der Genuesen.

Geschichte der Genueser Seefahrt: das Museum des Meeres 16

Am alten Hafenbecken Darsena im Nordende des Erneuerungsareals öffnete 2004 das **Museo Nazionale del Mare** seine Pforten. Das größte Schiffsmuseum des Mittelmeerraums ist in einem ambitionierten Neubau des spanischen Architekten Guillermo Vasquez Conseugra untergebracht. Es dokumentiert auf vier Etagen mit anschaulichen Modellen, Rekonstruktionen und Filmprojektionen die ruhmreiche Geschichte der genuesischen Seefahrt. Man sieht hier beispielsweise Schiffsmodelle und Navigationsinstrumente aus der Zeit des Christoph Kolumbus, Waffen, Rüstungen und Gallionsfiguren sowie ein im Originalmaßstab rekonstruiertes Schiff des 17. Jh. – interessant für alle Altersgruppen (www.galatamuseodelmare.it)!

Im Hafenbecken vor dem Museum kann man das Innere des Unterseebootes **Sommergibile Nazario Sauro** inspizieren. Im Darsena-Hafen ankern auch noch ein paar traditionelle hölzerne Fischerboote, frühmorgens wird der frisch gefangene Fisch angelandet und sofort verkauft. Im Laufe des Tages finden sich dann zahlreiche Straßenverkäufer an den Kaimauern ein, die allerlei Billigwaren feilbieten. Die meist afrikanischen Händler führen vielfach eine verborgene Existenz in den engen Gassen der Altstadt.

Besonders viele stehen nahe dem Acquario vor der **Galeone Neptune**. Die historisch wohl nicht ganz authentische Nachbildung eines spanischen Kriegsschiffes des 16. Jh. entstand 1982 für Roman Polanskis Film »Piraten«. An dem mit alten Kanonen bestückten Schiff dürften vor allem Kinder ihre Freude haben.

Haifische, Delfine und Rochen: im Acquario 17

Der größte Anziehungspunkt des Porto Antico ist jedoch unzweifelhaft der große Meerwasserzoo. In abgedunkelten Räumen vor großen Glaswänden stehend sieht man Haifische und Flügelrochen, scheinbar zum Anfassen nahe, elegant durch den Raum schweben. Muränen schlängeln sich aus Felshöhlen hervor, Delfine, Seehunde und Pinguine zeigen mit offensichtlichem Vergnügen ihre Schwimmkünste, während die äußerst seltenen, plump wirkenden Seekühe stoisch Grünzeug kauend im Wasser stehen. Daneben erfreuen exotische Fische in vielen Farben und eine große Meeresschildkröte den Besucher. Nicht nur Kinder werden hellauf begeistert sein!

Der 1992 eingerichtete Meerwasserzoo mit insgesamt 49 Becken hat sich binnen kurzer Zeit zu einem der meistbesuchten Touristenziele Italiens entwickelt. Mit gutem Grund: Die rund 5000 Fische und andere Meerestiere werden vorzüglich präsentiert, große Bassins stellen ganze Ökosysteme dar, u. a. das ligurische Meer, ein Korallenriff oder Flüsse im tropischen Urwald. Erklärungstafeln erläutern ausführlich auf Italienisch und Englisch viele wenig bekannte Aspekte der Meeresökologie (www.acquariodigenova.it).

Beim Acquario befindet sich auch die Anlegestelle für **Hafenrundfahrten.** Die Schiffe starten im Allgemeinen stündlich ab 10 Uhr zu Fahrten von etwa 45 Minuten Dauer.

Bigo, Bolla und Magazzini del Cotone

Den **Bigo** [18] entwarf Renzo Piano 1992 als Symbol der Kolumbus-Feiern. Die 40 m hohe Metallkonstruktion ist sichtbar den alten Kranbäumen zur Beladung der Frachtschiffe nachempfunden. Ein sich drehender Panorama-Aufzug führt auf eine Plattform, von der man eine gute Aussicht auf Stadt und Hafen genießt. Gegenüber am Hafenbecken steht die **Bolla** [19] (Blase) von Renzo Piano, eine gläserne Kugel mit der **Biosfera,** einem kleinen tropischen Gewächshaus mit einigen Urwaldtieren (Papageien, Kleinreptilien) in ihrem Innern.

Die ehemaligen Baumwollspeicher **Magazzini del Cotone** [20] wurden von Renzo Piano und Peter Chermayeff zu einem Messe- und Ausstellungsgelände ausgebaut. Hier findet man auch die **Città dei Bambini** [21]. Sie bietet unter Anleitung von Pädagogen zahlreiche Aktivitäten für Kinder von zwei bis zwölf Jahren. Die Kleineren können sich an einem Hausbau-Projekt beteiligen, für Größere gibt es beispielsweise einen nachgebauten Ameisenhaufen, in dem man die Welt ›aus der Perspektive der Ameisen‹ erlebt, daneben zahlreiche, zum Teil computergestützte Lernspiele (www.cittadeibambini.net).

Rund um die Piazza Caricamento

Nach der Neugestaltung des Porto Antico ist von der älteren Hafenarchitektur nur wenig geblieben. Schräg gegenüber vom Acquario steht an der Piazza Caricamento der **Palazzo di San Giorgio** [22]. Er wurde 1260 erbaut und diente ursprünglich als Rathaus. 1291 ging er an die Zollbehörde über, 1407 an die mächtige Staatsbank Banco di San Giorgio. Die Bank ließ den Palazzo im späten 16. Jh. umbauen. Wenig später entstanden die großen farbigen Fresken von Lazzaro Tavarone an der dem Hafen zugewandten Fassade.

Von der Piazza Caricamento verläuft die mittelalterliche **Arkadengasse Via di Sottoripa** parallel zum Ufer. Unter den Bogengängen mit Restaurants und Geschäften, Imbissbuden und Kiosken herrscht stets reges Treiben. Einst war sie eine echte Hafenstraße, heute trennen Hochstraße und die breite Via Gramsci sie vom Meer. An der Via di Sottoripa befinden sich zwei Märkte: der Lebensmittelmarkt an der Piazza dello Statuto und der Kleidermarkt an der Piazza Sant'Elena.

der Stadt, dem 1828 von vier Engadiner Brüdern gegründeten **Caffè Klainguti** 10. Die Schweizer Zuckerbäcker hatten in Genua einen sensationellen Erfolg; Giuseppe Verdi sandte ihnen nach seinem Besuch ein Dankschreiben mit den Worten: »Liebe Klainguti, Eure Falstaff (eine Kuchensorte des Hauses) sind besser als meiner!« Ganz in der Nähe befinden sich zwei weitere elegant eingerichtete Konditoreien mit Spiegeln, holzgeschnitzten Wandschränken, Stuckaturen und Kristalllüstern aus der Zeit um 1900: **Pietro Romanengo fu Stefano** 9 (Via di Soziglia 74r) und **A. Ved. Romanengo** 8 (Via degli Orefici 31r).

Die Gemäldegalerie im **Palazzo Spinola di Pellicceria** 12 zeigt vorwiegend Werke genuesischer Künstler, aber auch Arbeiten von Antonello da Messina, Anton van Dyck und Joos van Cleve (www.palazzospinola.it, Di–Sa 8.30–19.30, So 13.30–19.30 Uhr, Eintritt 6,50 €). Die Inneneinrichtung dieses Stadtpalais wurde weitgehend im Originalzustand des 18. Jh. belassen, sodass man einen einzigartigen Einblick in die Wohnkultur der genuesischen Oberschicht erhält. In der nahe gelegenen **Via della Maddalena** befinden sich viele Antiquitätengeschäfte.

Die Via del Campo führt zum Stadttor **Porta della Vacca** 13 aus dem 12. Jh., ihre Verlängerung Via di Pré zur Kirche des Templerordens **San Giovanni di Pré** 14. Das 1180 errichtete, im 18. Jh. umgebaute Gotteshaus ist zweigeschossig. Die Oberkirche war ausschließlich den Templern – und später den Malteserrittern, welche die Kirche 1420 übernahmen – vorbehalten; ›normale‹ Gläubige durften nur die Unterkirche betreten. Das benachbarte Gebäude der **Commenda** 15 hat eine elegante Renaissanceloggia; es diente als Unterkunft und Krankenhaus für Pilger auf der Fahrt ins Heilige Land.

Porto Antico 16 – 22
Der historische Hafenbezirk im Zentrum Genuas hat sich in den letzten beiden Jahrzehnten grundlegend verwandelt. Die im Rahmen der Neugestaltung des alten Stadthafens vom Ufer etwas zurückversetzte Hochstraße Sopraelevata Aldo Moro trennt die verbliebene ältere Architektur von der neuen Freizeitwelt an den Kaimauern (s. Entdeckungstour S. 188).

Die Straßen der Paläste

Der wachsende Wohlstand der genuesischen Bankiers seit dem 16. Jh. hatte eine Neugestaltung der Stadt zur

Unser Tipp

Klassische schmackhafte Hausmannskost – Sà Pesta 6
Dieses gut besuchte Altstadtlokal ist der Inbegriff genuesischer Küchentradition. Seit 1890 kommen hier Klassiker der ligurischen Küche auf den Tisch: Gemüsetorte, gefüllte Sardellen, Pasta mit Pesto oder Walnusssauce, gekochter Tintenfisch, die Fisch-Gemüsesuppe *buridda*, Stockfisch, Kutteln und gefüllte Kalbsbrust *(cima)*. Die Spezialität des Hauses ist die Farinata. Der Fladen aus Kichererbsenmehl wird im Holzofen gebacken und mit Zutaten wie Artischocken, kleinen Fischen oder Zwiebeln angereichert. Zu der einfachen, aber schmackhaften Küche passt die lockere Stimmung und die schlichte Einrichtung: gekachelte Wände, Holztische und ein paar Bilder (Via dei Giustiniani 16/r, Tel. 01 02 46 83 36, So, Mo–Mi abends und im Aug. geschl.).

Genua

Folge. Die alten Palazzi im mittelalterlichen Zentrum genügten den Bedürfnissen der reichen Familien nicht mehr. Sie ließen daher am Altstadtrand eine Prachtstraße anlegen und errichteten an dieser Strada Maggiore (der heutigen Via Garibaldi) repräsentative Paläste im manieristischen Stil; später kamen einige Barockbauten dazu. Die französische Schriftstellerin Germaine de Staël bezeichnete die Strada Maggiore zu Beginn des 19. Jh. als »Königin der Straßen«. Noch immer wirken die prunkvollen Gebäude dieses ehemaligen Wohnquartiers der Reichen beeindruckend. Seit 2006 zählen sie zum Weltkulturerbe der UNESCO.

Via Garibaldi

In der Via Garibaldi – seit 1984 Fußgängerzone – lässt es sich gut flanieren. Sie wurde nach einem einheitlichen Plan angelegt. Die meisten Palazzi folgen demselben Grundmuster: An Portal und Vorhalle schließt sich ein repräsentativer, oft erhöht gelegener Innenhof an. Da nur wenig ebenes Terrain zur Verfügung stand, steigen die Gebäude meist am Hang an. Oft befindet sich an der Rückseite des Gebäudes, weit über dem Eingangsniveau, noch ein Garten.

Die Mehrzahl der Bauten entstand zwischen 1560 und 1580. Jedes Detail verrät Wohlstand und Freude an der Selbstdarstellung: die mit Reliefs geschmückten Portale und Fensterrahmungen, die antiken Motive der Pilaster, Säulen, Triumphbögen und Friese, die sorgfältig gestalteten Balkone und Gesimse. Der Blick fällt in freskengeschmückte Eingangshallen und prunkvolle Innenhöfe.

Die Vorhalle des **Palazzo Angelo Giovanni Spinola** [23] (Nr. 5) ist großzügig mit manieristischen Fresken ausgemalt. Der **Palazzo Podestà** [24] (Nr. 7) zeigt einen reichen Reliefschmuck und im Hof einen schönen Felsbrunnen. Der 35 m lange **Palazzo Doria-Tursi** [25] (Nr. 9), der prunkvollste Bau der Straße, wurde 1570 für den Bankier Nicolò Grimaldi errichtet; die restaurierten Innenräume mit edlem Mobiliar kann man besichtigen (Zugang vom Palazzo Bianco). Der barocke **Palazzo Bianco** [26] (Nr. 11) beherbergt eine schöne Gemäldegalerie mit bedeutenden Werken flämischer Maler (Gérard David, Jan Provost, Hans Memling, Anton van Dyck, Jacob Ruisdael), außerdem Bilder von Lodovico Bréa, Filippino Lippi, Caravaggio, Zurbarán und Murillo. Der **Palazzo Rosso** [27] (Nr. 18), heute ebenfalls eine Gemäldesammlung, zeigt unter anderem Bilder der venezianischen Renaissance von Tintoretto, Tizian und Veronese (Palazzo Doria-Tursi, Bianco, Rosso Di–Fr 9–19, Sa/So 10–19 Uhr, Eintritt 8 €).

Via Balbi

Im 17. Jh. dehnte sich das Luxusviertel Genuas weiter nach Westen aus. Als neue Palaststraße entstand nun die Via Balbi in der Nähe des heutigen Bahnhofs Piazza Principe. Ihre aufwendigen Barockpalazzi wurden ab 1602 zunächst auf Initiative der Jesuiten und der schwerreichen Familie Balbi errichtet, die hier sieben Bauten besaß. Neben zwei Kirchen standen in der Via Balbi allein acht Klöster! Das ehemalige **Jesuitenkolleg** [28] (Nr. 5) von 1634–36 dient heute als Hauptgebäude der Universität.

Der **Palazzo Reale** [29] (Nr. 10) ist mit einer Front von fast 100 m Länge der größte Palastbau der Stadt. Er wurde zwischen 1643 und 1655 durch die Balbi errichtet, um 1700 durch die Durazzo wesentlich erweitert. Nach 1824 residierten hier die Könige Piemont-Savoyens. Die mit edlem Mobiliar, Stuckaturen, Marmorfiguren, Wand- und Deckenmalereien sowie einigen Bildwerken bekannter Meister (Anton van Dyck) prunkvoll ausgeschmückten Palasträume sind zu besichtigen. Vom frei zugänglichen, mit Steinmosaiken ausgelegten Innenhof bietet sich ein schöner Blick auf die elegant wirkende farbige Rückfront des Palazzo (www.palazzorealegenova.it, Di–Mi 9–13, Do–So 9–18.30 Uhr, Eintritt 4 €).

Beim unteren Ende der Via Balbi blickt man auf das klassizistische Säulenportal der **Chiesa Santissima Annunziata del Vastato** 30, eine innen reich geschmückte Kirche mit Bildwerken genueser Barockmaler des 17. Jh.

Rund um den Palazzo del Principe

Auch der **Palazzo del Principe** 31 westlich des Bahnhofs zeigt Pracht und Prunk aus der Glanzzeit Genuas. Der berühmte Flottenadmiral Andrea Doria ließ den riesigen Palast zwischen 1522 und 1529 errichten. Der Raffael-Schüler Perino del Vaga schuf die zahlreichen Freskenzyklen der Palastsäle. In der Loggia degli Eroi ließ sich der mächtige Doria-Clan im Stil antiker Helden abbilden, namhafte Künstler des 16. Jh. wie Sebastiano del Piombo schufen idealisierende Porträtbilder der Sippe. Kostbare Wandteppiche zeigen detailreich die Seeschlacht von Lepanto und den Heereszug Alexander des Großen nach Indien. (www.dopart.it/genova, März–Sept. tgl. 10–17 Uhr, Eintritt 12 €).

Am Hafen unterhalb des Palastes steht die **Stazione Marittima** 32, der um 1900 vor allem für den Fährverkehr nach Amerika erbaute Meeresbahnhof. Der 800 m lange Fußweg der **Passeggiata della Lanterna** (Einstieg beim Columbus-Sea-Hotel) führt am Fährhafen entlang zum 1543 erbauten Leuchtturm **Lanterna di Genova** 33. Von seiner Spitze in 117 m Höhe bietet sich ein herrliches Stadt- und Hafenpanorama (Sa/So 10–19, Nov.–März 10–18 Uhr).

Randviertel und Vororte
▶ G 3 und Karte 2

Genuas Vororte bieten ein Gemisch aus Natureindrücken und Stadtkultur: den Panoramablick auf die kahlen Hügel über der Großstadt, lebhafte Viertel direkt am Meer, Parks und Museen, dazwischen Industrie- und Hafenzonen. Eine Besonderheit ist der größte **Monumentalfriedhof** Italiens in Staglieno 34 (s. Entdeckungstour S. 194).

Hügel über der Altstadt

Im 19. Jh. bauten sich wohlhabende Bürger ihre Patrizierhäuser und Villen in den Hügeln über dem Getriebe des proletarischen Genua. Die Fahrt in die Oberstadt lohnt sich heute vor allem wegen der schönen Blicke über Stadt und Hafen. Am einfachsten gelangt man mit Standseilbahnen und Aufzügen auf die Höhe, z. B. mit dem Lift Piazza Portello–Castelletto oder mit der Zahnradbahn Largo della Zecca–Righi.

Vom Hügel **Righi** 35 (302 m) hat man das umfassendste Panorama. Um die Großstadt ziehen sich kahle, von Festungen gekrönte Höhenzüge (s. Entdeckungstour S. 204); Hochhaussiedlungen wuchern in die Täler und enden abrupt an steilen Hügeln; die Autobahn umrundet die Stadt auf Brücken und in Tunneln; nicht weit davon entfernt ziehen sich schmale Bergpfade die Hänge hinauf. Die chaotische Architektur Genuas ist beim besten Willen nicht schön zu nennen, schon im 19. Jh. bemerkte der schweizerische Historiker Jacob Burckhardt: »Genua, wo es aussieht, als hätten Kinder Theaterdekorationen vierten Ranges schräg und quer auf Felsen hingestellt ...«

Das Panorama Genuas eröffnet sich – wenn auch nicht ganz so   ▷ S. 196

Auf Entdeckungstour

Freilichtmuseum der Bildhauerkunst – der Friedhof Staglieno

Ein »Museum der bürgerlichen Kunst, im Vergleich dessen der Père Lachaise ein Nichts ist« schrieb der Schriftsteller Evelyn Waugh über den Cimitero di Staglieno 34. Auf dem großen Friedhof am nordöstlichen Stadtrand von Genua liegen zwar keine berühmten Toten wie auf der bekannteren Begräbnisstätte in Paris, doch der Prunk und die Lebendigkeit der Denkmäler sind einzigartig.

Reisekarte: ▶ Karte 2, E 4

Info: www.staglieno.eu.

Öffnungszeiten: tgl. 7.30–17 Uhr, Einlass bis 16.30 Uhr.

Anfahrt: Mit dem Bus 34 ab Piazza Corvetto oder Bahnhof Principe, Fahrzeit ca. 30 Min.

Bereits 1797 waren in Genua die Bestattungen innerhalb der Stadtmauern verboten worden, doch erst 1830 beschloss man die Errichtung eines neuen Monumentalfriedhofs bei dem Dorf Staglieno; er sollte den Reichtum Genuas spiegeln und auch den Lebenden Freude bereiten. Der klassizistische Architekt Carlo Barabino entwarf eine streng symmetrische Anlage, die unter Leitung seines Mitarbeiters Giovanni Battista Resasco 1844–51 entstand. Der ursprüngliche Kern des Friedhofs erwies sich schnell als zu klein, und so entstanden im Laufe der Zeit zahlreiche neue Grabfelder.

Spiegel sozialer Struktur

In der Gestaltung der Gräber wie auch in der Anordnung des Friedhofs kommt die soziale Struktur Genuas zum Ausdruck: Beim Haupteingang im unteren Teil der Anlage umschließen die Wandelhallen des **Porticato Inferiore** einen weiträumigen Hof. In den umlaufenden Gängen stehen die Grabmäler des gehobenen Bürgertums, die reich mit Skulpturen geschmückt sind. Weniger wohlhabende Bürger wurden in mehrstöckigen Grabkammern ohne Skulpturenschmuck – den sogenannten Kolumbarien – bestattet, die Armen kamen in schlichte Sammelgräber.

Vom Porticato Inferiore leitet eine breite Treppe hinauf zum markantesten Bauwerk des Friedhofs: Von Gräbergalerien umrahmt erhebt sich ein Rundtempel mit großer Säulenvorhalle. Auf der Terrasse dieses **Pantheons** und am Hang darüber errichteten die Aristokraten ihre repräsentativen Grabstätten. Eine schmale Straße zieht sich durch ein Wäldchen den Hügel hinauf. Sie passiert zahlreiche Grabkapellen, wobei sich dem Besucher ein fantasievolles Sammelsurium unterschiedlichster Baustile präsentiert.

Religiöse Toleranz

Auf dem Friedhof von Staglieno durften auch Ausländer, Protestanten, Juden und Moslems bestattet werden – ein für die weltoffene Hafenstadt Genua charakteristisches Zeichen der Toleranz. Der Geist des Friedhofs ist ohnehin nicht von religiösem Purismus geprägt, im Gegenteil: Ein Hauch von Frivolität und Erotik wird an vielen Gräbern spürbar. Viele weibliche Gestalten sind nur spärlich bekleidet, steinerne Liebespaare bleiben im Tod vereint, und ein Apotheker hat sich eine Venus-Skulptur aufs Grab setzen lassen – angeblich diente seine Geliebte als Modell. Viele Auftraggeber ließen die Grabmäler schon zu Lebzeiten anfertigen; so kontrollierten sie ihr Bild für die Nachwelt. Oft fielen diese Darstellungen heroisch aus, nicht selten unfreiwillig komisch; erstaunlich viele Denkmäler wirken aber auch unverfälscht realistisch.

Mazzini und die Nussverkäuferin

Die beiden bekanntesten Monumente entstanden nicht für Angehörige der Oberschicht. Giovanni Battista Grasso entwarf das klassizistische Grabmal für Giuseppe Mazzini, den aus Genua stammenden Kämpfer für die Einheit Italiens, nach dem in so gut wie jeder Stadt Italiens eine Straße benannt ist. Es liegt im Wäldchen oberhalb des Pantheons.

Caterina Campodonico wurde erst nach ihrem Tode berühmt – eben durch ihr Grab im Nordgang des Porticato Inferiore. Die Straßenhändlerin hatte ihr Leben lang jede Lira beiseite gelegt, um sich ein Monumentalgrab in Staglieno leisten zu können. Es ist ihr gelungen: Kein Denkmal wird häufiger besucht als dasjenige der schlichten Frau, die sich mit ihrer Ware – Nüssen und Brezeln – hat darstellen lassen.

Genua

umfassend wie vom Righi – auch vom schönen **Park Villetta Dinegro** 36. In dem ehemaligen Botanischen Garten gedeihen einige seltene Pflanzenarten. Von den Aussichtsterrassen blickt man über die Altstadt auf das Meer und auf Genuas Wahrzeichen, den 1543 erbauten Leuchtturm (Lanterna). In der Parkanlage befindet sich das **Museum ostasiatischer Kunst.** Es besitzt eine ungewöhnliche Sammlung japanischer Kunstwerke aus dem 17.–19. Jh.; daneben zeigt es wertvolle chinesische und siamesische Skulpturen (Museo d'Arte Orientale, Di–Fr 9–13, Sa/So 10–19 Uhr, Eintritt 4 €).

Pegli ▶ Karte 2, B 4
Die Vorstadt Pegli, einst ein eleganter Badeort und Wohnsitz von Aristokraten außerhalb der Stadt, bietet heute mit Industriezonen und einem dichten Straßennetz keinen reizvollen Eindruck mehr. Sie hat allerdings noch zwei sehenswerte Villenanlagen. In den Terrassengärten der **Villa Pallavicini** legte Michele Canzio um 1840 Grotten, Teiche und Pavillons an. In der Villa ist ein **Archäologisches Museum** untergebracht; es zeigt prähistorische, altligurische, etruskische und römische Funde (Via Pallavicini 11, Di–Fr 9–19, Sa/So 10–19 Uhr, Eintritt 4 €).

Die nahe gelegene **Villa Doria Centurione** stammt aus der ersten Hälfte des 16. Jh. und ist damit eines der ältesten erhaltenen Palais Genuas. In dem mit Fresken ausgemalten Gebäude befindet sich das **Schifffahrtsmuseum,** das unter anderem Seekarten, Galionsfiguren und nautisches Gerät zeigt (Museo Navale, Piazza Bonavino 7, Di–Fr 9–13, Sa/So 10–19 Uhr, Eintritt 4 €).

Boccadasse und Sturla ▶ Karte 2, E 5
Der erste Vorort am östlichen Stadtrand, **Boccadasse,** wirkt mit seinen farbigen Häusern wie ein Fischerdorf mitten in der Stadt. Sonntags ist die kleine Piazza am Ufer meist überfüllt von Ausflüglern. Der benachbarte, ebenfalls direkt am Meer gelegene Stadtteil **Sturla** hat sich in den letzten Jahren zum Szene-Treffpunkt entwickelt.

Nervi ▶ Karte 2, F 5
und Bogliasco ▶ H 3
In **Nervi** erinnern Villen und Gartenanlagen an die Zeit um 1900, als der damals noch eigenständige Ort zu den beliebtesten Aufenthaltsorten der Riviera gehörte. Elegante Geschäfte, vor allem in der Via Oberdan, zeugen vom Lebensstil der wohlhabenden Bürger, die hier wohnen. Vom kleinen Hafen führt die Fußgängerpromenade **Passeggiata Anita Garibaldi** erhöht über

Unser Tipp

Mit dem Schiff nach Pegli
Die schönste Anreisemöglichkeit nach Pegli bietet die **Linienfähre Navebus,** die mehrmals täglich vom alten Hafen ablegt. Auf der gemütlichen Schiffspassage wird die besondere Lage von Genua deutlich, das sich amphitheaterartig die steilen Apenninhänge hinaufzieht. Vorbei am alten Leuchtturm und den Frachtschiffen, Kränen, Kais und Containerbergen des großen Handelshafens geht die Fahrt nach Westen, wo die Bergkette des Monte Beigua steil ins Meer eintaucht. Nach einer guten halben Stunde erreicht man den Anleger im Zentrum von Pegli (Mo–Sa 9 x, So 6 x tgl. vom Anleger neben dem Acquario, Ticket 3 €, Fahrplan unter www.amt.genova.it).

dem Meer nach Süden, unterhalb am Felsufer findet man einige schöne Badeplätze. Der von Joggern und Spaziergängern bevölkerte Uferweg passiert zum Ende hin die Parkanlagen Serra-Gropallo und Grimaldi mit zahlreichen exotischen Pflanzen. In der Villa Serra ist die Galleria d'Arte Moderna mit Werken italienischer Künstler des 19./20. Jh. untergebracht (Via Capolungo 3, Di–So 10–19 Uhr, Eintritt 6 €).

Südwestlich von Nervi zeigt das kleine **Bogliasco** mit farbigen Häuserzeilen über dem Hafenbecken und mittelalterlicher Flussbrücke noch das alte Bild eines Fischerdorfes am Meer.

Übernachten

Zur Bootsmesse Salone Nautico Anfang/Mitte Oktober sind die Hotels langfristig ausgebucht, für diese Zeit unbedingt rechtzeitig reservieren!

Komfortabel – **Grand Hotel Savoia** 1: Via Arsenale di Terra 5, Tel. 0 10 26 16 41, www.hotelsavoiagenova.it, DZ/F 125–160 € im Standardzimmer, 20–40 € mehr in höheren Kategorien. Traditionshotel am Bahnhof Principe, die Zimmer nach vorn – z. T. mit guter Aussicht – sind nicht völlig ruhig.

Originell – **Cristoforo Colombo** 2: Via di Porta Soprana 27, Tel. 01 02 51 36 43, www.hotelcolombo.it, DZ/F ab 110 €. Freundlicher Empfang, guter Komfort, alle Zimmer mit unterschiedlicher Ausstattung, Dekor und Farbdesign; Dachterrasse mit Blick über die Stadt.

Familiär – **Cairoli** 3: Via Cairoli 14, Tel. 01 02 46 14 54, www.hotelcairolignova. com, DZ um 95 €. Sympatische Unterkunft mit tadellosen Zimmern.

Gute Mittelklasse – **Europa** 4: Vico Monachette 8, Tel. 0 10 25 69 55, www. hoteleuropa-genova.com, DZ/F 80–120 €. Das gepflegte Haus hat ruhige Zimmer und einen eigenen Parkplatz.

Solide – **Agnello d'Oro** 5: Vico Monachette 6, Tel. 01 02 46 20 84, www.a gnellodoro.it, DZ/F um 80 €. Freundlich geführtes Mittelklassehotel in Bahnhofs- und Zentrumsnähe, etwas einfacher als das Europa nebenan.

Alte Gartenvilla – **Villa Bonera** 6: Via Sarfatti 8 (im Vorort Nervi), Tel. 01 03 72 61 64, www.villabonera.com, DZ/F ab ca. 80 €. Sympathische Unterkunft in einem kleinen Palazzo von 1900, der Aufenthaltsraum ist mit Fresken geschmückt, die Zimmer sind ansprechend, aber eher funktional eingerichtet, kleiner Garten.

Günstig – **Fiume** 7: Via Fiume 9, Tel. 0 10 59 16 91, DZ ca. 60 €. Einfaches, gut geführtes Haus beim Bahnhof Brignole, besser die ruhigeren Zimmer zum Innenhof nehmen.

Jugendherberge – **Ostello della Gioventù** 8: Via Costanzi 120, Tel. 01 02 42 24 57, www.ostellogenova.it, 17 € mit Frühstück im Achtbettzimmer, 18–25 € in Doppel- bis Fünferzimmern. Neubau am Hang oberhalb des Zentrums, behindertengerecht, Zufahrt mit Standseilbahn ab Largo della Zecca oder Bus 40 ab Bahnhof Brignole.

Camping – **Villa Doria** 9: Via Doria 15, Tel. 01 06 96 96 00, villadoria@cam ping.it, Jan. geschl. Ein angenehmer schattiger Platz im Stadtteil Pegli am Westrand des Parks der Villa Pallavicini (Busse 1–3 ab Zentrum, ca. 1 km nördlich des Bahnhofs).

Essen & Trinken

In Genua gibt es nur wenige gehobene Gourmet-Restaurants, dafür zahlreiche einfach-rustikale Trattorien, wo man für wenig Geld authentische genuesische Küche serviert bekommt.

Gut bürgerlich – **Da Genio** 1: Salita San Leonardo 61r, Tel. 0 10 58 84 63, So

Boccadasse: ein beschauliches Fischerdorf mitten in der Weltstadt Genua

geschl., Menü 27–30 €. Das angenehme Restaurant bietet klassische ligurische Gerichte, z. B. sehr gute Fischravioli.

Sardisch – **Pintori** 2: Via San Bernardo 68r, Tel. 01 02 75 75 07, So/Mo geschl., Menü ab 30 €. Das kleine Altstadtlokal bietet eine hervorragende Küche mit Rezepten aus Sardinien, z. B. Pasta mit Schafskäse und Ricotta oder Lammkoteletts, aber auch viele Fischgerichte.

Toscanisch – **Mannori** 3: Via Galata 70r, Tel. 0 10 58 84 61, So und im Aug. geschl., Hauptgerichte ab 9 €, einfaches Menu Turistico inkl. 0,5 l Wein 18 €, reichhaltiges Menu Degustazione 30 €. Das Ambiente wirkt schlicht, aber die Küche (mit vielen Gerichten aus der Toscana) ist vorzüglich.

Mammas Küche – **Ugo** 4: Via dei Giustiniani 86r, Tel. 01 02 46 93 02, So/Mo geschl., Menü um 25 €. In der beliebten einfachen Altstadttrattoria gibt es typisch genuesische Speisen in guter Qualität.

Cucina casalinga – **Trattoria del Galeone** 5: Via San Bernardo 55r, Tel. 01 02 46 84 22, So geschl., Menü um 20 €. Freundliche Trattoria mit klassischen Gerichten zu günstigen Preisen.

Schmackhafte Hausmannskost – **Sà Pesta** 6: siehe Unser Tipp S. 191.

Historische Cafés – **Mangini** 7: Piazza Corvetto 3. Das 1876 eröffnete stilvolle

Adressen

Café ist mit Kristalllüstern und alten Gemälden ausgestattet. Drei weitere schöne Kaffeehäuser mit altem Mobiliar, Stuckaturen, Spiegeln und Kristalllüstern findet man nahe beieinander in der Altstadt zwischen Piazza Soziglia und Piazza Bianchi: **A Ved. Romanengo** 8, **Pietro Romanengo fu Stefano** 9 und das **Klainguti** 10 (s. S. 191).

Einkaufen

Lebensmittelgeschäfte sind Mi nachmittags, alle anderen Läden Mo vormittags geschlossen. Die elegantesten und teuersten Modeläden finden sich in der Via Roma, zahlreiche Geschäfte gibt es in der Via XX Settembre, auch in der Altstadt findet man viele, z. T. sehr preiswerte Läden.

Schuhe – **Fratelli Rocca** 1: Via Chiossone 14r (bei Piazza San Matteo). Hier gibt es edle und teure Schuhe, auch nach Maßanfertigung.

Antiquitäten – **Antiquitätenmärkte** am 1. Sa im Monat im Innenhof des Palazzo Ducale, in der Via San Lorenzo und auf der Piazza San Lorenzo, am 1. So in der Altstadt, am letzten So im Stadtteil Pegli, Lungomare beim Molo Torre. Mehrere **Antiquitätengeschäfte** in der Via Garibaldi, Via Roma, Via Cairoli und Via XXV Aprile, viele andere verstreut in der Altstadt, vor allem um die Via della Maddalena.

Bücher – **Libreria Bozzi** 2: Via Cairoli 2, www.libreriabozzi.it. Großes Angebot an Literatur und Führern zu Genua und Ligurien.

Wein und Spirituosen – **Enoteca Migone** 3: Piazza San Matteo 4. Gut sortierter Weinhandel in der Altstadt.

Markthallen – Die größte Markthalle ist der **Mercato Orientale** 4 (s. Lieblingsort S. 200); eine kleinere **alte Markthalle** 5 findet man an der Piazza dello Statuto beim Hafen (Mo–Sa vormittags).

Aktiv & Kreativ

Wale und Delfine – **Schiffsausflug** 1: April–Okt. legt am Sa Mittag ein Schiff zur Beobachtung von Walen und Delfinen vom Porto Antico ab; Mitte Juli –Ende Aug. auch Di. Reservierung notwendig. Erwachsene zahlen für den rund siebenstündigen Ausflug 32 €, Kinder bis 12 Jahren 18 €. Auskunft: Cooperativa Battellieri del Porto, Tel. 0 10 26 57 12, www.whalewatchliguria.it.

Lieblingsort

Ein Fest für die Sinne – auf dem Mercato Orientale 4
Der Name der größten Markthalle Genuas bezieht sich zwar nur auf die Lage im Ostteil der Stadt, weckt aber die richtigen Assoziationen. In dem Bau von 1899 entfaltet sich vormittags orientalisch buntes Marktgeschehen, die Stimmung ist lebhaft, laut und locker. An den Ständen türmen sich farbige Obst- und Gemüseberge, Knoblauchzöpfe und aufgefädelte Peperoni baumeln von der Decke. Frisch gefangene Fische in allen Größen und Formen leuchten in ihrem Schuppenglanz. Daneben warten vielerlei Kräuter, Gewürze, Pestosaucen, Parmesankäse in mächtigen Brocken, Salami, Schinken und traditionelles Backwerk auf Käufer (Piazza Colombo, Mo–Sa 7.30–13.30 Uhr).

Abends & Nachts

Über Kino-, Theater- und Konzertveranstaltungen informieren die Tageszeitungen La Repubblica und Secolo XIX sowie die monatlich erscheinende Broschüre **Appuntamento a Genova**, die an Zeitungskiosken erhältlich ist.

Jazz – **Louisiana Jazz Club** 1: Via T. Reggio 34 (nahe Dom), Tel. 010 58 52 41. Hier spielen Jazzgruppen live. **Borgoclub** 2: Via Vernazza 7–9, Tel. 01 03 76 00 90. Auf Jazz spezialisierter Musik-Club.

Unser Tipp

Die »Movida« von Genua
Genuas Altstadt hat sich in den letzten fünfzehn Jahren sehr herausgemacht. Inzwischen spielt sich hier an manchen Plätzen ein reges Nachtleben ab – so animiert, dass man im Anklang an die heißen spanischen Nächte schon von der genuesischen »Movida« spricht. Vor allem im Sommerhalbjahr treffen sich jeden Abend Hunderte von jungen Leuten im Viertel um San Donato, die Via San Bernardo und die Piazza delle Erbe. In den Bars und Pubs, vor allem aber auf den Plätzen und Gassen summt und brummt es dann vom Stimmenlärm. Vom Aperitif im historischen **Caffè degli Specchi** 12 bis zum Absacker in der Studentenkneipe **Cantina Moretti** 13 – in einem ehemaligen Kloster! – kann man sich stundenlang auf der Stimmungswoge treiben lassen (Caffè degli Specchi, Salita Pollaiuoli 43, Tel. 01 02 46 81 93, So geschl.; Cantina Moretti, Via San Bernardo 75/r, kein Telefon, Do geschl.).

Discos – **Fitzcarraldo** 3: Piazza Cavour 35r, Tel. 01 02 46 11 29. Populäre Disco im Zentrum. **Estoril** 4: Corso Italia 7d, Tel. 01 03 62 37 54. Disco, vorwiegend mit Oldie-Musik der 60er–80er-Jahre.
Latin – **Senhor do Bonfim** 5: Passeggiata Garibaldi (Ortsteil Nervi), Tel. 01 03 72 63 12. Musikkneipe mit Schwerpunkt auf südamerikanischer Musik, oft Konzerte.
Programmkinos – **Ariston** 6: Via San Matteo 14r, Tel. 01 02 47 35 49. **Fritz Lang** 7: Via Acquarone 64r, Tel. 010 21 97 68. **Club Amici Cinema** 8: Via C. Rolando 15, Tel. 010 41 38 38.
Theater, Oper – **Teatro Carlo Felice** 4: Piazza De Ferrari, Tel. 010 58 93 29, www.carlofelice.it. Im genuesischen Opernhaus finden auch Konzerte statt. Klassisches Sprechtheater bieten das **Teatro della Corte** 9, Via Duca d'Aosta 10, und das **Teatro Duse** 10, Via Bacigalupo 6, beide unter Tel. 01 05 34 22 00, www.teatrostabilegenova.it. Modernes Sprechtheater zeigt das **Teatro della Tosse** 11, Piazza Negri 4, Tel. 01 02 47 07 93, www.teatrodellatosse.it.

Infos

Infos
IAT: Hauptbüro in der Via Garibaldi 12r, Tel. 01 05 57 28 74; weitere Infobüros beim Teatro Carlo Felice, Largo Alessandro Pertini 12, Tel. 01 08 60 61 22, und am Flughafen, Tel. 01 06 01 52 47, www.apt.genova.it.

Verkehr
Flug: Der Flughafen Cristoforo Colombo ist vom Zentrum in gut 20 Min. mit dem alle 30–60 Min. verkehrenden Flughafenbus (Volabus) erreichbar; Haltestellen an den Bahnhöfen Brignole und Piazza Principe, Fahrkarten im Bus (6 €), Fahrplan unter www.amt.genova.it.

Bahn: Es gibt zwei Hauptbahnhöfe, **Genova Piazza Principe** im Westen und **Genova Brignole** im Osten. Von Piazza Principe 7 x tgl. Intercity nach Ventimiglia über Savona/Finale Ligure/Albenga/Alassio/Diano Marina/Imperia Porto Maurizio/ San Remo/Bordighera. Von Piazza Principe und Brignole etwa stdl. nach La Spezia mit Halt in Santa Margherita Ligure (7 x), Rapallo (13 x), Chiavari (13 x), Sestri Levante (9 x), Levanto (7 x) und Monterosso (7 x), z. T. über La Spezia hinaus nach Pisa (12 x) und Rom (7 x). Etwa stdl. von beiden Bahnhöfen mit Intercity oder Regionalexpress nach Mailand, alle 2 Std. nach Turin. Häufig Regionalzug nach Savona und Sestri Levante. Halbstündlich Vorortzug von Voltri im Westen über Pegli, Piazza Principe, Brignole nach Nervi. Fahrpläne unter www.trenitalia.com.
Regionalbus: Verbindungen in alle größeren Orte des Hinterlands. Hauptstation auf der Piazza della Vittoria südlich des Bahnhofs Brignole; Fahrpläne unter www.tigulliotrasporti.it.
Stadtverkehr: Dichtes Busnetz der Gesellschaft AMT, auf den Hauptlinien Mo–Sa alle 5–10 Min. ein Bus, So etwas seltener. Die einzige Metrolinie Genuas führt vom Bahnhof Piazza Principe über den Porto Antico zur Piazza de Ferrari. Standseilbahnen und Aufzüge verbinden an mehreren Stellen Unter- und Oberstadt, z. B. Largo Zecca–Righi und Piazza Portello–Castelletto.
Auto: Im Stadtzentrum empfiehlt sich die Nutzung öffentlicher Verkehrsmittel. Freie Abstellplätze sind rar, gebührenpflichtige Parkplätze z. T. sehr teuer. Es gibt sie u. a. hinter dem Teatro Fenice auf der Piazza Piccapietra und beim Porto Antico. Da häufig Autos aufgebrochen werden, sollte man auch bei kurzem Aufenthalt den Wagen möglichst ganz leer räumen!

Ausflüge ins Hinterland

Naturpark Monte Antola ▶ H 2/3
Nordöstlich Genua beginnt die grüne Apenninlandschaft des **Genovesato**. Mit ihren Buchen- und Kastanienwäldern, den gewundenen Flusstälern, weiten Bergwiesen und barocken Kleinstädten erinnert sie mehr an österreichische Voralpenlandschaften als an mediterrane Gefilde.

Über gut ausgebaute Straßen gelangt man zügig nach **Torriglia** (2000 Einw.), eine beschauliche Kleinstadt unterhalb einer mittelalterlichen Burgruine. Hier beginnt das Naturreservat **Parco dell'Antola**, beliebte Sommerfrische der Genuesen. Eine wenig befahrene Bergstraße führt von Torriglia nach Norden durch den Naturpark ins Piemont. Nach 3 km zweigt eine schmale Stichstraße westlich nach **Pentema** ab, ein altes Dorf »am Ende der Welt«, dessen Häuser sich malerisch den Steilhang hinaufziehen. Über Propata geht es dann in vielen Kurven auf den Wiesenpass **Casa del Romano** (1390 m), wo man weite Panoramen genießt. Von hier folgt ein Pfad dem Kammverlauf nach Westen, über den **Monte delle Tre Croci** (1559 m), dessen Holzkreuze an Partisanenopfer im Zweiten Weltkrieg erinnern, zum Grasgipfel des **Monte Antola** (1597 m). Besonders schön wirkt das Land im Mai, wenn ein weißer Teppich duftender Narzissen die Wiesen bedeckt.

Übernachten, Essen

Stille über dem Land – **Albergo-Ristorante Casa del Romano:** Casa del Romano, Tel. 01 09 59 46, DZ/F 45 €. Einsam gelegene, schlichte Unterkunft; das Beste sind die ruhige Lage und die schöne Aussicht; mit preiswertem Restaurant und Bar. ▷ S. 207

Auf Entdeckungstour

Hoch über der Stadt – die Festungen von Genua

Mit einem 600 m hohen Wiesenrücken enden die Apenninberge am Rande Genuas, Festungsruinen des 18./19. Jh. krönen die Kuppen des Höhenzuges. Eine leichte Wanderung führt zu fünf der düster-abweisenden Wehrbauten. Die Tour bietet außerdem Fahrgelegenheiten auf historischen Schienenstrecken.

Reisekarte: ▶ Karte 2, D 3/4

Anfahrt: alle 20 Min. mit der Standseilbahn ab Largo Zecca nach Righi.

Rückfahrt: mit der Casellabahn ab Campi werktags um 14.10, 15.16, 16.43, 17.48, 19.07 Uhr, So 15.10, 16.40, 18.40 Uhr nach Genua, Piazza Manin (Fahrzeit 25 Min., Ticket im Zug); von dort fährt die Stadtbuslinie 34 zum Bahnhof Piazza Principe, Linie 33 zum Bahnhof Brignole.

Einkehr: Eine einfache Bar-Trattoria gibt es erst am Trensasco-Pass (Mo/Di geschl.), eine weitere Bar an der Bahnstation in Campi (Endpunkt der Wanderung).

Mit einem Kranz von Wehrbauten schützte sich das reiche Genua gegen seine Feinde. Die erste Festung Forte Castellaccio entstand im 14. Jh., aber erst im 17. Jh. begann die planmäßige Anlage eines der größten Verteidigungssysteme Europas. Um 1630 entstand die »Mura Nuove«, mit 13 km nach der chinesischen die zweitlängste Mauer der Welt. Sie öffnete sich V-förmig zum Meer und schloss so die ganze Stadt und den Hafen in ihren Schutz ein. Bis Mitte des 19. Jh. wurden neue Festungen errichtet. Ihre Ruinen liegen heute vergessen in den Hügeln über der Stadt, im Parco delle Mura, der grünen Lunge Genuas.

Die Righi-Standseilbahn

Mit der Industrialisierung im 19. Jh. stieg die Bevölkerungszahl Genuas rasch an. Neue Wohnviertel wuchsen die Hänge hinauf, die sich für Straßenbahnen als zu steil erwiesen. So baute man drei Standseilbahnen *(funicolare)* und zehn Aufzüge *(ascensore)*, die noch heute das Zentrum mit höher gelegenen Stadtbezirken verbinden. Die wichtigste Bahn, die 1901 eröffnete, 1989 erneuerte Funicolare Zecca–Righi überwindet auf 1,5 km 279 Höhenmeter. Bei der Bergstation beginnt der Wanderweg zu den Festungen im Parco delle Mura.

Vom Righi zum Forte Sperone

Von der Righistation folgt man der Via Carso 50 m links abwärts und biegt nach links in den durch zwei rote Rauten markierten Weg. Parallel zur Stadtmauer Mura Nuove gewinnt man an Höhe. Man ist hier auf der Via del Sale, der gepflasterten alten Salzstraße von Genua ins Hinterland. Hinter den links oberhalb auftauchenden Mauerresten des **Forte Castellaccio** verbreitert sich der Weg. Die markierte Route verlassend, steigen wir nach links auf Asphalt zu einer Straße an, folgen der Brüstung der Mura Nuove 100 m zu einem Wiesenbalkon; nach Osten blickt man über das Bisagno-Tal hinweg zur flachen Festung Forte Ratti.

Wir folgen noch 3 Min. der Mauer, zweigen dann nach rechts und gleich wieder nach links auf eine Nebenstraße ab, die an der Innenseite der Mura Nuove auf das sichtbare Forte Sperone zu ansteigt. Nach gut 5 Min. auf Asphalt, 100 m vor dem alten Wasserspeicher Serbatoio, zweigt man nach rechts auf einen deutlichen Pfad ab. Er führt durch ein Wäldchen ganz hinauf zum **Forte Sperone** (45 Min., 500 m). Der mehrfach erweiterte komplexe Festungsbau des 17. Jh. spielte durch seine Lage an der Nordspitze der Mura Nuove eine Schlüsselrolle im Verteidigungssystem Genuas. Der Eingang mit dem Löwenwappen der Savoyer wird von einem Laufgraben mit doppelter Zugbrücke geschützt. Das Innere mit seinen Hallen und Pulvermagazinen war zuletzt wegen Baufälligkeit geschlossen. An der Westseite der Festung bietet eine Bastion weite Aussicht über das Polcevera-Tal, Stufen leiten hinunter in einen düsteren Tunnelgang.

Über das Castello Diamante nach Campi

Wir folgen der Zufahrtsstraße 5 Min. abwärts, wenden uns beim Ausgang des Tunnelgangs nach rechts auf den Pfad parallel zur Mura Nuove. Wo er wieder auf die Straße trifft, geht es rechts durch das Tor des **Forte Begato,** und gleich wieder rechts, auf den Weg an der Westseite des Forte Sperone. Auf der Höhe gelangt man auf einem Abstecher in den Wehrgraben vor der Nordspitze der »Spornfestung«. Der gemütliche Hauptweg führt nördlich vor das **Forte Puin** (597 m). Ein Rechtsabzweig leitet hinauf zur kantigen Festung auf dem Kammrücken, die zwischen 1815 und 1831 als defensiver Vorposten außerhalb der Mura Nuove erbaut wurde.

Am Fuß der Eingangstreppe nimmt man den ebenen Pfad rechts, der durch Baumheide die Festung östlich umrundet, bleibt danach auf dem luftigen Anstiegspfad rechts vom Hauptweg. Dieser wird erst 10 Min. später nach links gekreuzt. Auf einem Panoramapfad in der seeseitigen Hügelflanke gelangt man so vor das **Forte Fratello Minore** (622 m, 1,30 Std.). Die zwischen 1747 und 1832 errichtete Festung des ›kleinen Bruders‹ sicherte mit dem verschwundenen Forte Fratello Maggiore (›großer Bruder‹), das Verteidigungssystem nach Nordwesten.

Scharf rechts abbiegend geht es auf die nahe Graskuppe des Forte Fratello Maggiore, von dort steil hinunter in den Wiesensattel am Fuße des weithin sichtbar über dem Land thronenden **Forte Diamante** (672 m, 2 Std.). Ein Pflasterweg klettert mit 15 Kehren hinauf zur Festung, die 1758 auf steiler Bergkuppe als das am weitesten nach Norden vorgeschobene Bollwerk Genuas erbaut wurde. Die strategisch hervorragende Lage ist unverkennbar: Von hier oben bietet sich grenzenlose Rundumsicht.

Die Direktroute von hier hinunter zum Trensasco-Pass ist unangenehm steil. Man folgt besser den Serpentinen zurück zum Wiesensattel, nimmt hier den südöstlich durch Wiesen absteigenden rot-weiß markierten Pfad zum Passo Giandino. Hier trifft man erneut auf die mit Natursteinen ausgelegte Via del Sale. Ihr nach links folgend (Markierung rotes X) gelangt man auf bequemem Weg zum **Trensasco-Pass**. Man kreuzt die Straße und folgt 5 Min. einem breiten Waldweg. Ein Holzschild weist nach links auf den Pfad zur nahen **Bahnstation Campi** (3 Std.).

Mit der Casella-Schmalspurbahn zurück nach Genua

In Campi hält eine der letzten Schmalspurbahnen Italiens. Mehrmals am Tage zuckeln ihre altersschwachen kleinen Elektrotriebwagen in einer etwa einstündigen Fahrt von Genua knapp 25 km weit in die grüne Wald- und Hügellandschaft der Apennin-Ausläufer bis zur Kleinstadt Casella und wieder zurück. Die 1929 eröffnete Lokalbahn in Meterspurweite ist ein lebendes Museum: Mit maximal 35 km/h geht es ab Campi ratternd, quietschend und schaukelnd in vielen Kurven – immerhin 280 Höhenmeter müssen überwunden werden – bergab bis zum kleinen Bahnhof Genuas oberhalb der Piazza Manin.

Ausflüge ins Hinterland

Val Vobbia ▶ H 2

An der Nordgrenze Liguriens bekommt der Apennin einen rauen Zug, vielerorts erscheinen rostbraune, schroffe Konglomeratfelsen im Waldgrün. Schöne Landschaftsbilder zeigt vor allem das Bergland um das felsige Engtal des Vobbia-Flusses. Man erreicht es von Genua über **Casella**, Endpunkt einer musealen Schmalspurbahn (siehe auch Entdeckungstour S. 204), und den kleinen Bergort **Crocefieschi** unterhalb der kahlen Kletterfelsen der Rocche del Reopasso.

Im Vobbia-Flusstal steht hoch über dem Norduferufer, eingeklemmt zwischen senkrechten Felstürmen, das **Castello della Pietra**. Die 1252 erstmalig urkundlich erwähnte Burg der Bischöfe von Tortona bietet ein pittoreskes Bild. Ende des 18. Jh. wurde sie von den Truppen Napoleons zerstört, vor einigen Jahren grundlegend restauriert. Ca. 4 km westlich des Ortes **Vobbia** führt ein Wanderpfad von der Talstraße in gut 20 Min. hinauf zum Burgeingang (geführte Rundgänge April–Okt., Sa nachmittags, So ganztags, 4 €). Wegen der schönen Aussicht lohnt der Aufstieg an allen Tagen.

Valle Stura ▶ F/G 2/3

Vom Vorort **Voltri** im äußersten Westen Genuas führt die Autobahn Richtung Turin mit Tunnels und gewagten Brückenkonstruktionen durch das Küstengebirge ins Tal des Stura. Auf der parallelen alten Landstraße gelangt man über Mele nach **Madonna dell'Acquasanta**, ein viel besuchtes Wallfahrtsheiligtum mit prachtvoller Barockkirche. Von hier geht es über den Turchino-Pass nach **Campo Ligure**. Eine mittelalterliche Brücke schwingt sich beim Ortskern über den Fluss, das kleine verwinkelte *centro storico* überragt der runde Turm des Castello Spinola. Im 14. Jh. errichteten die Genuesen die Burg zur Kontrolle der Handelswege im Tal. Campo Ligure ist bekannt für seine Filigranarbeiten. Bei diesem wahrscheinlich aus China stammenden Kunsthandwerk werden hauchdünne Gold- und Silberfäden zu feinem Figurenschmuck verarbeitet.

Auch der folgende Talort **Rossiglione** besitzt in seinem oberen Teil Superiore noch einige hübsche Winkel. Von hier führt eine Nebenstraße aus dem Stura-Tal nach Westen Richtung Tiglieto. Etwa 3 km nach dem Abzweig öffnet sich linker Hand das **Val Gargassa**, ein schluchtartiges Bachtal mit interessanten Felsformationen. Über Tiglieto gelangt man ins Tal des Wildbaches Orba. Auf einer Wiese steht hier einsam die bescheidene **Badia di Tiglieto**, die älteste Klostergründung des Zisterzienserordens in Italien. Vom Ursprungsbau des 12. Jh. hat sich im Wesentlichen der Kapitelsaal mit seinen romanischen Bögen erhalten.

Essen & Trinken

Im Grünen – **Osteria dell'Acquasanta**: Via Acquasanta 281, Tel. 0 10 63 80 35, Mo geschl., Menü ab ca. 24 €. Die rustikale Trattoria beim Wallfahrtsort Acquasanta bietet schmackhafte Traditionsküche, u. a. gute Pesto-Nudelgerichte; angeblich wächst in der Umgebung besonders aromatisches Basilikum. Im Sommer sitzt man draußen im Schatten der Bäume.

Infos

Bahn: Alle 60–90 Min. Regionalzug von Genua nach Acquasanta/Campo Ligure/Rossiglione (Linie nach Acqui Terme). **Bus**: Von Genua-Voltri mit AMT-Stadtbus stdl. nach Madonna dell'Acquasanta.

Das Beste auf einen Blick

Von Camogli nach Sestri Levante

Highlights !

Camogli: Die pittoreske Kleinstadt am Meer bietet Ligurien wie aus dem Bilderbuch. Über dem Blau der Küste stehen gelb und ockerfarben leuchtende Häuserzeilen, im kleinen Fischereihafen schaukeln bunte Boote. S. 210

Portofino: Der kleine Hafenort war nicht ohne Grund exklusives Reiseziel englischer Lords und berühmter Stars. Nur wenige Küstenorte Italiens bieten eine ähnlich perfekte Ästhetik des Mediterranen. S. 214

Auf Entdeckungstour

Im Portofino-Naturpark: Zwischen Camogli und Santa Margherita Ligure erhebt sich das Vorgebirge von Portofino mit steilen Flanken aus dem Meer. Die nur durch Wanderwege erschlossene Halbinsel mit ihren Felsen, Pinienwäldern und Macchiahängen bietet intakte Natur am Mittelmeer. S. 216

Kultur & Sehenswertes

San Fruttuoso: Die tausendjährige Abtei in einer einsamen Bucht der Portofino-Halbinsel ist bis heute nur per Schiff oder zu Fuß ist erreichbar. S. 217

San Salvatore dei Fieschi: Die romanisch-gotische Basilika bildet zusammen mit den benachbarten Barockbauten ein interessantes architektonisches Ensemble. S. 228

Aktiv & Kreativ

Tauchen: Das stellenweise fast senkrecht ins Meer eintauchende Vorgebirge von Portofino ist ein gutes Revier für Tauchexkursionen. S. 221

Wandern: Im hoch gelegenen Aveto-Naturpark kann man auch noch im Sommer lohnende Wanderungen in der Bergeinsamkeit des Apennin unternehmen. S. 228

Genießen & Atmosphäre

Rapallo: Ein Gang über den lebendigen und farbenfrohen Bauernmarkt in der Altstadt erfreut die Sinne. S. 222

Luchin: In der über 100 Jahre alten gemütlichen Alstadtosteria im Herzen Chiavaris geht es locker und lebhaft zu. Die im Steinofen gebackene Farinata gilt als die beste weit und breit. S. 226

Baia di Silenzio: Die Stille der Traumbucht mit ihren sich im Wasser spiegelnden Häuserzeilen genießt man ungestört früh am Morgen. S. 229

Abends & Nachts

In der sommerlichen Badesaison herrscht in den Bars und Kneipen der Strandpromenaden von Santa Margherita Ligure, Chiavari und Sestri Levante Betrieb bis in die Nacht hinein.

Klassische Ferienorte am Meer

Südlich von Genua beginnt die Riviera di Levante. Um das Vorgebirge von Portofino und an der weiten Bucht des Golfo di Tigullio reiht sich ein bekannter Urlaubsort an den anderen, vom malerischen Camogli über das elegante Santa Margherita Ligure bis zur farbigen Kleinstadt Sestri Levante. Alle Küstenstädte haben gut erhaltene, eng gebaute historische Zentren, wo sich manch malerischer Winkel entdecken lässt. Palmen säumen die langen Uferpromenaden und an zum Baden geeigneten Stränden herrscht kein Mangel. Der Tourismus spielt eine wichtige Rolle im Wirtschaftsleben, im Hochsommer herrscht vielerorts Massenbetrieb.

Reisende des 19. Jh. beschrieben die Riviera di Levante zwischen Genua und La Spezia noch als eine romantische mediterrane Landschaft am Meer von unvergleichlicher Schönheit. Bescheidene Fischerdörfer wie Portofino, Rapallo und Santa Margherita Ligure entwickelten sich daraufhin zu noblen Ferien- und Villenorten für die Upper Class. Heute ist der Küstenstreifen weniger romantisch und weniger mondän; bis Sestri Levante ist er fast durchgehend bebaut. Einzig am Monte Portofino erlebt man noch eine völlig naturbelassene Landschaft am Meer.

Im starken Kontrast zur dicht bebauten Küste steht das einsame Bergland des ligurischen Apennin. Mit seinen Buchenwäldern und Hochweiden, auf denen Kühe grasen, erinnert das bis auf 1800 m ansteigende Gebirge an nördliche Gefilde, in den oft wolkenverhangenen kahlen Gipfellagen fühlt man sich manchmal ins schottische Hochland versetzt.

Infobox

Reisekarte: ▶ H–K 2–4

Internet
www.parcoportofino.com: Informationsseite des Naturparks am Monte Portofino (auch auf Englisch).

Verkehr
Der Abschnitt zwischen Genua und Sestri Levante ist bestens durch Straßen, Bahn- und Buslinien erschlossen. Alle Küstenorte sind mit dem **Zug** gut erreichbar. Der Intercity hält in Santa Margherita Ligure, Rapallo, Chiavari und Sestri Levante. An der Küste zwischen Portofino und Sestri Levante fahren zudem häufig **Busse** (Fahrpläne unter www.tigulliotrasporti.it). **Schiffe** fahren um die Portofino-Halbinsel zwischen Camogli und Rapallo; im Winter eingeschränkter Verkehr.
In den engen, oft autofreien Innenstädten kann man mit dem eigenen **Pkw** wenig anfangen. An den Rändern der Altstadtzentren gibt es überall Parkplätze.

Camogli! ▶ H 4

»Oben von der Straße herab nimmt es sich am Rand des sich kräuselnden, in der Sonne funkelnden Meeres geradeso aus, als wäre es einem Modellbaukasten entnommen. Steigt man auf gewundenen Maultierpfaden hinab, stellt es sich als ein winziges simples Seefahrerstädtchen heraus, als der raueste, salzigste, für Piraten bestgeeignete Ort, der mir je zu Gesicht kam.« Charles Dickens' Beschreibung

Camogli

von 1845 lässt sich heute nur teilweise nachvollziehen. Wie ein ›Seefahrerstädtchen‹ wirkt Camogli (5700 Einw.) noch immer, doch macht es eher eine schmucken als einen rauen Eindruck. Das Ortsbild wird von dicht gedrängten, bis zu sieben Stockwerken hohen Wohnhäusern geprägt. Diese ›Wolkenkratzer‹ der vorindustriellen Epoche wirken aber keineswegs erdrückend; vielmehr schließen sie sich wie zu einem kompakten Farbbild zusammen.

Seit jeher fuhr ein Großteil der Einwohner zur See; einheimische Kapitäne waren unter anderem an der Entdeckung der Azoren und an der Eroberung Algeriens durch die Franzosen beteiligt. Im 19. Jh. erlebte die Stadt eine heute kaum noch vorstellbare Blütezeit. Auf den örtlichen Werften wurden besonders leistungsfähige Handelsschiffe gebaut; die einheimischen Reeder erfanden eine Art Leasing-Verfahren und ließen ihre Segler für Firmen in ganz Europa fahren. Vorübergehend besaßen sie rund 1000 Schiffe, doppelt so viele wie Hamburg oder Genua! Seine wichtige Rolle im europäischen Seehandel verlor das Städtchen erst mit dem Aufkommen der Dampfschifffahrt Ende des 19. Jh. – auf die neue Technik war es nicht eingestellt, und Camogli entwickelte sich zum wirtschaftlich unbedeutenden Fischerort zurück.

Rundgang

Der mittelalterliche Ortskern befindet sich auf der Halbinsel um die Kirche Santa Maria Assunta und in den unmittelbar angrenzenden verwinkelten Gassen. Später dehnte sich der Ort in südöstlicher Richtung aus – zunächst mit Häusern zu beiden Seiten der heutigen Uferpromenade. Erst 1914 wurden die Bauten an der Meerseite abgerissen und der Strand angelegt. Das Stadtbild ist in seiner gegenwärtigen Form also nicht einmal 100 Jahre alt.

Eigentliche ›Sehenswürdigkeiten‹ hat Camogli kaum – sehenswert ist der Ort selbst. Die Kirche **Santa Maria Assunta** stammt ursprünglich aus dem 13. Jh., wurde aber vielfach umgebaut. Im Innenraum herrschen barocke Stilelemente vor. Daneben steht das **Castel Dragone** aus dem 12. Jh. Das **Museo Marinaro** zeigt Schiffsmodelle, Ausrüstungsgegenstände und anderes aus der ruhmreichen Geschichte der Camoglieser Seefahrt (Via G. B. Ferrari 41, Mi–Mo 9–12, Mi, Sa/So auch 15–18 Uhr, Eintritt frei).

Übernachten

Exklusiv – **Cenobio dei Dogi**: Via Cuneo 34, Tel. 01 85 72 41, www.cenobio.it, DZ/F je nach Saison und Ausstattung 160–220 €, mit Meerblick 220–430 €. Luxushotel in einem Park mit Pinien und Palmen in Meernähe.

Fenster zum Meer – **Casmona**: Salita Pineto 13, Tel. 01 85 77 00 15, www.casmona.com, DZ 105–180 € je nach Saison, Frühstückbuffet 10 € p.P. Optimale Lage im Ortskern über dem Strand, aus fast allen Zimmern und von der Frühstückterrasse genießt man einen wunderbaren Meerblick.

Über dem Strand – **La Camogliese**: Via Garibaldi 55, Tel. 01 85 77 14 02, www.lacamogliese.it, DZ/F je nach Saison 70–110 €. Gepflegtes kleines Hotel in einem älteren Stadthaus, zentral und strandnah, Zimmer zum Meer hin reservieren!

Camping – **Genova Est**: Via Marconi, Tel. 01 03 47 20 53, www.camping-genovaest.it. Der einzige Campingplatz zwischen Genua und Rapallo liegt in der Ortschaft Cassa oberhalb von Bogliasco; ca. 15 Min. zum Strand.

Lieblingsort

Farbenspiele – am Meerufer in Camogli ▶ H 4
Alles ist hier Farbe: Die Gelb-, Rot- und Ockertöne der Häuser am Ufer, die Pastellfarben der Kirche, das tiefe Grün der Vegetation, das Blau des Wassers. Auf der kleinen Halbinsel am Ende des grausandigen Badestrandes liegt die Kirche so fotogen, als hätten ihre Architekten schon vor Jahrhunderten an zukünftige Postkarten gedacht. Auf der Uferpromenade spielen tagsüber Kinder Fußball oder üben sich im Rollschuhlaufen, am frühen Abend zur *passegiata* ist sie dicht von Fußgängern bevölkert. Am kleinen Hafen dümpeln bunte Holzboote vor sich hin, am Kai hängen noch wie zu Charles Dickens' Zeiten die Fischernetze (s. S. 210).

Von Camogli nach Sestri Levante

Essen & Trinken

Im Brandungsrauschen – **La Rotonda:** Via Garibaldi 101, Tel. 01 85 77 45 02, Mo geschl., Menü ab ca. 28 €. Das Lokal liegt zentral an der Uferpromenade. Besonders empfehlenswert sind in der Saison die Pilzgerichte, z.B. Schwertfisch mit Steinpilzen.

Süßes – **Revello:** Via Garibaldi 183. In der Pasticceria an der Uferpromenade gibt es *camoglesi,* eine köstliche Eigenkreation des Hauses.

Aktiv & Kreativ

Baden – Breiter Kiesstrand im Ort. Ein guter Badeplatz mit Felsufer findet sich auch an der **Punta Chiappa,** der Südwestspitze der Halbinsel von Portofino (Bootslinie nach San Fruttuoso).

Wandern – **Portofino-Halbinsel:** siehe Entdeckungstour S. 216.

Infos & Termine

Infos
Pro Loco: Via XX Settembre 33, Tel. 01 85 77 10 66, Fax 01 85 77 71 11, prolocoamogli@libero.it.

Termine
Sagra del Pesce: 2. So im Mai. In der angeblich größten Pfanne der Welt (4 m Durchmesser) wird Fisch gebraten und kostenlos unter den Besuchern verteilt.
Stella Maris: 1. So im Aug. Bootsprozession zur Punta Chiappa (s. o.).

Verkehr
Bahn: Mo–Sa etwa stdl., So etwas seltener Regionalzug nach Genua und Santa Margherita Ligure/Rapallo/Chiavari/Sestri Levante.
Bus: über Ruta nach Santa Margherita Ligure und Rapallo Mo–Sa alle 40–60 Min, So etwa alle 90 Min. In Ruta Mo–Sa stdl., So 8 x tgl. Anschluss nach Rocco.
Schiff: nach Punta Chiappa–San Fruttuoso; in der Saison und So stdl., sonst 3–7 x tgl., 10 € hin und zurück, Fahrplan unter www.golfoparadiso.it.
Pkw: Die Parkplatzsuche ist im Hochsommer und generell an Wochenenden extrem schwierig. Tipp: In Recco parken, von dort zu Fuß (2 km) oder mit Bahn/Bus (alle 45 Min.), im Sommer auch per Schiff.

San Fruttuoso und Recco
▶ H 3/4

Südlich von Camogli erhebt sich das Vorgebirge von Portofino steil aus dem Meer. Versteckt in einer abgelegenen Bucht liegt hier das Kloster von **San Fruttuoso** (s. Entdeckungstour S. 217).

Das gut 10 000 Einwohner zählende **Recco** nordwestlich von Camogli wurde im Zweiten Weltkrieg vollkommen zerstört. Ziel der Bomber war das große Bahnviadukt, das sich – längst wiederaufgebaut – quer durch den Ort zieht. Recco gilt als die ›Hauptstadt‹ der *focaccia,* dem pizzaartig gebackenen Hefeteig-Fladenbrot, das angeblich nirgendwo so gut gemacht wird wie hier.

Termine

Ortsfest in Recco: 1. Wochenende im Sept. Mit einem der aufwendigsten Feuerwerke Italiens.

Portofino! ▶ H 4

Sie waren alle da: Humphrey Bogart und Clark Gable, Frank Sinatra und

Portofino

Ingrid Bergman, Liz Taylor und Richard Burton, Rex Harrison und Lilli Palmer. In den 1950er-Jahren war Portofino bei den Stars des amerikanischen Show-Business absolut ›in‹, und »I lost my heart in Portofino« wurde zum Hit. Es sieht ja auch wirklich aus wie das Fischerdorf aus dem Bilderbuch: Farbige Häuser, überragt von einem Kirchturm, drängen sich in einer kleinen Bucht; die Piazza öffnet sich zum Hafen; auf der Höhe stehen eine Burg und einige im Buschwald versteckte Villen. Als Ziel des Nobeltourismus blieb Portofino intakt erhalten; gegen die einflussreichen Oberschicht-Angehörigen, die hier ihre Ferien verbringen, konnten auch die entschlossensten Bauspekulanten nichts ausrichten.

1870 ›entdeckte‹ der britische Konsul in Genua, Montague Yeats-Brown, das Dorf und erwarb die Burg Fortezza di San Giorgio als Feriensitz. Ihm folgten zahlreiche Angehörige der europäischen Hocharistokratie, darunter der deutsche Baron Alfons von Mumm und Lord Carnarvon, der Entdecker des Tutanchamun-Grabes. Später kamen Industrielle und der internationale Jetset. Italienische Super-Reiche wie Silvio Berlusconi haben noch immer Villen in Portofino. Die Einheimischen sind fortgezogen oder mischen im Spiel ums Geld erfolgreich mit: Der Ort verzeichnet das statistisch höchste Pro-Kopf-Einkommen aller italienischen Kommunen, die Wohnungen mit Meerblick haben Quadratmeterpreise wie Luxusappartements in Mailand oder Rom.

Ein Besuch lohnt auf jeden Fall – in Portofino folgt ein Fotomotiv aufs andere. Doch die Atmosphäre wirkt arg gestylt und von einem Eigenleben des Ortes ist nichts mehr zu spüren. Eher unerfreulich ist ein Ausflug am Wochenende, wenn große Besuchermassen anrollen. Der Name leitet sich vom lateinischen Portus Delphini her – nicht etwa von ›feiner Hafen‹, wie man angesichts der hier ankernden Luxusjachten denken könnte. Im Mittelalter gehörte das Dorf zunächst zur nahe gelegenen Abtei San Fruttuoso, dann zu Rapallo und damit zur Republik Genua.

Sehenswertes

In den Gassen um die **Hafenpiazza** wimmelt es von schicken und teuren Boutiquen; große Namen der italienischen Mode sind mit eigenen Geschäften vertreten. Ein gut fünfminütiger Anstieg führt zur **Chiesa di San Giorgio**, von der man die beste Aussicht auf den Ort genießt. Auf einem Fußweg erreicht man von hier aus in 5 Min. das **Castello di San Giorgio** (auch Castello Brown). Die mittelalterliche Burg wurde 1557 von den Genuesen zur Sicherung der Hafeneinfahrt wesentlich erweitert. Von der Gartenterrasse genießt man eine schöne Aussicht, die Innenräume beherbergen u. a. eine Fotoausstellung mit Aufnahmen von den berühmten Gästen Portofinos. Nach weiteren 10 Min. endet der Weg beim Leuchtturm der **Punta del Capo**. Von der Spitze des kleinen Vorgebirges bietet sich ein weites Panorama über den Tigullio-Golf bis Sestri Levante.

Übernachten

Es gibt fünf teure Hotels mit vier oder fünf Sternen, im exklusivsten, dem Splendido, kostet die Halbpension um die 500 € pro Person!
Zentral – **Eden**: Vico Dritto 20, Tel. 01 85 26 90 91, www.hoteledenportofino.com, DZ/F je nach Saison und Ausstattung 140–290 €. Preiswertere Alternative im Ortskern, immer noch mit kräftigem Portofino-Zuschlag.

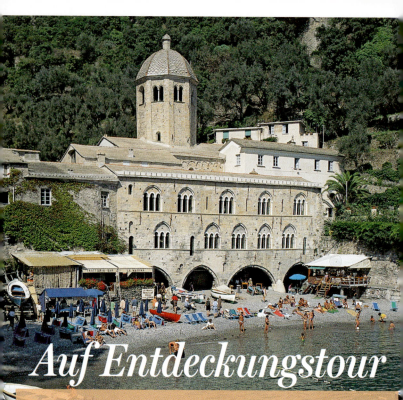

Auf Entdeckungstour

Unberührtes Küstengebirge – im Portofino-Naturpark

Die Halbinsel von Portofino ist ein Wanderparadies. Ein alter Saumpfad zieht sich hoch über dem Meer durch das steile Küstengebirge, wo sich in einer malerischen Strandbucht die mittelalterliche Abtei San Fruttuoso versteckt.

Reisekarte: ▶ H 4

Schwierigkeitsgrad: Der Abschitt Portofino–San Fruttuoso (2 Std.) ist nicht allzu schwierig, die Strecke San Fruttuoso–Camogli (3,5 Std.) hingegen nur etwas für erfahrene, trittsichere und schwindelfreie Wanderer! Achtung: Bei Nässe glatte Felsen.

Schiff: Von San Fruttuoso nach Camogli s. S. 214, nach Portofino s. S. 219.

Einkehr: In San Fruttuoso gibt es eine Bar und drei Restaurants (gut, aber teuer).

Südlich Camogli erhebt sich die Portofino-Halbinsel steil aus dem Meer. Das bis 610 m hohe Vorgebirge senkt sich mit zerklüfteten rostbraunen Felsflanken zur Küste. Kastanien- und Steineichenwald bedeckt das Innere der Halbinsel, in Meeresnähe wachsen Pinien und die Hartlaubgewächse der Macchia Mediterranea. Schon 1935 wurde das Gebiet unter Naturschutz gestellt. Keine Straße folgt dem Küstensaum. Dafür ist das kleine Naturreservat gut durch Wanderwege erschlossen, u. a. zum winzigen Ort San Fruttuoso.

Hoch über dem Meer: Von Portofino nach San Fruttuoso

In Portofino (s. S. 214) gehen wir vom rechten hinteren Ende der Hafenpiazza auf der Gasse Salita della Chiesa, links an der Kirche vorbei, zur Straße nach Santa Margherita hinauf. Wir kreuzen sie, folgen dem Treppenweg bergan Richtung San Sebastiano (Markierung rotes Quadrat). Nach 10 Min. geht der Weg in eine gepflasterte Straße über. Mit Blick zum Golf von Rapallo durchwandert man typisch mediterranes Bauernland mit kleinen Feldern und Gärten, am Wege wachsen Pinien, Palmen, Zypressen, Feigen-, Oliven- und Zitronenbäume.

Nach knapp 30 Min. passiert man die **Kapelle San Sebastiano**, bleibt hier auf dem Hauptweg geradeaus (Hinweis nach Olmi). Ca. 10 Min. später, nach kräftigem Anstieg, geht es bei einem Querweg kurz nach links und gleich wieder nach rechts (Markierung zwei rote Punkte, Hinweis nach San Fruttuoso). Auf einem Pflasterweg umrundet man mit kurzem Zwischenabstieg einen Teich, wendet sich danach, vor einem Haus, nach rechts auf den Treppenweg. Er führt zum Anfang des alten Küstenpfades nach San Fruttuoso (45 Min.).

Wir wandern nun im leichten Auf und Ab hoch über dem Meer. Der Pfad schlängelt sich durch immergrüne Macchia mit Pinien, Steineichen, Baumheide und Erdbeerbäumen. Dabei kreuzen wir nach 15 Min. einen Bach, erreichen nach weiteren 20 Min. die **Bunkerstellung »Base 0«**. Hier beginnt der steile, aber nirgendwo gefährliche Abstieg in die Bucht von San Fruttuoso. Nach etwa 10 Min. bergab taucht die Abtei San Fruttuoso zum ersten Mal tief unter uns auf, nach weiteren 20 Min. ist sie schließlich erreicht (2 Std.).

Traumbucht mit Kloster: San Fruttuoso

Bis heute ist die abgelegene Klosterbucht nur mit dem Schiff oder zu Fuß erreichbar. Die Kinder des winzigen Ortes haben bei starkem Seegang keinen Unterricht – dann ist die Schule in Camogli nicht erreichbar ... Nur etwa 20 Menschen leben das ganze Jahr über hier. Hinter der Abtei erhebt sich ein alter Wachtturm, drumherum ducken sich die wenigen Häuser des Klosterortes unter steile Pinienhänge. Vor allem außerhalb der Saison ist die ruhige Atmosphäre einzigartig. Im Sommer und an Wochenenden ist es hingegen oft sehr voll, dann drängen sich die Badegäste am Kiesstrand vor der Abtei.

San Fruttuoso wurde im 8. Jh. vom Bischoff von Tarragona gegründet, der vor den Sarazenen, die wertvollen Reliquien des Märtyrers Fructuosus im Gepäck, aus Spanien hierher geflohen war. Im 13. Jh. gehörte die Abtei der mächtigen genuesischen Adelsfamilie Doria. Nach dem Ende des Klosterlebens im 16. Jh. zogen Fischer ein und bauten die Abtei um. Eine wenig stilgenaue Restaurierung zu Beginn der 1990er-Jahre fügte neue Bauelemente hinzu. San Fruttuoso ist also eine architektonische Collage. Dennoch fasziniert das fantastisch gelegene Kloster.

Die **Abteikirche** geht auf das Ende des 10. Jh. zurück. Allerdings entspricht ihr heutiges Bild wesentlich dem Zustand des 16. Jh., die Fassade ist modern. Die dem Meer zugewandte Seite des **Abtspalastes** erhielt 1934 ihre heutige Gestalt. Damals versuchte man, einen ›Originalzustand‹ herzustellen, indem man gotische Fenster rekonstruierte. Der **Kreuzgang** stammt dagegen überwiegend noch aus dem 11. Jh., das Obergeschoss aus dem 13. Jh. Die gotischen Familiengräber der Doria wurden 1275–1305 errichtet (Besichtigungszeiten Mai–Sept. tgl. 10–17.45 Uhr, März/April, Okt. Di–So 10–15.45 Uhr, Eintritt 4 €).

In den Steilklippen: Von San Fruttuoso nach Camogli

Wer die anspruchsvolle Strecke des zweiten Tourabschnitts scheut, kann mit dem Schiff entweder zurück nach Portofino oder aber nach Camogli fahren. Erfahrene Wanderer können bei trockenem Wetter vom Eingang der Klosterkirche dem rechts an den Häusern vorbeiführenden Pfad folgen (Hinweis nach San Rocco, Markierung bis Camogli zwei rote Punkte) und nehmen nach 100 m den ansteigenden Treppenweg. Er geht in einen Wanderpfad über, der in steilen Serpentinen den Waldhang erklimmt. Nach etwa 20 Min. verläuft der Pfad durch offeneres Terrain, mit weitem Küstenblick seeseitig in der Bergflanke. Danach geht es im Schatten der Steineichen auf einen Pass (35 Min.), und über kurze steile Waldserpentinen bergab in eine schroffe Küstenlandschaft. Man blickt in eine abgelegene Bucht, verwilderte Ziegen durchstreifen das Terrain. Kurz nach dem tiefsten Punkt kreuzt der Pfad einen felsigen Bacheinschnitt (1 Std.).

Nun beginnt der schwierigere Teil der Route, mehrfach muss man steile Felshänge überwinden. Heikle Abschnitte sind mit Halteseilen und -ketten gut gesichert. Eine halbe Stunde nach dem Bacheinschnitt quert man eine leicht abschüssige Hangfläche hoch über der Steilküste und erreicht einen Aussichtspunkt mit fantastischem Blick. Ab hier wird die Route einfacher. Am Fuße steiler Randfelsen geht es für etwa 20 Min. bergan zu einem Bunker (»Batterie«) des Zweiten Weltkriegs.

Der restliche Weg ist ein Kinderspiel: Man umrundet eine Felsnase, genießt ein weites Panorama über den Golf von Genua. Danach verläuft der angenehm zu gehende Weg durch Wald zum schön gelegenen Weiler **Mortola**. Geradeaus der Hauptgasse folgend gelangt man gut 10 Min. später nach **San Rocco** (3 Std.). Gleich hinter der Dorfkirche biegt man in die nach links absteigende Gasse (roter Kreis, rote Punkte). Zwischen Mauern und über Treppengassen gelangt man zügig hinunter nach **Camogli** (3,5 Std., s. S. 210).

Aktiv & Kreativ

Baden – In Portofino selbst gibt es keine Badestrände. Der Zugang zum guten Sandstrand im nahe gelegenen Paraggi ist teuer; man kann dort aber auch kostenlos am Felsufer baden.

Infos & Termine

Infos
IAT: Via Roma 35, Tel./Fax 01 85 26 90 24, iat.portofino@provincia.genova.it.

Termine
Festa di San Giorgio: 23. April. Ortsfest des hl. Georg.

Verkehr
Bus: zum Bahnhof Santa Margherita Ligure alle 15–30 Min., Fahrzeit 20 Min.
Schiff: März–Okt. mindestens 2 x tgl. auf der Linie Rapallo–Santa Margherita–Portofino–San Fruttoso (ab Portofino 10.30, 14.30 Uhr), Mai–Sept. vor allem an Wochenenden zusätzliche Fahrten. In der Hauptsaison auch nach Genua und über Rapallo hinaus nach Chiavari, Sestri Levante und in die Cinque Terre. Nov.-Febr. kein Schiffsverkehr; Fahrplan unter www.traghetti portofino.it.
Auto: Von der Anfahrt mit dem Pkw ist abzuraten. Die Zufahrt wird entsprechend der Zahl freier Parkplätze reguliert, oft muss man lange warten. Die Parkgebühren sind hoch (5 €/Std.).

Santa Margherita Ligure ▶ H 4

Santa Margherita Ligure ist einer der mondänsten Badeorte der Riviera. Die Zahlen sprechen für sich: 60 % der Gästebetten stehen in Vier- und Fünf-Sterne-Hotels, insgesamt kommen in der Kleinstadt (11 000 Einw.) viermal weniger Touristen unter als im etwa gleich großen Alassio. Der Massentourismus ist ausgesperrt, das gehobene Bürgertum bleibt unter sich. Dennoch wirkt ›Santa‹, wie die Einheimischen den Ort nennen, nicht steril oder versnobt, denn anders als das benachbarte Portofino besitzt es ein reges Eigenleben.

Die Geschäfte an der ausgedehnten Uferpromenade sind allerdings konsequent auf die auswärtige Klientel eingestellt. Die lange Reihe der Modeboutiquen wird nur ab und zu unterbrochen durch einen Juwelier, eine Parfümerie, einen Schiffsverleih, ein Maklerbüro oder allenfalls eine Bar. Auch der Jachthafen, in dem Luxusboote jeder Art ankern, macht deutlich, wer Santa Margherita ansteuert.

Das Fischer- und Bauerndorf blieb als Vorort Rapallos jahrhundertelang bedeutungslos, bis Mitte des 19. Jh. der Nobeltourismus einsetzte. Dann aber brach die Reihe berühmter Gäste nicht mehr ab. Es kamen Schriftsteller wie Friedrich Nietzsche, André Gide, Franz Werfel, Hugo von Hofmannsthal und Max Frisch, Schauspieler wie Greta Garbo, Humphrey Bogart, Liz Taylor, Yves Montand und vor allem die gekrönten Häupter dieser Welt: die italienische Königin Margherita von Savoyen, Haile Selassie, Rainier von Monaco, Hussein von Jordanien und viele andere. Im Luxushotel Imperial Palace wurde 1922 der Rapallo-Vertrag zwischen Deutschland und der Sowjetunion unterzeichnet.

Stadtbummel

Nach Santa Margherita fährt man nicht zum Besichtigen – es gibt kaum ›Sehenswürdigkeiten‹. Interessanter ist es hier, Atmosphäre zu schnuppern und ziellos durch das Städtchen zu bummeln. Im kleinen Ortskern stehen farbige Bauten in warmen Gelb-, Rot- und Ockertönen; viele darunter sind mit Trompe-l'œil-Motiven wie Scheinfenstern oder -balustraden bemalt. Manche Hotels und Geschäfte zeigen die historische Patina der Zeit um 1900, z. B. das schon erwähnte **Imperial Palace** und das **Miramare.** Das traditionsreiche **Caffè Colombo** und die **Farmacia Internazionale** – beide an der Uferstraße Via Pescino – sind mit Jugendstilschnitzereien geschmückt.

Die pseudo-barocke Fassade der Hauptkirche **Santa Margherita d'Antiochia** aus dem 17. Jh. wurde erst 1876 geschaffen, der Innenraum mit viel Gold und Glimmer wirkt prachtvoll-überladen. Die schöne Parkanlage der **Villa Durazzo** aus dem 16. Jh. gewährt herrliche Blicke auf den Tigullio-Golf (tgl. 9–19 Uhr, im Winter bis 17 Uhr). Auch ein Teil der repräsentativen Innenräume mit altem Mobiliar und Barockmalereien kann besichtigt werden (www.villadurazzo.it, Sommer 9–13, 14.30–18.30, Winter 9–13, 14–17 Uhr, Eintritt 5,50 €).

In der Parkanlage der **Villa Carmagnola** hat der Bühnenbildner Emanuele Luzzatti 1998 den **Parco del Flauto Magico** angelegt. Auf dem fantasievoll gestalteten Kinderspielplatz finden sich Motive aus Mozarts »Zauberflöte« in Rutschen und Klettergerüsten wieder (Viale Rainusso 10, tgl. 9–17, im Sommer bis 20 Uhr).

Übernachten

Luxuriös – **Imperial Palace:** Via Pagana 19, Tel. 01 85 28 89 91, www.hotelimperiale.com, DZ/F 320–430 €. Historisches Luxushotel in einem großen Park mit Meersicht.

Innere Werte – **Jolanda:** Via L. Costa 6/A, Tel. 01 85 28 75 13, www.hoteljolanda.it, DZ/F je nach Saison und Ausstattung 104–184 €. Der äußerlich schlichte, freundliche Familienbetrieb ist innen stilvoll mit Antiquitäten eingerichtet, etwas Straßenlärm muss man in Kauf nehmen.

Gute Mittelklasse – **Fasce:** Via L. Bozzo 3, Tel. 01 85 28 64 35, www.hotelfasce.com, DZ/F 120 €.. Engagiert geführtes Hotel mit ruhigen Zimmern, sehr schön ist die Dachterrasse, kostenloser Fahrradverleih für Gäste.

Familiär – **Villa Anita:** Via Tigullio 10, Tel. 01 85 28 65 43, www.hotelvillaanita.com, DZ/F um 85 €, mit HP 110–140 €. Kleine Pension mit Garten etwas außerhalb des Zentrums.

Günstig – **Annabella:** Via Costasecca 10, Tel. 01 85 28 65 31, DZ 60–70 €. Korrektes einfaches Hotel mit Zimmern ohne eigenem Bad.

Essen & Trinken

No Pizza – **Il Nostromo:** Via dell'Arco 6, Tel. 01 85 28 13 90, Mi geschl., Tagesmenü 19,50 €, à la carte um 32 €. Gute Fischküche, freundlicher Service, rustikal-gediegenes Ambiente, eine der angenehmsten Adressen im Ort, keine Pizzen.

Günstig – **Da Pezzi:** Via Cavour 21, Tel. 01 85 28 53 03, Sa Ruhetag. Schlichte Trattoria im Zentrum nahe der Hauptkirche, solide Standardküche, kulinarische Höhenflüge darf man nicht erwarten, dafür kleine Preise.

Mit Stil – **Caffè Colombo:** Via Pescina 13, Di geschl. In diesem traditionsreichen Jugendstilcafé haben seit 100 Jahren alle prominenten Gäste Santa Margheritas gesessen.

Tolles Eis – **Bar/Gelateria Vittoria:** Via Gramsci 43, einer der besten Eissalons der Küste!

Rapallo

Einkaufen

Feinkost international – **Seghezzo:** Via Cavour 1 (Kirchplatz). Ein altmodischer Lebensmittelladen mit breitem Angebot an Weinen, Likören, Schinken, Käse, Trockenpilzen, Olivenölen, Marmeladen, Keksen usw., all dies nicht nur aus Italien.

Aktiv & Kreativ

Baden – In Santa Margherita selbst nur ein Kiesstrand. Guter Sandstrand in San Michele di Pagana (2 km Richtung Rapallo).
Tauchen – **DWS Diving Center:** Via Jacopo Ruffini 2/a, Tel. 01 85 28 25 78, www.dwsdiving.com. Organisiert Kurse und Exkursionen, Tauchgebiet ist die steile Felsküste am Vorgebirge der Portofino-Halbinsel.
Segeln – **Lega Navale Italiana:** Casa Mare, Calata Porto 21, Tel. 01 85 28 47 97, www.leganavale.it. Segelkurse, auch Anfängerkurse für Kinder.

Abends & Nachts

Disco – **Covo Nord-Est:** Via Rossetti 1, Tel. 01 85 28 65 58. Diese bekannteste Disco in weitem Umkreis liegt an der Straße nach Portofino.

Infos & Termine

Infos
IAT: Piazza Vittorio Veneto (Kiosk am Ufer, neben dem Hauptbushalt), Tel. 01 85 28 74 85, iat.santamargheritaligure@provincia.genova.it.

Termine
Festa di Santa Margherita: 20. Juli. Ortsfest der hl. Margherita.

Verkehr
Bahn: 7 x tgl. Intercity nach Genua, Mailand und über Sestri Levante/Levanto/Monterosso/La Spezia/Pisa nach Livorno. Etwa stdl., So etwas seltener, Regionalzug zu allen Küstenorten zwischen Genua und La Spezia.
Bus: Haupthalt an der Piazza Vittorio Veneto, alle 15–30 Min. nach Portofino sowie über San Michele Pagana nach Rapallo; Mo–Sa alle 40–60 Min., So alle 90 Min. nach Camogli.
Schiff: s. unter Portofino S. 219.

Rapallo ▶ H 4

›Rapallizzazione‹ ist im Italienischen ein feststehender Begriff geworden. Er bedeutet: Zerstörung durch Zersiedlung. Klaus Mann konnte noch 1931 über Rapallo schreiben: »Villen gruppieren sich um eine Bucht. Das altmodisch-feine Privathaus beherrscht das Bild ... Bürgerlich-friedlich. Sehr, sehr neunzehntes Jahrhundert.« Heute ufert die Kleinstadt (30 000 Einw.) mit gesichtslosen Nachkriegsbauten in die Umgebung aus, und nur das kleine Altstadtzentrum mit dem pittoresken Lebensmittelmarkt und hübschen Geschäften hat noch eine ansprechende Atmosphäre. An der Uferpromenade finden sich zwar einige Belle-Époque-Hotelbauten; doch anders als das benachbarte Santa Margherita hat Rapallo seinen noblen Touch verloren.

Vor dem Zweiten Weltkrieg war es vor allem bei Künstlern beliebt. Der irische Dichter William Butler Yeats schwärmte 1928: »Dies ist ein unbeschreiblich schöner Ort.« Auch Ezra Pound, Gerhart Hauptmann, Hermann Hesse, Ernest Hemingway und viele andere hielten sich hier auf. Friedrich Nietzsche verfasste im Winter 1882–83 in Rapallo den ersten Teil von »Also sprach Zarathustra«.

Von Camogli nach Sestri Levante

Heute verbringen viele Pensionäre aus den Städten der Po-Ebene hier die Wintermonate – angezogen vom milden Klima, den vergleichsweise günstigen Unterkunftspreisen und dem geselligen Leben, das sich in den Hotels und auf der Uferpromenade unter den Rentnern entwickelt. Im Sommer dagegen herrscht reger Urlaubsbetrieb, obwohl die nächsten Strände einige Kilometer entfernt liegen.

Rundgang

Rapallo wurde vermutlich bereits vor mehr als 2000 Jahren gegründet, doch blieben kaum historische Bauten erhalten. Die angebliche Römerbrücke **Ponte Annibale** an der gleichnamigen Straße am Westrand des Zentrums stammt vermutlich aus dem späten Mittelalter. In Bahnhofsnähe steht neben der Kirche **Santo Stefano** der Gemeindeturm aus dem 15. Jh. Nahebei verbindet die **Basilica dei Santi Gervasio e Protasia** (17.–20. Jh.) Eleganz mit schöner ornamentaler Ausschmückung. Die **Festung** am östlichen Ende der Uferpromenade wurde 1550 errichtet, nachdem der berüchtigte Seeräuber Dragut die Stadt geplündert und zahlreiche Einwohner als Sklaven verkauft hatte. Eine Kuriosität ist der **Chiosco della Banda Musicale** am Lungomare Vittorio Veneto, ein offener Pavillon mit verblichenen Jugendstilporträts berühmter Komponisten.

Vom Ostrand Rapallos führt ein schöner Fußweg am Meerufer entlang zur Badebucht von **San Michele Pagana**. In der barocken Ortskirche kann man, falls geöffnet, ein Kreuzigungsgemälde des Flamen Anton van Dyck anschauen (um 1623).

In etwa 600 m Höhe über Rapallo steht die Wallfahrtskirche **Madonna di Montallegro**. Man erreicht sie in wenigen Minuten mit einer Seilbahn (ab Via Castagneto, hinter dem Bahnhof). Die Kirche entstand im 16. Jh., nachdem ein Bauer hier eine Marienerscheinung hatte. Auf dem Hauptaltar wird eine Ikone aufbewahrt, welche die Madonna der Überlieferung nach dem Bauern übergab. Die Seilbahnfahrt zur Kirche lohnt vor allem wegen des großartigen Ausblicks auf das Meer und die Halbinsel von Portofino.

Ein Fest für die Sinne: auf dem Bauernmarkt von Rapallo
Von Montag bis Samstag entfaltet sich vormittags im Altstadtwinkel von Rapallo lebhaftes Marktgeschehen, wenn die Bauern und Fischer auf der Piazza Venezia ihre frische Ware anbieten. Auf den Verkaufstischen stapeln sich dann bunte Obst- und Gemüseberge, am Morgen angelandete Fische schimmern in ihrem Schuppenglanz, Basilikum und andere Wildkräuter verströmen ihren Duft. Im Herbst ziehen die frisch gesammelten Steinpilze, manche von enormer Größe, die Blicke auf sich. In den Feinkostgeschäften rund um den Markt stapeln sich dicke Käselaibe dekorativ in den Vitrinen, innen baumeln große Schinken von der Decke … der Bummel über den kleinen Markt und durch die angrenzenden Einkaufsgassen dürfte für jeden Gourmet ein wahrer Genuss sein.

Übernachten

Hafenblick – **Rosabianca**: Lungomare V. Veneto 42, Tel. 018 55 22 62, www.

Rapallo

Im Herbst lockt der Bauernmarkt von Rapallo mit frischen Pilzen

hotelrosabianca.it, DZ 120–140 €. Hübscher Palazzo von 1900 an der Uferpromenade, leider wie fast alle Hotels im Ort nicht völlig ruhig.

Gut geführt – **Stella:** Via Aurelia Ponente 6, Tel. 0 18 55 03 67, www.hotelstella-riviera.com, DZ/F nach Saison und Ausstattung 70–140 €. Gepflegtes Hotel am Westrand der Innenstadt, mit großer Dachterrasse, nicht ganz ruhig, daher besser Zimmer nach hinten nehmen.

Altmodisch – **Bandoni:** Via Marsala 24, Tel. 0 18 55 04 23, DZ ab 50 €. Einfache, gastfreundliche Familienpension in einem Altbau mitten im Zentrum, ordentlich eingerichtete Zimmer, viele mit Meerblick.

Camping – **Miraflores:** Via Savagna 10, Tel. 01 85 26 30 00, www.campingmiraflores.it. Der Platz liegt in Autobahnnähe und ist daher relativ laut. **Rapallo:** Via San Lazzaro 4, Tel. 01 85 26 20 18, www.campingrapallo.it, April–Sept. geöffnet. Der Camping ist ruhiger als das Miraflores, spendet aber wenig Schatten.

Essen & Trinken

Gute Tradition – **Bansin:** Via Venezia 105, Tel. 01 85 23 11 19, So (abends) und Mo (abends) geschl., Mittagsmenü (nur Mo–Fr) 10 €, à la carte um 22 €. Die 1907 gegründete Osteria ist zu Recht noch immer bei den Einheimischen beliebt, es gibt solide Regionalküche zu günstigen Preisen.

Fisch bei Mario – **Da Mario:** Piazza Garibaldi 23, Tel. 018 55 17 36, Mi geschl., Menü ab 22 €. Solides Lokal mit traditioneller Küche, Schwerpunkt sind Fischgerichte.

Einkaufen

Lebensmittel, Alltagswaren – **Großer Wochenmarkt:** jeden Do auf der Piazza Cile, hinter der Bahnlinie am Kanalufer westlich des Zentrums. **Bauernmarkt:** siehe Unser Tipp S. 222.

Alte Möbel u.a. – **Antiquitätenmarkt:** am 4. So des Monats im Zentrum um die Via Mazzini.

Von Camogli nach Sestri Levante

Feinkost, Weine – **Parlacomemangi:** Via Mazzini 44, www.parlacomemangi.com. Feinkostgeschäft mit einer hervorragenden Auswahl an Salami, Schinken und Käse aus ganz Italien. In der Bottega breites Weinangebot (auch Bioweine).

Webmanufakturen – Im 5 km entfernten Ort Zoagli werden seit Jahrhunderten Seiden- und Damaststoffe gewebt. Zwei Webereien sind noch in Betrieb und stellen mit den alten Techniken z. T. Stoffe mit modernem Design her: **Tessitura Cordani**, Via San Pietro 21, Tel. 01 85 25 90 22, und **Seteria Gaggioli**, Via Aurelia 208/A, Tel. 01 85 25 90 57, www.tigullio.net/seteriagaggioli.

Aktiv & Kreativ

Baden – In Rapallo selbst gibt es keine Bademöglichkeiten. Ein guter Sandstrand befindet sich in San Michele di Pagana (2 km Richtung Santa Margherita Ligure).

Golf, Tennis – **Circolo Golf e Tennis:** Via Mameli 377, Tel. 01 85 26 17 77, www.golfetennisrapallo.it. Am westlichen Stadtrand liegt einer der schönsten Golfplätze der Region; auch einige Tennisplätze.

Infos & Termine

Infos
IAT: Lungomare V. Veneto 7 (Uferstraße im Zentrum), Tel. 01 85 23 03 46, Fax 018 56 30 51, iat.rapallo@provincia.genova.it.

Termine
Festa di Madonna di Montallegro: 1.–3. Juli. Stadtfest mit Prozession und großem Abschlussfeuerwerk zu Ehren der Stadtheiligen.

Verkehr
Bahn: Bahnhof im Zentrum, 13 x tgl. Intercity nach Genua, Mailand und über Sestri Levante/Levanto/Monterosso/La Spezia/Pisa nach Livorno, 6 x tgl. durchgehend bis Rom. Mo–Sa stdl., So etwas seltener Regionalzug zu allen Küstenorten zwischen Genua und La Spezia.
Bus: Haupthalt mit Infoschalter auf dem Bahnhofsplatz; alle 15–30 Min. über San Michele Pagana nach Santa Margherita Ligure; Mo–Sa alle 40–60 Min., So alle 90 Min. nach Camogli; Mo–Sa etwa stdl., So 10 x tgl. über Zoagli nach Chiavari.
Schiff: s. unter Portofino S. 219.

Chiavari ▶ J 4

Chiavari (28 000 Einw.) liegt an einem der wenigen flachen Küstenstreifen der Riviera di Levante. Die Mündungsebene des Flusses Entella, der das Städtchen vom unmittelbar angrenzenden **Lavagna** (13 000 Einw.) trennt, ist unerfreulich zersiedelt. Im Häuserbrei der Neubauten versteckt sich aber eine schöne Altstadt, die ideal geeignet ist zum ziellosen Herumbummeln. Das Zentrum bietet typisch italienischlebendige Alltagsatmosphäre. Angenehme Cafés und gute Restaurants machen Chiavari auch zu einem kulinarisch interessanten Reiseziel.

Die Stadt wurde im Mittelalter gegründet und von den Genuesen zu einer befestigten Ansiedlung mit Burg und Mauern ausgebaut. Die militärische Planung ist noch heute an der streng rechtwinkligen Straßenanlage zu erkennen. Im 18. und frühen 19. Jh. erlebte Chiavari eine wirtschaftliche Blütezeit. Seine Hauptprodukte waren Stoffe, Schiffe und die *campanini,* besonders leichte und elegante Stühle, die in viele europäische Länder exportiert wurden.

Chiavari

Sehenswert
1. Dom
2. Palazzo di Giustizia
3. San Giovanni Battista
4. Palazzo Rocca / Archäologisches Museum
5. Parco Botanico

Übernachten
1. Monterosa
2. Miramare
3. Al Mare

Essen & Trinken
1. La Brinca
2. Fondaco del Vecchio Glicine
3. Luchin
4. Bar-Pasticceria Copello
5. Defilla

Einkaufen
1. Enoteca Bisson
2. Bottega del Formaggio
3. Lebensmittelmarkt
4. Großer Wochenmarkt
5. Antiquitätenmarkt

Stadtrundgang

An der Piazza Nostra Signora dell'Orto vor dem Bahnhof steht der imposante **Dom** 1. Er wurde 1613–33 an der Stelle einer Marienerscheinung errichtet. Die blendend weiße, monumentale klassizistische Säulenvorhalle stammt aus dem 19. Jh. Der dunkle Innenraum zeigt figürlich überladenen Barockschmuck.

Auf der angrenzenden **Piazza Mazzini** findet vormittags ein hübscher Lebensmittelmarkt statt. An ihrer Südseite erhebt sich der mittelalterlich wirkende **Palazzo di Giustizia** 2. Er stammt aber – mit Ausnahme des Turms von 1537 – erst aus dem späten 19. Jh. Die Piazza Mazzini wird von der Hauptstraße der Altstadt, der Via Martiri della Liberazione, durchschnitten. Unter den niedrigen Bogengängen der Fußgängerstraße finden sich zahlreiche Läden, darunter die **Bar-Pasticceria Copello** 4 (Nr. 164), das älteste noch bestehende Geschäft der Riviera mit einer schönen Jugendstileinrichtung. Parallel dazu verlaufen die ebenfalls von Arkaden gesäumten Via Giuseppe Raggio und Via Ravaschieri mit dem **Barockpalais Marana** (Via Raggio 36) und dem teilweise noch gotisch erhaltenen **Palazzo dei Portici Neri** (Via Ravaschieri 27–33). Im Chor der dunklen Barockkirche **San Giovanni Battista** 3 hängen zwei große Ölbilder des genuesischen Barockmalers Giovanni Battista Carlone: »Johannes der Täufer tadelt Herodes« und »Tanz der Salome«.

Das **Archäologische Museum** im Erdgeschoss des **Palazzo Rocca** 4 aus dem 17. Jh. zeigt ungewöhnliche Funde aus einer Nekropole des 8./7. Jh. v. Chr.: Schmuck, Waffen und Keramik des Stamms der Tigullier, die 1960 bei einer Ausgrabung gefunden wurden (Di–Sa, 2. u. 4. So im Monat 9–13.30 Uhr, Eintritt frei). Die mit altem Mobiliar und Deckenfresken ausgestatteten oberen Palasträume beherbergen die **Pinakothek** mit Werken genuesischer

Barockmaler (Sa/So 10–12, 16–19 Uhr, Eintritt frei).

Hinter dem Palazzo zieht sich der **Parco Botanico** 5 den Hang hinauf, eine grüne Oase am Rande des lebhaften *centro storico* mit Tempietto, Grotten, kleinen Wasserläufen und reichem Palmen-, Kakteen und Bambusbewuchs (tgl. 10–17 Uhr, im Sommer bis 18 Uhr, Eintritt 1 €). Der Stadtrundgang findet einen angenehmen Abschluss im historischen **Caffè Defilla** 5 an der Piazza Matteotti, einem der größten und traditionsreichsten Kaffeehäuser Liguriens.

Übernachten

Gutbürgerlich – **Monterosa** 1: Via Marinetti 6, Tel. 01 85 30 03 21, www.hotelmonterosa.it, DZ/F im Standardzimmer 95–120 €. Das gut geführte Haus in ruhiger zentraler Lage wird vor allem von Geschäftsleuten frequentiert.

Meerblick – **Miramare** 2: Corso Valparaiso 56, Tel. 01 85 30 98 91, DZ 55–60 €. Freundliches, einfaches Hotel an der Uferstraße westlich des Bahnhofs, leider etwas Lärm durch Straße und Bahn.

Camping – **Al Mare** 3: Via Preli 30, Tel. 01 85 30 46 33. Am westlichen Ortsrand in eher unschöner Lage. Im Nachbarort Lavagna liegen zwei Plätze in Meernähe: **Lo Scoglio**, Via Tedisio, Tel. 01 85 39 02 62, www.campingloscoglio.it, und **Ripamare**, Via Tedisio, Tel. 01 85 39 11 26.

Essen & Trinken

Kreative Landküche – **La Brinca** 1: Campo di Né Nr. 58 (10 km nordöstlich), Tel. 01 85 33 74 80, Mo geschl., außer Sa/So nur abends geöffnet, Reservierung erforderlich, Sechs-Gänge-Menü 34 €. Die Einheimischen kommen von weither, um hier zu essen – mit gutem Grund: In den reichhaltigen, vorzüglichen Menüs wird die alte Landküche respektvoll wiederbelebt.

Gute Tradition – **Fondaco del Vecchio Glicine** 2: Via G. Raggio 33 (Ecke Via delle Vecchie Mure), Tel. 01 85 30 14 21, Di/Mi geschl., Menü 24–30 €. In der eher nüchtern eingerichteten Trattoria gibt es regionale Gerichte, wie z. B. gute Muschel-Kichererbsen-Suppe oder Nudeln mit Tintenfisch und Artischocken.

Urig – **Luchin** 3: Via Bighetti 51, Tel. 01 85 30 10 63, So geschl., Menü ca. 20 €. Die alteingesessene rustikale Osteria ist eine Institution in der Altstadt. Sie bestrickt durch die hübsche Einrichtung und die lebendige Atmosphäre. Spezialität ist die Kichererbsen-Pizza Farinata.

Historische Cafés – **Bar-Pasticceria Copello** 4: Via Martiri della Libertà 164, Di geschl. Das kleine Café hat die Jugendstileinrichtung von 1911 bewahrt. Ein weiteres geschichtsträchtiges Kaffeehaus mit Stuckverzierungen, Gemälden, großen Spiegeln und einem reichen Angebot an Wein, Gebäck und Süßigkeiten ist das **Defilla** 5 an der Piazza Matteotti.

Einkaufen

Wein – **Enoteca Bisson** 1: Corso Gianelli 28. Renommierte Weinhandlung mit vorzüglichen Qualitäten aus allen Regionen Italiens, auch aus eigener Produktion.

Käse, Schinken – **Bottega del Formaggio** 2: Via Matiri della Liberazione 208, www.thebest.it. Die bestens sortierte Feinkosthandlung genießt überregionalen Ruf.

Wochenmärkte – **Lebensmittelmarkt** 3: Mo-Sa vormittags auf der Piazza

Chiavari

Ausblick auf die Küste inklusive: im Botanischen Garten von Chiavari

Mazzini. **Großer Wochenmarkt** 4: Fr auf der Piazza Matteotti.
Alte Möbel und Trödel – **Antiquitätenmarkt** 5: am 2. Wochenende jeden Monats in der Altstadt (Via Martiri della Liberazione).

Aktiv & Kreativ

Baden – An der schnurgeraden Küste von Chiavari erstrecken sich nicht gerade idyllische Strände; breite Sand- und Kiesstrände gibt es Richtung Lavagna und Cavi.

Infos & Termine

Infos
IAT: Corso Assarotti 1 (gegenüber vom Bahnhof), Tel. 01 85 32 51 98, iat.chiavari@provincia.genova.it.

Termine
Festa della Madonna dell'Orto: 2. Juli. Patronatsfest mit Prozession und Feuerwerk.
Festa della Torta dei Fieschi: 14. Aug. Im benachbarten Lavagna werden alljährlich um die 14 000 Portionen eines gigantischen Kuchens von 1300 kg Gewicht verteilt. Außerdem findet ein Umzug in historischen Kostümen statt.

Verkehr
Bahn: Bahnhof zentrumsnah zwischen Altstadt und Meer. 13 x tgl. Intercity nach Genua, Mailand und über Sestri Levante/Levanto/Monterosso/La Spezia/Pisa nach Livorno, 6 x tgl. durchgehend bis Rom. Mo–Sa stdl., So etwas seltener Regionalzug zu allen Küstenorten zwischen Genua und La Spezia.
Bus: Hauptbushalt mit Infoschalter am Bahnhofsvorplatz. Nach Sestri Levante tgl. alle 30 Min. Über Zoagli nach Rapallo Mo–Sa etwa stdl., So 10 x tgl. Nach San Salvatore dei Fieschi Mo–Sa etwa stdl., So 8 x tgl. Nach Santo Stefano d'Aveto 6 x tgl. (Fahrzeit knapp 2 Std.).

Von Camogli nach Sestri Levante

Schiff: Mai–Anfang Okt. So, Juli/Aug. tgl. nach Santa Margherita Ligure, Rapallo, Portofino, San Fruttuoso und über Sestri Levante in die Cinque Terre; Fahrplan unter www.traghetti portofino.it.

Die Umgebung von Chiavari

Basilica San Salvatore dei Fieschi ▶ J 4

Über die Nachbarstadt Lavagna erreicht man die Basilica San Salvatore dei Fieschi, eines der interesssantesten Gotteshäuser der Riviera di Levante. Sie wurde 1245–52 im Auftrag des Papstes Innozenz IV., des früheren Grafen Sinibaldo Fieschi, von lombardischen Baumeistern als Familienkirche erbaut. Das Adelsgeschlecht der Fieschi aus Lavagna ist durch Schillers Drama »Die Verschwörung des Fiesco zu Genua« in die deutsche Literatur eingegangen. Die Kirche hat ein schönes Rosenfenster an der grün-weiß gestreiften Fassade; der schlichte, beinahe schmucklose Innenraum zeigt die Formen des romanisch-gotischen Übergangsstils. Auf der gegenüberliegenden Seite des Kirchplatzes erheben sich ein mittelalterliches, später barockisiertes **Oratorium** und der Grafenpalast **Palazzo Comitale** aus dem 16. Jh.

Im Apennin ▶ J 2–4

Im Hinterland von Chiavari strömen Flüsse und Wildbäche durch dicht bewaldete Mittelgebirgstäler Richtung Küste. Nördlich Carasco erreicht man durch das grüne Stura-Tal über Borzonasca das kleine, einsam gelegene **Kloster Borzone**. Die Kirche aus dem 13. Jh. mit ihrem massiven Glockenturm wurde innen barock umgestaltet.

Mit vielen Kehren gelangt man über den La-Forcella-Pass (875 m) ins kühle **Hochtal von Aveto** mit Wiesen und Weiden unter rauen Felshängen – das mediterrane Italien der sanften Reb- und Ölbaumhügel hat man hier weit hinter sich gelassen. Das unter Naturschutz stehende Bergland ist ein beliebtes Wandergebiet. Vom Lago di Lama nördlich Magnasco führen Wege zu den eiszeitlichen Restseen von Agorai und auf das flache, oft nebelverhangene Gipfelplateau des **Monte Aiona** (1702 m).

Der spitze **Monte Penna** (1735 m) weiter östlich wirkt hingegen wie ein Alpengipfel en miniature; über das alte Dorf **Amborzasco** kann man durch Buchenwälder auf den 1390 m hohen **Chiodo-Pass** hinauffahren und von hier aus den Berg in ca. 1,5 Std. besteigen (Markierung gelbes Dreieck, zuletzt etwas Felskraxelei).

Der bescheidene Ferienort **Santo Stefano d'Aveto** am Fuße des Monte Maggiorasca (1799 m) besitzt als einzige Sehenswürdigkeit die klobige Ruine einer Burg, die um 1200 zur Sicherung des Lehens der Malaspina errichtet wurde. Nicht nur im Hochsommer kommen Gäste, die Winter sind hier oben schneereich und für die Langläufer werden dann Loipen gespurt.

Sestri Levante ▶ J 4

Sestri Levante (18 700 Einw.) hat zwei Gesichter: Die malerische Altstadt zieht sich auf einer Halbinsel zwischen zwei Ufern mit den schönen Namen ›Bucht der Stille‹ und ›Bucht der Märchen‹ hin; farbige Hausfassaden, alte Portale und hübsche Geschäfte machen den Bummel durchs Zentrum zum Vergnügen. Drumherum erstrecken sich wenig attraktive neuere Viertel.

Schon in der Römerzeit war der Ort ein Verkehrsknotenpunkt. Wie heute stieß auch damals die Hauptstraße von Süden hier erstmals hinter La Spezia wieder ans Meer; sie traf bei Sestri auf einen wichtigen Handelsweg, der über den Apennin in die Po-Ebene führte. Die günstige Lage trug Ende des 19. Jh. dazu bei, dass sich in der Stadt einige Fabriken ansiedelten; Sestri wurde neben La Spezia zum einzigen Industriestandort der Riviera di Levante.

Sehenswertes

Hauptstraße der Altstadt ist die Fußgängergasse Via XXV Aprile, die von hübschen Fassaden mit skulptierten Schieferportalen und aufgemalter Scheinarchitektur gesäumt wird. Hier finden sich gepflegte Mode-, Schuh- und Antiquitätengeschäfte. Die Straße endet an der Piazza Matteotti mit der Kirche **Santa Maria di Nazareth** aus dem 17. Jh. Nördlich davon erstreckt sich die **Baia delle Favole**, die große »Märchenbucht«, die ihren Namen zur Erinnerung an Hans Christian Andersen erhielt, der im Sommer 1832 Sestri Levante besuchte.

Auf der entgegengesetzten Seite der Halbinsel gelangt man zur **Baia del Silenzio**. Die kleine »Bucht der Stille« hat das malerischste Ufer, das man an der Riviera mitten in einer Stadt finden kann. Farbige Häuser im traditionellen ligurischen Stil spiegeln sich in der meist glatten, von einem schönen Sandstrand umrandeten Wasserfläche – und der Name täuscht nicht: Es ist wirklich ruhig ...

Das kleine Vorgebirge der Isola war ursprünglich eine Insel; erst im Mittelalter entstand die schmale Landzunge, auf der heute die Altstadt steht. Die romanische Kirche **San Nicolò dell'Isola** stammt aus dem 12. Jh.; sie ist leider fast immer geschlossen. Im Park um das Grand Hotel dei Castelli steht der **Marconi-Turm,** auf dem Guglielmo Marconi erste Versuche mit der Kurzwellenübertragung machte.

Übernachten

Pompös – **Villa Balbi**: Viale Rimembranza 1, Tel. 01 85 42 941, www.villabalbi.it, DZ je nach Saison und Ausstattung 190–480 €. Historische Villa in einem herrlichen großen Garten, neu renovierte, z. T. sehr große Zimmer.

Buchtpanorama – **Helvetia**: Via Cappuccini 43, Tel. 0 18 54 11 75, www.hotelhelvetia.it, DZ/F 130–170 €. Das stilvolle, gepflegte Haus liegt an der Baia del Silenzio, kleiner Garten und Dachterrasse mit Küstenblick.

Familiär – **L'Approdo**: Piazza Francesco Bo 17, Tel. 0 18 54 29 16, approdo.camere@libero.it, DZ 60–80 €. Ordentliche, freundliche Unterkunft im Zentrum neben der Villa Balbi.

Ruhig – **Villa Jolanda**: Via Pozzetto 15, Tel. 0 18 54 13 54, www.villaiolanda.com, DZ 55–70 €. Engagiert geführtes Hotel in einer Gasse beim Beginn der Isola-Halbinsel, kleiner Garten.

Camping – **Tigullio**: Via Sara 111, Tel. 01 85 45 54 55, www.tigullio.com. In schattiger Hanglage etwa 3 km außerhalb in Richtung Casarza Ligure.

Essen & Trinken

Altstadttreff – **Osteria Mattana**: Via XXV Aprile 34, Tel. 01 83 45 76 33, Di–Do nur abends geöffnet, Mo geschl., Menü um 23 €. In legerem Ambiente mit langen Holztischen gibt es hier gute kleine Gerichte.

Von Camogli nach Sestri Levante

Erholsamer Ruhepunkt: die ›Bucht der Stille‹ in Sestri Levante

Günstig – **Previna:** Piazza della Repubblica 23, Tel. 0 18 54 26 49, Mi geschl., Hauptgerichte ab 8 €. Ordentliche, preisgünstige Trattoria/Pizzeria.

Einkaufen

Lebensmittel, Kleidung, Alltagswaren – **Großer Wochenmarkt:** am Sa vormittags auf der Piazza Aldo Moro.
Nudeln – **Pastificio Moderno:** Via XXV Aprile 60. Gute hausgemachte Pasta und Saucen.
Süßes – **Pasticceria Rossignotti:** Via XXV Aprile 1, die mehr als 100 Jahre alte Konditorei verkauft gute Kuchen, Kekse und Torrone (weißer Nougat) aus eigener Produktion.

Aktiv & Kreativ

Baden – Breite Sandstrände auf der Halbinsel von Sestri, ein besonders hübscher Strand liegt an der **Baia del Silenzio.**

Segeln, Surfen, Paddeln – **Tigullio Sail:** Lungomare Descalzo, Tel. 01 85 48 00 00, www.tigulliosail.it. Segel-, Surf- und Kanukurse, auch für Kinder.

Abends & Nachts

Disco – **Piscina dei Castelli:** Piazza del Porto, Tel. 01 85 48 00 01. Beliebte Disco mit vier Tanzflächen am Hafen.

Infos & Termine

Infos
IAT: Piazza S. Antonio 10 (zwischen Bahnhof und Altstadt an der Hauptstraße), Tel. 01 85 45 70 11, www.sestri-levante.net.

Termine
Andersen Festival: letzte Maiwoche. Vier Tage verwandeln sich die Straßen und Plätze der Altstadt zu einer Bühne für Theater, Musik, Kleinkunst, Akrobatik, auch für Kinder unterhaltsam.

Verkehr
Bahn: 9 x tgl. Intercity nach Genua, Mailand und über Levanto/Monterosso/La Spezia/Pisa nach Livorno, z. T. durchgehend bis Rom. Mo–Sa stdl., So etwas seltener, Regionalzug zu allen Küstenorten zwischen Genua und La Spezia.
Bus: Haupthalt an der Piazza San Antonio südlich des Bahnhofs. Nach Chiavari tgl. alle 30 Min. Nach Varese Ligure Mo–Sa 8 x, So 3 x tgl. (1 Std. Fahrzeit).
Schiff: s. unter Chiavari S. 228.

Varese Ligure ▶ K 3

Etwa 30 km nordöstlich Sestri Levante liegt eingebettet in eine unspektakuläre Mittelgebirgslandschaft Varese Ligure. Im Zentrum der Kleinstadt (2500 Einw.; s. S. 75) steht die **Burg** der Fieschi aus dem 15. Jh.; daran schließt sich der sogenannte **Borgo Rotondo** an. Dieser festungsartige, fast kreisrunde kleine Wohnbezirk des Mittelalters wird von einer engen Hauptgasse mit zahllosen Torbögen durchzogen. Im Viertel auf der anderen Seite der Hauptstraße, dem Borgo Nuovo, überquert die mittelalterliche Brücke **Ponte Grecino** das Flüsschen Crovana.

Eine kurvige Bergstraße führt nach Norden in schöne Apenninlandschaft am **Passo di Cento Croci** (1055 m).

Übernachten

Traditionshotel – **Amici:** Via Garibaldi 80, Tel. 01 87 84 21 39, www.albergoamici.com, DZ 65 €. Das gut geführte angenehme Gasthaus ist bereits seit über 200 Jahren im Besitz derselben Familie.
Auf dem Lande – **Agriturismo Giandriale:** Giandrale 5, Tavarone di Maissana (18 km südlich von Varese), Tel. 01 87 84 02 79, www.giandrale.it, DZ/F ab 60 €. Renoviertes Bauerngehöft in Panoramalage, ein Platz für meditative Gemüter: sehr abgelegen, sehr ruhig, sehr schön.
Familiär – **Della Posta:** Piazza Vittorio Emanuele 16, Tel. 01 87 84 21 15, albergodellaposta@libero.it, DZ/F 50 €. Ein etwas einfacheres, aber ebenfalls angenehmes Provinzhotel.

Essen & Trinken

Gut bürgerlich – **Amici:** s. o., Mi geschl., Menü um 23 €. Das bürgerliche Kleinstadtrestaurant bietet ordentliche Traditionsküche, Spezialitäten sind Pilzgerichte sowie Fleischspeisen und Käse aus biologischer Produktion.

Einkaufen

Bio-Landwirtschaftsprodukte – **Cooperativa Casearia:** Ortsteil Perazza (2 km Richtung San Pietro Vara), Tel. 01 87 84 21 08. Große Auswahl verschiedener Käsesorten, guter Joghurt, daneben auch Schweinswürste, Speck, Honig und Kräuter. **Cooperativa Carni:** Via Municipio 1, Tel. 01 87 84 25 01 (mit Filiale in San Pietro Vara, Via Provinciale 35). Fleisch von den ›glücklichen Kühen‹ der umliegenden Bergweiden.

Infos & Termine

Infos
Pro Loco: Via Portici 19, Tel. 01 87 84 20 94, www.prolocovareseligure.it, nur in der Saison geöffnet.

Verkehr
Bus: nach Sestri Levante siehe dort. Mo–Sa 6 x tgl. nach La Spezia (1,5 Std. Fahrzeit, z. T. Umstieg in Borghetto).

Das Beste auf einen Blick

Von Sestri Levante in die Cinque Terre

Highlight !

Cinque Terre: Die berühmte Landschaft um die fünf Dörfer am Meer blieb verschont von Bauspekulation und Verkehrserschließung. Sie bietet mediterrane Küste aus dem Bilderbuch: Über verschachtelt gebauten bunten Dörfer mit engen Gassen und lauschigen Plätzen ziehen sich Ölbaum- und Weinrebenterrassen die steilen Apenninausläufer hinauf. S. 241

Auf Entdeckungstour

Wandertour im Nationalpark der Cinque Terre: Einst ein Geheimtipp, heute das beliebteste Wanderziel Italiens: Nirgendwo sonst existiert ein derartig dichtes Netz gut erhaltener alter Verbindungswege wie in den Cinque Terre. Die klassische Route führt hoch über der Küste von Monterosso nach Riomaggiore. S. 252

Kultur & Sehenswertes

Kirchen des Mittelalters: Fast jeder Küstenort besitzt noch seine sehenswerte mittelalterliche Pfarrkirche, ursprünglich erhalten sind sie u. a. in Levanto (S. 239), Monterosso (S. 246), Vernazza (S. 247) und in Manarola (S. 251).

Aktiv & Kreativ

Wandern: Die Cinque Terre sind die meistbesuchte Wanderregion Italiens, aber auch das weniger frequentierte Gebiet weiter nördlich zwischen Moneglia und Monterosso bietet schöne Küstentouren. S. 237, 240

Surfen, Tauchen: Bei Levanto kann man nicht nur auf den Wellen reiten, sondern auch in eine bunte Unterwasserwelt eintauchen. S. 240

Genießen & Atmosphäre

Die Cinque Terre von See aus: Vom Deck der gemütlichen Fährschiffe bieten sich die besten Blicke auf die pittoresken Dörfer und die steilen Terrassenhänge. S. 241

Santuario Nostra Signora di Montenero: Die Wiesenterrasse der hochgelegenen Wallfahrtskirche von Riomaggiore ist der vielleicht schönste Aussichtsplatz der Cinque Terre. S. 256

Abends & Nachts

An der Küste zwischen Sestri Levante und La Spezia findet man auch während der sommerlichen Hochsaison kein ausgeprägtes Nachtleben, am meisten ist noch in den Bars und Kneipen von Levanto (S. 239) und Monterosso (S. 246) los.

Aufregende Steilküste

Südlich von Sestri Levante beginnt unbestritten das landschaftlich schönste Stück Mittelmeerküste in Ligurien. Das mit mediterraner Macchia und dunkelgrünem Steineichen- und Pinienwald bedeckte Küstengebirge ragt mit steilen Flanken über dem Blau des Meeres auf. Autobahn und Durchgangsstraßen verlaufen im Hinterland und auch die meist im Tunnel verschwindende Fernbahnlinie beeinträchtigt kaum die landschaftliche Idylle. Die Küste säumen beschauliche Kleinstädte und Dörfer mit farbigen Häusern und verwinkelten Ortskernen sowie einigen netten Badestränden, die zum Glück für den ganz großen sommerlichen Badebetrieb zu wenig Raum bieten.

Im Südteil dieses Küstenabschnitts haben sich die »Cinque Terre«, das Gebiet der fünf Dörfer Monterosso, Vernazza, Corniglia, Manarolo und Rio-

Infobox

Reisekarte: ▶ K/L 4/5 und Karte 3

Internet
www.turismoprovincia.laspezia.it: Internetportal der Provinzverwaltung; vollständige Informationen nur in italienischer Sprache.
www.parconazionale5terre.it: Seite der Nationalparkverwaltung mit Auskünften zum Schutzgebiet, Unterkünften, Verkehrsverbindungen und Freizeitaktivitäten.
www.5terre.de: Private Seite mit fundierten Insidertipps und Hintergrundinformationen zum Wanderparadies der Cinque Terre.

Günstiger übernachten
In allen Cinque-Terre-Orten werden Zimmer und Wohnungen auch privat vermietet; die Preise liegen um 30 € pro Person und Tag. Eine unvollständige Liste der Vermieter erhält man bei den Informationsbüros des Nationalparks (in allen Bahnhöfen der Cinque Terre); Auskünfte bekommt man aber auch in örtlichen privaten Agenturen sowie vielen Bars und Restaurants.

Carta Cinque Terre
Auf dem viel begangenen Küstenweg von Monterosso nach Riomaggiore muss man an Kassenhäuschen 5 € Eintritt zahlen. Wer ohne Karte unterwegs angetroffen wird, zahlt ein Bußgeld (mindestens 25 €)! Besser gleich die Carta Cinque Terre kaufen: Sie erlaubt nicht nur den Zugang zum Wanderweg, sondern auch beliebig viele Bahnfahrten zwischen La Spezia und Levanto und die Nutzung der grünen Nationalparkbusse. Tageskarte 8,50 €, Dreitages-Karte 19,80 €, Wochenkarte 36,50 €, Kinder zwischen 4 und 12 Jahren zahlen den halben Preis. Vor der ersten Bahnfahrt Entwertung am Stempelautomaten nicht vergessen!

Verkehr
Da alle Orte gut mit dem Regionalzug erreichbar sind, kann man das eigene Auto getrost zu Hause lassen. An der Küste zwischen Sestri Levante und Riomaggiore bestehen ohnehin nur umständliche Straßenverbindungen, Parkplätze sind knapp, Parkgebühren hoch.

Über die steilen Hänge an der Küste ziehen sich vielerorts Wein- und Ölbaumterrassen

maggiore, zum beliebtesten Reiseziel Liguriens entwickelt. Die faszinierende Steilküste des Naturschutzgebietes Parco Nazionale delle Cinque Terre ist ideal zum Wandern geeignet und längst kein Geheimtipp mehr. Heutzutage kommen Naturfreunde aus aller Welt in diese einst völlig abgeschiedene Region – die meisten aus den USA, Kanada oder Australien, wo das Gebiet als Reiseziel inzwischen fast so bekannt ist wie Rom oder Venedig. Entsprechend voll wird es hier in der Hauptwandersaison.

Als Fluchtpunkt bietet sich die weniger bekannte und besuchte Küste zwischen Moneglia und Levanto an. Auch dieses Gebiet ist ausgesprochen reizvoll. Die kleinen Orte in geschützten Buchten sind für geruhsame Badeferien gut geeignet, und auch Naturfreunde kommen hier auf ihre Kosten. Um Moneglia, Framura oder Bonassola gelangt man in eine naturbelassene, durch alte Saumpfade erschlossene mediterrane Küstenlandschaft.

Moneglia ▶ K 4

Der Badeort Moneglia (2800 Einw.) wird als Ausweichquartier für Cinque-Terre-Besucher immer beliebter; er bietet einige angenehme Hotels, einen schönen Strand und gute Wandermöglichkeiten – nicht nur in den leicht zu erreichenden Cinque Terre, sondern auch in der unmittelbaren Umgebung.

Im Mittelalter schützten zwei von den Genuesen erbaute Burgen das Dorf. Das **Castello Monteleone** am westlichen Ortsrand wurde im 19. Jh. zu einer Villa umgebaut. Das **Castello Villafranca** auf der gegenüberliegenden Seite der Bucht ist eine Ruine. Dazwischen liegt das kleine Ortszentrum; seine Hauptstraßen sind die von Geschäften gesäumte Fußgängergasse Via Vittorio Emanuele und die Uferpromenade Corso Longhi, die durch den ehemaligen Bahndamm vom Meer getrennt wird.

Von Sestri Levante in die Cinque Terre

Die Pfarrkirche **San Giorgio** entstand im 15. Jh., ihr barock umgestalteter Innenraum weist einige Kunstwerke auf. Eine farbige Holzskulptur des hl. Georg stammt von Pietro Galleano (18. Jh.), das Gemälde »Anbetung der Könige« von dem aus Moneglia gebürtigen Luca Cambiaso, dem bedeutendsten ligurischen Maler des 16. Jh. Das Bild des hl. Georg im Chor wurde gelegentlich Rubens zugeschrieben – vermutlich zu Unrecht. Das benachbarte **Kloster** wurde zu einer Luxusherberge umgewandelt.

Am östlichen Ortsrand erhebt sich die 1726 erbaute Kirche **Santa Croce**. Der Name des Gotteshauses leitet sich von einem byzantinischen Kruzifix her, das auf dem vierten Altar rechts aufbewahrt wird; in der Sakristei findet sich ein Abendmahlsbild von Luca Cambiaso.

Übernachten

Gut geführt – **Villa Edera**: Via Venino 12, Tel. 0 18 54 92 91, www.villaedera.com, DZ/F 110–170 €. Die dynamische Besitzerin widmet sich mit Engagement dem Wohl ihrer Gäste, komfortabel, in manchen Zimmern hört man allerdings Bahngeräusche.

Traumblicke – **Leopold**: Via La Secca 5, Tel. 0 18 54 92 40, www.hotelleopold.it, DZ/F 100–140 €. Neueres Haus mit funktionaler Einrichtung. Optimal ist die ruhige Lage am Hang über dem Meer, die Aussicht aus fast allen Zimmern wunderschön; kleiner Pool.

Auf dem Lande – **La Vigna**: San Saturnino (3 km nördlich), Via Provinciale 72, Tel. 01 85 48 27 30, www.hotellavigna.it, DZ/F 90 €, HP ab 60 € p. P. Freundlich geführtes, gutes Hotel mit 24 Zimmern in einem Dorf oberhalb von Moneglia, mit Garten und Schwimmbad.

Agriturismo, Camping – **Le Grigue**: Tel. 34 76 08 79 76, www.legrigue.it. Kleiner naturbelassener Platz in schöner Lage in den Olivenhügeln, nicht für Wohnmobile, Vermietung von aufgestellten Hauszelten, zwei Doppelzimmer und drei Ferienwohnungen (je nach Größe und Saison 430–800 €), 15 Min. zu Fuß zum Ort.

Camping – **La Secca**: Tel. 0 18 54 94 41, camping-la-secca@libero.it. **Smeraldo**: Tel. 018 54 93 75, www.villaggiosmeraldo.it. Beide Plätze liegen über dem Meer an der Straße in Richtung Sestri Levante. Die Zufahrt ist wegen der Ampelregelung (s. Verkehr) etwas umständlich.

Essen & Trinken

Gemütliches Ambiente – **Da U Limottu**: Piazza Marengo 13, Tel. 0 18 54 98 77, Di geschl., Menü um 28 €. Das anheimelnde Lokal in einem Backsteingewölbe bietet eine reiche Auswahl regionaler Gerichte.

Gute Pasta – **La Vela**: Piazza Tarchioni 1–2, Tel. 0 18 54 94 40, Mo geschl., Menü ca. 20 €. Besonders die Nudelgerichte sind hier zu empfehlen, z. B. Taglierini im Tintenfischsud *(al nero di seppie)* oder Ravioli mit Fischsauce.

Aktiv & Kreativ

Baden – Guter, durch eine Mole geschützter Sandstrand, für Kinder geeignet (flaches Ufer).

Wandern – **Küstenpfade**: Mehrere markierte Wanderwege beginnen in Moneglia, z. B. zum Monte Moneglia (521 m). Schöne Küstenpfade führen nach Riva Trigoso und über Lemeglio nach Deiva Marina. Das Wandergebiet der Cinque Terre ist per Bahn in 25 Min. erreichbar.

Infos

Infos
Pro Loco: Corso Longhi 32, Tel. 01 85 49 05 76, info@prolocomoneglia.it.

Verkehr
Bahn: alle 30–60 Min., So etwas seltener ein Regionalzug nach Sestri Levante/Genua und Levanto/Cinque Terre/La Spezia.
Schiff: in der Badesaison 3 x pro Woche nach Portofino und Levanto/Cinque Terre. Infos unter www.navigazione golfodeipoeti.it.
Auto: Anfahrt von Sestri Levante über Riva Trigoso durch einen engen ehemaligen Eisenbahntunnel (Einbahnstraßenregelung per Ampel); alternativ auf kurvigem Abzweig von der Fernstraße N 1. Auch nach Deiva Marina kommt man nur durch einen einspurigen Tunnel mit langen Ampelschaltungen.

Deiva Marina und Framura ▸ K 4

Deiva Marina hat zwei sehr unterschiedliche Ortsteile. Etwa 1 km landeinwärts liegt der winzige alte Dorfkern; er wird von der Barockkirche Sant'Antonio überragt. Direkt am Meer wurde in den 1970er- und 1980er-Jahren eine größere Ansiedlung mit architektonisch einförmigen Appartementhäusern errichtet.

Das kleine **Framura** hat dagegen seinen Charakter gut bewahrt. Die Gemeinde besteht aus den drei Weilern **Anzo** (80 m), **Setta** und **Costa** (290 m). Direkt am Meer liegt nur der Bahnhof, die Dörfer stehen inmitten einer waldreichen Hügellandschaft übereinander am Hang – Idealziele für einen ruhigen Urlaub abseits des Badebetriebs. Costa wird von einem 1000 Jahre alten Wachturm überragt, die Pfarrkirche San Martino aus dem 13. Jh. bietet ein romanisch-barockes Stilgemisch.

Übernachten

Gute Aussicht – **Augusta:** Framura, Via Anzo 12, Tel. 01 87 82 30 26, www.ho telaugustaframura.com, DZ/F 85–100 €. Der freundliche Familienbetrieb liegt im unteren Ortsteil Anzo nahe der Küste, einige Zimmer bieten Meerblick.
Günstig – **Silvia:** Framura, Via Costa 4, Tel. 01 87 81 00 21, DZ/F 60–80 €. Einfaches Dorfhotel im ruhigen, hoch gelegenen Weiler Costa.
Camping – **Nido del Gabbiano:** Framura, Tel. 01 87 81 01 55, www.ilnido delgabbiano.com, geöffnet von April bis Sept. In einsamer Panoramalage 2 km westlich Setta, allerdings mit steinigem Untergrund; für Wohnmobile nicht geeignet.

Aktiv & Kreativ

Baden – Größerer Sand- und Kiesstrand in Deiva Marina. Bei Framura kleine, einsame Kiesstrände und Felsufer, zu Fuß vom Bahnhof Richtung Bonassola erreicht man den hübschen **Spiaggia Portopidocchio**.
Wandern – **Zwischen Deiva und Bonassola:** Wunderschöne Wanderpfade führen vom Bahnhof Framura nach Bonassola sowie von Deiva Marina nach Framura.

Infos

Infos
IAT: Via Setta 41, Framura-Setta, Tel. 01 87 81 05 22, www.framuraterramare. it, nur in der Badesaison geöffnet.

Von Sestri Levante in die Cinque Terre

Verkehr
Bahn: Bahnhöfe in Deiva Marina und Framura; etwa stdl. Regionalzug nach Moneglia/Sestri Levante und Bonassola/Levanto/Cinque Terre/La Spezia.
Bus: Mo–Sa 6.30–19 Uhr ca. stdl. vom Bahnhof Framura nach Anzo/Setta/Costa, So erst ab 10.30 Uhr.
Schiff: In der Badesaison ab Deiva Marina 3 x pro Woche nach Portofino und Bonassola/Levanto/Cinque Terre, Infos: www.navigazionegolfodeipoeti.it.

Bonassola ▶ K 5

Über die hübschen Bergdörfer Reggimonti und Montaretto führt eine kurvige Straße von Framura nach Bonassola. Das frühere Fischer- und Seefahrerdorf liegt ähnlich wie Moneglia in einer geschützten Bucht. Im alten Ortskern steht die Pfarrkirche **Santa Caterina** von 1670 mit reicher Barockdekoration. Andere Sehenswürdigkeiten weist Bonassola nicht auf, doch als Aufenthaltsort für einen Bade- oder Wanderurlaub ist es gut geeignet. In gut 10 Min. erreicht man mit der Bahn das Wandergebiet der Cinque Terre.

Übernachten

Schöne Aussicht – **Villa Belvedere:** Via Serra 33, Tel. 01 87 81 36 22, www.bonassolahotelvillabelvedere.com, DZ/F 115–135 €. Gut geführtes Hotel; die 16 Zimmer haben z. T. Meerblick, gemütlicher Garten, 10 Min. außerhalb auf der Höhe am südlichen Ortsrand.
Solide – **Delle Rose:** Via Garibaldi 8, Tel. 01 87 81 37 13, www.hoteldellerosebonassola.it, DZ/F 90–130 €. Das gutbürgerliche Hotel liegt meernah im Ortszentrum.
Günstig – **Locanda Arcidiacono:** Via Danieri 18, Tel. 01 87 81 43 83, www.arcidiacono.clubtour.it, DZ/F je nach Saison 60–85 €. Die Pension mit Osteria im hinteren Teil des Ortskerns vermietet einfach ausgestattete Zimmer mit Bad.
Ferienwohnungen – **Villaggio Turistico La Francesca:** Tel. 01 87 81 36 20, www.villaggilafrancesca.it, Bungalows für 3–8 Pers. ab 500 €/Woche, in der Badesaison ab 780 €. Schöne Hanglage mit Meerblick (3 km von Bonassola in Richtung Levanto). Besonders für Familien mit Kindern eine Alternative zum Hotel, gutes Sport- und Spielangebot.

Essen & Trinken

Treffpunkt am Meer – **L'Antica Guetta:** Via Marconi 1, Tel. 01 87 81 37 97, Mi geschl., Hauptgerichte 12–15 €. Zugleich Restaurant, Kulturtreff, Antiquitätenladen; man sitzt angenehm auf der Veranda über dem Strand, gute Küche.

Aktiv & Kreativ

Baden – Guter breiter Kiesstrand direkt beim Ort in einer geschützten Bucht.
Auf Inlinern oder mit Rad – **Auf alter Bahntrasse nach Levanto:** Ein 2010 neu eröffneter, autofreier Küstenweg folgt von Bonassola der alten Bahnlinie nach Levanto. Zu Fuss, auf Inlinern oder mit dem Rad passiert man Buchten, Felsen und die renovierten Bahntunnel.

Infos

Infos
Pro Loco: Via Fratelli Rezzano, Tel. 01 87 81 35 00, www.prolocobonassola.it.

Verkehr
Bahn: Bahnhof am nördlichen Ortsrand; etwa stdl. Regionalzug nach Fra-

mura/Moneglia/Sestri Levante sowie Levanto/Cinque Terre/La Spezia.
Schiff: In der Saison 3 x pro Woche nach Moneglia/Portofino und Levanto/Cinque Terre, Infos unter www.navigazionegolfodeipoeti.it.

Levanto ► K 5

Levanto (5600 Einw.) zeigt als einziger Ort zwischen Sestri Levante und La Spezia eher kleinstädtisches als dörfliches Gepräge. Obwohl im Hochsommer intensiver Badebetrieb herrscht und auch in der Nebensaison noch viele Gäste kommen, hat es ein reges Eigenleben; die zahlreichen Geschäfte und Bars sind keineswegs nur für Touristen da. Schon vor dem Zweiten Weltkrieg galt Levanto in Italien als Geheimtipp für einen ruhigen Strandurlaub. Gegenwärtig wird das Städtchen als Ausweichquartier für die Cinque Terre immer beliebter: Es ist weniger überlaufen, bietet ein besseres Angebot an Läden und Restaurants und hat einige Campingplätze. Sein breiter Sandstrand ist zudem optimal zum Baden geeignet.

Mit den ästhetischen Reizen der Cinque-Terre-Dörfer kann Levanto nicht ganz mithalten. Im Zentrum gibt es zwar auch hier nette Winkel mit farbigen Häuserzeilen, allerdings schieben sich immer wieder wenig attraktive Neubauten zwischen die alten Fassaden. Die Umgebung dagegen ist landschaftlich sehr reizvoll. Nach Süden hin erhebt sich steil das Vorgebirge des Mesco.

Stadtrundgang

Im Mittelalter bewahrte Levanto unter der Herrschaft Genuas eine relative Selbstständigkeit. Das Ortszentrum lag damals auf dem kleinen Burghügel am Ostrand der heutigen Stadt. An seinem Rand stehen an der Piazza del Popolo die **Loggia del Comune** aus dem 13. Jh. und die ebenfalls mittelalterliche **Casa Restani** (heute Osteria Tumelin). Wenige Schritte entfernt findet sich am östlichen Ortsrand die gotische, 1226 erbaute Kirche **Sant'Andrea.** Ihre grünweiß gestreifte Fassade hat ein fein gearbeitetes Rosenfenster; ein ›Schwarzes Kruzifix‹ aus dem 14. Jh. wird im Innenraum aufbewahrt. Das holzgeschnitzte Chorgestühl stammt aus dem Jahr 1589.

Hinter Sant'Andrea gelangt man zu den Resten der 700 Jahre alten **Stadtmauer;** sie führt aufwärts zur im 12. Jh. errichteten, in späteren Jahrhunderten mehrfach umgebauten Burg **Castello di San Giorgio.**

Im neueren Stadtgebiet an der Westseite des Burghügels erinnert nur noch die zentrale, hübsch mit Orangenbäumen bepflanzte **Piazza Cavour** an Levantos Geschichte. Sie bildete früher den Innenhof des Nonnenklosters Santa Chiara. Im ehemaligen Klostergebäude ist heute das Rathaus untergebracht.

Übernachten

Traumlage – **La Giada del Mesco:** Ortsteil Mesco (3 km südlich), Tel. 01 87 80 26 74, www.lagiadadelmesco.it, DZ/F je nach Saison 140/170 €. Die relativ kleinen Zimmer sind ansprechend eingerichtet, die Panoramalage ist großartig. Besonders schön sind Zimmer Nr. 10 und 11 im ersten Stock.
Gepflegte Villa – **Villa Margherita:** Via Trento e Trieste 31, Tel. 01 87 80 72 12, www.villamargherita.net, DZ/F 90–135 € je nach Saison. Gepflegte B & B-Unterkunft in einer hundertjährigen kleinen Villa mit Garten erhöht am westli-

Von Sestri Levante in die Cinque Terre

chen Ortsrand, einige Zimmer mit Balkon und Aussicht.
Günstig – **La Loggia:** Piazza del Popolo 5, Tel. 01 87 80 81 07, DZ ca. 65 €. Kleine, sehr ordentliche Zimmer, zentral und doch recht ruhig hinter der Loggia del Comune gelegen.
Jugendherberge - **Ostello Ospitalia del Mare:** Via San Nicolò, Tel. 01 87 80 25 62, www.ospitaliadelmare.it. Jugendherberge in einem früheren Kloster nördlich des Altstadthügels; strand- und zentrumsnahe Lage. Übernachtung in Mehrbettzimmern (4–9 Schlafplätze) 17–27 € mit Frühstück oder im DZ/F 25–30 € p. P. Kein JH-Ausweis erforderlich, keine Altersbegrenzung.
Camping – **Acqua Dolce:** Via Semenza, Tel. 01 87 80 84 65, www.campingacquadolce.it. Schattige Terrassen in Ufernähe, in der Badesaison sehr voll.
Camping San Michele: Località Busco, Tel. 01 87 80 44 04. Etwas außerhalb (2 km östlich des Bahnhofs) in schöner naturnaher Lage an der Straße nach Monterosso, einfache sanitäre Anlagen.

Essen & Trinken

Ambitionierte Fischküche – **L'Oasi:** Piazza Cavour, Tel. 01 87 80 08 56, Mi geschl., Menü 35–40 €. Hier wird nur fangfrischer Fisch von bester Qualität verarbeitet, überdachte Terrasse zur Piazza hin.
Solide Fischküche – **Centro:** Corso Italia 25, Tel. 01 87 80 81 57, Di geschl., Fischmenü um 28 €, weniger kostet das einzige Fleischgericht (Kaninchen auf ligurische Art). Ordentliche Küche, es gibt fast nur Fisch, man sitzt nett auf der Gartenterrasse.
Gute Pizzen – **Nuova Pizzeria Bruno:** Piazza Staglieno 42, Tel. 01 87 80 77 96, nur abends geöffnet, Do geschl., Pizzen ab 5,50 €. In schlichtem Gewölbeambiente gibt es die beste Pizza im Ort.

Einkaufen

Lebensmittel, Alltagswaren – **Großer Wochenmarkt:** Mi vormittags südlich des Bahnhofs zwischen Corso Roma und Via Martiri della Libertà.
Feinkost – **Le Case Buone:** Piazza Staglieno 29. Ligurische Spezialitäten, u. a. Biokäse aus Varese Ligure (s. S. 75).
Wein – **La Vineria:** Piazza Staglieno 34. Gut sortierte Enothek, in der benachbarten **Weinstube** kann man abends die Weine auch glasweise probieren (Piazza Staglieno 28, Do geschl.).

Aktiv & Kreativ

Baden – Breiter grausandiger Strand unmittelbar beim Ortszentrum.
Tauchen – **Punta Mesco:** Ein schönes Tauchgebiet bieten die Steilabbrüche der Punta Mesco zwischen Levanto und Monterosso. Verleih von Tauchausrüstung, Exkursionen, Tauchkurse bei **Punta Mesco Diving,** Località Vallesanto, Tel. 01 87 80 70 55, www.puntamescodiving.com und **Diving Center Cartura,** Località Vallesanto, Via E. Zoppi 58, Tel. 347 9 25 31 08, www.divingcartura.it.
Surfen – **Bucht von Levanto:** Die oft starken Südwestwinden ausgesetzte Küste von Levanto bietet die besten Bedingungen für Wellenreiter in Ligurien. Surfkurse und Verleih von Surfbrettern bei **Ondasport,** Via Mazzini 8, Tel. 01 87 80 14 83. Dort auch Kanukurse und Kanuverleih. Verleih von Surfausrüstung, Schulungskurse auch bei **Area 51,** Viale Rimembranza 14, Tel. 01 87 80 25 05.
Wandern – **Von Levanto nach Monterosso:** Ein schöner, rot-weiß markierter

Wanderpfad führt über das Vorgebirge von Mesco in 2,5 Std. nach Monterosso; er beginnt hinter dem Castello di San Giorgio.

Infos & Termine

Infos
IAT: Piazza Mazzini 1, im alten Bahnhof auf der Uferstraße, Tel. 01 87 80 81 25. Mo–Sa 9–13, 15–19, So bis 18 Uhr, im Winter geschl., Verkauf der Carta Cinque Terre (s. Infobox S. 234).
Internet: www.occhioblu.it; private Seite mit Informationen u. a. zu Unterkünften und Sportmöglichkeiten, auch auf Deutsch.

Termine
Infiorata: Zu Fronleichnam werden in aufwendiger Arbeit farbige Blütenbilder in den Straßen der Altstadt ausgelegt.
Festa di San Giacomo: 25. Juli. Mit einer Büßerprozession, bei der schwere Holzkreuze durch die Straßen getragen werden; Umzug in historischen Kostümen, mit Fahnenschwingern, Feuerwerk und Lichterketten auf dem Meer.

Verkehr
Bahn: Bahnhof 5 Min. nördlich des Zentrums. 7 x tgl. Intercity nach Sestri Levante/Chiavari/Rapallo/Genua/Mailand und über La Spezia/Pisa nach Livorno. Etwa stdl. Regionalzug zu allen Küstenorten Richtung Genua, noch häufiger durch die Cinque Terre nach La Spezia.
Schiff: Juni–Sept. morgens 1 x in die Cinque Terre und nach Portovenere; im Sommer mehrmals wöchentl. nach Moneglia und Portofino, Infos unter www.navigazionegolfodeipoeti.it.
Auto: Gebührenfreier Parkplatz 200 m nördlich des Bahnhofs Richtung Autobahn, gebührenpflichtig im Zentrum und an der Strandstraße (Piazza Mazzini, 9 € pro Tag).

Cinque Terre! ▶ K/L 4/5

Die fünf Dörfer im Süden der Riviera di Levante sind zu Recht berühmt. Durch ihre Lage an einer unzugänglichen Steilküste blieben sie bis in die 1960er-Jahre abseits aller touristischen Routen. Dann wurde die einzigartige Landschaft als Wanderparadies entdeckt. Das Vorherrschen des sanften Tourismus trug dazu bei, dass der lang geplante Bau einer Küstenstraße, die den Charakter der Gegend zerstört hätte, verhindert wurde. Noch immer

Unser Tipp

Die ›Fünf Dörfer‹ von See aus erkunden
Mit dem Auto benötigt man in den Cinque Terre zwischen zwei Nachbardörfern mindestens eine halbe Stunde Fahrzeit, und nutzt man alternativ die Bahn, blickt man meist nur auf öde Tunnelwände. Wie viel schöner ist da die Fortbewegung auf dem Wasser! Vom Deck der Fährschiffe bieten sich herrliche Ausblicke auf pittoreske Dörfer und steil terrassierte Küstenhänge. Von Ende April bis Mitte Oktober fährt etwa 7x täglich ein Schiff von Monterosso über Vernazza, Manarola und Riomaggiore in einer guten Stunde bis nach Portovenere; die erste Abfahrt erfolgt um 10.30 Uhr, die letzte Rückfahrt ab Portovenere gegen 17 Uhr (die einfache Strecke kostet 12 €, das Tagesticket 23 €, weitere Infos unter www.navigazionegolfodeipoeti.it).

Lieblingsort

Wie aus dem Bilderbuch: Vernazza in den Cinque Terre
▶ K 5

Vernazza ist zweifelsohne der fotogenste aller Cinque-Terre-Orte: Farbige Häuser drängen sich in einen winzigen Taleinschnitt, der sich zum Meer hin malerisch mit einer kleinen Piazza öffnet. Auf dem kleinen Strand liegen bunte Boote, Wäsche flattert zwischen den Balkonen, Cafés und Trattorien laden zu Cappuccino oder gegrilltem Fisch ein. Die felsige, von einem schlanken Burgturm überragte Halbinsel, die sich über dem Hafen ins Meer zieht, ist vermutlich das meistfotografierte Motiv der Riviera – nicht ohne Grund … (s. S. 247).

Von Sestri Levante in die Cinque Terre

sind die Dörfer mit dem Pkw nur nach einer mühseligen, kurvigen Anfahrt zugänglich; viel günstiger ist die Anreise mit der Bahn, die alle Orte in wenigen Minuten miteinander verbindet.

Die lange Abgeschiedenheit hat nicht nur den Autoverkehr ferngehalten, sondern auch dazu geführt, dass hier kaum Neubauten entstanden. Die Ortsbilder blieben vorzüglich erhalten; mittlerweile verhindern Landschafts- und Denkmalsschutz größere Bausünden. Auf dem engen Raum kleiner Buchten drängen sich die farbigen Häuser von Vernazza, Manarola und Riomaggiore dicht gestaffelt aneinander. Schmale Fußgängergassen und Treppenwege durchziehen die Orte. Drumherum steigen steile Hänge auf, die einst vollständig von Wein- und Ölbaumterrassen bedeckt waren.

Im Jahr 2000 wurde das gesamte Gebiet zum Nationalpark erklärt. Eines der wichtigsten Ziele der Nationalparkverwaltung ist die Neubelebung der Landwirtschaft. Denn die Aufgabe der Anbauflächen führt zur Erosion der Hänge und kann langfristig gefährliche Erdrutsche auslösen. Die Förderung von Weinbau und Olivenkulturen soll zum Teil von den Touristen mitfinanziert werden: Seit Ende 2001 wird für den beliebtesten Wanderweg von Monterosso nach Riomaggiore ein Eintrittsgeld erhoben (s. Infobox S. 234).

Die schmalen Pfade zwischen den Dörfern haben sich zu den bekanntesten Wanderrouten Italiens entwickelt. Auf dem Küstenweg zwischen Monterosso und Riomaggiore – aber auch auf den Touren von den Cinque Terre nach Levanto und Portovenere – herrscht zwischen April und Oktober viel Betrieb. An sonnigen Wochenenden, um Ostern und den 1. Mai ist der Andrang am stärksten. Dann reisen Tausende von italienischen Ausflüglern aus den nahen Großstädten in das Gebiet.

Zur Geschichte

An der Cinque-Terre-Küste standen möglicherweise schon in der Antike einige Villen. Während der Völkerwanderungszeit und des frühen Mittelalters siedelten die Einwohner aus Sicherheitsgründen auf halber Höhe über dem Meer, denn die Ufer waren damals ständigen Piraten- und Sarazenenüberfällen ausgesetzt. Die heute bestehenden Orte wurden im 11. und 12. Jh. gegründet; nur Riomaggiore existiert vielleicht schon seit rund 1200 Jahren. 1276 gelangten die Dörfer, die bis dahin unter der Herrschaft wechselnder Feudalherren standen, an die Republik Genua.

Die Bewohner lebten von Seefahrt und Fischfang, vor allem aber vom Weinbau. Bis vor wenigen Jahrzehnten waren die Steilhänge der Cinque Terre fast ausnahmslos terrassiert; auf den winzigen *strisce* (Landstreifen) gediehen Reben für den örtlichen Weißwein, der von alters her einen guten Ruf genießt. Heute wird nur noch ein Bruchteil der früheren Anbaufläche kultiviert. Die Arbeit an den steilen Hängen ist äußerst mühselig; die Steinmäuerchen, welche die Terrassen stützen, müssen immer wieder ausgebessert werden. Verständlicherweise nehmen nur noch wenige Einheimische diese Anstrengungen auf sich, die sich zudem ökonomisch kaum lohnen. So erobert der Buschwald immer mehr von dem der Natur einst abgerungenen Kulturland zurück.

Solche Veränderungen haben nicht erst in letzter Zeit eingesetzt und schon gar nicht, wie oft behauptet wird, erst mit dem Aufkommen des Tourismus. So abgelegen die Cinque Terre auch wirken – seit dem Bau der Eisenbahnlinie 1874 sind sie keine bloßen Bauern- und Fischerdörfer mehr. Viele Einheimische fanden bereits da-

Unser Tipp

Edle Tropfen für Weinliebhaber
Im Mittelalter waren die weißen Cinque-Terre-Weine berühmt in ganz Europa. Dante erwähnt sie in der »Göttlichen Komödie«, Boccaccio in seiner Novellensammlung »Decamerone«. An die große Tradition knüpfen heute nur noch wenige Weinbauer an, denn die Arbeit an den steilen Hängen über dem Meer ist mühselig und lässt sich nicht mechanisieren. Lorenzo Castè zum Beispiel ist nach vielen Jahren in Mailand in sein Heimatdorf Corniglia zurückgekehrt und produziert jetzt Qualitätsweine, die unter dem Etikett **»La Polenza«** in den Handel kommen. Einen Direktverkauf gibt es nicht, aber man bekommt die Weine in vielen Geschäften der Gegend. Glasweise kann man sie probieren in der **Cantina dello Zio Bramante in Manarola** (Via Birolli 110, Tel. 01 87 76 20 61, Do geschl.).
Eine Besonderheit ist auch der über die Grenzen Liguriens hinaus bekannte **Sciacchetrà** (sprich »Schacketra«), ein natursüßer, sehr aromatischer, hochprozentiger Dessertwein. Er wird aus sorgfältig ausgesuchten, überreifen Trauben gekeltert, die durch Trocknung eine höhere Süße bekommen. Ein traditionell hergestellter Sciacchetrà hat allerdings seinen Preis: Um die 35 € kostet die Flasche! Die meisten Winzer der Cinque Terre sind der Produktions- und Vermarktungsgenossenschaft **Cooperativa Agricola delle Cinqueterre** beigetreten, deren moderne Weinkellerei im Dorf Groppo bei Manarola steht (s. S. 251).

mals Arbeit bei der Bahn oder in den Werften von La Spezia. Schon seit den 1920er-Jahren werden die meisten Weinberge nur nebenberuflich bestellt. Der äußere Eindruck täuscht; dieses Gebiet ist nicht so ›außerhalb der Welt‹, wie man angesichts der alten Ortsbilder denken könnte.

Monterosso ▶ K 5

Monterosso (1700 Einw.), die größte Ansiedlung der Cinque Terre, wirkt nicht ganz so malerisch wie die Nachbardörfer. In dem neueren, ab 1874 entstandenen westlichen Ortsteil Fegina wurden auch in der Nachkriegszeit noch Bauten errichtet. Im Unterschied zu den anderen Cinque-Terre-Orten sieht man hier auch ab und zu ein Auto. Monterosso ist dennoch der mit Abstand meistfrequentierte Ferienort des Gebiets, denn es bietet zahlreiche Unterkünfte und Lokale, außerdem einen guten Sandstrand.

Im alten Ortskern mit seinen farbigen Häusern und schmalen Gassen wimmelt es von Geschäften und Restaurants. Die Kirche **San Giovanni Battista** aus dem 13./14. Jh. zeigt an der Fassade ein schwarz-weißes Streifenmuster und ein schönes Rosenfenster. Das Innere wurde im Barock umgebaut und 1963–64 in die alten Formen zurückversetzt; dabei blieben der barocke Hauptaltar und das Chorgestühl erhalten.

Auf einer Anhöhe über dem Dorf liegt das **Kapuzinerkloster** mit der Kirche **San Francesco**. Sie bewahrt eine Kreuzigungsdarstellung, die – wohl zu Unrecht – dem flämischen Meister Anton van Dyck zugeschrieben wurde. Oberhalb des Klosters stehen die Ruinen einer genuesischen **Festung**.

In **Fegina** besaß die Familie des aus Genua stammenden Dichters und späteren Nobelpreisträgers Eugenio Montale ein Ferienhaus; der Poet verbrachte hier jahrzehntelang den Sommerurlaub. Motive aus Monterosso erscheinen in vielen seiner Gedichte, vor allem in dem Band »Ossi di Seppia«.

Etwa 5 km nördlich des Ortes liegt in 460 m Höhe an der Straße nach Pignone/La Spezia das Wallfahrtsheiligtum **Santuario Madonna di Soviore** mit barock umgestalteter Kirche des 13. Jh. – ein schöner Aussichtsplatz mit weitem Küstenpanorama.

Übernachten

Es gibt ca. 30 Unterkünfte im Ort, bei allen hat der Touristenboom das Preisniveau kräftig nach oben getrieben, günstiger sind Privatunterkünfte (s. Infobox S. 234).

Ruhig mit Ausblick – **Villa Steno**: Via Roma 109, Tel. 01 87 81 70 28, www.villasteno.com, DZ/F 120–200 €. Gepflegtes Haus am oberen Ortsrand, viele Zimmer mit Balkon und schöner Aussicht.

Im Centro storico – **Degli Amici**: Via Buranco 20, Tel. 01 87 81 75 44, www.hotelamici.it, DZ/F 85–140 €. Angenehme ruhige Unterkunft, neuerer Bau im alten Ortskern, hübscher kleiner Garten mit Meerblick.

Klösterlich – **Madonna di Soviore**: Tel. 01 87 81 73 85, www.soviore.org, DZ/F 80–85 €, HP 55–60 € p. P. Neben der Wallfahrtskirche 5 km außerhalb; 50 schlichte Zimmer mit Bad im ehemaligen Klostertrakt.

Essen & Trinken

Fisch fangfrisch – **Miky**: Via Fegina 104 (Westende Uferstraße), Tel. 01 87 81 76 08, Di geschl., Menü um 40 €. Das beste

Cinque Terre

Fischlokal im Ort, die gehobenen Preise sind gerechtfertigt.
Solide – **L'Alta Marea:** Via Roma 54, Tel. 01 87 81 71 70, Mi geschl., Menü 25–30 €. Freundliche Trattoria an der Hauptgasse im alten Zentrum mit ordentlicher Küche, einige Tische draußen.
Günstig – **Madonna di Soviore:** Tel. 01 87 81 73 85, Di geschl., Menü um 20 €. Schlichte Trattoria neben der gleichnamigen Wallfahrtskirche. Nüchtern-karges Ambiente und geringe Auswahl, aber tadellos gekochte, günstige Standardgerichte wie Pesto-Nudeln.

Einkaufen

Lebensmittel, Alltagswaren – **Großer Wochenmarkt:** Do vormittags auf der Piazza Garibaldi am Südrand der Altstadt.
Weine – **Enoteca Internationale:** Via Roma 62. Weinhandlung im Zentrum mit breitem Angebot italienischer Spitzenetiketten, Probiermöglichkeit mit kleinem Angebot an Speisen, einige Tische auf der Piazza.

Aktiv & Kreativ

Baden – Als einziger Ort der Cinque Terre besitzt Monterosso eine guten, ausgedehnten Sandstrand, im Sommer sehr voll und mit gebührenpflichtigen Sonnenschirmen belegt; einen einsameren Felsbadeplatz findet man östlich des Ortes, 5 Min. hinter dem Hotel Porto Roco.
Wandern – **Küsten- und Pilgerpfade:** Rot-weiß markierte Wege führen hoch über der Küste nach Levanto und Vernazza (s. Entdeckungstour S. 252). Auf dem gepflasterten Pilgerpfad »Sentiero per Madonna di Soviore« erreicht man in ca. 1,5 Std. die Kirche von Soviore (Weg Nr. 9).

Infos & Termine

Infos
IAT: Informationsbüro im Bahnhof (Via Fegina 38), Tel. 01 87 81 75 06, www.prolocomonterosso.it.
Nationalparkbüro: ebenfalls im Bahnhof, Tel. 01 87 81 70 59, www.parconazionale5terre.it.

Termine
Festa di San Giovanni Battista: 24. Juni. Ortsfest des hl. Johannes mit Prozession.
Maria Himmelfahrt: 15. Aug. Farbiges Marienfest beim Wallfahrtsheiligtum Madonna di Soviore.

Verkehr
Bahn: Bahnhof im Ortsteil Fegina; 7 x tgl. Intercity nach Sestri Levante/Chiavari/Rapallo/Genua/Mailand und über La Spezia/Pisa nach Livorno. Etwa stdl. Regionalzug zu allen Küstenorten Richtung Genua, noch häufiger durch die Cinque Terre nach La Spezia.
Bus: 6 x tgl. grüner Nationalparkbus vom Campo Sportivo nach Madonna di Soviore
Schiff: s. Unser Tipp S. 241.
Auto: Das historische Zentrum ist für Pkw gesperrt. Großer Abstellplatz am Meer in Fegina, Parkhaus in Monterosso am oberen Ortsrand (beide gebührenpflichtig).

Vernazza ► K 5

In Vernazza, dem wohl fotogensten Cinque-Terre-Ort (siehe Lieblingsort S. 242), herrscht fast immer Betrieb. In der Saison quellen Menschenmassen aus den Zügen, und in der schmalen Hauptgasse und am kleinen Hafen drängen sich die Besucher. Besonders beliebt ist Vernazza bei amerikanischen Reisenden, die hier auch gern

Von Sestri Levante in die Cinque Terre

Die schmale Hauptgasse Vernazzas lädt zum Bummeln ein

übernachten; oft ist es daher schwierig, eine Unterkunft zu finden.

Der Name des Ortes leitet sich von der Rebsorte Vernaccia her; er verweist auf die lange Winzertradition des scheinbaren Fischerdorfs. Am Hafen steht die Pfarrkirche **Santa Margherita**. Sie wurde 1318 im gotischen Stil errichtet. Der Innenraum zeigt nach einer Restaurierung 1964–70 wieder die ursprünglichen mittelalterlichen Formen; von der barocken Ausstattung blieben ein bemaltes Holzkruzifix und der Altar im linken Seitenschiff.

Übernachten

Trotz der Beliebtheit des Ortes gibt es hier noch einige vergleichsweise güns-

Cinque Terre

höchsten Punkt des Dorfs hat kleine, aber liebevoll eingerichtete Zimmer, manche davon mit herrlicher Aussicht.

Essen & Trinken

Die einladenden Restaurants mit Tischen im Freien an der pittoresken Hafenpiazza lassen sich ihre schöne Lage gut bezahlen.

Altstadtosteria – **Il Baretto:** Via Roma 31, Tel. 01 87 81 23 81, Mo geschl., Menü ab ca. 28 €. Kleines Lokal mit engem Speiseraum an der Hauptgasse, gut durchschnittliche Traditionsküche mit Schwerpunkt auf Fisch, empfehlenswert sind die schwarzen Tintenfisch-Nudeln; etwas preiswerter als die Lokale am Hafen, aber immer noch mit Vernazza-Aufschlag.

Infos & Termine

Infos
Parco Nazionale delle Cinque Terre: Infobüro des Nationalparks im Bahnhof, Tel. 01 87 81 25 33, www.parconazionale5terre.it.

Termine
Festa di Santa Margharita di Antiochia: 20. Juli. Ortsfest der hl. Margarete mit großer Prozession am Abend.

Verkehr
Bahn: Bahnhof 3 Min. oberhalb des Hafens. Etwa stdl. Regionalzug zu allen Küstenorten Richtung Genua und La Spezia, in der Saison Zusatzzüge.
Schiff: s. Unser Tipp S. 241.
Auto: Nur im Winter dürfen Pkw ins Zentrum fahren. Parken ist nur am oberen Ortsende, 15 Gehminuten vom Hafen, möglich; Parkgebühr 12 €/Tag, 70 €/Woche.

tige einfache Unterkünfte. Das Büro der Nationalparkverwaltung im Bahnhof hilft bei der Suche nach Privatzimmern und Ferienwohnungen.

Oben im Dorf – **Gianni:** Piazza Marconi 5 (Rezeption), Tel. 01 87 82 10 03, www.giannifranzi.it, DZ 65–85 € (ohne Bad), 100 € (mit Bad). Das oft ausgebuchte Hotel im Gassengewirr am

Von Sestri Levante in die Cinque Terre

Corniglia ▶ K 5

Corniglia liegt als einziges der Cinque-Terre-Dörfer nicht direkt am Wasser, sondern auf einer felsigen Anhöhe 80 m über dem Meer. Vom Bahnhof führt ein langer Treppenweg in den Ort, der etwas weniger besucht wird als die Nachbardörfer. Viel Platz für Gäste ist hier ohnehin nicht. Eine schmale Fußgängergasse führt in den alten Ortskern mit seiner kleinen Piazza, wo man sich zu einem Kaffee oder Weißwein niederlassen kann. Geht man geradeaus weiter durchs Dorf, so gelangt man zu einer **Panoramaterrasse** mit herrlicher Aussicht über das ganze Cinque-Terre-Gebiet.

Am bergseitigen Ortsrand steht die 1334 errichtete Kirche **San Pietro**. Die Fassade zeigt das für die Cinque Terre typische Streifenmuster und ein fein gearbeitetes Rosenfenster aus Carrara-Marmor; der Innenraum wurde in späterer Zeit barock verändert.

Übernachten

In Corniglia gibt es außer der Jugendherberge nur Privatvermieter. Eine Liste der Anbieter erhält man im Infobüro im Bahnhof.

Jugendherberge – **Ostello di Corniglia:** Via alla Stazione 3, Tel. 01 87 81 25 59, www.ostellocorniglia.com, Schlafplatz 24 €, DZ 55 €. Neu eröffnetes Ostello in der alten Dorfschule; nüchtern-funktionales Ambiente, Übernachtung im Schlafsaal oder in karg eingerichteten Zwei- oder Dreibettzimmern mit Bad.

Essen & Trinken

Rustikal mit Niveau – **Cantina de Mananan:** Via Fieschi 117, Tel. 01 87 82 11 66, Menü ab ca. 30 €. Das Restaurant in einem engen Steingewölbe an der Hauptgasse bietet ganz hervorragende Traditionsküche; wechselndes Angebot, Fischgerichte, Kaninchen mit Oliven, gute Pasta mit Pesto oder Walnusssauce *(pansotti alla salsa di noci)*; nur wenige Tische, unbedingt reservieren!

Aktiv & Kreativ

Baden – Von der Piazza in Corniglia gelangt man über die Treppengasse Via alla Marina in 10 Min. mit steilem Abstieg in eine schöne felsige Badebucht – Vorsicht bei stärkerem Seegang!
Wandern – **Küstenpfade:** Ein relativ einfacher Wanderweg führt mit herrlichen Panoramen in knapp 2 Std. nach Vernazza. Der Küstenweg nach Manarola ist oft wegen Steinschlaggefahr gesperrt; eine schöne Alternativroute führt über Volastra (s. Entdeckungstour S. 252).

Infos

Infos
Parco Nazionale delle Cinque Terre: Infobüro des Nationalparks im Bahnhof, Tel. 01 87 81 25 33, www.parconazionale5terre.it.

Verkehr
Bahn/Bus: Ca. 300 Treppenstufen leiten vom Bahnhof hinauf in den Ort. Alternativ kann man den grünen Nationalparkbus nehmen, der bis 20 Uhr im Anschluss an die Zugankunft aus La Spezia verkehrt. Regionalzug etwa stdl. nach La Spezia und Levanto, z. T. durchgehend bis Sestri Levante.
Auto: Parkplatz beim Ortseingang; 2 €/Std., 12 €/Tag, 70 €/Woche. Keine Abstellplätze im Ort.

Cinque Terre

Manarola ► K 5

Die Häuser von Manarola könnten einem kubistischen Gemälde entstammen; wohl nicht zufällig gilt der Ort als Malerdorf der Cinque Terre. Hier, aber auch im benachbarten Riomaggiore, arbeiteten Ende des 19. Jh. Telemaco Signorini und die »Macchiaioli«, eine den Impressionisten verwandte toscanische Künstlergruppe.

Den schönsten Blick auf die übereinander geschachtelten farbigen Fassaden hat man vom **Friedhof** oberhalb des kleinen Hafens. Auf der Hauptgasse gelangt man zur Kirche **San Lorenzo** im oberen Ortsteil. Sie zeigt ein ähnliches Rosenfenster wie San Pietro in Corniglia. Den Innenraum schmücken einige Werke des 15. Jh.: ein gemaltes Kruzifix und zwei Flügelaltäre mit Heiligendarstellungen.

Oberhalb Manarola liegen die beiden Weiler **Groppo**, Gourmetziel und Sitz der Winzerkooperative, sowie **Volastra**, ein Panoramadorf am oberen Rand besonders steiler Rebstockterrassen.

Via dell'Amore

Zwischen Manarola und Riomaggiore verläuft die Via dell'Amore. Die befestigte Küstenpromenade unter steilen Felshängen hat außer ihrem poetischen Namen drei weitere Vorzüge: Sie bietet beeindruckende Blicke aufs Meer, ist nur knapp 1,5 km lang und mit jedem Schuhwerk bequem zu gehen. Seit Langem ist sie aus diesen Gründen der populärste Spazierweg der Riviera, vielleicht ganz Italiens (Eintritt 5 €; s. a. Entdeckungstour S. 252).

Übernachten

Am Hafen – **Marina Piccola**: Via Discovolo 192, Tel. 01 87 92 01 03, www.hotelmarinapiccola.com, DZ/F 115 €. Angenehmes kleines Hotel, nur wenige Schritte vom Meer, in der Dépendance einige Zimmer mit Blick aufs Wasser.
Familiär – **Ca d'Andrean**: Via Discovolo 25, Tel. 01 87 92 00 40, www.cadandrean.it, DZ 80–100 €. Kleineres Hotel mit freundlicher Atmosphäre im oberen Dorfteil, geräumige Zimmer, kleiner Garten.
Jugendherberge – **Ostello Cinque Terre**: Via Riccobaldi 21, Tel. 01 87 92 02 15, www.hostel5terre.com, Übernachtung im Meerbettzimmer 20–23 €, im DZ ohne Bad 55–65 €. Neue, tadellose Jugendherberge in schöner Lage mit Meerblick über dem alten Ort. Frühzeitig reservieren! JH-Ausweis nicht notwendig, keine Altersbeschränkung.

Essen & Trinken

Ländliche Raffinesse – **Cappun Magru**: in Groppo, Tel. 01 87 92 05 63, außer So nur abends, Mo/Di geschl., Menü 35/38 €. In dem kleinen Dorflokal mit nur zwölf Plätzen gibt es zwei täglich wechselnde Menüs mit raffinierten Kreationen – eine der besten Küchen der Küste; lockeres Ambiente. Reservierung obligatorisch.
Für den kleinen Hunger – **Focacceria Artigianale**: Via Birolli 114, Tel. 01 87 92 10 29. Der Stehimbiss bietet die ligurische Spezialität der Kichererbsenfladen in bester Qualität.

Einkaufen

Cinque-Terre-Weine – **Cooperativa Agricola delle Cinqueterre**: im Dorf Groppo bei Manarola, Tel. 01 87 92 04 35, www.cantinacinqueterre.com. Direktverkauf, Weinprobe und Kellereibesichtigung nach Anmeldung; siehe auch Unser Tipp S. 245.

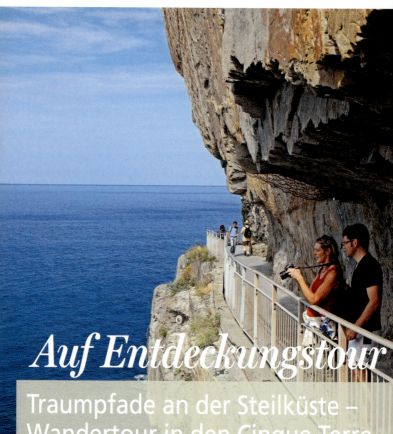

Auf Entdeckungstour

Traumpfade an der Steilküste – Wandertour in den Cinque Terre

Die Cinque Terre sind ein Paradies für Wanderer. Im Küstengebirge existiert ein dichtes Netz uralter Verbindungswege. Die klassische Wandertour verläuft hoch über dem Meer von Monterosso nach Riomaggiore. Sie führt mitten in die gefährdete Kulturlandschaft der sich weit die Steilhänge hinaufziehenden Ölbaum- und Weinterrassen.

Reisekarte: ▶ Karte 3, C–E 2–4

Info: Für die etwa 6,5 stündige Wanderung (ohne Pausen) mit vielen An- und Abstiegen ist gutes Schuhwerk und eine gewisse Trittsicherheit unerlässlich. Die Wege sind rot-weiß markiert. Für den Weg ist eine Eintrittsgebühr zu zahlen (s. Infobox S. 234).

Tipp: Bis Corniglia trifft man auf viele Mitwanderer. Um ihnen – und ggf. der Mittagshitze – auszuweichen, empfiehlt sich ein früher Start.

Die landschaftliche Vielfalt der Cinque Terre erschließt sich nur auf einer Wanderung. Die klassische Route verläuft im Steilhang über der Küste von Monterosso nach Riomaggiore. Man wandert durch duftenden Pinienwald und durch schattige Steineichenhaine, über Wein- und Ölbaumterrassen oder sonnenbeschienene Felsflanken, auf denen subtropische Agaven sprießen. Immer wieder bieten sich weite Ausblicke über das Meer zu den eng gebauten, farbigen Dörfern. Nicht ohne Grund gehört der Weg zwischen den fünf Orten der Cinque Terre zu den beliebtesten Wanderrouten Italiens.

Steile Pfade, weite Blicke: von Monterosso nach Vernazza

Vom Bahnhof in **Monterosso** (s. S. 246) geht man auf der Uferstraße nach Osten zu einem Tunnel, der auf einem Fußgängerweg rechts umgangen wird. Das Ortszentrum lässt man dann links liegen und folgt dem Ufer zum Tor des Hotels La Roca. Hier beginnt rechts der alte Pfad nach Vernazza (rot-weiß markierter Weg Nr. 2). Er windet sich an Steilfelsen entlang und bietet dabei schöne Rückblicke in die Strandbucht von Monterosso. Bei der folgenden Gabelung hält man sich links, passiert gleich das **Kassenhäuschen** des Nationalparks.

Man gelangt nun in die typische Landschaft der Wein- und Ölbaumterrassen. Die Steigung ist beträchtlich. Nach einem steilen Stufenweg gelangt man auf einen hoch über der Küste verlaufenden, zum Teil sehr schmalen Saumpfad (vorsichtig gehen!). Man passiert ein bewohntes Haus, kreuzt auf einer Steinbrücke einen Graben. Danach verbreitert sich der Pfad, verläuft am Steilhang über dem Meer. Eine gute Stunde ab Monterosso erreicht man einen **Rastplatz** mit herrlichem Küstenpanorama. Danach führt der Pfad an Felsen mit Agaven entlang, senkt sich dann auf **Vernazza** (s. S. 247) zu, das bald ein höchst pittoreskes Bild abgibt. Auf Treppenwegen geht es steil hinunter zur Hauptgasse Via Roma im alten Ortszentrum. Nach rechts erreicht man nach insgesamt knapp 2 Std. den kleinen Hafen.

Dörfer in Traumlage: von Vernazza nach Corniglia

Der Weiterweg nach Corniglia beginnt gegenüber der Einmündung in die Via Roma. Über die steile Treppengasse Via M. Carattino geht es hinauf zu einem alten Turm, den man umrundet. An zwei Aussichtsbars vorbei gelangt man auf einen offenen, mit Kakteen und Agaven bewachsenen Hang. Hier bietet sich das tausendfach fotografierte Postkartenmotiv des auf steilem Fels ins Meer gebauten Vernazza.

Einige Minuten später beginnt der mit Steinplatten ausgelegte Weg steiler anzusteigen. Durch Olivenhaine klettert er auf 220 m hoch und passiert die Häusergruppe **Prevo** (2,5 Std., einfache Bar). Nochmals geht es etwas bergan, dann bergab zwischen Olivenbäumen, teilweise mit Blick auf Corniglia, das sich auf einer Hangterrasse am Rand der Steilküste zusammendrängt. Im Schatten der Ölbäume schlängelt sich der gut erhaltene alte Pflasterweg an alten Steinmauern entlang.

Kurz vor **Corniglia** (s. S. 250) kreuzt man die Zufahrtsstraße zum Ort, gelangt zwischen Weinpflanzungen zur mittelalterlichen Pfarrkirche San Pietro (3,15 Std.). Nach rechts geht es in das nahe Dorfzentrum, wo sich die gemütliche Piazza mit ihren Bars für eine Rast anbietet. Der Weiterweg Richtung Manarola führt jedoch links an San Pietro vorbei.

Weinterrassen über dem Meer: von Corniglia nach Manarola

Zwischen Corniglia und Manarola ist der Küstenweg wegen Steinschlaggefahr oft gesperrt. Eine Alternative bietet die höher verlaufende, landschaftlich ohnehin schönere Route über Volastra. Dazu biegen wir 50 m nach der Kirche San Pietro, hinter einem Madonnenwinkel, nach links auf den rot-weiß markierten Weg Nr. 7 a ab. Er steigt über Weinterrassen an, geht dabei in einen alten Pflasterweg über. Anfangs bieten sich schöne Küstenblicke, später leitet der Pfad in einen Einschnitt mit Ölbäumen. Etwa 30 Min. nach Corniglia, nach einer Linkskurve, zweigt man nach rechts auf den ebenfalls rot-weiß markierten Pfad 6 d ab.

Er verläuft zunächst eben, um dann im Wald wieder anzusteigen. Zweimal scheint er vor einer Schichtmauer zu enden, hervorstehende Trittsteine leiten jedoch auf den Weiterweg eine Etage höher. Nach Anstiegsende öffnet sich der Blick nach Manarola und Corniglia. Man gelangt in einen schattigen Einschnitt mit einer Quelle linker Hand im Fels. Der Pfad beschreibt hier eine Rechtskurve und durchquert ein Waldstück zum einsam gelegenen Anwesen **Porciano** (4,5 Std.). Es wird rechts umrundet. Auf einer Höhe bleibend geht man gleich links an einem weiteren Haus vorbei und gelangt so zum Rand der Weinterrassen von Volastra, die sich in kunstvollen Stufungen über 300 Höhenmeter zur Küste hinunterziehen. Mit prächtigen Blicken in die Tiefe wandert man auf schmalem Pfad durch die Rebhänge nach **Volastra** (5 Std.).

Die Kirche lässt man links liegen, folgt der Hauptgasse östlich durchs Dorf. 100 m nach dem Restaurant Gli Ulivi biegt man bei einem Wasserhahn auf die rechts absteigende Gasse, die am Ortsrand in einen Pflasterweg übergeht. Er senkt sich zwischen Oliven- und Feigenbäumen mit einer Linksbiegung zur Straße Volastra–La Spezia. Man folgt ihr 150 m abwärts zu einer Gabelung, nimmt hier den links der Manarola-Straße absteigenden Pfad. Gut 10 Min. später passiert man in **Manarola** (s. S. 251) die mittelalterliche Kirche San Lorenzo, erreicht 5 Min. danach die Bahnlinie.

Zum Zielort Riomaggiore

Durch den Fußgängertunnel geht man zum Bahnhof, von dort nach links eine Treppe hoch. Sie führt auf die berühmte **Via dell'Amore** (s. S. 251). Auf der in die Felsküste hineingebauten Fußgängerpromenade spaziert man in 20 Min. zum Bahnhof **Riomaggiore** (s. S. 255).

Tipp: Wer nun noch nicht genug von der spektakulären Küstenlandschaft der Cinque Terre hat, der kann am nächsten Tag die Küstenwanderung bis Portovenere fortsetzen (siehe Unser Tipp S. 255).

Cinque Terre

Enoteca – **L'Autedo:** Via Birolli 81, breites Angebot an Weinen und Likören aus ganz Italien.

Aktiv & Kreativ

Baden – Kleiner Badeplatz in den Felsen nördlich vom Hafen hinter dem Ristorante Marina Piccola.

Infos & Termine

Infos
Parco Nazionale delle Cinque Terre: Infobüro des Nationalparks im Bahnhof, Tel. 01 87 76 05 11, www.parconazionale5terre.it.

Termine
Festa di San Lorenzo: 10. Aug. Das Fest zur Ehren des Ortsheiligen wird mit einer nächtlichen Prozession gefeiert.

Verkehr
Bahn: Ein kurzer Fußgängertunnel verbindet Bahnhof und Zentrum. Regionalzug etwa stdl. nach La Spezia und Levanto, z. T. durchgehend bis Sestri Levante.
Bus: 7–22.30 Uhr alle 60–90 Min. grüner Nationalparkbus nach Groppo/Volastra.
Schiff: s. Unser Tipp S. 241.
Auto: Das Ortszentrum ist für Pkw gesperrt, Parkplatz beim Ortseingang ca. 10 Min. oberhalb des Hafens: 1,50 €/Std., 16 €/Tag, 56 €/Woche.

Riomaggiore ▶ L 5

Den schönsten Anblick bietet Riomaggiore von der Seeseite – rosa-, gelb- und ockerfarbene mehrstöckige Häuserfassaden drängen sich am Steilhang über dem kleinen Hafen, wo bunte Fischerboote auf den Wellen schaukeln. Die Bahnlinie trennt den reizvollen Hafenbezirk vom Ortszentrum. Wie in Manarola verläuft die Hauptgasse steil hangaufwärts; sie überdeckt einen Bach, der früher offen durch den Ort strömte.

Die Kirche **San Giovanni Battista** wurde 1340 errichtet, die Fassade 1870

Unser Tipp

Dramatische Felsküste: von Riomaggiore nach Portovenere
Der anspruchsvollste, aber vielleicht auch spannendste Küstenwanderweg der Cinque Terre führt in knapp fünf Stunden von Riomaggiore nach Portovenere: Auf einem alten Pilgerweg (Wanderweg Nr. 3, ab Riomaggiore mit »Telegrafo« beschildert) geht es zunächst durch bäuerliches Kulturland hinauf zur Wallfahrtskirche **Madonna di Montenero**, einem der schönsten Aussichtsplätze der Cinque Terre (s. S. 256). Danach folgt man weiter dem Weg Nr. 3 über schmale Weinterrassen bis zum 516 m hohen **Pass Colle di Telegrafo.** Von dort geht es auf dem Weg Nr. 1 (Hinweisschild nach Portovenere) durch dichten Mittelmeerwald mit Pinien, Steineichen und Esskastanien nach **Campiglia**, wo der Blick zum Golf von La Spezia frei wird. Nun folgt der aufregendste Abschnitt: Der Pfad Nr. 1 verläuft am Rand steiler Felsabbrüche, mehrfach bieten sich herrliche Fern- und Tiefblicke über die raue Felsküste. Diesem Weg weiter folgend, gelangt man nach längerem Abstieg schließlich an der **Burg von Portovenere** (s. S. 267) vorbei zum Hafen der malerischen Stadt.

Von Sestri Levante in die Cinque Terre

erneuert. An der Kanzel befinden sich Marmorreliefs aus dem 16. Jh.; das Holzkruzifix stammt von dem genuesischen Barockbildhauer Antonio Maria Maragliano. Am nahe gelegenen **Rathaus** hat der argentinische Maler Silvio Benedetti 1944 monumentale Fresken mit Szenen aus dem Leben der Einheimischen geschaffen.

Santuario Madonna di Montenero

Aussichtspunkte gibt es in den Cinque Terre viele, der vielleicht schönste liegt oberhalb Riomaggiore beim Wallfahrtsheiligtum der Madonna di Montenero. Die Barockkirche aus dem 19. Jh. erhebt sich auf einer grünen Wiesenterrasse 340 m hoch über dem Meer. Das Panorama erfasst die gesamte Steilküste der Cinque Terre, von der Palmaria-Insel im Süden bis zum Vorgebirge von Monterosso im Norden. Ein uralter gepflasterter Pilgerpfad führt vom oberen Ortsende in Riomaggiore in einer knappen Stunde hinauf zur Wallfahrtskirche (Weg Nr. 3, rot-weiße Markierungen, siehe auch Unser Tipp S. 255).

Übernachten

Im Centro storico – **Locanda Ca de'Duxi:** Via Colombo 36, Tel. 01 87 92 00 36, www.duxi.it, DZ/F 90–130 €. Kleine familiäre Unterkunft mit sechs angenehmen, modern eingerichteten Zimmern in einem 300 Jahre alten restaurierten Palazzo, weitere Unterkunft in der etwas weniger schönen Dependance **Il Nostromo**.
Zimmervermietung – **Agenzia Edi Vesigna:** Via Colombo 111, Tel. 01 87 92 03 25, edi-vesigna@iol.it. Die Agentur hat ein gutes Angebot relativ preisgünstiger Privatwohnungen und -zimmer.

Aktiv & Kreativ

Baden – Kleiner Kiesstrand und Felsbadestellen südlich vom Hafen, auch von der Via dell'Amore (s. S. 251) kommt man mit etwas Kraxelei zu hübschen Plätzen am Meerufer.
Wandern – **Von Riomaggiore nach Portovenere:** siehe unser Tipp S. 255.
Tauchen – **Diving Cinqueterre:** Via San Giacomo 54, Tel. 01 87 92 00 11, www.5terrediving.it. Tauchkurse und -exkursionen, auch Kanuverleih.

Cinque Terre

Den schönsten Anblick bietet Riomaggiore von der Seeseite

Infos & Termine

Infos
Parco Nazionale delle Cinque Terre: Infobüro des Nationalparks im Bahnhof, Tel. 01 87 92 06 33, www.parconazionale5terre.it.

Termine
Festa di San Giovanni Battista: 24. Juni. Alljährlich stattfindendes Fest zur Ehren des Ortheiligen mit großer farbiger Prozession.

Verkehr
Bahn: Zum Bahnhof geht es durch einen Fußgängertunnel. Es halten alle Regionalzüge; etwa stdl. nach Genua und La Spezia; in der Saison Zusatzzüge. Im Bahnhof Gepäckaufbewahrung (8–20 Uhr, 0,50 €/Stunde).
Schiff: s. Unser Tipp S. 241.
Auto: Das Ortszentrum ist gesperrt, Parkhaus beim Ortseingang (22 €/Tag). Freies Parken 2 km außerhalb an der Straße nach Manarola, bis gegen 22 Uhr halbstdl. Busverbindung ins Zentrum.

Das Beste auf einen Blick

Golf von La Spezia

Highlight !

Portovenere: Am Hafen erstrahlen vielfarbige Häuserzeilen im Sonnenlicht, über dem verwinkelten Ortskern stehen wehrhaften Burgmauern am steilen Hang, eine mittelalterliche Kirche auf schroffem Fels bewacht den Eingang zum blauen Golf, auf dem die Segelboote weiße Tupfer bilden – das kleine Portovenere bietet perfekte Riviera-Ästhetik. S. 266

Auf Entdeckungstour

Museo Civico Amedeo Lia: La Spezia hat sich durch private Stiftungen zu einer Stadt der Museen entwickelt. Das interessanteste entstand erst 1996 durch die Initiative des Industriellen Amedeo Lia, der seine wertvolle Kunst- und Gemäldesammlung der Stadt schenkte. S. 264

Kultur & Sehenswertes

Museo del Castello: Das archäologische Museum in der Burg von San Giorgio in La Spezia zeigt ungewöhnliche, mehr als 3000 Jahre alte antropomorphe Steinstelen. S. 261

Santa Maria Assunta: Die Kathedrale von Sarzana bewahrt interessante Kunst aus Mittelalter und Renaissance. S. 276

Luni: Die Ausgrabungen und das angeschlossene Museum informieren über die Anlage antiker Siedlungen und die Geschichte der ligurischen Eroberung durch Rom. S. 279

Aktiv & Kreativ

Wanderung bei Tellaro: Unberührte mediterrane Küstennatur entdeckt man auf einer Wanderung durch das Naturschutzgebiet von Montemarcello. S. 274

Genießen & Atmosphäre

Mercato Coperto: Unter dem futuristischen Dach der neuen Markthalle von La Spezia entfaltet sich lebendiges Alltagsmarktgeschehen ohne touristische Beimischungen. S. 261

Spiaggia Punta Corvo: Der einsame Strand südwestlich von Montemarcello ist nur per Boot oder zu Fuß zu erreichen. S. 275

Pasticceria Gemmi: Im altmodischen Traditionscafé von Sarzana kann man in schönem Ambiente süße Köstlichkeiten genießen. S. 277

Abends & Nachts

Ein bescheidenes Nachtleben findet man allenfalls am Wochenende in der Altstadt von La Spezia (S. 260) und im Hochsommer auf der Uferpromenade von Lerici (S. 270).

Am Golf der Poeten

Die Bucht von La Spezia schmückt sich mit dem schönen Namen »Golfo dei Poeti«. Anfang des 19. Jh., im Zeitalter der Romantik, hielten sich die englischen Dichter Byron, Shelley und Keats in Portovenere und Lerici auf, damals noch abseits gelegene, bescheidene Fischerdörfer. Mit schwärmerischen Worten beschrieben sie die Schönheit der Landschaft.

Im Einzugsbereich von La Spezia verflüchtigen sich allerdings romantische Stimmungen. Hier dominieren Fabriken und Werften das Bild, und auch der große Handels- und Militärhafen mit seinen Containerkais und den zur Tarnung grau angemalten Kriegsschiffen wirkt nicht gerade anziehend. Jedoch bietet das untouristische La Spezia mit seinen Einkaufsstraßen und lebendigen Märkten gute Gelegenheit, italienisches Alltagsleben kennenzulernen.

Vor den Toren der Stadt beginnt dann bald wieder schöne mediterrane Küstenlandschaft. An der felsigen Landspitze an der Südwestecke des Golfes liegt das pittoreske Portovenere, gegenüber am Ostufer lohnen der an einer langen Strandbucht gelegene Badeort Lerici und das malerisch-winzige Tellaro den Besuch. Auf den Hügeln zwischen dem Golf von La Spezia und dem von Verkehrsschneisen durchzogenen Tal des Magra-Flusses wächst ursprünglicher mediterraner Wald. Als Parco Naturale di Montemarcello-Magra steht das Gebiet unter Naturschutz. Die hübsche Kleinstadt Sarzana und die »Lunigiana«, die Apenninlandschaft östlich des Magratals, zeigen schon toscanischen Einfluss.

La Spezia ▶ L 5

Zwar erwähnen bereits mittelalterliche Dokumente den Ort, und Ausgrabungsfunde lassen sogar auf eine Besiedlung in römischer Zeit schließen, doch blieb La Spezia bis vor 200 Jahren eine unbedeutende Ansiedlung. Die mit knapp 100 000 Einwohnern zweitgrößte Stadt Liguriens entwickelte sich im 19. Jh. zu einem der wichtigsten Industriestandorte Italiens; das heutige Stadtbild entstand in dieser Zeit. Daher hat La Spezia kein mittelalterliches oder barockes Zentrum; es besteht fast ausschließlich aus Bauten der letzten 150 Jahre. Hier findet man keine pittoreske Italien-Idylle, sondern eine nüchtern-sachliche Atmosphäre.

Trotzdem ist die Provinzhauptstadt nicht reizlos. Stärker als in den malerischen Dörfern der Küste kann man hier italienischen Alltag erleben – mit den

Infobox

Reisekarte: ▶ L/M 5

Internet
www.turismoprovincia.laspezia.it: Internetportal der Provinzverwaltung; vollständige Informationen nur auf Italienisch.

Verkehr
Alle Ziele am Golfo dei Poeti und im Magra-Tal sind von La Spezia aus gut per Linienbus zu erreichen; Fahrplan unter www.atclaspezia.it. Nach Sarzana verkehren Regionalzüge, nach Lerici und Portovenere in der Saison Linienschiffe.

La Spezia

nur von Einheimischen besuchten Bars, den vielen kleinen, oft preiswerten Geschäften, dem Lebensmittelmarkt am Vormittag und dem abendlichen Treffen der Jugendlichen auf der Via del Prione. Und seit der Eröffnung des Museo Amedeo Lia und des Centro d'Arte Moderna ist La Spezia auch für Kunstinteressierte ein lohnendes Reiseziel.

Stadtrundgang

Mittelpunkt des städtischen Lebens sind die Fußgängergasse **Via del Prione** 1 und die angrenzenden Straßen. In der Via del Prione 45 erinnert eine Gedenktafel an den Aufenthalt Richard Wagners im Jahre 1853. Nach eigenem Bekunden verbrachte der Künstler in dem damaligen Gasthof, gestört durch den Lärm der »engen geräuschvollen Gasse«, eine Nacht »in Fieber und Schlaflosigkeit«. Am nächsten Tag aber fand er die Inspiration zum Orchestervorspiel des »Rheingold« – was ihn zur eiligen Abreise bewog.

Vormittags sollte man auf keinen Fall den Abstecher zum Lebensmittel- und Fischmarkt in der 2004 neu errichteten **Markthalle** 2 auf der **Piazza Cavour** versäumen. Das Angebot an frischem Obst und Gemüse ist zu jeder Jahreszeit beeindruckend; der Fisch stammt allerdings zum größeren Teil nicht aus den eher fischarmen ligurischen Gewässern (einheimischer Fang wird als *nostrano* gekennzeichnet).

In der Nähe steht an der Piazza Beverini die **Chiesa Santa Maria Assunta** 2. Sie beherbergt im linken Seitenschiff ein schönes, vielfarbiges Terrakottarelief, die »Marienkrönung« des florentinischen Renaissancekünstlers Andrea della Robbia. Die um 1900 erbaute Kirche **Nostra Signora della Neve** 3 nördlich der Piazza Cavour zeigt einen reich geschmückten Innenraum mit Marmorsäulen, Bogengalerien und neobyzantinischen Wand- und Deckenmalereien.

Auf der entgegengesetzten Seite der Via del Prione führt ein Treppenweg bergan zum **Castello di San Giorgio** 4. Die von den Genuesen als Bollwerk gegen die Rivalin Pisa errichtete Burg aus dem 14. Jh. ist der einzige mittelalterliche Bau La Spezias. Hier ist ein interessantes archäologisches Museum untergebracht (s. u.). Vom Dach der Burg bietet sich ein schönes Panorama.

Die Museen

Neben dem **Museo Civico Amedeo Lia** 5 (siehe Entdeckungstour S. 264) lohnen vier weitere Museen den Besuch: Das 2004 eröffnete **Centro d'Arte Moderna (CAMeC)** 6 geht wie das Lia-Museum auf private Stiftungen zurück. Es zeigt Grafiken und Gemälde der Zeit nach 1950, u. a. von Uecker, Calder, Vasarely, Burri und Soto. Auch bekannte Pop-Art-Künstler (Warhol, Rauschenberg, Lichtenstein usw.) sind vertreten. Sonderausstellungen widmen sich der zeitgenössischen Kunst (Piazza Cesare Battisti 1, http://camec.spezianet.it, Di-Sa 10–13, 15–19, So 11–19 Uhr, Eintritt 6 €).

Im **Siegelmuseum** 7 ist eine ungewöhnliche Kollektion ausgestellt. Die ältesten Stücke der einzigartigen Sammlung von rund 1500 Siegeln stammen aus dem 4. Jt. v. Chr., das Spektrum der ausgestellten Objekte reicht von Mesopotamien über das Ägypten der Pharaonen und das antike Rom bis hin zum Jugendstil (Museo del Sigillo, Via Prione 236, Di 16–19 Uhr, Mi–So 10–12, 16–19 Uhr, Eintritt 3,50 €).

Das **Museo del Castello** in der Burg San Giorgio 4 zeigt neben römischen

La Spezia

Sehenswert
1. Via del Prione
2. Santa Maria Assunta
3. Nostra Signora della Neve
4. Castello di San Giorgio / Museo del Castello
5. Museo Civico Amedeo Lia
6. Centro d'Arte Moderna
7. Siegelmuseum
8. Schifffahrtsmuseum

Übernachten
1. Firenze e Continentale
2. Genova
3. Venezia

Essen & Trinken
1. All'Inferno
2. Aütedo

Einkaufen
1. Großer Wochenmarkt
2. Markthalle
3. Le Antiche Cantine

Skulpturen und Mosaiken 19 der insgesamt 60 rätselhaften Lunigiana-Stelen, die man im Bett des Magra-Flusses ausgegraben hat. Die mehr als 3000 Jahre alten flachen Steinskulpturen aus der Kupfer- und Eisenzeit sind teilweise durch Symbole geschlechtlich zuzuordnen: Männliche Stelen zeigen Dolche oder Äxte, weibliche einen Busen, Ketten oder Schmuck, Stelen ohne Kennzeichnung stellen möglicherweise Kinder oder Jugendliche dar. Ihre Bedeutung liegt im Dunklen, aber ohne Zweifel üben sie noch auf den heutigen Betrachter einen unterschwellig magischen Reiz aus (Via XXVII Marzo, ganzjährig Mi–Mo 9.30–12.30 Uhr, nachmittags Juni–Aug. 17–20, April/Mai, Sept. 15–18, Okt.–März 14–17 Uhr, Eintritt 5 €).

Das **Schifffahrtsmuseum** 8 zeigt Schiffsmodelle aus verschiedenen Epochen sowie eine ungewöhnliche Sammlung von Galionsfiguren (Museo Tecnico Navale, Viale Amendola 1, Mo–Sa 8–18.45, So 8–13 Uhr, Eintritt 2 €).

Übernachten

Gut bürgerlich – **Firenze e Continentale** 1: Via Paleocapa 7, Tel. 01 87 71 32 00, www.hotelfirenzecontinentale.it, DZ/F 90–150 €. Gepflegtes Haus in renoviertem Stadtpalazzo von 1900; die 68 Zimmer in drei Komfortstufen sind ansprechend eingerichtet.

Mittendrin – **Genova** 2: Via Fratelli Rosselli 84, Tel. 01 87 73 29 72, www.hotelgenova.it, DZ/F 100–120 €. Gepflegte Unterkunft in einem alten Stadthaus in der Nähe der Markthalle, professionell und freundlich geführt.

Freundlich – **Venezia** 3: Via Paleocapa 10, Tel. 01 87 73 34 65, www.hotelvenezialaspezia.it, DZ/F 70–90 €. Gut geführtes, relativ günstiges Mittelklassehotel; trotz der Nähe zu den Bahngleisen einigermaßen ruhig.

Essen & Trinken

Gute Tradition – **All'Inferno** 1: Via L. Costa 3, Tel. 0 18 72 94 58, So geschl., Menü um 18 €. Beliebte, seit 1905 bestehende schlichte Trattoria in einem niedrigen Gewölbe beim Markt; solide Traditionsküche.

Fisch ligurisch – **Aütedo** 2: Via Fieschi 138, Tel. 01 87 73 60 61, Mo Ruhetag, Menü 18–25 €. Das 4 km außerhalb an der Straße nach Portovenere gelegene einfache Restaurant bietet gute bodenständige Fischküche: Stockfisch mit Tomaten und Kartoffeln, Muschelsuppe, Pasta mit gebratenen Sardellen etc.

Einkaufen

In La Spezia sind fast alle Waren preisgünstiger als in den Touristenzentren

der Küste. Modegeschäfte findet man vor allem in der Via del Prione und der Via Chiodo.

Lebensmittel, Kleidung, Alltagswaren – **Großer Wochenmarkt 1:** Fr vormittags im Zentrum auf der Via Garibaldi und ihren Nebenstraßen.

Lebensmittel, frischer Fisch – **Markthalle 2:** Mo–Sa vormittags bis ca. 13 Uhr großer, lebhafter Markt auf der modern überdachten Piazza Cavour.

Feinkost – **Le Antiche Cantine 3:** Via Calatafimi 18 (Seitenstraße der Via del Prione). Kleiner Laden mit guter Auswahl an Lebensmitteln: Rohmilchkäse, Schinken, Obst, Wein und viele Bioprodukte.

Abends & Nachts

Das eher bescheidene Nachtleben La Spezias findet zwischen der Via del Prione und der Via Battisti statt, wo am Wochenende einige Bars, Kneipen und Musiklokale bis nach Mitternacht geöffnet haben.

Infos & Termine

Infos
IAT: Infobüros vor dem Bahnhof, Piazzale Stazione, Tel. 01 87 71 89 97, und in der Viale Italia (Ecke Via Persio), Tel. 01 87 77 09 00, www.turismoprovincia.laspezia.it.
Nationalpark Cinque Terre: Infobüro im Bahnhof, Tel. 01 87 74 35 00, www.parconazionale5terre.it.

Termine
Palio del Golfo: Erster So im Aug. Mit Regatta und großem Feuerwerk.

Verkehr
Bahn: ICs stdl. nach Genua mit Halt in Sestri Levante (9 x tgl.), ▷ S. 266

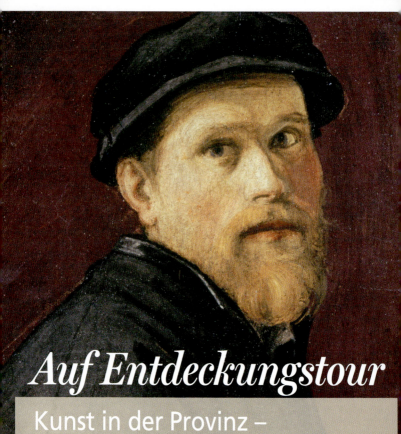

Auf Entdeckungstour

Kunst in der Provinz – das Museo Civico Amadeo Lia

La Spezia ist eine Stadt der Museen. Das interessanteste entstand erst 1996 durch die Initiative des Industriellen Amadeo Lia, der seine reiche Kunstsammlung der Stadt vermachte. Sie zeigt nicht nur Gemälde berühmter Meister, sondern auch wertvolle Miniaturen, Skulpturen sowie Elfenbein-, Glas- und Porzellankunst.

Reisekarte: ▶ L 5

Infos: Museo Civico Amadeo Lia, Via del Prione 234, www.castagna.it/musei/mal, Di–So 10–18 Uhr, Einlass bis 17.30 Uhr.

Ticket: Eintritt 6 €; die 72 Stunden gültige Sammeleintrittskarte Biglietto Cumulativo (12 €) gilt für das Museo Lia, Museo del Castello und das Centro d'Arte Moderna.

Fast 50 Jahre lang sammelte der Industrielle Amedeo Lia Kunst aus Mittelalter, Renaissance und Barock. 1995 entschloss er sich, seine mehr als 1200 Objekte – Wert über 50 Mio. € – der Stadt La Spezia zu schenken. Unter einer Bedingung: Binnen eines Jahres musste die Sammlung öffentlich sein, denn der 83-jährige Stifter wollte noch zu Lebzeiten durch sein Museum flanieren. Die Stadtverwaltung zögerte nicht: In kürzester Zeit wurde aus einem ehemaligen Franziskanerkloster des 17. Jh. ein moderner Museumsbau.

Religiöse Kunst des Mittelalters

Der erste Saal des Erdgeschosses präsentiert schöne Beispiele mittelalterlicher Kunst, vor allem liturgisches Gerät aus verschiedenen Werkstoffen (Holz, Elfenbein, Emaille, Glas, Gold, Kupfer). Unter den meist kleinformatigen Objekten lassen sich bemerkenswerte Stücke entdecken, u. a. wertvolle Prozessionskreuze, eine byzantinisch-strenge Holzmadonna (Umbrien, 13. Jh.) oder eine abschließbare bemalte Reliquientruhe (Limoges, um 1280). Im tiefreligiösen Mittelalter war noch der kleinste Knochen eines Heiligen als Attraktion für fromme Pilger von hohem Wert.

Saal II widmet sich der mittelalterlichen Miniaturmalerei. Vor allem in der Lombardei und der Toscana blühte die Kunst der Buchillustration. Ausgestellt sind Mess- und Gesangbücher (14./15. Jh.), die in langwieriger Klosterarbeit, filigran und leuchtend-farbig, mit Bibelszenen und reichen Ornamenten geschmückt wurden. Im 15. Jh. wurde vor allem in Frankreich auch Weltliches dargestellt – sichtbar in dem aus einer Pariser Werkstatt stammenden erzählerischen Bildzyklus zur Rittersage des Lancelot (Meister von Dunois, um 1470).

Aufbruch in die Renaissance

Das zweite Stockwerk beherbergt die große Gemäldesammlung des Stifters. Die spätmittelalterliche Goldgrundmalerei (Saal IV) ist durch toscanische Meister der internationalen Gotik (14. Jh.) vertreten, z. B. mit einer Kreuzigung des Sienesen Simone Martini und einem Bildnis des San Giovanni Battista von Pietro Lorenzetti. Der Übergang zur Renaissance zeigt sich u. a. in den zwei Motiven des hl. Girolamo: schon individualisierend beim Florentiner Bicci di Lorenzo, mit Landschaftstiefe beim Venezianer Vivarini (Saal V).

In Saal III sind die wenigen antiken Exponate zu sehen, u. a. ein abgeklärt lächelnder Kopf einer griechischen Statue (um 440 v. Chr.).

Große Meister

In den Sälen VI –VIII hängen zahlreiche Gemälde des 16. Jh., darunter Werke berühmter venezianischer Meister, u. a. Tizians Bildnis eines Edelmanns, Giovanni Bellinis Geburt Christi und ein Selbstbildnis von Jacopo Carucci, genannt Il Pontormo (siehe Bild links). Ein sanft-jugendlicher hl. Martin wird manchmal dem jungen Raphael zugeschrieben. Von Lukas Cranach d. Älteren stammt die aristokratische hl. Katherina von Alexandria.

Die Säle IX und X zeigen Bilder des 17./18. Jh. in der Nachfolge Caravaggios (Ausdruckskraft, Lichtkontraste), Tiepolos (venezianischer Rokoko) und Canalettos (Landschaftsveduten).

Die Räume im Obergeschoss beherbergen ein Sammelsurium an Bronze-, Marmor-, Tonskulpturen, Keramiken, Kristallvasen, Muranogläser und Alabastergefäße unterschiedlichsten Stils. Der Rundgang endet in Saal XIII: Ein farbkräftiger Bildzyklus dokumentiert die Entwicklung des Stilllebens als eigenständiges Bildsujet ab dem 16. Jh.

Chiavari (13 x), Rapallo (13 x), Santa Margherita Ligure (7 x), z. T. weiter bis Mailand (6 x), Turin (3 x) und Ventimiglia (1 x); nach Pisa/Livorno (12 x), z. T. durchgehend nach Rom (7 x). Regionalzug stdl. nach Genua und alle Küstenorte, in der Saison zusätzlich Lokalzüge durch die Cinque Terre nach Levanto. Alle 60–90 Min. Regionalzug über Sarzana, Viareggio (Umstieg Richtung Lucca) nach Pisa und über Pontremoli nach Fidenza/Parma an der Strecke Mailand–Bologna.
Bus: Haupthalt an der Piazza Chiodo (Infoschalter). Nach Portovenere halbstdl., Halt im Zentrum u. a. nördlich der Markthalle (Corso Cavour 140). Busse nach Lerici bzw. Sarzana halten u. a. an der Via Monale 23 und vor dem Bahnhof (Via Fiume): nach Lerici Mo–Sa alle 15 Min, So halbstdl.; nach Sarzana Mo–Sa halbstdl., So stdl. Fahrplan im Internet: www.atclaspezia.it.
Schiff: Im Sommerhalbjahr 3–6 x tgl. nach Portovenere und Lerici, im Hochsommer auch in die Cinque Terre und zur Palmaria-Insel (www.navigazione golfodeipoeti.com).

Portovenere! ▶ L 5

Das malerische Städtchen (4000 Einw.) am Südwestrand des Golfs zählt zu den bekanntesten Attraktionen der Riviera. Von einer großen Burg überragt, drängen sich die Häuser des kompakten mittelalterlichen Ortskerns an einen steil abfallenden Hang. Die Gassen des von Wehrmauern umgebenen Zentrums wirken düster und beengt; dafür aber strahlen die mehrstöckigen Fassaden am Hafen vielfarbig im Licht – ästhetisch perfekt und wie für den Italien-Bildband geschaffen.

Portovenere ist einer der historisch bedeutsamsten Orte der Riviera di Levante. Es wurde vermutlich in der Römerzeit gegründet. Der Name leitet sich von Portus Veneris (Hafen der Venus) her. Unter der San-Pietro-Kirche hat man Ruinen eines römischen Tempels gefunden, der wahrscheinlich der Liebesgöttin geweiht war.

Im Mittelalter gelangte die Ansiedlung unter die Herrschaft der Genuesen. Sie bauten Portovenere als Festung gegen Pisa aus. Die einstige militärische Funktion wird bei einem Gang durch den Ort schnell deutlich. Seine Architektur ist auf Verteidigung angelegt. Davon zeugen nicht nur die Mauern und die Burg; die schmalen Häuser sind ungewöhnlich tief gestaffelt. Mit ihren drei bis vier hintereinander gelagerten Räumen boten sie Rückzugsmöglichkeiten bei feindlichen Angriffen.

Das heutige Portovenere leidet unter Abwanderung, die meisten Häuser im historischen Zentrum werden nur noch für teure Ferienwohnungen genutzt. Mit etwas Neid schaut man in die Cinque Terre, wo der Tourismus Wohlstand gebracht hat. Nach Portovenere kommen die meisten Besucher nur für einen Tagesausflug. Einige Arbeitsplätze schafft die traditionelle Aufzucht von Pfahlmuscheln, die im ruhigen Wasser des Golfs eine optimale Kinderstube finden.

Stadtrundgang

Vom **Hafenkai** mit seinen vor bunten Häuserzeilen auf den Wellen schaukelnden Holzbooten sind es nur wenige Schritte zur **Piazza Bastreri** mit dem mittelalterlichen **Stadttor**. Es wird von einem 1161 erbauten Turm flankiert, seine Innenseite schmückt ein Renaissancefresko mit der »Madonna Bianca« und den hl. Petrus und Laurentius. Dahinter verläuft die von kleinen Läden gesäumte enge Hauptgasse des alten Zentrums, die **Via Capellini.** Vorbei an zahlreichen mittelalterlichen Bauten erreicht sie am Ortsende die **Arpaia-Grotte** (rechter Hand), bei der eine Gedenktafel an den romantischen Dichter George Byron erinnert. Der Poet, der zu Lebzeiten in ganz Europa eine riesige, großenteils weibliche Fangemeinde hatte, zeichnete sich nicht nur durch Verse aus; er schwamm auch gelegentlich quer über den Golf von Lerici bis Portovenere.

Wenige Schritte führen von der Grotte zur Kirche **San Pietro** beim Eingang zum Golf, einem der ältesten Sakralbauten der Küste. Sie thront in großartiger Lage auf einer felsigen Landspitze. Ihr nördlicher Teil, der heute als Vorhalle dient, stammt noch aus dem 6. Jh.; das gotische Hauptschiff wurde im 13. Jh. geschaffen (siehe Lieblingsort S. 268).

Sehenswert ist auch die um 1130 im romanischen Stil errichtete, später mehrfach umgebaute Kirche **San Lorenzo** im oberen Teil des alten Orts. Das Fassadenrelief zeigt das Martyrium des hl. Laurentius, der auf einem Rost liegend im Feuer starb. Im Innenraum sind ein Taufbecken (12. Jh.) und ein Pergamentbild der Madonna Bianca (14. Jh.) sehenswert. Glockenturm und Kuppel stammen aus der Renaissance.

Ein weiterer kurzer Anstieg führt zur gewaltigen **Burg** hinauf. Die heute sichtbare Anlage entstand im 16. und 17. Jh. auf den Ruinen eines mittelalterlichen Kastells, das Genua als Bollwerk gegen die feindliche Seerepublik Pisa um 1160 errichtet hatte.

Übernachten

Exquisit mit Panorama – **Grand Hotel Portovenere:** Via Garibaldi 5, Tel. 01 87 79 26 10, www.portoverehotel.it, DZ/F je nach Saison und Lage – mit oder ohne Meerblick/Balkon – 120–280 €. Komfortable Unterkunft in einem ehemaligen Kloster mit Aussicht auf den alten Ort und den Hafen.

Unter alten Mauern – **Genio:** Piazza Bastreri 8, Tel. 01 87 79 06 11, www.hotelgenioportovenere.it, DZ/F 100–125 €. Das originelle kleine Hotel mit sieben einfach-modern eingerichteten Zimmern befindet sich in historischem Gemäuer am Stadttor.

Essen & Trinken

Oma's gute Stube – **Osteria del Carugio:** Via Capellini 66, Tel. 01 87 79 06 17, Mi/Do geschl., kleine Gerichte ab 5 €. In der gemütlichen Weinstube sitzt man auf einfachen Holzbänken. Es gibt gute Gerichte aus der örtlichen Tradition, wie die Getreide-Kichererbsen-Suppe *mesciüa*, eingelegte Sardellen oder Tintenfisch.

Aktiv & Kreativ

Baden – Mehrere Kies- und Sandstrände auf der Insel Palmaria (regelmäßige Bootsverbindung).

Infos & Termine

Infos
Pro Loco: Piazza Bastreri 7 (beim Stadttor), Tel. 01 87 79 06 91, www.prolocoportovenere.it.

Termine
Festa della Madonna Bianca: 17. Aug. Fest der »Weißen Madonna« mit Prozession und Fackelbeleuchtung der Altstadt.
Festa di San Vernerio: 13. Sept. Beim Fest des hl. Venerius findet eine Bootsprozession zur kleinen Insel Tino statt,

Lieblingsort

Die Wacht auf dem Fels – San Pietro in Portovenere ▶ L 5
Auf einem Felssporn über der Küste bewacht seit fast 1500 Jahren die Kirche San Pietro die Einfahrt zum Golf von La Spezia. Ihre dunklen mittelalterlichen Gewölbe vermitteln Schutz und Geborgenheit angesichts der Gefahren der See. Durch romanische Bögen fällt der Blick auf die steilen Felsabbrüche des Küstengebirges, landeinwärts stehen die gezackten Kämme der Marmorberge der Apuanischen Alpen über dem Blau des Meeres. Frühmorgens vor den Touristen sollte man kommen, um die Stille zu genießen, die nur von den Rufen der Möwen unter dem Tuckern der heimkehrenden Motorboote unterbrochen wird (s. S. 267).

die nur an diesem Tag besucht werden darf.

Verkehr
Bus: Zwischen La Spezia und Portovenere halbstdl. (Linie P). In La Spezia Halt im Zentrum u. a. nördlich der Markthalle (Corso Cavour 140), nicht am Bahnhof.
Schiff: April–Okt. 3–6 x tgl. nach La Spezia, Lerici und in die Cinque Terre (www.navigazionegolfodeipoeti.com). Ganzjährig Pendelboot nach Terizzo auf der Palmaria-Insel, im Sommer häufig von 9–19 Uhr, im Winter eingeschränkt (www.barcaioliportovenere.com).
Auto: Die gebührenpflichtigen Parkplätze an der Zufahrtsstraße sind in der Saison und an Wochenenden schon weit vor dem Ort belegt. Es empfiehlt sich die Anfahrt mit Bus oder Schiff.

Isola di Palmaria ▶ L 5

Nur einen Steinwurf von Portovenere entfernt erhebt sich die Isola di Palmaria aus dem Meer. Mediterraner Macchiawald bedeckt die Nordflanke der Insel, die nach Südwesten über 100 m hohe Steilklippen bildet. Palmaria ist weitgehend unbewohnt, am Norduferliegt die Strandsiedlung von **Terizzo**, die wenigen Bauten im Inselinnern dienen meist militärischen Zwecken.

Wer in erster Linie Ruhe und schöne Natur sucht, ist auf Palmaria gut aufgehoben. Vor allem während der Blütezeit im Frühsommer lohnt eine kleine Wanderung rund um die Insel. Ca. 1 Std. braucht man von Terizzo bis zum Kies- und Steinstrand **Cala del Pozzale** an der Ostseite, der im Hochsommer auch per Boot von Portonvenere aus erreichbar ist.

Die **Isola del Tino** südlich Palmaria ist militärischer Sperrbezirk, zum Tino vorgelagerten Inselchen **Tinetto** mit Ruinenresten eines mittelalterlichen Klosters verkehren im Sommer Ausflugsboote.

Am östlichen Ufer des Golfs

San Terenzo ▶ L 5

Fast übergangslos gelangt man von den südlichen Vororten La Spezias in die schöne Küstenlandschaft am Ostufer des Golfo dei Poeti. San Terenzo schmiegt sich mit farbigen Häusern harmonisch in eine weit geschwungene Strandbucht; vom Ufer blickt man auf die mächtige Burganlage des nahe gelegenen Lerici.

Am südlichen Ortsrand erhebt sich die weiße **Villa Magni** (Via Mantegazza 15), die Wohnstätte Percy Shelleys während seiner letzten drei Lebensmonate. Der 30-jährige Dichter brach im Juli 1822 von San Terenzo zu einer Segelfahrt nach Livorno auf; auf der Rückfahrt erlitt er Schiffbruch und ertrank. Eine Gedenktafel zitiert Shelleys Beschreibung der Villa: »Ein einsames Haus nah am Ufer, umgeben von der sanften und edlen Szenerie der Bucht von Lerici.«

Lerici ▶ L 5

Lerici wird von der gewaltigen mittelalterlichen Burg dominiert, die auf einem Felsen Hafen und Altstadt überragt. Jahrhundertelang war die Kleinstadt (10800 Einw.) ähnlich wie Portovenere ein strategisch wichtiger Vorposten Genuas an der Grenze zum Machtbereich Pisas. Heute beherrscht der Tourismus das Bild, aber Lerici ist

Am östlichen Ufer des Golfs

zugleich noch ein echter Fischerort. In einer überdachten Halle am Hafen, zum Teil aber auch direkt von den einlaufenden Booten wird der frische Fang verkauft.

Das Ortsbild ist pittoresk: Neben der Burg leuchten die in Rot- und Ockertönen gehaltenen Fassaden des kleinen alten Zentrums; die Bucht mit dem Jacht- und Fischerhafen wird eingefasst von Hügeln, auf denen Ferienvillen im dunkelgrünen Buschwald stehen. Das weite Panorama umfasst das benachbarte San Terenzo, die Höhenzüge um La Spezia, Portovenere und die Inseln Palmaria und Tino. Die Atmosphäre eines mondänen Ausflugsorts wird besonders auf der belebten Uferpromenade und der parallel dazu verlaufenden Via Roma mit zahlreichen Boutiquen, Bars, Restaurants und Eisdielen deutlich.

Castello

Die Burg wurde im 13. Jh. von den Pisanern errichtet, doch nach der verlorenen Seeschlacht bei Meloria 1284 gelangte Lerici an die Genuesen, die das Kastell vergrößerten und verstärkten. Vom Ursprungsbau stammt die Burgkapelle mit gotischem Gewölbe. Von der schmalen Dachterrasse genießen Schwindelfreie weite Ausblicke über den Golf.

In den restaurierten Burgräumen ist ein **Erd- und Frühgeschichtliches Museum** untergebracht. Es zeigt u. a. Fossilien und Saurierskelette aus der Umgebung von Lerici, außerdem – zur Freude der Kinder – Nachbildungen von Sauriern in Originalgröße. In der Sala di Simulazione Sismica werden Erdbeben sinnlich erfahrbar (Museo Geo-Paleontologico, www.castellodilerici.it, Mitte März–Ende Juni und Sept.– Mitte Okt. Di–So 10.30–13, 14.30–18 Uhr, Juli/Aug. Di–So 10.30– 12.30, 18–24 Uhr, übrige Jahreszeit Di– So 10.30–12.30, Sa/So auch 14.30–17.30 Uhr, Eintritt 5 €).

Kirche San Francesco

San Francesco im oberen Teil der Innenstadt (17. Jh.) zeigt reiche Golddekorationen und neben Barockgemälden mittelalterliche Kunstwerke eines Vorgängerbaus: ein Tafelbild (15. Jh.), ein Kruzifix (14. Jh.) und ein Marmortryptichon von 1529.

Übernachten

Burg- und Buchtblick – **Doria Park:** Via Doria 2, Tel. 01 87 96 71 24, www.doriaparkhotel.com, DZ/F je nach Größe und Ausstattung 105–170 €. Ein komfortables Haus am Hang oberhalb der Hafenpiazza mit großem Garten, nicht ganz frischer Neubau, viele Zimmer mit Aussicht.

Freundlich – **Del Golfo:** Via Gerini 37, Tel. 01 87 96 74 00, www.hoteldelgolfo.com, DZ je nach Saison 65–120 €. Ordentliches Standardhotel, zentrumsnah und nur 150 m zum Meer, zur Straße hin allerdings nicht ganz ruhig.

Camping mit Aussicht – **Maralunga:** Via Carpanini 61, Tel. 01 87 96 65 89, www.campeggiomaralunga.it, Juni–Sept. Schöne Lage südlich Lerici im Olivenhain am Meer.

Essen & Trinken

Fisch fangfrisch – **La Vecchia Lerici:** Piazza Mottino 10 (hinter der Hafenpiazza), Tel. 01 87 96 75 97, Mo geschl., Menü um 35 €. Fischküche, wie sie sein soll: Der Fang kommt oft direkt von den in der Nähe einlaufenden Booten.

An der Hafenpiazza – **Al Cartiere:** Via Garibaldi 24–26, Tel. 01 87 96 73 00, Mi geschl., Menü um 28 €, Menu Degustatione (4 Gänge inkl. Wein) 37,50 €.

Golf von La Spezia

Auf einem Felsvorsprung über dem Meer erhebt sich das kleine Tellaro

Auch hier dominieren die Fischgerichte, z. B. mit Rotbarsch gefüllte Ravioli, Tagliatelle mit Zucchini und Muscheln oder Fischsuppe, auch Tische auf der Piazza.

Aktiv & Kreativ

Baden – Langer Strand zwischen San Terenzo und Lerici. Richtung Tellaro finden sich einige kleine Badebuchten an der Steilküste. Achtung: Das gesamte Gebiet zwischen San Terenzo und Tellaro ist beliebtes Ausflugsziel, vor allem an Wochenenden herrscht an den Stränden Hochbetrieb!

Infos & Termine

Infos
IAT: Via Biaggini 6, Tel. 01 87 96 73 46, www.comune.lerici.sp.it.
Infostand an der Strandstraße auf halbem Wege zw. Lerici und San Terenzo.

Termine
Sagra di Sant' Erasmo: 1. Juli-Wochenende. Fest des hl. Erasmus mit Feuer-

Am östlichen Ufer des Golfs

werk und nächtlicher Bootsprozession von Lerici nach San Terenzo.

Verkehr

Bus: von La Spezia nach Lerici Mo–Sa alle 15 Min., So halbstdl. (Linie L). Halt in La Spezia vor dem Bahnhof (Via Fiume) und nördlich der Markthalle an der Via Monale 23. Halbstdl. von Lerici nach Sarzana (auch So). Mo–Sa stdl., So 8 x tgl. nach Tellaro, Mo–Sa 5 x tgl. nach Montemarcello. Fahrpläne unter www.atclaspezia.it.
Schiff: April–Okt. mehrmals tgl. von Lerici nach La Spezia und Portovenere, 2–3 x tgl. in die Cinque Terre (www.navigazionegolfodeipoeti.com). Mai–Sept. 5 x tgl. von Lerici über San Terenzo nach Tellaro und Bocca di Magra (www.navigazionefocemagra.it).
Auto: Von der Anfahrt mit dem Pkw ist im Hochsommer und an Wochenenden im Sommerhalbjahr abzuraten, die Parkplätze sind meist hoffnungslos überfüllt und häufig kommt es zu Staus auf den Zufahrtsstraßen. Von Juni bis Sept. ist die Innenstadt von Lerici für auswärtige Pkw ganz gesperrt (Ausnahme Hotelgäste). Gebührenpflichtiger Großparkplatz La Vallata zwischen Lerici und San Terenzo.

Tellaro ▶ L 5

Der abgelegene Ort (600 Einw.) am Ende der Straße wirkt wie das Klischeebild eines ›unberührten‹ Fischerdorfs – jedenfalls wenn man an einem ruhigen Tag kommt, denn natürlich hat der Tourismus die malerische Ortschaft längst entdeckt. Farbige Häuser drängen sich auf einem Felsvorsprung über dem Meer, schmale Treppengassen führen unter Torbögen hindurch. Über die Via San Giorgio gelangt man hinunter zum Kirchlein beim kleinen Hafen. Die Brandung rauscht, der Blick schweift weit über den blauen Golf mit seinen drei Inseln.

Der britische Schriftsteller D. H. Lawrence schätzte das Idyll inmitten von Orangen- und Ölbäumen schon zu Beginn des 20. Jh.: »Ich bin so begeistert über den Ort, den wir endlich entdeckt haben ... Es ist ideal. Eine winzig kleine, halb von Felsen eingeschlossene Bucht ist da, in Olivenhaine eingehüllt, die flink zu Tal tänzeln.«

Den Hintergrund bildet der 400 m hohe Bergrücken an der Ostseite des Golfs, der zusammen mit den Flusstälern von Magra und Vara den **Parco Na-**

turale di Montemarcello-Magra bildet. Ein Netz von markierten Wanderrouten erschließt das kleine Naturschutzgebiet, das von Zersiedlung weitgehend verschont blieb. Schmale Pfade führen durch mediterranen Wald mit Pinien, Zypressen, Steineichen und duftenden Wildkräutern (s. u.).

Übernachten

Mit Stil – **Locanda Miranda:** Via Fiascherino 92, Tel. 01 87 96 81 30, www.miranda1959.com, HP 90 € p. P. (vorzügliches Restaurant, s. u.). Gepflegtes Haus mit nur sieben Zimmern, einige mit Meerblick; etwas Straßenlärm.
Günstig – **Delle Ondine:** Piazza Figoli 18, Tel. 01 87 96 51 31, DZ 55/65 € (ohne/mit Bad). Sehr schlichte, aber ordentliche Unterkunft beim Eingang zum alten Ort.
Camping – **Gianna:** Via Fiascherino 7 (500 m nördlich Tellaro), Tel. 01 87 96 64 11, www.campeggiogianna.com, April–Sept. Gute Lage auf terrassiertem, schattigem Gelände, mit Pool.

Essen & Trinken

Edle Fischküche – **Locanda Miranda:** Mo geschl., Menü ab 40 €. In dem Gourmet-Hotelrestaurant mit Michelin-Stern gibt es raffinierte Gerichte wie Steinpilz-Krabben-Nudeln, Lasagne mit Scampi oder Goldbrasse in Orangensauce, nur Fischgerichte.

Aktiv & Kreativ

Baden – Hübscher Sandstrand ca. 1 km außerhalb unterhalb der Straße nach Lerici, Zugang gegenüber der Via Fiascherino 136, Hinweis »Mare 2 Spiagge«.

Wandern – **Im Montemarcello-Naturpark:** Eine sehr schöne, mittelschwere Wanderroute führt auf markierten Pfaden in vier Stunden nach Bocca di Magra: Ab Tellaro (Einstieg über die Via G. Matteotti) wandert man für eine gute Stunde auf dem alten Pfad an der Steilküste (Weg 4), folgt dann den Routen 3g und 3, vorbei an Zanego, über den Höhenrücken nach Montemarcello. Auf dem Weg zur Punta Corvo (s. S. 275) gelangt man zurück auf den Küstenpfad (Nr. 4), der sich mit schönen Meerblicken zur hellen Landspitze **Punta Bianca** senkt (Felsbadeplätze bei ruhiger See). Zuletzt auf einem Sträßchen und einem rechts abzweigenden Treppenweg (Weg 3) erreicht man **Bocca di Magra.** (Rückfahrt mit Boot, alternativ mit Bus über Romito Magra/Lerici; einen Wegeplan erhält man beim Infobüro von Tellaro).

Infos

Infos
Ufficio Turistico: Via della Pace 4., Tel. 018 71 99 75 43.
www.parcomagra.it: Webseite des Parco Montemarcello-Magra.

Verkehr
Bus: Mo–Sa stdl., So 8 x tgl. nach Lerici.
Schiff: Mai–Sept. 5 x tgl. nach Lerici/San Terenzo sowie Bocca di Magra, www.navigazionefocemagra.it.
Auto: Das Zentrum ist für Pkw gesperrt, die Zufahrtsstraße oft zugeparkt. Es empfiehlt sich die Anfahrt mit Bus oder Schiff.

Montemarcello ▶ L 5

Eine landschaftlich schöne Straße führt von Lerici durch das Naturschutzgebiet zum abseits gelegenen Hügeldorf

Am östlichen Ufer des Golfs

Montemarcello. In dem kleinen Ort in 260 m Höhe bleibt es selbst dann noch einigermaßen exklusiv, wenn an der Küste im Sommer Hochbetrieb herrscht. Die Ausblicke auf den Golf von La Spezia und die schroffen Marmorberge von Carrara sind großartig.

Westlich Montemarcello, zwischen Tellaro und der Landspitze Punta Bianca, erstreckt sich einsames Küstenland mit steilen Kalkabbrüchen und einigen abgelegenen Fels- und Sandstränden wie der Spiaggia Punta Corvo (s. u.).

Essen & Trinken

Gute Stube – **Dai Pironcelli:** Via delle Mura 45, Tel. 01 87 60 12 52, nur abends, Mi geschl., Menü ca. 28 €. Die kleine Trattoria am nördlichen Altstadtrand bietet überdurchschnittliche Traditionsküche in gemütlichem Ambiente, einige Tische im Freien.

Aktiv & Kreativ

Wandern, Baden – **Spiaggia Punta Corvo:** Der schöne grausandige Naturstrand südwestlich Montemarcello ist nur per Boot oder zu Fuß zu erreichen (gut 1 Std. Gesamtgehzeit, 250 Höhenmeter auf dem Rückweg!). Die Route beginnt am südlichen Ortsrand bei der Gartenbar Il Giardino, wo man die westlich um den Ortskern herumführenden Via Nuova kreuzt (rot-weiß markierter Weg 3d, Wegweiser zur Punta Corvo). Auf der gepflasterten Via Don Calisto dei Marchi wandert man zwischen Grundstücken abwärts Richtung Küste und gelangt auf einen alten Maultierpfad. Bei einem Querpfad 10 Min. unterhalb Montemarcello geht es links auf Weg 4 weiter. Einige Minuten später zweigt hinter einem Rastplatz im Wald nach rechts ein Pfad ab, der in steilen Pinienwaldserpentinen zum Strand der **Punta Corvo** hinableitet.

Auf einem alten Küstenpfad gelangt man von Tellaro zur Landspitze Punta Bianca

Golf von La Spezia

Infos

Bus: Mo–Sa 9 x, So 2 x tgl. über Ameglia und Romito Magra (Umstieg Richtung Lerici) nach Sarzana. Mo–Sa 5 x tgl. direkt nach Lerici.

Schiff: Mai–Sept. 5 x tgl. von Bocca di Magra über Tellaro nach Lerici/San Terenzo; www.navigazionefocemagra.it.

Ameglia und Bocca di Magra ▶ L 5

Das nordöstlich von Montemarcello gelegene **Ameglia** zeigt eine gut erhaltene mittelalterliche Ortsanlage mit gedeckten Gassen, kleinen Plätzen, efeubewachsenen Fassaden und blumengeschmückten Innenhöfen. Von der Kirche Santi Vincenzo e Anastasio blickt man auf die eindrucksvolle Kulisse der Marmorberge von Carrara. Die Kirche hat ein Marmorportal aus dem 16. Jh. sowie an der rechten Wand des Innenraums ein Renaissancetriptychon mit einer Verkündigungsdarstellung. An der Burg am höchsten Punkt des Ortes weist eine Tafel darauf hin, dass bereits Kaiser Otto I. 963 das Kastell von Ameglia erwähnte.

Südlich von Ameglia bildet die breite Flussmündung des Magra einen einzigen großen Jacht- und Bootsanleger. Am Ende des bescheidenen Badeorts **Bocca di Magra**, in der römischen Antike wichtiger Militär- und Handelshafen, findet man in Ufernähe die Ruine einer Patriziervilla aus dem 1. Jh. Im Hintergrund steigen die knapp 2000 m hohen, steilen Grate der Apuanischen Alpen markant über der Küste auf.

Infos

Bus: Mo–Sa 9 x, So 2 x von Ameglia über Romito Magra (Umstieg Richtung Lerici) nach Sarzana. Von Bocca di Magra Mo–Sa 8 x, So 1 x über Romito Magra nach Sarzana.

An der Grenze zur Toscana

Sarzana ▶ L 5

Sarzana (20 000 Einw.) ist eine freundliche Kleinstadt in der zersiedelten Mündungsebene des Flusses Magra. Das fruchtbare Schwemmland der Umgebung wird seit jeher intensiv landwirtschaftlich genutzt. Sarzana hat daneben auch handwerkliche Traditionen und ist ein Zentrum des Antiquitätenhandels. Reizvoll wirkt vor allem die lebendige Fußgängerzone in der Altstadt mit ihren Geschäften und Cafés.

An der Via Mazzini

Die meisten interessanten Bauten stehen an der Hauptgasse der Altstadt, der Via Mazzini. Die **Kathedrale Santa Maria Assunta** wurde zwischen 1300 und 1474 errichtet und im 17. Jh. umgebaut. Aus der Entstehungszeit stammen noch der mittelalterliche Glockenturm sowie das gotische Stufenportal und das Rosenfenster an der Fassade; das Mosaik über der Tür dagegen wurde erst 1874 geschaffen. Im weitläufigen Innenraum finden sich viele Marmorarbeiten – die berühmten Steinbrüche von Carrara sind nur wenige Kilometer entfernt. Bemerkenswert sind vor allem zwei von Leonardo Riccomanni geschaffene Marmoraltäre. Der 1432 entstandene »Altar der Marienkrönung« im linken Querhaus ist noch ganz im gotischen Stil gehalten. Gut 30 Jahre später meißelte der Bildhauer unter Mithilfe seines Neffen

An der Grenze zur Toscana

Francesco Riccomanni den »Altar der Reinigung« im rechten Querhaus; hier wird der Einfluss der Renaissance deutlich. Kunstgeschichtlich bedeutsam ist das »Kreuz von Sarzana« in der Kapelle links vom Chor. Das von einem Maestro Guglielmo 1138 bemalte Holzkreuz ist das älteste in einer langen Reihe ähnlicher Kreuzigungsdarstellungen in der Toscana und Umbrien.

Die romanische Kirche **Sant'Andrea** stammt aus dem 12. Jh., wurde aber später umgebaut. Der Glockenturm und die Fassade sind romanisch; das Portal entstand in der Renaissance, der Innenraum ist vorwiegend barock. Schräg gegenüber (Via Mazzini 28) finden sich im Untergeschoss eines neueren Gebäudes die Reste eines mittelalterlichen **Turmhauses**, das einst der Familie Buonaparte gehörte. Die Vorfahren Napoleons stammen aus Sarzana; von hier aus emigrierte die Familie 1529 nach Korsika.

Rathaus und Festung
Die Via Mazzini mündet in die zentrale Piazza Matteotti, an der sich das **Rathaus** aus dem 16. Jh. erhebt. Am südöstlichen Altstadtrand steht die Festung **Cittadella**. Sie wurde Ende des 15. Jh. unter Lorenzo de'Medici errichtet und von den Genuesen zu Beginn des 16. Jh. ausgebaut.

Castello Sarzanello
www.fortezzadisarzanello.it, Innenbesichtigung: Juli/Aug. tgl. 10–12, 17–19, April–Juni Sa 16–19, So auch 10–12, Sept.–Okt. Sa 16–18, So auch 10–12, Nov.–März Sa 15–17, So auch 10–12 Uhr, Eintritt 3,50 €
Ein kurzer Ausflug führt zur Burg Sarzanello, die im 14. Jh. errichtet und später mehrfach umgebaut wurde. Von der großen Festung mit ihren imposanten Rundbastionen genießt man einen schönen Blick auf Sarzana und das Magra-Tal vor dem Hintergrund der Apuanischen Alpen (zu Fuß 30 Min., mit dem Auto gut 2 km Richtung Pisa, dann Hinweisschildern folgen).

Übernachten

Zentrale Lage – **La Villetta:** Via Sobborgo Emiliano 24, Tel. 01 87 62 01 95, www.albergolavilletta.it, DZ um 70 €. Älteres Stadthaus am südlichen Altstadtrand, stilvolle Eingangshalle aber einfache Zimmer, leider an einer stark befahrenen Straße.

Essen & Trinken

Originell – **Taverna Napoleone:** Via Buonaparte 16, Tel. 01 87 62 79 74, Mi geschl., Menü 35 €. Hier kommen her-

Unser Tipp

Süßes mit Tradition: die Pasticceria Gemmi
Das beliebte Café im Zentrum von Sarzana bietet seinen Gästen viel Atmosphäre. 1855 von Schweizer Zuckerbäckern gegründet, steht es seit nunmehr 70 Jahren unter Leitung der Familie Gemmi. Man sitzt gemütlich in den stilvoll eingerichteten Räumen eines ehemaligen Klosters. Die Auswahl an Kuchen, Keksen und anderen süßen Köstlichkeiten ist hervorragend, eine besondere Spezialität ist die *spongata sarzanese*, ein nach mittelalterlichem Rezept gebackener Blätterteigkuchen mit Trockenfrüchten und Gewürzen (Via Mazzini 25, Mo Ruhetag).

Golf von La Spezia

vorragende Gerichte wie Steinpilz- und Dinkelsuppe oder Entenbrust in Balsamico-Sauce auf den Tisch.
Altstadttrattoria – **Giara:** Via Bertoloni 35, Tel. 01 87 62 40 13, Di u. Mi mittags geschl., Menü um 28 €. Angenehme kleine Trattoria im Zentrum mit guter regionaler Küche.
Süßes mit Tradition – **Pasticceria Gemmi:** siehe unser Tipp S. 277.

Einkaufen

Alte Möbel und Trödel – **Antiquitäten:** Sarzana ist eine Stadt für Antiquitätenliebhaber; entsprechende Geschäfte liegen vor allem an der Via Fiasella. Außerdem findet an jedem vierten Sonntag im Monat in der Altstadt ein Trödel- und Antiquitätenmarkt statt, um Ostern wird eine Antiquitätenmesse veranstaltet, und in der ersten Augusthälfte beherbergt Sarzana die zweiwöchige **Soffitta nella Strada,** einen der großen Antiquitätenmärkte Italiens.
Lebensmittel, Kleidung, Alltagswaren – **Großer Wochenmarkt:** Do vormittags im Zentrum.

Infos

Infos
IAT: Infokiosk auf der Piazza San Giorgio (südwestlicher Altstadtrand), Tel. 01 87 62 04 19.

Verkehr
Bahn: Bahnhof 5 Min. südlich der Altstadt, etwa stdl. Regionalzug über Viareggio (Umstieg nach Lucca) nach Pisa, z. T. durchgehend bis Florenz. Alle 30–60 Min. in 15 Min. nach La Spezia, z. T. durchgehend bis Levanto.
Bus: Haupthalt im Zentrum an der Piazza Martiri della Libertà, Fahrkarten im Tabacchi oberhalb an der Piazza San Giorgio. Tgl. alle 30 Min. über Lerici nach La Spezia (Linie L/S, Fahrzeit 55 Min.). Mo-Sa 9 x, So 2 x tgl. nach Ameglia/Montemarcello.

Castelnuovo Magra ▶ M 5

Acht Kilometer östlich von Sarzana steht Castelnuovo Magra aussichtsreich 200 m hoch am Hang über dem Magra-Tal. Der kleine Ort, der sich mit alten Gassen über einen schmalen Kammrücken erstreckt, wirkt innen ziemlich unbelebt, viele Bewohner sind hinunter in die Ebene gezogen. Die von einem kantigen **Wehrturm** flankierte Ruine des Bischofspalastes (13. Jh.) dominiert die Ortssilhouette an ihrer Nordseite, den Kontrapunkt bildet am anderen Ende die Pfarrkirche **S. Maria Magdalena** (16. Jh.). Im Innern findet man Kreuzigungsdarstellungen von Pieter Brueghel d. J. und Anton von Dyck.

Essen & Trinken

Exzellente Landküche – **Armanda:** Piazza Garibaldi 6, Tel. 01 87 67 44 10, Mi geschl., Menü ca. 32 €. Das kleine Restaurant bietet eine ausgezeichnete traditionelle Küche.

Infos

Bus: Mo-Sa 11 x, So 2 x tgl. nach Sarzana.

Ortonovo ▶ M 5

Auch Ortonovo liegt in aussichtsreicher Position hoch über dem Tal des Magra. Das Dorf ist von ausgedehnten Olivenhainen umgeben. Als Glockenturm der Pfarrkirche **San Lorenzo** dient

An der Grenze zur Toscana

ein Wachtturm, der als einziger Überrest einer Renaissancefestung erhalten blieb. Etwas außerhalb des Ortes steht die Wallfahrtskirche **Madonna del Mirteto** aus dem 16. Jh.; ein schönes Relief über dem Portal zeigt vor allem in der kräftigen Gestalt der Madonna den Einfluss Michelangelos.

Essen & Trinken

Kreativ – **Antica Locanda Cervia:** in Nicola, 4 km südlich von Ortonovo, Piazza della Chiesa 19, Tel. 01 87 66 04 91, nur abends geöffnet, Mo geschl., Menü 28–30 €. In der angenehmen Trattoria gibt es seltene Spezialitäten wie Risotto mit Pilzen, Kastanien und Kürbis oder Tagliatelle mit Pesto, Kartoffeln und Broccoli.

Infos

Bus: Mo–Sa 8 x tgl. mit Umstieg in Casano nach Sarzana.

Luni ▶ M 5

Luni war in der Antike die wichtigste Stadt zwischen Genua und Pisa. Heute sind aus der glanzvollen Zeit nur noch Ruinen erhalten. Die Römer gründeten Luni 177 v. Chr. als Militärstützpunkt für die Unterwerfung Liguriens. Der Ort lag damals direkt am Meer; er entwickelte sich zu einer bedeutenden Hafenstadt, in der die kostbaren Marmorblöcke aus den Apuanischen Alpen, aber auch Bauholz aus dem Apennin und der – laut Plinius hervorragende – Wein der Gegend verschifft wurden. Mit dem Ausbau der Via Aurelia gewann er zusätzlich an Einfluss. Die Ausgrabungsfunde deuten auf einen großen Wohlstand der Stadt hin.

Trotz mehrerer Zerstörungen in der Völkerwanderungszeit blieb Luni bis ins Mittelalter mächtig. Seine Bischöfe beherrschten die Umgebung, die noch heute auf beiden Seiten der Regionalgrenze als **Lunigiana** bezeichnet wird. Durch die ständigen Ablagerungen von Schwemmland aber trat die Küstenlinie zurück, der Hafen versumpfte und es breitete sich Malaria aus. Viele Bewohner verließen den Ort; die Verlagerung des Bischofssitzes nach Sarzana 1204 war Zeichen des bevorstehenden Endes. 100 Jahre später sprach Dante von der »toten Stadt«, und Petrarca beschrieb sie einige Jahrzehnte darauf als Symbol vergangener Größe.

Ausgrabungsgelände

Di–So 8.30–19.30 Uhr, Eintritt 2 €
Das ausgedehnte Ausgrabungsgelände zeigt die typische Anlage römischer Städte. Das rechtwinklige Straßennetz ordnet sich um die beiden Hauptachsen, den **Decumanus** (die ehemalige Via Aurelia) und den **Cardo.** Im Schnittpunkt dieser Straßen liegt das **Forum** mit dem Haupttempel, dem **Kapitol.** Der besterhaltene Bau, das **Amphitheater,** befindet sich etwas außerhalb der Stadtmauern. Auch ein Haus mit Freskenresten und ein anderes mit Mosaiken, die Ruinen eines Dianatempels und eine frühchristliche Basilika sind bemerkenswert. Das **Museum** zeigt Statuen, Keramik, Münzen, Glas sowie Dokumente zur Stadtgeschichte. Die wichtigsten Funde aus Luni sind allerdings in andere Museen gewandert, u. a. ins Museo del Castello von La Spezia.

Infos

Bus: Mo–Sa bis 13 Uhr und ab 16 Uhr etwa stdl. zwischen Sarzana und Luni Scavi (Linie nach Marinella), So 5 x tgl.

Sprachführer

Ausspracheregeln

In der Regel wird Italienisch so ausgesprochen wie geschrieben. Treffen zwei **Vokale** aufeinander, so werden beide einzeln gesprochen (z. B. E-uropa). Die **Betonung** liegt bei den meisten Wörtern auf der vorletzten Silbe. Liegt sie woanders, ist die Verwendung eines Akzents möglich (z. B. città, mèdico).

Konsonanten

c	vor a, o, u wie k, z. B. conto; vor e, i wie tsch, z. B. cinque
ch	wie k, z. B. chiuso
ci	vor a, o, u wie tsch, z. B. doccia
g	vor e, i wie dsch, z. B. Germania
gi	vor a, o, u wie dsch, z. B. spiaggia
gl	wie ll in Brillant, z. B. taglia
gn	wie gn in Kognak, z. B. bagno
h	wird nicht gesprochen
s	teils stimmhaft wie in Saal, z. B. museo; teils stimmlos wie in Haus, z. B. sinistra
sc	vor a, o, u wie sk, z. B. scusi; vor e, i wie sch, z. B. scelta
sch	wie sk, z. B. schiena
sci	vor a, o, u wie sch, z. B. scienza
v	wie w, z. B. venerdì
z	teils wie ds, z. B. zero; teils wie ts, z. B. zitto

Allgemeines

guten Morgen/Tag	buon giorno
guten Abend	buona sera
gute Nacht	buona notte
auf Wiedersehen	arrivederci
Entschuldigung	scusa
hallo/grüß dich	ciao
bitte	prego/per favore
danke	grazie
ja/nein	si/no
Wie bitte?	Come dice?

Unterwegs

Haltestelle	fermata
Bus/Auto	autobus/màcchina
Ausfahrt/-gang	uscita
Tankstelle	stazione di servizio
rechts/links	a destra/a sinistra
geradeaus	diritto
Auskunft	informazione
Telefon	telèfono
Postamt	posta
Bahnhof/Flughafen	stazione/aeroporto
Stadtplan	pianta della città
alle Richtungen	tutte le direzioni
Einbahnstraße	senso ùnico
Eingang	entrata
geöffnet	aperto/-a
geschlossen	chiuso/-a
Kirche/Museum	chiesa/museo
Strand	spiaggia
Brücke	ponte
Platz	piazza/posto

Zeit

Stunde/Tag	ora/giorno
Woche	settimana
Monat	mese
Jahr	anno
heute/gestern	oggi/ieri
morgen	domani
morgens/abends	di mattina/di sera
mittags	a mezzogiorno
früh/spät	presto/tardi
Montag	lunedì
Dienstag	martedì
Mittwoch	mercoledì
Donnerstag	giovedì
Freitag	venerdì
Samstag	sàbato
Sonntag	doménica

Notfall

Hilfe!	Soccorso!/Aiuto!
Polizei	polizìa
Arzt	mèdico
Zahnarzt	dentista
Apotheke	farmacìa
Krankenhaus	ospedale
Unfall	incidente

Schmerzen	dolori	teuer	caro/-a
Panne	guasto	billig	a buon mercato
		Größe	taglia
		bezahlen	pagare

Übernachten

Hotel	albergo
Pension	pensione
Einzelzimmer	camera singola
Doppelzimmer	camera doppia
mit/ohne Bad	con/senza bagno
Toilette	bagno, gabinetto
Dusche	doccia
mit Frühstück	con prima colazione
Halbpension	mezza pensione
Gepäck	bagagli
Rechnung	conto

Einkaufen

Geschäft/Markt	negozio/mercato
Kreditkarte	carta di crédito
Geld	soldi
Geldautomat	bancomat
Lebensmittel	alimentari

Zahlen

1	uno	17	diciasette
2	due	18	diciotto
3	tre	19	diciannove
4	quattro	20	venti
5	cinque	21	ventuno
6	sei	30	trenta
7	sette	40	quaranta
8	otto	50	cinquanta
9	nove	60	sessanta
10	dieci	70	settanta
11	ùndici	80	ottanta
12	dòdici	90	novanta
13	trédici	100	cento
14	quattòrdici	150	centocinquanta
15	quìndici	200	duecento
16	sédici	1000	mille

Die wichtigsten Sätze

Allgemeines

Sprechen Sie … Deutsch/Englisch?	Parla … tedesco/inglese?
Ich verstehe nicht.	Non capisco.
Ich spreche kein Italienisch.	Non parlo italiano.
Ich heiße …	Mi chiamo …
Wie heißt Du/heißen Sie?	Come ti chiami/si chiama?
Wie geht es Dir/Ihnen?	Come stai/sta?
Danke, gut.	Grazie, bene.
Wie viel Uhr ist es?	Che ora è?

Unterwegs

Wie komme ich zu/nach …?	Come faccio ad arrivare a …?
Wo ist bitte …?	Scusi, dov'è …?
Könnten Sie mir bitte … zeigen?	Mi potrebbe indicare …, per favore?

Notfall

Können Sie mir bitte helfen?	Mi può aiutare, per favore?
Ich brauche einen Arzt.	Ho bisogno di un mèdico.
Hier tut es weh.	Mi fa male qui.

Übernachten

Haben Sie ein freies Zimmer?	C'è una càmera libera?
Wie viel kostet das Zimmer pro Nacht?	Quanto costa la càmera per notte?
Ich habe ein Zimmer bestellt.	Ho prenotato una càmera.

Einkaufen

Wie viel kostet …?	Quanto costa …?
Ich brauche …	Ho bisogno di …
Wann öffnet/schließt …?	Quando apre/chiude …?

Kulinarisches Lexikon

Zubereitung/Spezialitäten

ai ferri	vom Grill
alla griglia	gegrillt
arrosto/-a	gebraten
arrostato/-a	geröstet
bollito/-a	gekocht
caldo/-a	warm
freddo/-a	kalt
fritto/-a	gebacken
al forno	aus dem Backofen
gratinato/-a	überbacken
stufato/-a	geschmort
con/senza	mit/ohne

Vorspeisen und Suppen

acciughe	Sardellen
alici	sauer eingelegte Sardinen
antipasti misti	gemischte Vorspeisen
antipasti del mare	Vorspeisenplatte mit Fisch/Meeresfrüchten
brodetto di pesce	Fischsuppe
bruschetta	geröstetes Weißbrot mit Knoblauch und Öl
cannellini	weiße längliche Bohnen, ungewürzt
carciofi	Artischocken
cozze ripiene	gefüllte Muscheln
faggiolini bianchi	weiße Bohnen
formaggio	Käse
insalata di polpo	Tintenfischsalat
minestrone	Gemüsesuppe
pepperonata	gemischtes geschmortes Gemüse
prosciutto	Schinken
salame di cinghiale	Wildschweinsalami
vitello tonnato	Kalbbraten mit Thunfischpaste
zuppa di pesce	Fischsuppe

Pasta und Co

cannelloni	gefüllte Nudelröhren
fettucine/tagliatelle	Bandnudeln
gnocchi	Kartoffelklößchen
lasagne	Nudelauflauf
paglia e fieno	gelbe und grüne Bandnudeln
pasta fresca (fatta in casa)	frische (hausgemachte) Pasta
pasta ripiena	gefüllte Pasta, meist mit Spinat und Ricotta
polenta	Maisbrei
risotto ai funghi	Pilzrisotto
risotto alla marinara	Risotto mit Meeresfrüchten

Fisch und Meeresfrüchte

aragosta	Languste
branzino	Seebarsch
cozza	Miesmuschel
fritto misto	frittierter Fisch und Tintenfisch
frutti di mare	Meeresfrüchte
gamberetto	Garnele
gambero	Hummer
orata	Dorade/Goldbrasse
ostrica	Auster
salmone	Lachs
seppia	Tintenfisch
sogliola	Seezunge

Fleisch und Geflügel

agnello	Lamm
anatra	Ente
arrosto	Braten
bistecca	Steak
brasato	Rinderschmorbraten
capra	Ziege
carne	Fleisch
cinghiale	Wildschwein
coniglio	Kaninchen
faraona	Perlhuhn
fegato alla veneziana	gedünstete Kalbsleber mit Zwiebeln
lepre	Hase
maiale/porco	Schwein
manzo	Rind
pernice	Rebhuhn
pollo	Hähnchen
quaglia	Wachtel

salumi	Wurstwaren
spezzatino	Gulasch
tacchino	Pute
vitello	Kalb

Gemüse und Beilagen

bietola	Mangold
carota	Mohrrübe
cavolfiore	Blumenkohl
cavolo	Kohl
cipolla	Zwiebel
faggioli	Bohnen
finocchio	Fenchel
fiori di zucca	Kürbisblüten
funghi (porcini)	(Stein-) Pilze
insalata mista	gemischter Salat
melanzane	Auberginen
pane	Brot
patata	Kartoffel
piselli	Erbsen
polenta	Maisbrei
pomodori	Tomaten
porro	Lauch
riso	Reis
spinaci	Spinat
verdura mista	gemischtes Gemüse
zucca	Kürbis
zucchini	Zucchini

Nachspeisen und Obst

albicocca	Aprikose
cantuccino	Mandelgebäck
cocomero	Wassermelone
crostata	Obsttorte
fico	Feige
fragola	Erdbeere
frutta	Obst
gelato	Eiscreme
lampone	Himbeere
macedonia	frischer Obstsalat
mela	Apfel
mellone	Melone
panna cotta	gekochte Sahnecreme
tiramisù	Löffelbiskuit mit Mascarponecreme
zabaione	Eierschaumcreme
zuppa inglese	likörgetränktes Biskuit mit Vanillecreme

Getränke

acqua (minerale)	(Mineral-)Wasser
… con gas/gassata	… mit Kohlensäure
… senza gas/liscia	… ohne Kohlensäure
birra (alla spina)	(Fass-)Bier
caffè (coretto)	Kaffee (mit Grappa)
ghiaccio	Eis
granita di caffè	Eiskaffee
latte	Milch
spremuta	frisch gepresster Obstsaft
spumante	Sekt
succo	Saft
tè	Tee
vino rosso/bianco	Rotwein/Weißwein

Im Restaurant

Ich möchte einen Tisch reservieren.	Vorrei prenotare un távolo.
Die Speisekarte, bitte.	Il menù, per favore.
Weinkarte	lista dei vini
Die Rechnung, bitte.	Il conto, per favore.
Vorspeise	antipasto/primo piatto
Suppe	minestra/zuppa
Hauptgericht	piatto principale
Nachspeise	dessert/dolce
Beilagen	contorno
Tagesgericht	menù del giorno
Gedeck	coperto
Messer	coltello
Gabel	forchetta
Löffel	cucchiaio
Glas	bicchiere
Flasche	bottiglia
Salz/Pfeffer	sale/pepe
Zucker/Süßstoff	zùcchero/saccarina
Kellner/Kellnerin	cameriere/cameriera

Register

Airole 88
Aktivurlaub 29
Alassio 137
Albenga 140
Albisola 174
Albisola Superiore 175
Albissola Marina 174
Alta Valle dell'Impero 128
Altare 173
Alto 111
Amborzasco 228
Ameglia 276
Andora 133
Anreise 20
Apennin 40, **228**
Apricale 91
Aquila di Arroscia 146
Arma delle Fate 163
Arma delle Manie 164
Arma di Taggia 104
Arnasco 146
Arroscia-Wasserfall 113
Ärztliche Versorgung 34
Autofahren 23
Aveto-Hochtal 228

Badalucco 109
Baden 29
Badia di Tiglieto 207
Baiardo 105
Balestrino 149
Balzi Rossi 42, **82**
Barabino, Carlo 195
Basilica San Salvatore dei Fieschi 228
Behinderte 36
Bestagno 128
Bevölkerung 41
Bicknell, Clarence 49, 94
Blumenriviera (Riviera dei Fiori) 19, 56, 57, **78**
Blumenzucht 56
Bocca di Magra 274, **276**
Boccadasse 196
Bogliasco 197
Bonassola 238
Bordighera 49, 56, **93**
Borghetto d'Arroscia 146

Borgio-Verezzi 161
Borgomaro 128
Borzone, Kloster 228
Bréa, Lodovico 109
Breil-sur-Roya 88
Brigasker 112
Buggio **93**, 113
Bussana Vecchia 103
Byron, George 49, 267

Cairo Montenotte 173
Calizzano 149
Calvino, Italo **63**, 73
Calvisio 163
Camogli **210**, 218
Campiglia 255
Campo Ligure 207
Capo di Caprazoppa 161
Caramagna, Fluss 123
Cárcare 173
Carnino Superiore 112
Carpasio 109
Carruggio 53
Casella **206**, 207
Cassini, Domenico 92
Castel Gavone 160
Castelbianco 111, **145**
Castell'Ermo 111
Castello della Pietra 207
Castello Diamante 205
Castelnuovo Magra 278
Castelvecchio di Rocca Barbena 144
Casterino 88, **90**
Celle Ligure 176
Cenova 113
Ceriale 148
Ceriana 104
Cervo 131, **132**
Chiavari 224
Ciappo del Sale 163
Cinque Terre 46, 50, 73, 232, **241**
Cisano sul Neva 144
Coletta 145
Colla d'Oggia 109
Colla Micheri **135**, 136
Colle di Nava 111
Colle Langan 113
Conscente 144

Conseugra, Guillermo Vasquez 189
Crocefieschi 207

Dego 173
Deiva Marina 237
Diano Castello 129
Diano Marina 129
Dickens, Charles 61
Diplomatische Vertretungen 34
Dolceacqua 90
Dolcedo 124, 125, 126, **127**
Doria, Adelsgeschlecht 183

Einreisebestimmungen 20
Elektrizität 34
Essen 25, 282

Fahrradfahren 30
Fanghetto 88
Feiertage 34
Ferraia-Wasserfall 111
Feste 32
Fieschi, Adelsfamilie 44, 228
Finalborgo 154
Finale Ligure 153
Finalese 162
Fontan-Saorge 89
Forte Begato 205
Forte Castellaccio 205
Forte Diamante 206
Forte Fratello Minore 206
Forte Puin 206
Forte Richermo 111
Forte Sperone 205
Framura 237
Fremdenverkehrsämter 14
Friedrich III., dt. Kaiser 100
Frisch, Max 62

Gaggini, Domenico 182
Gazzo 146
Geld 34
Genovesato 203
Genua 18, 42, 43, 46, 47, 50, 64, **178**
– Acquario 189
– Altstadt 186

Register

- Archäologisches Museum 196
- Bigo 190
- Biosfera 190
- Bolla 190
- Caffè Klainguti 191
- Chiesa Santissima Annunziata del Vastato 193
- Città dei Bambini 190
- Commenda 191
- Dom San Lorenzo 182
- Galeone Neptune 189
- Jesuitenkirche 183
- Jesuitenkolleg 192
- Kolumbus-Haus 183
- Kreuzgang von Sant'Andrea 186
- Lanterna di Genova 193
- Loggia dei Mercanti 187
- Magazzini del Cotone 190
- Mercato Orientale 201
- Museo del Tesoro 182
- Museo Navale 196
- Museo Nazionale del Mare 189
- Museum ostasiatischer Kunst 196
- Opernhaus Carlo Felice 183
- Palazzo Angelo Giovanni Spinola 192
- Palazzo Bianco 192
- Palazzo del Principe 193
- Palazzo di San Giorgio 189, 190
- Palazzo Doria-Tursi 192
- Palazzo Ducale 183
- Palazzo Podestà 192
- Palazzo Reale 192
- Palazzo Rosso 192
- Palazzo Spinola di Pellicceria 191
- Park Villetta Dinegro 196
- Passeggiata della Lanterna 193
- Piazza De Ferrari 183
- Piazza San Matteo 182
- Piazza Soziglia 187
- Porta della Vacca 191
- Porta Soprana 183
- Porto Antico **188,** 191
- Righi 193
- San Donato 187
- San Giovanni di Pré 191
- San Matteo 183
- Santa Maria di Castello 187
- Sommergibile Nazario Sauro 189
- Staglieno, Friedhof 193, **194**
- Stazione Marittima 193
- Via Balbi 192
- Via di Sottoripa 189, 190
- Via Garibaldi 192
- Villa Doria Centurione 196
- Villa Pallavicini 196
Geschichte 40, **42,** 64, 181
Gola di Gouta 113
Grimaldi Inferiore 85
Grotte di Toirano 149

Hanbury-Gärten 86
Hanbury, Thomas 49, 56, **87**
Heyerdahl, Thor 136

Imperia **118,** 125
Impero, Fluss 118, 123
Informationsquellen 14
Isola di Palmaria 270
Isola Gallinara 144

Kartenmaterial 15
Kolumbus, Christoph 183

La Brigue 88, 113
La Mortola 86
La Spezia 258, **260**
- Castello di San Giorgio 261
- Centro d'Arte Moderna (CAMeC) 261
- Chiesa Santa Maria Assunta 261
- Markthalle 261
- Museo Civico Amedeo Lia 261, **264**
- Museo del Castello 261
- Museo del Sigillo 261
- Museo Tecnico Navale 262
- Nostra Signora della Neve 261
- Piazza Cavour 261
- Via del Prione 261
Laigueglia 133
Lamartine, Alphonse de 61
Lavagna 224
Lawrence, D. H. 273
Lecchiore 126
Lerici 270
Lesetipps 15
Levanto 239
Lia, Amedeo 265
Ligurische Alpen 19, 40, 78, **110**
Literatur 61
Loano 148
Luni 42, **279**

Madonna dell' Acquasanta 207
Manarola 251
Maragliano, Antonio Maria 100
Mazzini, Giuseppe 182
Markttermine 35
Medien 35
Mendatica 113
Mercantour-Nationalpark 89
Millésimo 173
Molini di Prela 126, **127**
Molini di Triora 113, **114**
Moneglia 235
Monet, Claude 91
Mont Bégo **89,** 90
Montale, Eugenio 63
Montalto Ligure 109
Monte Aiona 228
Monte Antola 203
Monte Armetta 111
Monte Beigua 177
Monte Carpasina 109
Monte Ceppo 105

285

Register

Monte Corno 163
Monte delle Tre Croci 203
Monte Mongoie 112
Monte Penna 228
Monte Rama 177
Monte Saccarello **106**, 112, 113
Montegrazie 127
Montemarcello 274
Monterosso 246
Mortola 218

Nasino 111
Naturschutz 73
Nervi 196
Nietzsche, Friedrich 62, 221
Nobel, Alfred 100
Noli 165
Notruf 35

Öffnungszeiten 35
Olivenöl **58**, 123, 124
Onzo 146
Ortonovo 278

Palmenriviera 19, 29
Parco dell'Antola 203
Parco Naturale del Beigua 177
Parco Naturale di Montemarcello-Magra 273, 274
Passo di Cento Croci 231
Pavese, Cesare 62
Pegli 196
Pennavaira, Fluss 111
Pentema 203
Perinaldo 92
Perti 161
Pflanzenwelt 67
Piana Crixia 173
Piano, Renzo 189, 190
Pietra Ligure 148
Pieve di Teco 113, **145**
Pigna 92, 113
Poilarocca 113
Ponte dell'Acqua 164
Ponte delle Fate 163
Ponte delle Voze 164
Ponte di Nava 111
Ponte San Luigi 82, 85

Ponte Schiarante 111
Ponte Sordo 164
Ponte Tanarello 112
Portofino **214**, 217
Portofino-Naturpark 216
Portovenere 255, **266**
Prino, Fluss 123, 127
Punta Marguareis 112

Rapallo 221
Realdo 113
Recco 214
Reisekasse 36
Reiserouten 18
Reisezeit 16
Riomaggiore 255
Ripalta 126
Riva Ligure 104
Riviera dei Fiori siehe Blumenriviera
Riviera di Levante 18, 29, 40, 55
Riviera di Ponente 19, 40, 50, 53
Rocchetta Nervina 92
Roia, Fluss 81
Rossiglione 207
Rubens, Peter Paul 183
Ruffini, Giovanni 49, 62, 93

San Fruttuoso 214, **217**
San Lazzaro Reale 128
San Lorenzo al Mare 104
San Remo 95
– Altstadtviertel Pigna 98
– Antike Ruinen 100
– Archäologisches Museum 96
– Baptisterium 100
– Castello Devachan 100
– Forte di Santa Tecla 96
– Hotel Riviera Palace 100
– Hotel Savoia 100
– Kathedrale San Siro 100
– Londra 100
– Madonna della Costa 99
– Neustadt 96
– Oratorio dell'Immacolata Concezione 100

– Palazzo Borea d'Olmo 96
– Pinakothek 96
– Porta Santo Stefano 99
– Rathaus 100
– San Basilio 100
– San-Siro-Viertel 100
– Santa Maria degli Angeli 98
– Spielkasino 100
– Teatro Ariston 96
– Villa Fiorentina 100
– Villa Nobel 100
– Villa Ormond 100
– Villa Virginia 100
– Villa Zirio 100
San Rocco 218
San Terenzo 270
Santa Margherita Ligure 219
Santo Stefano al Mare 104
Santo Stefano d'Aveto 228
Santuario Madonna di Montenero 255, **256**
Sarzana 276
Sassello 174
Savona 169
Schiller, Friedrich 44, 228
Sentiero degli Alpini 113
Sestri Levante 228
Shelley, Percy 49, 270
Sicherheit 37
Sport 29
Spotorno 168
Sprachführer 280
St-Dalmas-de-Tende 89
Steckbrief 40
Sturla 196

Tabucchi, Antonio 63
Taggia 105
Tanarello, Fluss 111
Tavarone, Lazzaro 182
Telefonieren 37
Tellaro 273
Tenda-Bahn 89
Tende 88
Tierwelt 70
Toirano 149
Torrente Barbaira 113

Register

Torriglia 203
Tourismus 48
Triora 113, 114
Twain, Mark 182

Übernachten 24
Upega 112

Val Gargassa 207
Val Vobbia 207
Valle Argentina **105,** 113
Valle Armea 104
Valle Arroscia 145
Valle Impero 128
Valle Nervia 90
Valle Neva 144
Valle Pennavaira 111, **145**
Valle Roia 85
Valle Stura 207
Vallée des Merveilles 89
Valloria 127
Varazze 176
Varese Ligure 74, **231**
Varigotti **161,** 164
Vásia 127
Vendone 146

Ventimiglia **81,** 113
– Archäologisches Museum 82
– Baptisterium 81
– Castel d'Appio 82
– Castello San Paolo 81
– Forte dell'Annunziata 82
– Kathedrale 81
– Loggia del Parlamento 81
– Markthalle 81
– Monastero delle Canonichesse Lateranensi 81
– Museo Preistorico dei Balzi Rossi 83
– Oratorio dei Neri 81
– Porta Marina 81
– Porta Piemonte 81
– Römisches Theater 82
– San Michele 81
– Uferpromenade 81
Verdeggia 113
Verdi, Giuseppe 191
Verkehrsmittel 20
Vernazza 242, **247**

Via Aurelia 42, 53, 54
Via Julia Augusta 143, 163
Villa Hanbury 86
Villatalla 127
Ville San Pietro 128
Vobbia 207
Voltri 207

Wagner, Richard 261
Wandern 30, 50, 74
Wassersport 31
Waugh, Evelyn 194
Weine, ligurische 28, 245
Wellness 31
Wettach, Adrian 121
Wetter 16
Winter, Ludwig **56,** 87
Wirtschaft 41

Yeats, William Butler 221

Zollvorschriften 20
Zuccarello 144

Das Klima im Blick — atmosfair

Reisen bereichert und verbindet Menschen und Kulturen. Wer reist, erzeugt auch CO_2. Der Flugverkehr trägt mit einem Anteil von bis zu 10 % zur globalen Erwärmung bei. Wer das Klima schützen will, sollte sich für eine schonendere Reiseform (z. B. die Bahn) entscheiden – oder die Projekte von *atmosfair* unterstützen. *Atmosfair* ist eine gemeinnützige Klimaschutzorganisation. Die Idee: Flugpassagiere spenden einen kilometerabhängigen Beitrag für die von ihnen verursachten Emissionen und finanzieren damit Projekte in Entwicklungsländern, die dort den Ausstoß von Klimagasen verringern helfen. Dazu berechnet man mit dem Emissionsrechner auf *www.atmosfair.de*, wie viel CO_2 der Flug produziert und was es kostet, eine vergleichbare Menge Klimagase einzusparen (z. B. Berlin – London – Berlin 13 €). *Atmosfair* garantiert die sorgfältige Verwendung Ihres Beitrags. Klar – auch der DuMont Reiseverlag fliegt mit *atmosfair!*

Abbildungsnachweis/Impressum

Abbildungsnachweis

akg-images, Berlin: S. 64
Bildagentur Huber, Garmisch-Partenkirchen: S. 198/199 (Cellai); 232 li., 245 (Dutton); 76/77, 150 li., 152/153, 178 re., 186/187, 233 li., 235, 252 (Gräfenhain); 9 (J. Huber); 12/13, Umschlagrückseite (H. P. Huber); 179 li., 183 (Ripani); 27 (Scatà)
DuMont Bildarchiv, Ostfildern: S. 194 (Eid)
F1 Online, Frankfurt/Main: S. 10 u. li., 200/201 (Kleinhenz)
Georg Henke, Bremen: S. 8, 10 oben, 10 u. re., 11 oben, 11 u. li., 43, 54/55, 69, 74/75, 78 li., 79 li., 86, 91, 97, 106/107, 110, 116 li., 117 li., 119, 130/131, 134/135, 143, 150 re., 151 li., 158/159, 162, 166/167, 204, 208 li., 209 li., 212/213, 216, 223, 232 re., 242/243, 256/257, 259 li., 275
laif, Köln: S. 178 li., 188, 208 re., 230 (Blickle); 227 (Celentano); 61 (VU/Deschamps); 11 u. re., 48/49, 51, 248/249, 268/269 (Madej); 146/147 (Steinhilber)
Look, München: S. 38/39, 70 (age fotostock); 58 (von Felbert); 47 (Martini); 258 re., 272/273 (Richter); 30 (Strauss)
Mauritius Images, Mittenwald: Titelbild (age); S. 57 (Cubolmages); 78 re., 102/103 (imagebroker/Weber); Umschlagklappe vorn (imagebroker/Wrba)
Museo Civico »Amedeo Lia«, La Spezia: S. 258 li., 264
picture alliance, Frankfurt: S. 116 re., 124 (dpa/dpaweb/Masini/Peluffo)

Kartografie

DuMont Reisekartografie, Fürstenfeldbruck
© DuMont Reiseverlag, Ostfildern

Umschlagfotos
Titelbild: Manarola in Cinque Terre
Umschlagklappe vorn: Gasse in Montemarcello

Hinweis: Autoren und Verlag haben alle Informationen mit größtmöglicher Sorgfalt geprüft. Gleichwohl sind Fehler nicht vollständig auszuschließen. Alle Angaben erfolgen ohne Gewähr. Bitte, schreiben Sie uns! Über Ihre Rückmeldung zum Buch und über Verbesserungsvorschläge freuen sich Autoren und Verlag:
DuMont Reiseverlag, Postfach 3151, 73751 Ostfildern,
info@dumontreise.de, www.dumontreise.de

1. Auflage 2012
© DuMont Reiseverlag, Ostfildern
Alle Rechte vorbehalten
Redaktion/Lektorat: Susanne Pütz
Grafisches Konzept: Groschwitz/Blachnierek, Hamburg
Printed in China